벤야민의 무덤

벤야민의 무덤

마이클 타우시크 지음 | 신은실 옮김

문학동네

차례

일러두기

1. 이 책은 아래의 원서를 한국어로 완역한 것이다.

   Michael Taussig, *Walter Benjamin's Grave*,
   University of Chicago Press, 2006.

2. 원서의 주는 모두 미주로 표기했고, 옮긴이 주는
   본문에 따로 표기했다.

3. 단행본과 잡지는 『 』로, 시, 단편, 논문은 「 」로,
   그림과 노래, 영화 등은 〈 〉로 표기했다.

4. 외래어 표기는 국립국어원 표기 원칙을 따르되
   관습으로 굳어진 경우에는 관례를 존중했다.

한국의 독자들에게

저는 한국에 단 한 번도 가본 적이 없기에, 이 책에 실린 글들을 한국의 역사나 동아시아의 문화적 경험과 손쉽게 연결지을 수 없습니다. 한국이나 동아시아의 맥락에서 저는 외부인이기 때문입니다. 하지만 발터 벤야민의 사유, 그것이 지닌 독특함, 그리고 다소 기이하다고도 말할 수 있는 그의 문체에 대한 열정적인 관심을 통해 우리는 이어질 수 있으리라 생각합니다.

 이 책은 제 오랜 학문적 여정의 이정표입니다. 목차를 다시 살펴보는 지금, 저는 인류학적 현장 연구가 선사하는 경험적 풍부함만이 아니라, 1930년대 즈음 벤야민이 서서히 사멸해가는 것이라 여겼던 스토리텔링의 전통을 향해 굽이치는 일종의 로드맵을 발견합니다. 물론 당시의 벤야민은 독특한 서사의 전통을 지닌 한국이나 동아시아, 남미나 아프리카와 같은 유럽 외부의 세계를 염두에 두고 있지는 않았을 것이 분명하지만 말입니다. 그리고 저는 영화의 출현과 함께 유럽과 북미에서 서서히 서사의 전통이 사라질 것이라고 본 벤야민의 생각은 틀렸을지도 모른다는 생각을 하고 있습니다.

여기서 저는 몸소 겪은 근현대사의 맥락 속 격동과 폭력의 경험을 대중문화와 영화가 지닌 강력한 힘과 결합해낸 한국을 떠올립니다. 여전히 존속하는 서사의 힘과 그 풍부한 흐름을 생각할 때, 이 책이 한국어로 번역되는 것이 매우 기쁘고 시의적절하다고 생각합니다. 번역자의 노고에 깊은 감사를 드립니다.

마이클 타우시크

저자의 말

지난 10년에 걸쳐 쓴 이 글들을 다시 살펴보건대, 이 글들은 아마도 무언無言의 사랑 혹은 어딘가 불완전한 서사에 대한 사랑을 일종의 분석의 형식으로 공유하는 듯하다. 상처에 대한 혹은 임종의 순간에 대한 사랑과도 같은 이 다소 기이한 사랑은 첫번째 글 「발터 벤야민의 무덤」에 강하게 드러나 있다. 나는 이 글에서 풍경이 역사를 압도하기를 원했다. 여기서 풍경은 비극이 그대로 드러난 곳이자 말들이 일종의 구원을 갈망하며 흩어져 있는 장소다. 설령 내가 나 자신의 이야기를 가질 수 없다고 해도 적어도 내 글 속에는 일종의 빛나감을 품은 어떤 이야기가 있어야 할 것이다. 이야기가 바로 이론이며 그러한 빛나감이야말로 바로 이 구불구불한 세계에서 사유를 비틀거리게 하는 것이기 때문이다. 이 글들은 인류학적 현장 연구에 대한 사랑 역시 공유하고 있다. 그 사랑이란, 소위 원시사회라 불리는 세계를 탐구하는 고전적 인류학에 대한 사랑, 그리고 마르크스나 프로이트가 니체와 바타유로 대체되는 현상, 오래된 인류학이 환기하는 이같은 전치 현상에 대한 강렬한 호기심 역시 공유한다.

이 책은 스페인과 프랑스의 국경 마을 포르부에 있는 벤야민의 무덤에서 시작해 콜롬비아 소작농들의 시, 악마와의 계약, 바다의 소멸, 샤먼의 신체적 특징들, 위반, 뉴욕시의 경찰, 그리고 꽃과 폭력의 관계에 이르기까지 다양한 주제들을 다루고 있다. 나는 이 책을 위해 절반가량의 글을 다시 썼다. 이 과정을 통해 확인한 것은 외부에서 무언가를 가리키는 것이 아니라 내부로부터 이 글들을 써나가기를 나 자신이 얼마나 원했는가다. 이 글들은 자서전적인 것 혹은 "자기 성찰"이라 불릴 만한 것이 아니다. 물론 그러한 요소들이 충분히 담겨 있고 이는 그 자신이 분석하고자 하는 현실의 일부가 될 수밖에 없는 인류학자에게는 필연적인 것이다. 그러나 이는 묘사된 현실이 글로 되돌아가는 것이지 저자에게로 돌아가 동등한 지분을 요구하는 것이 아니다. "너는 무엇을 배웠는가?" 현실이 되레 글에게 묻는다. "흡수되지 않은 채 과잉으로 남아 있는 것은 무엇인가? 나에게서 받은 선물로 너는 도대체 무엇을 할 것인가? 이 기괴한 물질들로서의 나는 누구인가?"

위의 질문들을 강조하는 하나의 방법은 타자들과의 지속적인 마주침을 통해 진행되는 인류학적 현장 조사 과정에서 일어나는 일, 즉 지속되는 오해로 인한 곤경을 드러내는 것이다. 세계는 이해가 아니라 바로 그러한 오해 속에서 제 모습을 드러낸다. 「아메리카를 구성하기」에서 나는 바로 이러한 지점, 즉 콜롬비아의 소작농 시인이 낭송하는 서사시 구절이 어떻게 그간 통용되어온 모든 역사적-사회적 분석의 틀, 내가 떠올릴 수 있는 모든 분석의 틀을 무너뜨리고 산산조각내는지를 드러내고자 했다. 인류학자와의 상호 과정 속에서 독자는 해석의 세계라는 것이 사실 얼마나 취약하고 불안정한지를, 그리고 의미의 불안정성이야말로 의미를 두텁게 만드는 것임을 알게 될 것이다. 그 결과 이 글을 이루고 있는 이야기, 그 모든 조우들과 동떨어져 있는 특정한 이야기가 전체에 활기를 불어넣는다. 여기서 인류학자의 존재는 마치 죽은 것처럼 완전히 사라진다. 남겨진 것은 아득히 먼 어떤 나라의 문서고 속 노트 다발들과 녹음 테이프들인데 선의에 찬 몇몇 연구자들은 현명한 문서고 담당자의 도움을 빌려 자신들이 마주한 이 혼란스러우면서도 기민한 통찰들의 더미에 매혹된 채 분석을 시작한다.

바타유는 이를 지배하지 않음으로 지배하는 주권이라 칭한 바 있다. 이 같은 주장은 우리가 모르는 것the unknown을 아는 것the known 으로 지나치게 빨리 축소해버린다는 사실을 충분히 생각조차 하지 않는다는 니체의 불평을 따른 것이기도 하다. 이것이 첫번째 문제다. 우리는 낯섦으로 가득한 것, 우리가 알지 못하는 모든 것들을 재빨리 제거해버린다. 대학 세미나의 기본 원칙 속에서 이 같은 우위는 여실히 드러난다. 우리는 모호함이나 확증되지 않은 것을 견디지 못한다. 그리고 더욱 심각한 두번째 문제는 바로 그로 인해 우리가 안다고 여기는 것이 얼마나 낯선 것인지를 망각해버린다는 것이다. 바로 이러한 이유에서 내가 추구하는 것은 완벽한 설명이 아닌 일종의 불화, 즉 문학 못지않게 민족지가 우리에게 가져다주는 그 불화다.

미메시스와 은폐라는 주제와 더불어 이 글을 쓰는 나의 흥미를 끈 또다른 요인은 바로 위반이었다. 이는 바타유가 니체로부터 전유한 것으로서 여기서 위반은 [콜롬비아의] 소작농들이 기독교적 악마의 모습(그의 역할이 아니라)을 대규모 자본주의적 기업의 이미지로 상상하고 이에 어떻게 대응(그에 대해 설명하는 것이 아니라)하는지를 통해 드러난다. 이 악마는 풍요를 가져다주는 만큼 삶을 파괴할 능력도 갖추고 있다. 나는 이 문제를「태양은 받는 것 없이 준다」라는 제목의―이는 바타유의『저주받은 몫Accursed Share』에서 따온 것이다―장에서 논했다. 희생 속에서 제공되는 것이 바로 이 저주받은 몫이다.

희생은 그것이 파괴하는 대상을 신성한 것으로 만든다는 점을 바타유는 강조한다. 여기서 신성함은 금기를 위반하는 행위뿐만 아니라 경계를 가로지르는 행위 속에도 존재하는데, 우리는 이 같은 신성함은 왼손잡이가 되는 것일 수도 혹은 그 반대일 수도 있다는 점을 기억해야만 한다. 모든 의례는 이 점에 관한 것이며 또한 이를 기반으로 만들어졌다. 고대의 역사에 관한 글들이나 경찰의 부패를 조사하는 권한을 갖는 위원회, 그리고 "원시" 사회들에 관한 고전 인류학 모두가 이를 풍부하게 예시한다. 나는 이 책에 실린 「위반」에서 이를 드러내고자 했다. 여기서 요점은, 위반은 인류와 그들의 사회적 삶의 본질적인 부분일 뿐만 아니라 우리가 사유를 사유하는 방식에 영향을 미치는 어떤 것이라는 데에 있다. 이는 만화와 꽃, 그리고 시체 절단 사이의 연관성에 대해 고찰한 에세이 「꽃들의 언어」에서 보다 상세하게 다뤄진다.

이러한 관점에서 나는 1937년에서 1939년 사이 파리에서 바타유가 설립한 사회학 연구회Collège de Sociologie의 선구적인 연구를 따른다. "원시사회"들에 대한 민족지적 연구, 니체, 그리고 프로이트를 참조하며 이 연구회는 그들의 주제가 유럽을 덮친 근대성이라는 공포를 이해하는 것을 목표로 하는 "신성한 사회학sacred sociology"이라 명시한다. 오늘날 이 용어는 미국에 꼭 들어맞는다. 이 "신성한 사회학"이야말로 우리가 즉시 실행에 옮겨야 하는 것일지도 모른다.

악마란 기독교가 이방인들의 신을 도용한 것이라고 니체는 말했다. 이방인들의 신이란 디오니소스, 즉 도취와 황홀, 모방과 춤, 비생산적 소비와 과잉의 정신을 가리키는데 여기서 요점은 인류와 그들의 역사에서 중요한 것들은 규칙뿐만 아니라 그 규칙을 위반하려는 욕구에서 추동되었다는 사실이다.

이러한 접근은 우리와 같은 이들, 소크라테스라 불리는 플라톤적 꼭두각시들, 즉 논리적 설명을 통해 무지를 정복하기를 갈망하는 이들에게 특히 문제를 야기한다. 마치 발을 두 번 담글 수는 없는 그 유명한 강과도 같은 현실이 이 같은—순수한 사유의—조화 속에 완전히 통합될 수 있는가. 강에 발을 담근다는 것은 모순과 불안정성으로 빛나는 물결을 타고 가는 일인 동시에 이 뒤죽박죽인 세계라는 존재 속에 스스로를 완전히 담그는 것을 뜻한다. 게다가 세계를 더욱 엉망으로 만드는 것은, 그 속에서 규칙은 따라야 하는 만큼 위반된다는 점이다.

강물로 걸어들어가기…… 글을 쓰는 매 순간 나는 묘사된 현실 속으로 이동한다. 1990년대 후반 뉴욕에서 콜롬비아의 태평양 연안에 대한 책을 쓰던 시기의 나 자신은 마치 "태평양 연안을 향해가는 듯"했고 나는 독자들 역시 이를 경험하기를 바란다.[1]

이것이 바로 미메시스적 마법이다. 『황금가지』에 묘사된 공감주술에 따르면 이는 연결되어 있지 않으면 낯선 것으로 남아 있을 무언가를 상기시키는 은유, 즉 그것의 영향을 받고 있는 듯한 느낌을 말하는 것이 아니라 "감염주술"로서, 마치 의식에서 행하듯 연결된 물질에 직접적으로 영향을 미치기 위한 목적의 신체적 연결 상태를 의미하는 마법이다. 누군가의 머리카락이나 잘린 손톱 혹은 분비물과 같은 것이 바로 감염주술의 고전적 예시다. 말들 역시 이러한 역할을 할 수 있고 읽는 것과 쓰는 것 역시 일종의 제의적 실천이 될 수 있다. 이러한 말들은 의미의 연쇄가 아닌 존재의 연쇄 속에서 연결된 사물들의 물질성 속으로 침투하는 신체성의 연결고리가 될 수 있다. 실비아 플라스의 시들이 이를 잘 예시한다. 플라스가 사용하는 언어의 마법은 여러분을 그 언어를 말하는 입이 아니라 (그것이 말하는 대상인) 식물들 속으로 이끈다. 발터 벤야민에 따르면 초현실주의자들이 쓰는 시의 핵심은 이들이 "의미라고 불리는 자동판매기 속 동전들"과 같은 것이 아니라 본능에 가까운 신체성viscerality과 연결되어 있다는 점에 있다. 이는 니체가 그 자신도 미처 깨닫지 못한 채 분노에 차서 암시한바, 즉 모든 철학은 신체에 대한 이해, 심지어는 오해에 기반하고 있다는 점을 상기시킨다.

아마도 니체는 이러한 마법을 지적한 첫번째 인물일 것이다. 마법을 부리고 있음이 분명한 이러한 말들은 사실 짐짓 임의적이지 않은 척하고 있는 문화적 관습의 임의성 그 자체다. 따라서 저자의 임무는 이러한 단어들의 이중적 기능과 유희하는 것, 즉 말들은 그것이 말하는 바—그들은 여러분을 태평양 열대우림으로 데려갈 것이다—인 체한다는 것, 그리고 동시에 그 말들의 교묘한 책략을 인지하는 일이다. 나는 이것을 신경 체계the nervous system라 부른 바 있는데 이들은 저자의 존재를 명백히 드러내고 우리가 진실 그리고 문화라 칭하는 것들의 허구적 위장masquerading 역시 교란한다. [2]

위장은 형이상학을 촉발하는 가장 도착적인 사유와 감정 중 하나인 비밀로 우리를 인도한다. 그 비밀은 현실이 이면에 체계를 형성하는 힘들이 숨어 있는 어떤 표면에 의해 구성된다는 점이다. 이것이 신이거나 심리적 무의식, 경제적 하부구조 심지어는 여러분이 꿈꾸기를 원하는 신비스러운 영적 존재이거나 하는 것은 중요하지 않다. 기만적인 외관과 숨겨진 이면의 깊은 진실이라는 이 두 겹의 모형이 현실을 구성하며 이들이야말로 종교, 과학, 정치, 그리고 치안과 같은 "지적 설계"를 추동해온 힘이다.

니체는 이를 거대한 게임, 의심스러운 비밀을 그것의 은신처까지 추적하고 체계의 앙상한 목구멍을 움켜쥐고서 승리에 찬 모습으로 떠오른 이들, 소위 깊이를 추구하는 이들에 권력을 주는 거대한 게임으로 여겼다. 이 게임 속에서 그들은 무질서를 질서로 변형해낸다. 니체는 "즐거운 학문gay science"을 선호하며 정체를 폭로하거나 박탈하고자 충동을 거부하고 그 대신 체계의 수호자들이 사용하는 책략에 맞서는 또다른 책략을 사용한다. 즐거운 학문 그리고 『신경체계Nervous System』의 토대를 이루는 실제에 대한 이 같은 시각을 나는 1980년대 초반부터 계속된 콜롬비아의 폭력으로부터 배웠으며 이책에 실린 글들을 통해 그 배움을 실행에 옮겼다. 샤먼의 신체를 다룬 「본능적 신체성, 신앙, 그리고 회의주의: 마법에 관한 또다른 이론」과 「NYPD 블루스」는 모두 이 주제에 관한 것이다.

말하자면 이렇다. 현실이란 셸 게임a shell game과 같다. 우리의 글쓰기 역시 그러해야 한다. 그들이 맞물리는 순간 거기에는 언제나 끝에서 두번째의 것, 질서 잡힌 무질서의 새로운 무늬가 등장한다.

발터 벤야민의 무덤

그리고 그는 오늘 자신의 담배에 불을 붙이며 다른 이들과 마찬
가지로 부싯돌과 부싯깃을 사용한다. 그는 말한다. "보트에서는
이게 최선이에요. 바람은 성냥을 꺼뜨리지만, 바람이 세면 셀수
록 부싯깃은 더 강하게 타오르니까요."

—발터 벤야민, 「스페인 1932년」

벤야민이 스페인과 프랑스 국경 마을 포르부의 호텔 드 프란치아에
서 죽은 지 몇 달 후 그의 무덤을 찾아 그곳에 온 한나 아렌트는 결국
아무것도 발견하지 못했다. 지금까지 본 것 중에 가장 아름다운 장소
중 하나, 그것이 아렌트가 찾아낸 전부였다. "아무것도 없어요", 그는
게르솜 숄렘에게 즉시 편지를 썼다. "그의 이름은 어디에도 없어요."
그러나 포르부 시청의 문서에 따르면 벤야민은 그 지역 의사 라몬 빌
라 모레네토로부터 대뇌 출혈 진단—그러나 실질적 사인은 대용량
의 모르핀 투여를 통한 자살이라고 널리 알려져 있다—을 받고 사망
했으며 이틀 후인 1940년 9월 28일 벤야민의 여행 동료 중 하나였던
굴란드가 75페세타를 지불해 "안치함"을 5년간 대여했음이 기록되
어 있다. 피레네산맥을 넘어 스페인으로 이르는 여정의 안내자였던
리사 피트코의 증언에 의하면 벤야민은 "그를 여러 번 죽이고도 남을
만큼 충분한 양의 모르핀을 소지하고 있었다".

이름이 있건 그렇지 않건, 이 장소는 어딘가 압도적인 데가 있
다.

"묘지는 작은 만으로 이어지는데 바로 지중해에 면해 있어요." 아렌트는 계속한다. "그 묘지는 돌을 깎아 테라스 형태로 조성되어 있었어요. 그 돌벽 속으로 관들도 밀어넣죠. 그곳은 내가 생전에 보았던 가장 환상적이고 아름다운 곳들 가운데 하나였어요."¹

숄렘은 그다지 감동받지 않은 듯하다. 그는 몇 년 후 출간한 벤야민에 관한 기억이 그 내용의 전부를 이루는 책²을 완전한 거부의 어조로 끝맺는다. "분명 그 장소가 아름답기는 하다. 그러나 무덤은 가짜다." 생의 마지막에 대한 이 거칠고 신랄한 촌평은 마치 벤야민, 그리고 우리들 역시 최후의 순간을 빼앗겼으며 대신 우리가 얻은 것이란 마지막 몇 페이지가 사라진 책과 같은 갑작스러운 중단에 불과하다고 말하는 듯하다. 아렌트가 발견한 것처럼 그곳에는 이름이 없다. 그러나 이보다 나쁜 것은 그곳에 가짜 이름이 있다는 것, 그리고 보기에 따라서 더욱 최악일 수도 있는 것은 바로 가짜 무덤이 존재한다는 사실이다. 숄렘이 보기에 무덤 사진이 드러내는 것은 명백하다. 그가 보기에 벤야민의 이름이 휘갈겨 쓰인 나무 벽은 "무덤 관리자들이 몇몇 방문자들의 요청을 고려해 그들에게 오는 사례를 확실히 하기 위해 만들어낸 것"에 불과하다. 따라서 조지 슈타이너가 20세기 가장 위대한 비평가로 격찬한 바 있는 이 사자의 삶을 향한 숄렘의 기억은 다음과 같이 끝난다. 죽어서까지도 벤야민은 패자였고 그의 무덤은 팁을 원하는 이들의 놀잇감이 되었다. 여기서 숄렘은 실제 무덤을 대신해 불경의 혐의charges of profanity 아래에 자신의 대상을 묻어버렸다고도 할 수 있다.

그는 고의적으로 벤야민을 기념비화하는 것을 피하려고 했던 듯도 하다. 이러한 목적에서 그는 기록의 가장 지루한 부분, 무덤의 허위성을 선택한다. 여기서 우리는 벤야민이 1929년 펴낸 『초현실주의』에서 "범속한 각성profane illumination"이라 부른 것을 떠올릴 수도 있다. 그러나 도대체 무엇을 깨닫는다는 말인가? 벤야민의 설명에 따르면 "범속한 각성" 속의 각성은 종교적 각성을 넘어서는 것들의 선명한 흔적을 품고 있다. 게다가 죽음 직전 쓴 그 유명한 「역사의 개념에 대하여」에서 벤야민은 "적들이 승리한다면 죽은 자들조차도 그 적 앞에서 안전하지 못하리라는 점을 투철하게 인식하고 있는 역사가에게만 오로지 과거 속에서 희망의 불꽃을 점화할 재능이 주어져 있다"[3]고 서술한 바 있다. 그의 무덤에 대한 숄렘의 평가는 그 희망의 불꽃에 어떤 영향을 미치는가?

어떻게 숄렘은 그 사진이 "명백히 드러내는 것"을 통해 무덤이 가짜라고 단언할 수 있었을까? 어떻게 사진이 그 같은 사실을 명확하게 드러낼 수 있을까? 만약 사진이 그런 역할을 할 수 있다면 왜 무덤의 안내인들은 숄렘이 사진을 보고 알아차린 것과 같이 무덤 방문객들에게 너무나도 명백할 것이 뻔한 책략, 그처럼 뻔뻔스러운 가짜를 만들어냈을까? 이 무덤에는 분명 진짜를 그대로 복제한 것을 만들어내기 위한 무덤 채굴자들의 기술 이상의 무언가가 있는 것은 아닐까?

엄밀히 말해 왜 우리는 그 무덤 속에 거기에 있음 직한 것이 실제로 있을 것이라 믿는가? 삶에서 가장 중요한 사건 중 하나인 죽음은 우리들 대부분이 결코 알려고 하지 않는 비밀과 공포로 둘러싸여 있다. 포르부의 무덤에서 실제 무슨 일이 있어나고 있는지 어떻게 알 수 있는가? 만약 그 무덤들이 실제로 품고 있는 것이 적절한 사체가 아니라면? 혹은 아무것도 품고 있지 않다면? 우선, 이 체계 내에서 신체와 유골은 수도 없이 이동한다. 일단 "안치함"을 몇 년간 임대한 후 그 임대를 갱신하지 않는다면, 그 이후 유골은 파내어져 포사 코뮌fosa común, 즉 "공동무덤"이라고 불리는 곳으로 옮겨진다. 그곳에 모인 유골들은 이내 각각의 고유성을 추적할 수 없을 정도로 뒤섞인다. 죽음이라는 볼썽사나운 혼돈 속에서 그들은 하나로 모이며 친구와 적들, 내부자와 이방인, 공화당원들과 프랑코의 지지자들, 대퇴부와 두개골이 온통 뒤섞인 채, 엘리아스 카네티가 말한 "죽은 자들의 식별 불가능한 인파the invisible crowd of the dead"를 창조/재창조해낸다. 카네티는 이러한 사자들의 더미가 종교적 정서의 특권적 원천이라 부른 바 있다. 모든 것이 이런 식으로 진행되었다면 벤야민의 유골 역시 굴란드가 75페세타를 지불한 후 5년이 지난 1945년에 파내어져 포사 코뮌으로 옮겨졌을 것이다.

그렇다면 벤야민이 사망한 지 몇 달 후 포르부를 방문한 아렌트가 그의 안치함을 찾지 못한 것은 무슨 까닭일까? 숄렘이 1975년에 한 무덤의 진위 여부에 관한 단언은 아마도 우리에게 어떤 극적인 전조를 제공한다. "그의 이름은 어디에도 없다"고 아렌트는 말한다. 하지만 여기엔 무언가 도움이 될 만한 세부 사항, 즉 이름에 얽힌 무언가가 있다. 벤야민의 이름은 그의 사후(최근 건설된 포르부의 벤야민 박물관에 따르면) 유대인이 아니라 로마 가톨릭 벤야민 발터로 공식 기록에 기입되었다. 정확히는 벤야민 발터 박사Doctor Benjamin Walter. 게다가 그는 가톨릭 신자들을 위한 묘지에 매장되었으며 이름이 없었던 것이 아니라, 그의 무덤이 가짜인 것처럼 그의 몸 역시 가짜 기독교인, 가짜 이름을 단 채 그곳에 묻혔다.

우리는 사망인defunto 벤야민 발터라는 이름을 그가 지녔던 호텔 드 프란치아의 영수증에서 볼 수 있다. 나흘간의 숙박료가 청구된 그 영수증에는 레몬 소다 다섯 잔, 네 번의 전화 통화, 시신의 안치 비용, 그리고 그가 머무른 방과 사용한 매트리스의 소독과 표백 비용도 포함되어 있다. 의사가 기입한 영수증에도 이 이름이 적혀 있다. 그는 주사와 여행자를 위한 혈압 검사 비용으로 75페세타를 청구하며 "여행자el viajero 벤야민 발터"라고 적었다. 벤야민의 사망 증명서 역시 마찬가지다. 1940년 9월 27일에 발행된 25번 증명서에는 "벤야민 발터. 48세, (독일) 베를린 출신"이라고 기록되어 있다. 이 이름은 목수가 포르부의 판사에게 제출한 영수증에도 있다. 그는 사자를 위해 천으로 감싼 관을 만들었고 미스터 벤야민 발터를 위한 유골함을 봉인할 벽돌공의 운임을 포함해 8페세타를 청구했다. 그리고 1940년 10월 1일 신부가 제출한 영수증에도 이 이름은 존재한다. 그 신부는 96페세타를 청구했는데 여기에는 사자를 위한 미사 비용 6페세타, 그리고 "B. 발터의 시신이 묻힌 이 마을의 가톨릭 묘지의 유골함 5년 대여 비용"[4] 75페세타가 포함되어 있다.

"적들이 승리한다면 죽은 자들조차도 그 적 앞에서 안전하지 못하리라"고 벤야민은 그의 죽음 직전에 쓴 바 있다. 이 문장은 그의 역사철학 테제의 일부인데 여기서 그는 삶의 모든 세부 사항이 고려되고 아무것도 잊히지 않은 채, 과거에 대해 견고한 책무를 지닌 현재, 순식간에 사라지는 구원의 흔적을 간직한 실낱같은 현재에 대해 말하고 있다.

"죽은 자들조차도." 원문에서 이 부분은 이탤릭체로 강조된다. 죽은 자들조차…… 이 구절은 알레고리의 독특한idiosyncratic 개념에 초점을 둔 바로크 비애극에 관한 그의 초기 작업을 연상시킨다. 그에 따르면 알레고리 작가들은 그들 삶 속 사물들에 천착하는데, 그렇게 함으로써 사물들은 그들과 유희하고 새로운 형상을 띠게 되며 운명에 관해 이야기한다. 벤야민의 친구였던 아도르노가 그가 사망한 지 십수 년 후 쓴 글에서 염두에 둔 것 역시 바로 이 점이다. 그에 따르면 벤야민의 철학적 응시는 바라보는 모든 것을 돌로 바꾸어놓는 메두사의 시선과 같다. 그러나 이는 단지 더 큰 전략의 일부일 뿐이라고 아도르노는 덧붙인다. 그 전략이란 사물들의 파국적 주문을 깨뜨리기 위해 그 스스로가 사물이 되는 것이다.

이와 같은 사유를 상기하는 것이 중요한 이유는 바로 벤야민 자신의 죽음이 보여주는 서사, 즉 죽음에 대한 통제를 비틂으로써 자신을 드러내며 전 생애에 걸친 그의 작업과는 거의 아무 상관도 없거나 심지어는 미묘하게 어긋나기까지 하는 강력한 서사에 있다. 벤야민은 이미 이야기꾼에 관한 유명한 글의 상당 부분을 할애해 죽음이야말로 이야기꾼에게 권위를 부여한다는 논제를 제시한 바 있지 않은가? 9·11 테러 이후의 우리들에게 이 점은 너무도 당연하게 들린다. 심지어 여기서 더 나아가 우리는 바로 이러한 이유에서 죽음은 우리를 공포에 질리게 하는 동시에 사로잡는다고 주장할 수도 있다. 이미 완결되었으나 죽음의 부재로 인해 잘려나간 이야기, 영원히 연기된 결말의 이야기인 삶. 우리는 우리 자신의 이야기에 권위를 부여하길 원하며 그 권위는 바로 죽음을, 그에 따르는 시신을 규명하는 순간에 최고조에 이른다. 비석 혹은 기념물—특히 가짜로 비난받는—은 그와 같은 하나의 이야기, 혹은 하나의 시도에 불과하다.

　"나는 성지 순례를 하는 것이 아니다." 2002년 여름 포르부의 무덤을 방문하면서 나는 스스로에게 말한 바 있다. 심지어 나는 내가 정말 원하는 것이 무덤 방문인지조차 확신할 수 없었다. 나는 이러한 감정이 전적으로 내가 가진 묘지에 대한 공포 때문이라고는 생각하지 않는다. 혹은 내가 동시에 그것들에 이끌리고 있다는 이유 때문도 아니었다. 나는 벤야민의 무덤이 있는 장소를 둘러싼 초기의 열광을 인지하고 있었는데, 그의 죽음과 홀로코스트를 둘러싼 극적 요소들이 벤야민의 저작들이 지닌 수수께끼 같은 힘과 그의 개인적 삶의 의미를 전유하고 희미하게 만드는 것만 같았다. 거칠게 말해, 그의 죽음이 삶보다 더 중요해지는 것이다. 이 열광은 지나치게 비극적이거나 감동적이었고 사건에 너무나 많은 의미를 부여한다. 그는 국경을 넘는 데 실패했으며, 죽음의 장소는 너무나 아름다웠고 이 모든 것은 또한 한 시대의 비극이었다고. 나는 이 모든 것들이 일종의 어리석음에 다다를 뿐이라고 생각했다. 널리 알려진 경의의 장소, 풍경의 압도적 아름다움과 고요함에 의해 더욱 강렬해지는 비극적 감정의 싸구려 전율에 감동하는 어리석음 말이다. 아무튼 우리가 경의를 표하는 것은 위대한 사상가들의 무덤이 아니다. 그렇다면 무엇이 적절한 제스처일까? 죽음은 골치 아픈 일이다. 기억 또한 그렇다.

　죽음을 관리하는 규칙이 필히 존재한다면 죽음 역시 그 규칙들을 필연적으로 시험한다. 각각의 죽음과 함께 사회 역시 조금씩 죽어간다고 인류학자 로베르 에르츠는 지금은 고전이 된 죽음의 집단적

재현에 관한 그의 1907년 저작에서 말한 바 있다. 하지만 사회의 무엇이 죽는다는 것인가? 전통과 싸우고 그에 맞서는 존재로서 자신들을 정의해왔던 근대 지식인들에게 자신들을 압도하는 듯한 죽음은 특히 난감한 문제다. 산맥의 어렴풋한 윤곽을 향해 뻗어 있는 터널로 둘러싸인 기차역과 차량 기지를 출발해 벤야민의 무덤을 향해 가는 것, 혹은 그저 포르부 외곽 가장 바깥쪽 파도의 기운에 가닿는 것은 나 자신이 그러했듯, 그곳에 멈춰선 채 더이상 어떻게 나아가야 할지 망설이는 것에 다름아니다. 이 모든 것들은 바로 죽음에 대한 우리의 근본적인 무능력 그리고 죽음을 인지하기 위한 일련의 과정을 재발명해내야 할 필요를 보여준다. 니체는 자기 자신과 연관된 사건들만을 역사로 써낼 수 있는 역사가들은 모두 무용지물이라 주장한다. 우리는 죽음에 관해서 같은 말을 할 수 있다. 벤야민 역시 비슷한 말을 한 바 있는데, 그에 따르면 진리truth는 비밀을 파괴하는 '폭로exposure'의 문제가 아니라 정의가 그에 행하는 것을 '계시revelation'하는 데에 있다. 여기서 벤야민이 염두에 둔 것은 신체에서 영혼에 이르는 사랑에 관한 플라톤의 『향연』의 한 단락이다. 죽음 역시 마찬가지다.

벤야민은 첫번째 자살폭탄 테러범이었을까? 이 물음이 떠오른 이유는 내가 포르부로 향하는 기차 안에서 본 신문의 표제 기사 때문이다. 거기에는 불도저와 아파치 헬리콥터로 중무장한 이스라엘 군인들이 자살 폭탄 테러범들에 대한 대응이라는 이유를 대며 팔레스타인의 마을과 난민 캠프를 침공했다는 소식이 실려 있었다. 언론인들은 군인들이 사용하는 섬광 수류탄과 최루탄으로 인해 후퇴할 수밖에 없었고 최소 두 명이 이스라엘 군인들의 총에 맞았다. 유엔이 주도한 제닌Jenin에서의 전쟁 범죄에 대한 조사는 이스라엘 측의 반대로 실현되지 못했다. 미국 대통령과 언론은 팔레스타인을 이 모든 폭력의 원인으로 비난했다. 심지어 그들은 무엇이 팔레스타인인들을 이러한 상황으로 이끄는지, 적절한 재판조차 없이 "행정상 구류"

를 선고받고 감옥과 난민 캠프에서 일상을 보내는 그들의 삶이 어떠한지에 대해서는 일말의 관심도 보이지 않는다. 우리가 보는 것은 이스라엘 엘리트 특수 저격수들의 심리적 고통을 묘사하는 일요 신문의 기나긴 기사들뿐이다. 그 일요 신문들이 과연 이스라엘 정착민들이 팔레스타인인들의 땅을 불법적으로 분할해 거미줄과 같은 경계들을 설치하고는 이를 넘기 위한 팔레스타인인들의 능력을 시험하고 통제한다는 사실, 그리고 남아공의 인종 분리 정책apartheid과도 같은 이 시스템이 팔레스타인인들에게 야기하는 심리적 고통에 관해 기사의 한 줄이라도 할애한 적이 있었던가? 그들은 역사가 승리자에 의해 쓰인다고 말한다. 그러나 이는 전례없는 일이다. 여기서 팔레스타인인들은 마치 목소리조차 갖지 못한 존재인 양 취급된다. 그들은 단지 재현되지 않을 뿐 아니라 재현 불가능하다. 혹은 골다 메이어가 썼듯, 존재조차 하지 않는다. 벤야민이 그러했듯 그들은 패배할 운명이다. 진리는 시험에 처해 있고 이 경계는 내가 바르셀로나 북부에서 포르부를 향해 모든 역에 정차하는 완행열차를 타고 천천히 여행하고 있는 동안에도 생겨났다가 이내 뒤바뀐다. 60년 전, 벤야민이 탄 기차 역시 이 모든 역에서 멈춰 섰을 것이다.

　　몇 좌석 앞 객실의 반대편에 한 젊은 남자가 앉아 있다. 스페인어를 할 줄 모르는 그는 걱정에 가득차 있다. 그는 싸구려 재질로 된 커다란 검은 가방을 자신의 옆자리에 놓아뒀는데, 이는 아무도 거기에 앉지 못하게 하기 위해서일 것이다. 그는 마치 철창 안의 동물처럼 쉴새없이 사방을 둘러본다. 나는 바르셀로나의 어두운 에스타시오 산츠역에서 기차를 기다리면서 그를 처음으로 보았다. 그는 한 중년 여성에게 다가갔고 그의 몸짓으로 보건대, 그가 타야 할 국경으로 가는 기차가 언제 어디서 출발하는지를 묻는 듯했다. 기차에서 그는 나에게 다가와 포르부 북쪽 프랑스 국경 마을인 세르베르Cerbère가 인쇄된 자신의 기차표를 보여주었다. "프란치아? 프란치아?" 그는 이 말을 반복하며 눈을 크게 뜨고 간청하는 듯한 눈빛으로 기차가 설 때마다 그 역이 그의 목적지가 아닌지 물었다. 나는 그가 북아프리카에서 온 불법이민자임을 알아챘다. 그는 오랫동안 씻지 못한 듯했다. 그는 도주중이었다. 프랑스에서는 반유대주의 그리고 반아랍주의이자 반이민을 구호로 내세우는 르 펜이 사회주의자 리오넬 조스팽을 여론조사에서 눌렀고 거의 18퍼센트를 득표한 상태였다. 포르부에 도착해 기차에서 내린 후 나는 그를 향해 손을 흔들고 승리의 손동작을 해 보였다. 그는 희미한 웃음을 지었다. 벤야민은 정반대편에서 출발해 이곳 국경에 도착했다. 물론 그때는 많은 것이 지금과는 달랐을 것이다.

바다를 향해 경사진 초록으로 물든 언덕을 따라 올라가면 그곳에 묘지가 있다. 4월 말의 언덕은 노란 야생화들이 뿜어내는 빛깔로 가득하다. 바로 등뒤 만bay의 움푹 들어간 곳에 마을이 자리잡고 있다. 이 마을은 이상하게도 차갑고 쌀쌀맞다. 프랑스에서 온 몇몇 당일치기 관광객들이 뭔가 볼거리를 찾으며 이리저리 배회한다. 화장실 사용을 허락하지 않는 카페는 내가 이 여행을 시작한 바르셀로나의 역만큼이나 어둡고 휑하다. 터무니없이 비싸기까지 하다. 마을에는 젊은 사람이 거의 없고 노인들과 몇몇 아이들뿐이다. 슈퍼마켓은 주로 저렴한 술을 판매한다. 밀수꾼으로 가득한 국경 마을인 걸까? 하지만 이미 스페인이 유럽의 일부인 지금 밀수할 것이 있기는 한가? 마을에는 왜 여전히 긴장감이 감돌까? 이러한 기분을 나는 1987년에도 느낀 적이 있다. 그때 우리는 프랑스에서 출발해 이곳에 들러 커피를 사고는 여정을 이어갔다. 당시에는 벤야민 기념물이 존재하지 않을 때였다. 단지 마을뿐이었고 그래서인지 마을 전체가 그의 기념물과 같았다. 춥고 까다롭고 수수께끼와 같은.

1980년대 중반 나는 같은 과 동료 인류학자의 부인 바버라 살린스를 통해 알게 된 리사 피트코에게 공중전화로 전화를 건 적이 있다. 벤야민을 국경까지 안내했던 리사 피트코는 고작 몇 블록 떨어진 곳에 살고 있었다. "세상에! 그 서류 가방을 찾고 있군요!" 수화기를 통해 전해진 그의 첫마디였다. 나는 낙담했다. 그는 누군가가 명백하게 순수한 이유에서 그와 이야기를 하기를 원하며 그 사라진 보물은 오직 대화에 방해가 될 뿐이라고는 생각하지 않았던 걸까? 내가 찾고 있던 사라진 보물은 심지어 잃어버린 서류가방보다도 더 무형의 것이었다. 당시의 나에게는 어렴풋하게 느껴졌지만 이제 와 당시를 돌아보면 아마도 나는 그 순간 순례를 시작했던 것이 아닐까 하는 생각이 든다. 비바람이 몰아치던 그날, 시카고 남쪽 거리 모퉁이의 유리와 메탈로 된 전화부스에 서 있던 바로 그 순간 속에 내가 찾던 보물이 있었던 것은 아닐까? 그것은 죽은 이, 그 성자the holy man의 무엇이든지 흡수하고 싶은, 수십 년 전 벤야민을 남몰래 산맥 너머의 국경으로 안내했던 여성의 모습에 들러붙어 있는 살아 있는 현존으로서의 무언가를 흡수하고 싶은 욕망이었다. 이 모든 것들은 말보다 더 빠르게 내 마음속에서 번뜩이다 이내 사라졌고 내가 그에게 무슨 말을 하건 상관없이 나는 다만 길을 잃었을 뿐이라는 예감이 엄습해왔다. 사라진 서류 가방—서류 가방에 대한 생각, 서류 가방의 이미지—은 엄청난 유물이 되었고 그것이 사라졌다는 사실은 그 가방에 더욱 강력한 힘을 더할 뿐이었다.

얼마 후 나는 그의 집을 방문했고 사라진 벤야민의 가방에 대해 롤프 티데만이 얼마나 흥분했는지에 관한 이야기를 들을 수 있었다. 벤야민은 거대한 검은 서류 가방을 끌고 피레네산맥을 넘었고 그 가방에는 그의 가장 중요한 작업물이 들어 있다고 했다. "이 가방을 잃어버려서는 안 됩니다"라고 벤야민은 말했다. "반드시 지켜야만 하는 원고들입니다. 목숨보다 더 중요해요." 벤야민의 독일어판 전집 출판을 총괄했던 티데만은 그 가방을 찾기 위해 즉시 포르부와 그 지역 주도州都로 달려왔다. 그는 지역 기관들을 동원해 그 가방에 관해 샅샅이 조사했다. 내 기억이 맞다면 그들은 심지어 마을 지하묘지들까지 뒤졌다고도 한다. 하지만 이 기억은 아마도 매장된 과거가 쓰는 속임수일지도 모른다. 그들은 아무것도 찾지 못했다. 서류 가방 같은 것은 없었다. 놀라운 원고도 없었다. 거기에는 처음부터 아무도 없었던 것처럼.

이상한 점은 내가 확인한 벤야민의 사망 당시 판사가 기록한 서류에는 원고에 관한 그 어떤 언급도 없었던 대신 벤야민이 지닌 단 하나의 짐, 커다란 가방의 존재가 기재되어 있다는 것이다. 그 가방의 내용은 다음과 같이 상세하게 항목별로 정리되어 있었다. 상세 설명서가 동봉된 회중시계와 줄, 500프랑 지폐, 50달러 지폐, 20달러 지폐, (모든 일련번호를 자세히 기록), 마르세유에 있는 미국 외교부가 발행한 스페인 비자가 부착된 발터 벤야민 이름의 여권(224번), 프랑크푸르트에서 당시 뉴욕으로 망명한, 컬럼비아 대학과 제휴 관계에 있었던 사회연구소로부터의 증명서, 여섯 장의 사진, 파리에서 발급된 신분증, 엑스레이 사진, 호박과 같은 보석으로 만든 마우스피스가 달린 담뱃대와 케이스, 니켈 테로 된 안경과 케이스, 그리고 다수의 편지와 신문. 그러나 원고는 없었다.

그러나 리사 피트코의 기억에 따르면 그 가방은 너무나도 무거웠다. 고작 시계, 파이프, 안경 몇 개, 그리고 종이 다발이 그렇게나 무거울 수 있었을까? "우리는 산을 넘는 동안 그 괴물을 질질 끌다시피 해야 했어요." 그는 말했다. 그들은 리스터 루트The Route Lister를 따라 산을 올랐는데, 스페인 내전 기간 동안 이곳을 따라 군대를 이끌었던 공화당 장군의 이름을 딴 이 길은 해안의 밀수꾼들이 이용하던 길이기도 했다. 그의 기억에 따르면 벤야민은 "숨을 거칠게 몰아쉬긴 했지만 어떤 불평도 늘어놓지 않았고 한숨조차 내쉬지 않았다. 그는 오직 자신의 검은 가방에만 주의를 기울이고 있었다". 한번은 그가 웅덩이에 고인 물을 마시기 위해 멈춰 섰다. 녹빛을 띤 물은 진흙투성이에 악취까지 났다. 그는 벤야민에게 그 물을 마셔서는 안 된다고 주의를 주며 티푸스에 걸릴 수도 있다고 말했다. "맞아요", 벤야민은 대답했다. "아마도 그럴 겁니다. 하지만 그보다 더 최악은 국경을 건

넌 후 티푸스에 걸려 죽는 것 아닐까요. 게슈타포는 나를 붙잡을 수 없을 것이고 원고는 무사할 겁니다. 정말 죄송합니다." 그는 언제나 몹시 예의바른 편이었다.

하지만 그는 벤야민의 "적응력"의 부재 역시 지적했다. 다양한 무능력에 대한 일종의 완곡한 표현인 이러한 적응력의 부재는 이 일련의 지식인 계층 난민들 사이에서 일반적인 것이었는데 아마도 오늘날의 표현으로 바꾸자면 "생존 기술survival skills" 혹은 "세상물정street smarts"이라고 부를 만한 것의 부재다. 대다수가 그들에게 요구되는 온갖 기술로 충만한 듯 보이는 오늘날의 아카데미 지식인들과 비교하면 이는 이해하기 어려운 특성이기도 하다. 피트코의 말 속에는 그가 국경 너머로 안내했던 이들이 지녔던 이기심, 미성숙함, 현실을 직면하고 좀더 실용적인 태도를 취하지 못하는 그들의 무능력에 대한 힐난의 어조가 들어있기까지 하다. 도주중인 이들이 늘 최선을 다하는 것은 아니다. 하지만 벤야민은 존엄을 유지했고 비록 동정을 자아낼지언정 결코 불평을 늘어놓지는 않았다. 피트코는 그가 어떻게 뜨거운 차가 든 컵을 쥘지에 대한 안내서를 필요로 하는 종류의 사람이었다고 회상했다. 이는 우리가 "비실용적"이라고 부르는 것 이상을 의미한다. 뜨거운 차 한 잔은 그저 상징에 불과할 뿐이며 이는 그러한 세계 속 존재가 지닌 무력함, 심지어는 절망의 상태를 포함한다.

"그는 즉흥적으로 행동할 수 있어야만 했을까요?" 인터뷰어인 리처드 하이네만이 물었다. "그는 그렇게 할 수 없었어요." 피트코는 대답했다. "내가 보기에 그는 우선 적절한 이론을 발전시킨 뒤에야 비로소 뜨거운 컵을 들 수 있는 사람이었어요."[5]

추측하건대 피트코가 국경으로 안내했던 지식인들 대부분은 아마도 하인을 두었던 집안 출신이거나 그들이 그림을 그리고 조각을 하고 소설이나 시, 희곡, 비평문 따위를 쓰는 동안 시중을 들 아내를 두었을 것이다. 심지어 벤야민과 같이 1930년대 초반 이래 몰락해온 집안 출신들조차 여전히 값싼 호텔을 전전하며 카페에서 끼니와 음료를 해결하고 가사노동이나 일상을 유지하기 위한 여러 실무들로부터 동떨어진 채 살아왔을 것이었다. 일례로 벤야민의 글을 타자로 옮긴 것은 누구였을까?

　"그 남자들 대부분은 거칠고 조야한 조건을 다룰 줄 몰랐어요." 1939년 말 파리 외곽의 스테드 콜롱브에 있던 외국인 포로 수용소에 수감된 직후 리사 피트코의 남편 한스는 그에게 이와 같이 말했다. "어떻게 비바람으로부터 자신을 보호하죠? 어떻게 옷을 말리고요? 어떻게 손을 데지 않고 뜨거운 커피가 든 양철그릇을 들죠? 누군가가 벤치에서 굴러떨어져 뼈 한두 개쯤 부러지는 일은 흔하게 일어났어요."[6]

　한스 피트코는 프랑스가 포위되기 직전 겨울, 네브리스 근처에 있던 베르주헤의 또다른 감옥에서 벤야민을 만났다. 그는 벤야민에게 남쪽 마르세유로 가게 된다면 리사에게 연락을 해보라고 조언했다. 감옥 생활에 대한 벤야민의 무능력에 그는 너무나도 놀랐다. 애연가였던 벤야민은 갑작스럽게 담배를 끊었는데 한스가 보기엔 이는 "부적절한 시기"에 이루어진 것이었다. 하지만 벤야민은 "단 하나의 노력에 모든 주의를 집중함으로써 나는 이 감옥 생활을 견딜 수 있을 것"이며 "담배를 끊는 것이야말로 나에게 그런 노력을 기울이게 하는 것입니다. 그리고 그것이 나에게 해방을 가져오지 않겠어요?"[7]라고 그 이유를 설명했다.

　주의를 돌리는 다른 방법도 있었다. 벤야민은 다른 수감자들 몇몇과 작은 문학잡지를 꾸렸다. 그 수용소 잡지는 이 지식인들이 "프랑스의 적들"[8]로서 수감된 이들이 누구인지를 보여주기 위해 만든 것이었다. 편집위원회는 벤야민의 텐트 속으로 기어들어가 한스 잘 Hans Sahl이 "동굴 속의 성자"라 부른 젊은 간수의 도움과 "천사의 수호" 속에서 그가 잠을 자던 계단 아래에서 만났다. 그들은 거기에서 천사가 프랑스 군인들로부터 얻어온 조그만 통 속 밀수 소주를 마시기도 했을 것이다. 언젠가는 벤야민이 "상급자"들을 위한 과정을 열기도 했는데 수강료는 골루아즈 담배 세 개비 혹은 단추 하나⁹였다. 그 모든 노력에도 벤야민이 자신의 천사와 오래 함께할 수 있을 것 같지는 않았다. "한 사람의 사유와 행동이 이처럼 비극적으로 충돌할 수 있다는 것을 그토록 깊이 깨닫게 된 적은 결코 없었다"라고 잘은 30년 후에 썼다.

이 충돌은 우리가 벤야민의 이론이 그가 사물 세계라 부른 것, 그리고 미메시스적 행위와 같은 "몸에 밴 지식"에 얼마나 깊이 천착해 있었는가를 고려할 때 더욱 두드러진다. 리사 피트코가 "적응력"이라 부른 것 역시 같은 맥락에 놓여 있다. "대처할 수 있어야 합니다", 피트코는 말한다. "우리는 어떻게 스스로를 구하고 어떻게 고난을 헤쳐나갈지를 알아야만 해요." 이런 일들이란 말하자면 어떻게 "위조 식료품 도장을 사고 아이들에게 줄 우유를 슬쩍 훔치며 요령껏 허가를 구하고 공식적으로는 존재하지 않는 일을 얻어내고 성사시키는 것과 같은 일들인데…… 벤야민은 그런 요령^{débrouillard}이 전혀 없었어요."¹⁰ 그는 벤야민이 의사 프리츠 프랑켈과 함께 프랑스 선원으로 위장해 해외로 몰래 달아나려다 실패했다는 사실을 떠올리며 웃음을 터뜨렸다. 그의 연약한 외양과 덥수룩한 회색 머리카락은 단연 눈에 띄었다. 미메시스 능력은 저멀리 사라지고 없었다.

모더니즘에 대한 벤야민의 애호, 특히 몽타주와 알레고리 그리고 단편적인 것들에 대한 사랑은 그로 하여금 새롭고 낯선 환경을 다루는 "적응력"에 천착하도록 했다. 그리고 그는 현대적 삶의 충격에 단련된 "두꺼운 피부^{thick skin}"—프로이트의 용어로는 "자극에 대한 방패^{stimulus shield}"—의 이론가가 아니었던가? 게다가 1932년에서 1933년 사이에 이비사섬에서 쓰인 그의 편지와 글에는 물질 문화에 대한 애정과 자연에 대한 날카로운 안목이 공공연히 빛나고 있지 않은가. 그러나 만약 그가 뜨거운 차가 담긴 컵조차 쥘 줄 모른다면, 도대체 이 모든 것들이 다 무슨 소용이란 말인가. 그러나 자살을 감행해내는 능력은 물론 그러한 힘이 미치지 않는 곳에 있다. 마치 "적응력"의 부재가 그 이면에 어떤 특정한 윤리적 원칙, 말하자면 적응하지 않음의 원칙을 지니기라도 한 것처럼.

벤야민을 국경 너머로 안내한 후 리사 피트코와 그의 남편은 프랑스어와 독일어 모두에 능통했던 뉴욕 출신의 작가, 바리앤 프라이에게 고용되었다. 그의 임무는 미국의 "긴급 구호 위원회"를 대신해 나치에 쫓겨 프랑스를 탈출한 지식인, 예술가, 정치인, 그리고 노동계 대표들을 구조하는 것이었다. 벤야민이 목숨을 걸고 국경을 넘을 무렵, 프라이 역시 3000달러의 현금과 구조해야 할 이들의 이름이 적힌 목록을 가지고 마르세유에 도착했다. 벤야민을 국경 너머로 안내한 리사의 강인함을 보고 프라이는 그와 그의 남편을 그의 임무에 합류시키고자 했다. 그들은 처음에는 주저했다. 프라이는 충분한 권한을 가지고 있는 것일까? 그들 자신들부터 우선 자유를 얻어야만 하는 것 아닌가? 프라이는 이 임무에 이름을 붙였다. 그가 사용했던 밀수꾼들의 경로, 즉 리스터 루트는 피트코의 이름을 딴 에프-루트 F-Route로 불린다.

프라이는 추방되기 전까지 13개월가량 구조 작업을 지속했고 이 작업이 상당히 성공적이었다고 자평했다. 처음 몇 주간 그는 그를 찾아온 목록상의 난민들에게 다른 이들의 소식에 대해서도 물었다. 들려온 소식은 처참했다. 체코의 소설가인 에른스트 바이스는 독일군이 파리로 밀려들던 순간 자신의 방에서 음독했다. 독일의 소설가 이름가르트 코인 역시 같은 때에 자살했다. 독일 극작가인 발터 하젠클레버는 마르세유에서 멀지 않은 레 밀에 있던 수용소에서 베로날 과용으로 죽었다. 유명한 예술잡지 『도큐멘트』의 원시예술 전문가이자 조르주 바타유의 파트너인 카를 아인슈타인은 도경이 좌절된 스페인-프랑스 국경에서 목을 맸다. 노동계 대표였고 독일 공산당의 당수였던 빌리 뮌첸베르크는 그르노블에서 나무에 목을 맨 채 발

견되었다. "나는 그들의 이름을 하나씩 내 목록에서 지워나갔다."[11] 벤야민의 자살은 놀라운 일이 아니었고 약물 과용은 그들이 가장 선호하던 수단이었다.

피란민들은 "만약을 대비해" 극약이 든 병을 자신들의 조끼 주머니에 갖고 다녔다. 프라이에 따르면 벤야민에게 대용량의 모르핀을 준 것은 아서 쾨슬러였는데 그 이유 역시 "만약을 대비해"[12]서였다. 프라이가 기록한 사례들 대부분에서 일종의 심리적 마비 상태 같은 것을 볼 수 있는데, 이는 심지어 돈과 비자가 충분한 피란민들의 경우에도 마찬가지였다. 그들은 도주하기에는 너무나도 겁에 질린 상태였다. 프라이는 다음과 같이 쓴다. "그들은 머무르기에는 너무나 초조해했고 떠나야 한다는 생각만으로도 공포에 질려 굳어버렸다. 설령 여권과 모든 필요한 비자를 준비하게 해도 한 달 뒤 그들은 여전히 마르세유의 카페에 앉아 있었다. 경찰이 와 그들을 붙잡기를 기다리면서."[13]

마을 너머 언덕을 오르면 묘지가 있다. 전에는 오직 가톨릭 신자

들에게만 허용되었던 그 묘지에는 오늘날 누구든 묻힐 수 있다. 왼편 수백 미터 아래에는 바다가 펼쳐져 있고 언덕을 따라 길이 굽이굽이 이어진다. 작은 평원 위 아치가 묘지로 들어가는 입구다. 묘지 입구 에서 십여 미터 떨어진 곳에 있는 바다를 향해 난 구부러진 팔꿈치 모 양의 돌출된 등성이에 서 있는 쇠로 만들어진 삼각형이 나의 호기심

을 끈다. 이 녹슨 삼각형의 높이는 최소 3미터가량은 되어 보인다.

　삼각형의 가장 아랫부분은 도로를 가로질러 뻗어 있고 같은 재
질로 만들어진 판이 약 1.5미터의 간격으로 서 있다. "좀 이상한데"
라는 생각과 함께 나는 도로를 향해 난 쇠로 만들어진 판의 색상과 재
질에 감탄했다.

　묘지를 향해 발걸음을 떼려는 찰나, 내 곁의 알베르토가 숨을 몰
아쉬는 소리를 들었다. 그의 머리는 그의 왼편에 튀어나와 있는 쇠로
된 삼각형 쪽을 향해 있었는데 거기서 우리는 그것이 언덕 능선과 평
행을 이룬 채 아래로 갑작스럽게 하강하는 방향의 문이라는 것을 알
아챘다. 마찬가지의 황동으로 만들어진 이 완전한 선은 아래를 향하
는 계단으로 이어지는데, 그 계단의 끝에는 바위 위로 몰아치는 바다
가 보이는 완벽한 직사각형 모양의 창이 있었다. 잠깐 동안 모든 것
이 뒤집혔다. 그 산은 부서지는 파도가 보이는 그 경탄스러운 출입구
를 향해 열려 있었고 바다는 마치 우리 바로 앞에 있는 듯 느껴졌다.
묘지 바로 바깥쪽에 세워진 이 벤야민 기념물은 텔아비브의 예술가
다니 카라반이 만든 것으로 1994년에 완공되었다.

　　몇몇 이들은 벤야민을 마르크스주의자 혹은 초현실주의에 바탕을 둔 마르크스주의자라 여긴다. 또다른 이들은 그가 마르크스주의와 카발라의 신비주의를 결합했다고 생각한다. 이는 어느 정도는 맞는 말이지만, 나는 그를 재빠르게 변화하는 동시대의 정치적 환경과 아방가르드에 기이할 정도로 매료된 프루스트적 마르크스주의자라고 생각한다. 이런 그의 기이함은 『일방통행로』의 한 구절에서 잘 드러난다. "만약 감정은 머리에 깃들어 있는 것이 아니라는 학설이 맞는다면, 또한 창문, 구름, 나무에 대한 우리의 감정은 머릿속이 아니라 그것들을 본 장소에 깃들어 있다는 학설이 맞는다면 우리는 애인을 바라보는 순간 우리 자신을 벗어난 곳에 가 있는 것이다."

　　이 문장은 내가 저 아래쪽에서 굽이치는 바다를 향해 열린 그 산을 들여다보던 순간을 잘 요약하고 있다.

　　우리는 계단을 따라 내려갔다. 하늘을 향해 열려 있는 철로 만들어진 천장이 절반가량 이어졌음에도 마치 지구 내부를 향해 들어가고 있는 듯한 느낌이 계속되었다. 종착점에 이르기 몇 걸음 전(여기에는 총 87개의 계단이 있다), 마치 문처럼 생긴 두꺼운 유리벽이 우리를 가로막았다. 그 벽에는 독일어, 스페인어, 카탈루냐어, 프랑스어, 그리고 영어로 다음과 같은 헌사가 쓰여 있었다.

　　"이름 없는 자들의 기억을 기리는 일은 유명인의 기억을 기리는 일보다 더 어렵다. 역사적 구성은 이 이름 없는 자들의 기억에 바쳐진 것이다."

　　헌사 아래에 쓰인 "G.S.I, 1241"은 롤프 티데만과 헤르만 슈베펜호이저가 편집한 벤야민의 독일어 전집의 권수다. 우리는 유리벽 옆 계단에 앉았다. 유리창 너머 흐릿한 바다가 보였다. 그리고 유리벽으로 인해 흐릿해진 바다는 위의 헌사 역시 일그러지게 만들었다. 물에

비친 글자들과 하늘에 쓰인 글자들이 밀려왔다가는 이내 사라졌다.
우리는 그 헌사의 의미를 이해해보려고 했다. 왜 이름 없는 이들이
중요한가? 내 생각들은 마치 최면에라도 걸린 듯 둥둥 떠다니다 갑
작스럽게 정렬했다. 알베르토와 마찬가지로 바르셀로나에서 온 인
류학자이며 나를 이곳으로 안내한 산드라와 크리스티나는 열정적으
로 포사 코뮌에 대해서 이야기하고 있었다. 공동 무덤인 포사 코뮌에
묻힌 사자는 처음에는 이름을 갖고 있지만 결국 그 이름은 사라지고
만다. 철제 계단은 먼저 철제 벽에 의해 둘러싸이고 이 벽은 다시 산
맥에 의해 둘러싸인다. 마치 우리가 포사 코뮌으로 재빠르게 들어온

것처럼 느껴졌지만 사실 그들이 말하는 포사 코뮌은 우리가 상상하고 여러분이 이해하는 것보다 훨씬 광범위한 것들을 포괄한다. 프랑코 정권하의 수용소나 죄수들의 시신이 프랑스를 향해 국경을 넘던 난민들의 시신들과 한데 뒤섞인 거대한 무덤 같은 것들 말이다. 심지어 비시 정권 이전 프랑스 쪽 국경, 피레네산맥의 귀르스 같은 곳에는 난민만을 가두는 수용소가 있었다고 그들은 말했다. 그 수용소는 리사 피트코가 수감되었던 곳이기도 하다.

바스크인이자 미국에서 오래 거주한 베고냐 아렉사가는 2002년 8월 하순경 나에게 보낸 이메일에서 다음과 같이 설명했다.

"피레네는 죽음과 삶의 경계선상에 있었고 따라서 그곳에서는 죽음과 언제든 마주칠 수 있었어요. 바스크의 이런 상황은 1970 년대와 80년대 그리고 내전이 끝날 때까지 이어졌고요. 나는 현실이 정치적 신화 속에서 변모하고 죽음에 대한 소문과 이야기, 그리고 기억이 노래나 기념물, 그리고 나중에는 영화로 만들어지는 공간에서 젊은 시절을 보냈어요. 나는 수많은 도주의 이야기들, 그리고 죽음에 직면한 우화들을 여러분에게 들려줄 수도 있어요. 그러니까 말하자면 국경에서의 벤야민의 죽음에 얽힌 신화는 수많은 투쟁과 탈출의 또다른 신화들과 이어져 있는 셈이죠."

"스페인의 모든 곳이 무덤이다", 후에 스페인의 주요 신문인 엘 파이스에 다음과 같은 기사가 실렸다. "도로변 수로야말로 특히 그렇다." 그중 한 무덤에는 스페인 헌병대에 의해 사살된 500구의 시신이 묻혀 있었다. 신문에 따르면 역사적 기억의 회복을 위한 위원회는 그러한 발굴 작업을 확대 지속하고 있는데 (그 시신들은) "이 순간을 60년 동안이나 기다려왔다."

60년을 기다려온 시신들. 이 얼마나 놀라운 표현인지! 이 사자들은 마치 왕자의 키스를 기다리는 동화 속 공주들과 같다. 벤야민이 "현재의 손길을 기다리고 있는 과거의 관습들, 그러나 둘 사이에는 어떤 연속성도 존재하지 않는다"고 썼을 때, 그 역시 이를 염두에 두었던 것은 아닐까. 그 같은 손길—혹은 키스—은 벤야민에 따르면 마치 낙하하는 별들과 같은 찰나의 이미지로서 구원의 과정을 회복시키며 역사를 비틀어 새로운 궤도로 진입하도록 한다. 무엇보다도 이모든 이미지는 부글거리는 기포와 같다. 나타나기가 무섭게 사라진다. 이는 기념물과는 정확히 반대된다.

바르셀로나에 사는 스페인인 친구 역시 9월경 나에게 다음과 같은 이메일을 보내왔다.

"당신의 [벤야민의 무덤에 관한] 원고를 읽으면서 생각한 것 중 말해줄 것이 생각났어요. 최근 나는 스페인에서 여러 곳의 '포사 코뮌'이 발견되었다는 이탈리아 기사를 읽었어요. 그것들은 묘지가 아닌 숲이나 오지 같은 곳에 있었는데 그곳에서 사람들은 학살당하고 숨겨졌으며 '사라'졌죠…… 스페인으로 돌아와보니 그에 대해 들은 사람은 아무도 없더군요. 스페인에서는 오늘날까지도 이에 대해 아무도 이야기하지 않아요. 프랑코 정권의 선전을 맡았던 이의 손자가 여전히 스페인 정부의 수장이니까요. 프랑코, 오 맙소사. 아무도 그와 그의 범죄에 관해 이야기하지 않고 그 같은 침묵이야말로 그의 영향력을 여전히 건재하게 만들죠."

이제야 마을의 냉담한 분위기가 이해되기 시작한다. 좋든 나쁘든, 이 같은 느낌 혹은 사회적 진실이 드러내는 비밀이란 이름 없는 이들의 무덤은 도처에 널려 있으며 이 국경 마을은 끔찍한 폭력과 견딜 수 없는 불안이 지배하는 장소였으리라는 사실이다. 무명의 존재들은 대규모의 은폐와 실종을 의미하며 벤야민 발터, 혹은 발터 벤야민처럼 이름이 알려진 이들은 몇몇에 불과하다. 심지어 그 이름으로 불린 사자의 몸이 사라진 이후에도 은폐는 편파적으로 이루어지고 그로 인해 더욱 악랄해진다. 이 같은 사례들은 너무나 많다. 나의 친구가 "그[프랑코]의 영향력을 건재하게 만드는 침묵"이라 묘사한 것을 통해 우리는 공공의 비밀이 지닌 비가시성이 면밀하게 쌓아올리는 것은 상상 가능한 가장 중요한 기념물과 같은 것이 아닌지를 질문해야만 한다. 돌이나 유리로 만든, 누군가의 이름이나 숭고하고 문학적인 문구가 들어간 실제의 기념물은 이러한 비가시성에 맞설 수 있는가?

이 기념물의 계단을 거슬러올라가기 위해 돌아섰을 때, 나는 다시 한번 등뒤의 무언가에 사로잡혔다. 우리가 올려다보고 있는 계단의 맨 위편에 보이는 빛으로 된 사각형은 마치 우리가 처음 이곳에 들어서서 본 것, 바다를 향해 나 있던 사각형과 똑같았다. 유일한 차이란 안에서 바깥을, 바다가 아니라 맑게 갠 하늘을 올려다본다는 것뿐이었다. 공동의 무덤 내부, 이름 없는 이들을 위한 기념물인 이곳에서 우리는 바다로부터 하늘로 되돌아가고 있었다.

잠시 후 우리가 찾아낸 실제 무덤에는 이것이 벤야민의 것임을 말해주는 표식들과 함께 가슴 높이가량의 비석이 있었다. 비석은 벤

야민의 저작에서 발췌한 문구가 새겨진 현판을 빼면 벽돌공이 세공한 것으로는 보이지 않았다. 그의 글에는 비석이나 기념물에 꼭 들어맞는 간결하고 날카로운 문구들이 가득하며 문장 한두 조각을 오려붙여 일종의 환영적 깊이를 추구하는 작가들은 도처에 널려 있다. 가없은 벤야민. 그의 진주들은 그렇게 내던져지는 것이다. 이 문장을 보자. "동시에 야만의 기록이 아닌 문화의 기록이란 결코 없다."

당시의 우리는 이 비석 아래에 그의 유골이 있다고 확신했다. 하지만 나는 잠시 후 이 다소 육중한 비석이 그 아래에는 아무것도 없는 가짜라고는, 그 단단한 돌에 새겨진 이름이 마치 바람 부는 거리에서

종이 뭉치들이 날리듯 시간의 변덕 속에서 정처 없이 부유하리라고
는 생각할 수 없었던 우리들이 얼마나 순진했는지를 깨달았다. 최소
한 묘지는 이름과 사자의 몸이 직접적으로 연결되어 있음을 확증하
기 위해 존재하며 우리의 언어는 바로 이러한 기반 위에, 그 언어들
이 지닌 의미가 단어 하나하나에 직접적으로 연관되어 있다는 전제
위에 놓여 있다. 벤야민이야말로 언어가 지닌 이러한 마법적 형상의
진가를 알아본 이들 중 하나일 것이다.

　　이 마법은 벤야민 사유의 토대이자 풍부한 원천이었으며 1933
년 논문「미메시스 능력에 관하여」에서 그 결실을 맺은 바 있다. 그는
이 에세이를 이비사섬 체류 기간 동안 완성했는데, 포르부와 함께 카
탈루냐 문화와 역사에서 중요한 장소인 이비사섬은, 우리가 지금 서
있는 포르부로부터 보트로 지중해를 가로질러 남동쪽으로 여덟 시
간가량 떨어진 곳에 있다. 벤야민은 이비사섬에서 두 번의 여름을 보
냈는데 그곳에서 널리 알려진 또다른 논문「이야기꾼」을 쓰기 시작
했다. 지낼 곳도 없는 곤궁한 상태의 벤야민이 이비사에 도착한 것은
1932년 4월 19일이었고 이는 우리가 포르부를 방문한 시기와 거의

유사한 어느 봄날이었다. 당시의 그에게 이비사는 과거로 도약해 유럽 문명화 과정의 태동기로 돌아간 듯한 장소, 즉 유사 이전의 유토피아와도 같았다.

벤야민의 사진은 드물기로 악명이 높다. 그의 책표지에는 담배를 물고 혹은 담배 없이 골똘하게 생각에 잠겨 있는 똑같은 얼굴이 실려 있다. 벤야민의 해변가 사진이라니, 이 얼마나 놀라운가![14] 그것도 여름의 이비사에서! 몇몇 사진들 속의 그는 모래사장과 울퉁불퉁한 바위들이 펼쳐진 해안가에서 다른 이들과 함께 있다. 이 낯설고 기이한 사진 속 그는 흰 운동복 차림의 햇살을 즐기고 있는 두 남자와 함께 있으며 셔츠와 타이 차림으로 갑판 의자에 앉아 오른손으로 턱을 괸 채 특이하게도 해변이나 바다가 아닌 어두운 집 안쪽을 응시하고 있다.

또한 누구의 의심도 사지 않고—말 그대로 아무도! —벤야민의 사진 아카이브로 잠입할 수 있는 길도 있다. 1933년 5월 사진을 보자. 거기에는 보트에 누워 햇살을 받으며 기분좋게 늘어져 있는 이들의 모습이 담겨 있는데, 이 보트를 몰고 있는 이는 마찬가지로 행복한 표정을 짓고 있는 지역 농부, 토마스 바로다. 돛은 팽팽하게 당겨져 있고 파도가 일렁인다. 사진 속 상의를 벗은 잘생긴 남자는 프랑스의 화가인 장 셀츠이고 벤야민 곁에 누운 이는 폴 고갱의 손자다. 그들 모두는 해시시에 취해 있는 것처럼 보인다.[15] 벤야민 선집의 미국판 편집자가 이 사진에 단 인상적인 주석—"생산자로서의 작가"—은 또 어떻고? 내 연구실이자 침실이기도 한 방의 문 바깥쪽에는 이 사진이 붙어 있다.

태양의 열기가 벤야민을 놀라게 했다. 이후 그가 쓴 「햇살 속에서」라는 제목의 도취로 가득한 글은 또한 베를린에 있는 그의 가까운 친구에게 보내는 러브레터이기도 했다. "그는 사색을 저지하는 것처럼 보이는 이러한 태양 속에서 유대인, 인도인, 무어인 등의 민족들이 자신들의 학문 체계를 세웠다는 사실을 떠올리며 새삼 놀라움에 사로잡혔다."[16] 햇살에 그을린 풍경은 마치 녹아내리는 밀랍처럼 일그러졌다. 호박벌이 그의 귀를 간지럽히고 송진과 사향초의 향기가 공기를 가득 채웠다. 그의 지각 방식은 이름과 사물들 사이의 관계, 예를 들면 그 섬에 서식하는 열일곱 종의 돼지들의 서로 다른 이름에 대해 숙고하면서 변화했다. 이 변화는 그의 난해한 초기 저작 「언어 일반과 인간의 언어에 대하여」와 같은 다소 설익은 방식이 아니라 자연 상태의 사물들을 관찰하면서, 그들이 지속적으로 변화하는 동시에 동일한 이름으로 남아 있는 것을 보면서 이루어졌다. 섬들의 이름이 대리석 조각 같은 해안으로부터 떠오르듯, 사물의 이름들이 갑작스럽게 그의 입술에서 튀어나왔다.

그 섬은 사물의 이름과 이야기를 뒤섞었다. 독일에서 부정기 화물선을 타고 출발한 그의 첫 여정은 총 17일이 걸렸는데, 이 시기 벤야민은 권태와 삶에 실질적인 지혜를 가져다주는 이야기꾼 사이의 밀접한 관계에 대한 글을 구상하고 있었다. 배의 운항, 내부의 설비와 지도들, 그리고 노예 거래를 위해 사용되었던 선박회사의 역사에 이르기까지 그 배에는 수많은 이야기들이 얽혀 있었다. "대화는 비록 느리게 진전되었지만 마치 부싯깃과도 같았다"고 그는 쓴다. "이 부싯깃은 늘 모험과 이야기를 향해 점화된다."[17]

"나는 많은 이야기들을 다시 풀어낼 수 없을 것이다"라고 벤야민은 말한다. "하지만 출항 전 선장과 대화를 나누기 위해 계단을 내려가면 거기에는 내 마음의 눈으로 그린 이미지나 이름을 어김없이 상기시키는 이야기가 있다."[18]

그의 글은 말과 그 말이 지칭하는 것 사이의 간격을 무너뜨린다. 테오도어 아도르노는 벤야민 사후 오랜 시간이 지난 뒤, 이 점에 주의를 기울이며 다음과 같이 쓴다. "그가 사용하는 말들의 면밀한 시선 아래에서 모든 것들은 마치 방사능을 띠는 것처럼 변화"하는데 이는 "사유가 그 대상에 밀착되어 그것을 만지고 냄새 맡고 맛보면서 그것 자체를 변형하려고 하기 때문"[19]이다.

마찬가지의 일이 포르부의 묘지에서도 일어났다. 이름과 신체
가 언어적 정박지로부터 떨어져나와 부유하는 이곳에서는 벤야민의
언어 이론과 평행을 이루는 질문, 즉 어떻게 죽음을 표시할지에 관한
긴급한 질문이 떠오른다. 벤야민은 또한 자신의 유년 시절 기억이 담
긴 「베를린 연대기」의 일부를 1932년 이곳, 이비사섬에서 쓰기도 했
는데 여기에는 다음과 같은 문장이 들어 있다. "언어는 기억이 과거
를 탐색하는 도구가 아니라 과거가 펼쳐지는 무대라는 것을 오해의
여지없이 밝혀준다. 죽은 도시들이 묻혀 있는 매개체가 땅인 것처럼,
기억은 체험된 것의 매개체이다." 이 바닥을 파고 또 파서 흙을 사방
으로 흐트러뜨리고 거기에 묻힌 실제 보물을 꼼꼼하게 찾는 이에게
"모든 과거의 연관관계로부터 벗어난 상들이 일종의 귀중한 물건들
로—수집가의 갤러리에 있는 파편 혹은 토르소처럼—나타나는 곳은
현재 우리의 성찰이 이루어지는 차가운 방이다".[20] 그의 이러한 언급
은 포사 코뮌에도 해당된다.

　흰색의 높은 담장에 둘러싸인 계단식 묘지의 경사진 모양은 언
덕의 윤곽과 잘 어울린다. 해안선과 평행을 이루고 있는 이 윤곽선과
함께 석벽이라 불리는 움푹 들어간 벽 모양의 흰 납골당들이 3~4미
터가량 이어진다. 묘지의 가장 높은 곳에는 뾰족한 지붕과 녹색 나무
문을 지닌 하얀 예배당이 있다. 묘지의 절반쯤을 내려오면 벽돌 계단
이 있는데, 이 계단이 묘지를 반으로 가른다. 좌우에 위치한 벽 모양
의 납골당을 따라 계단을 올라 예배당에 들어가는 것은 불가능했는
데, 이는 묘지 바깥쪽에 있는 철로 만들어진 벤야민의 기념물과는 반
대로, 예배당의 문은 잠겨 있고 이곳은 성스러운 곳이라는 표지가 붙
어 있기 때문이었다.

　나는 벽돌 계단을 따라 다시 내려갔고 묘지의 가장 아래쪽 벽을
따라 늘어선 납골당 앞에서 멈춰 서서 주변과 계단 맨 위편 예배당의
뾰족한 녹색 문을 올려다보았다. 갑자기 나 자신이 벤야민 기념물의
계단에 서 있는 것처럼 느껴졌다. 이 둘 모두는 같은 방식으로 만들

어졌다. 이 계단들은 사실상 똑같다. 계단들은 묘지에서는 무덤과 예배당을 이어주고 벤야민 기념물에서는 부서지는 파도에서 열린 하늘로 우리를 인도한다

　　이들은 완전히 똑같을까? 사실 그렇지는 않다. 기념물이 표현하고 있는 최대한의 완벽성은 벤야민이 "범속한 각성"이라 칭한 초현실주의자들의 개념과 같다. 겉으로 보이는 형상들은 유사하고 거의 동일하기까지 하지만, 무덤이 지닌 관습적인 성스러움의 계시가 기념물에서는 바다와 하늘이라는 또다른 계시에 의해 모방되고 있다. 무덤의 납골당은 그 안에 담긴 죽은 이의 이름을 품고 있다. 만약 유

골이 나중에 옮겨질 경우, 그들은 이름 없는 다수와 함께 포사 코뮌 바닥의 작은 철제문 아래에 봉인된다. 그러나 범속한 각성은 이 텅 빈 무덤, 바다, 그리고 하늘이 지닌 것과 같은 무명성의 열린 표현을 통해서만 축적된다. 이들이 단호히 진술하고 있는 것은 이름 없는 사자들로 인해 점점 무거워지는 세계다.

무덤이 가짜라는 숄렘의 견해는 아마도 옳았을지 모른다. 하지만 그가 제시한 증거들은 불충분하며 그는 심지어 포르부의 매장 시스템, 즉 유골을 납골당에서 포사 코뮌으로 이장하는 방식 또한 고려하지 않은 듯하다. 만약 도굴꾼들이 그 무덤을 보길 원하는 방문객들의 요구에 따라 기념비를 세운다면, 그 사자들 중 누군가는 덜 중요하다거나 역사나 기억이 요청에 덜 부합한다거나 하는 것에 대해 말할 수 있는 이는 누구인가? 만약 무언가 잘못되었다면 여기서 비난받아 마땅한 이는 누구인가? 도굴꾼들 혹은 다른 문화로부터 온 방문객들? 방문객들은 카네티가 "죽은 자들의 식별 불가능한 인파"라 칭한 바 있는 이곳의 재매장 방식, 즉 개인의 유골을 수많은 사자들

의 더 큰 인파에 더하는 방식에 대해 알지 못하는데도? 숄렘이 원했던 것은 몸과 이름이 무덤의 흙 속에서 하나가 된 것과 같은 형태의 단순한 무덤이었을 테지만 내가 보기에 이러한 무덤이야말로 벤야민이 지닌 알레고리에 대한 열정으로부터 가장 동떨어져 있다. 그의 철학적이고 미학적인 감각에 따르면, 우리가 이 세계의 의미를 파악하는 것은 부드럽게 작동하는 상징들, 마치 사전에서 기호를 읽어냄으로써만이 아니라 기호와 그것이 말하는 것 사이의 어색한 조합을 통해, 특히 그러한 기호들이 죽음 주위를 둘러싸는 순간 일어난다.

이런 관점에서 보자면 벤야민 사후의 삶이야말로 그의 마지막 글이라고도 할 수 있다. 우리가 가리킬 수 있는 어떤 유골도, 정직한 비석도, 방부 처리된 시신도, 혹은 머리칼도 존재하지 않는다. 유대교가 가르치듯, 그의 이름은 거꾸로 뒤집혔다. 우리는 그의 사후에도 그의 생전 모습을 담은 몇몇 사진들을 통해 그에 관한 시각적 이미지를 전달하며 바로 그러한 이유에서 그의 개인 소지품에 대한 검시 목록은 유용하다고도 할 수 있다. 우리는 거기에 회중시계와 시곗

안내원이 포사 코뮌으로 향하는 트랩도어를 가리키고 있다.

줄, 금속테 안경들과 호박 마우스피스를 단 담뱃대 같은 것들이 있다
는 사실을 기록한다. 하지만 실제 사물들, 특히 그 불가사의하고 처
치 곤란인 서류 가방과 같은 것이 그의 시신보다 더 중요할 뿐만 아니
라 그것을 대체하며, 불가사의한 실수 혹은 포르부 지하나 지역 주도
의 지하 문서 보관소를 계속 순환하고 있다면? 우리는 그 목록들이
마치 실체를 지닌 사물이기라도 한 것인 양 그것을 고수한다. 그것들
은 우리 주변에서 무한한 가치를 지닌다. 그의 놀라운 글들과 그 글
들로부터 비롯된 또다른 글들을 보자. 그는 신체라기보다는 정신이
며, 마찬가지로 그의 죽음의 방식만큼이나 그 죽음의 장소가 우리를
그가 지닌 가장 심오한 영적 전쟁 상태 속 형상들과 연결한다. 사라
진 이들, 그들이 당한 고문, 그 집단적이고 비밀스러운 학살, 벤야민
이 자살을 택한 스페인 국경은 이 모든 것들을 잠재적으로 상기시킨
다. 독일이나 폴란드의 나치 수용소는 말할 것도 없고, 내가 이 글을
쓰고 있는 지금 우리가 경험하고 있는 테러와의 전쟁과 같은 새로운
비상사태의 소름 끼치는 속도 속에서 일어나는 일들, 관타나모 수용

소, 미국에 의해 아부 그라이브 감옥에 갇힌 유령 같은 수감자들, 이집트와 시리아와 같은 국가들에서 미국에 의해 "대행"되는 수감자들에 대한 고문, 이 모든 것들을 말이다.[21]

벤야민의 이름은 어디에도 적혀 있지 않다고 아렌트는 숄렘에게 전했다. 그러나 이름이 있건 없건 벤야민이 묻혀 있음 직한 그 장소는 아렌트를 압도했다. "이곳은 단연 내 삶에서 본 가장 환상적이고 아름다운 장소 중 하나다"라고 그는 말한다.

장소와 공간에 대한 날카로운 감각은 여기서 특정한 방식으로 알레고리화된다. 앞서 인용한 바 있는 1970~1980년대 바스크에서 성장한 베고냐 아렉사가의 피레네 지역의 정치적 신화에 대한 언급, 즉 "루머와 이야기, 그리고 서로 다른 노래와 기념물로 만들어지는 공간"에 나는 아름다움에 대한 강렬한 감각, 아렌트가 1940년대에 말한 이 강렬한 아름다움을 더하고 싶다. 그리고 여기서 무엇보다 주목해야 할 놀라운 점은 부재, 즉 벤야민이라는 이름의 부재와 결합한 자연의 아름다움이다.

아름다움과 죽음, 그리고 이름 없음이 한데 뒤섞인 이 장소와 공간의 감각이야말로 벤야민이 말한 알레고리, 즉 죽음과 공포 아래에서 얼어붙고 자연화된 인간 세계, 우리가 정물 혹은 풍경이라 부르는 그 세계를 이해하기 위한 기술로서의 알레고리에 부합한다. 몇 년후, 그의 삶 후반부에 쓴 난해하고 낯설기로 유명한 논문, 「역사의 개념에 대하여」에서 벤야민은 이러한 사유를 예외가 아니라 규범이 되어버린 **비상사태**에 적용한다.[22] 그 속에서 일어난 끔찍한 혼란과 격동으로 인해 모든 것이 시간 속에서 정지하거나 얼어붙고, 역사는 죽음과도 같은 침묵에 사로잡힌다. 그리고 이 침묵 속에서 우리는 최후의 심판 혹은 메시아의 도래를 기다린다. 이러한 상황에서—우리의 지도자들이 몰두하고 있는 테러와의 전쟁이 만들어내는 문화—최후의 것 이전에 영구적으로 남아 있는 것은 그 근본에서부터 변화하는 현

실을 읽어내고 해석하는 우리의 방식mode이다. "과거의 진정한 이미
지는 휙 지나간다. 과거는 인식 가능한 순간에 인식되지 않으면 영영
다시 볼 수 없게 사라지는 섬광 같은 이미지로서만 붙잡을 수 있다."
파국의 더미로서의 과거와 미래를 정지 상태로서 붙들고 있는 순간
의 이미지를 일깨우는 것은 위험한 일이지만, 그 혼돈을 정물 상태로
응결시켜두는 것도 위험하기는 마찬가지다. 한편에는 순식간에 지
나가는 이미지가 다른 한편에는 부동의 풍경이 존재한다니, 이 얼마
나 기이한가.

　　벤야민의 사후 오랜 시간이 지난 뒤, 그의 친구 아도르노는 우리
시대가 필요로 하는 역사를 향한 지적이고 영적인 요구를 상기시킨
다. 이는 우리에게 벤야민이 긴급하고 실제적인 필요라 칭한 것, 즉
"사물들의 파국적 질서를 깨뜨리기 위해 모든 것을 사물로 변화시킬
필요성"[23]을 따르거나 적어도 상기할 것을 요구한다. "이는 알레고리
가 그러하듯 단지 석화된 사물들 속의 삶을 일깨우기 위해서만이 아
니라 살아 있는 것들이 이미 오래전의 것, '근원사적'인 것으로 나타
나 갑작스럽게 드러내는 의미를 포착하기 위해서다."[24] 바로 이러한
이유에서 우리는 아도르노가 말한 마법적 주문의 "질서"에 특별히
주의를 기울이며, 그의 무덤—이를 가짜 무덤의 '무덤'이라고 칭해야
할까—이 놓인 정물, **자연적 죽음**인 그 풍경을 벗어나지 않고서는 그
의 무덤을 벗어날 수 없다.

　　벤야민이 말했듯 이야기꾼에게 권위를 가져다주는 것이 죽음
이라면 그 이야기는 또한 그의 죽음에 얽힌 이야기들과 함께 개작과
고찰의 대상이 된다. 내가 지금 하고 있는 것, 대화를 나누며 오솔길
을 이리저리 따라가는 것은 리사와 한스 피트코가 국경을 넘는 피난
민들을 안내하며 한 행동이기도 하다. 그저 잠시 동안 벤야민이 그
중심에 있었을 뿐 고정된 풍경으로서의 기념물은 더 큰 풍경의 주문
에 의해 부서진 주문에 불과하다.

　　아름다운 것은 단연 풍경이다. 이는 아름다움을 넘어 장엄하고

심지어는 초월적이며 성스럽기까지 하다. 한나 아렌트는 그 풍경을 우리에게 전한 바 있다. 그 이전에 리사 피트코가 있었다. 귀르스의 수용소에서 막 풀려난 그를 프랑스 쪽 국경에 있는 바뉼스의 사회주의자 시장이 이곳으로 안내했고, 그와 그의 시누이 에바, 그리고 에바의 어린아이에게 먹을 것을 주었다. 친절과 안전 속에서 그는 안도했다. 리사는 오솔길에서 시선을 돌려 그 지역을 올려다봤다. 그리고 말했다. 마치 처음인 것처럼, "사이사이 약간의 금빛이 더해진 초록의 포도밭 능선을 따라 너무나 아름다운 푸른 바다와 산맥들이 펼쳐져 있었고 하늘 역시 바다만큼이나 푸르렀다".

"오직 이곳에 와본 사람만이 그 풍경을 묘사할 수 있을 것이다"[25]라고 그는 쓴다. 그가 구랜드 양 아들의 도움을 받아 벤야민과 그의 가방을 질질 끌고 있었을 때, 거의 수직인 것처럼 느껴졌던 포도밭의 덩쿨들은 바뉼스의 포도들만큼이나 익어서 잔뜩 무거워진 상태였다. 달콤하고 잘 익은 포도들. 이것이 그의 첫번째 여정이었고 벤야민은 그의 첫번째 피란민이었다. 그들은 함께 루트를 개척했고, 피트코 루트라는 의미에서 바리앤 프라이가 에프 루트라 칭한 이 길은 이후 수많은 피난민들의 도주로가 되었다. 그는 길을 잃고 같은 길을 되돌아가기도 했다. 그러다 그들은 마침내 정상으로 가는 길을 발견했다. "그 놀라운 풍경이 갑작스럽게 내 눈앞에 펼쳐졌을 때, 나는 내가 신기루를 보고 있다고 생각했다. 베르밀리언 해안(카탈루냐어로는 'Costa Vermella'인 이 해안은 프랑스와 스페인 국경 사이에 있는 20킬로미터가량의 해안을 가리키며 산맥과 바다가 어우러진 아름다운 풍경으로 잘 알려져 있다―옮긴이주), 적색과 황금색의 무수한 빛깔의 향연. 나는 숨을 가다듬었다. 그렇게 아름다운 풍경은 처음이었다."[26]

바스크 모자를 쓰고 샌들을 신은 그의 남편 한스는 마치 지역 농부처럼 보였다. 그것은 최상의 선택이었다. 해가 뜨기 전 일꾼들과 뒤섞여서 피란민들을 관청으로 안내할 수 있었다. 그런 후 그는 절벽

에 몇 시간이나 앉아 해안을 뚫어져라 바라보았다. 파도가 그의 불안
감을 쓸어갔다. 1940년 11월 1일의 일기에 리사 피트코는 다음과 같
이 적었다. "실은, 늘 하곤 했던 긴 잠꼬대를 그는 더이상 하지 않는
다."[27]

이것이야말로 벤야민이 말한 위험의 순간에 휙 지나가는 이미
지 중 하나일지 모른다. 위험과 격동의 짧은 한순간과 바다로부터 밀
려오는 파도 위쪽 바위에서의 짧은 평온 사이의 변증법적 이미지 말
이다. 해안가 바위에 앉아 파도를 바라보며 우리는 짧은 순간이나마
숨을 가다듬고 사유에 몰두한다. 해안가 바위에 앉은 남자와 그에 관
해 일기를 쓰는 여자. 이들이야말로 우리를 멈춰 세우고 사유하도록
하는 일종의 기념물이다. 당시 그들은 아주 젊었고 자신의 삶을 담보
로 삼아 고문의 위협 속에서 베를린에서부터 프라하, 그리고 파리에
이르기까지 전 유럽을 휩쓸고 있던 폭력에 수도 없이 맞섰고 현재의
스페인-프랑스 국경에서 다른 난민들의 탈출을 도왔다.

자연 그리고 이야기 속에 존재하는 이 국경지대의 교차하는 풍
경이야말로 벤야민 그리고 포르부의 묘지가 만들어낸 능선을 따라
세워진 유리벽이 상기시키는 수많은 역사의 이름 없는 희생자들을
위한 기념물로서 가장 적절하다. 기념물이라는 단어의 적절성은 차
치하고서라도, 이것이야말로 벤야민의 강렬한 호기심과 그가 "변증
법적 이미지"라 칭한 근원사의 모습을 한 인류의 역사적 이미지를 만
들어내기 위한 그의 열렬한 노력에 대한 증언이다.

바람이 윙윙거린다. 트랜스몬타냐라는 이름의 이 바람은 자신
의 고유한 성격, 신비스러운 기원과 존재 이유를 갖고 있다. 봄, 그리
고 가을에 더욱 거세지는 이 바람은 사람을 미쳐버리게 한다고들 한
다. 우리는 바람을 기념물이라 칭하는 용기 혹은 광기를 지니고 추
모에 천착하는 국가, 종교, 혹은 공동체를 상상할 수 있을까? 혹은 우
리 자신들, 우월하고, 언어에 의해 고정되어 있으며 자각을 지닌 존

재인 우리 인간들이 이름 붙이고 이성과 기억으로 가져와야만 직성이 풀리는 것들이 실은 우리를 충격에 빠뜨리고 미치게 만들고 있지는 않은가. 이 바람은 무엇보다도 자신의 이름을 갖고 있다. 한스 피트코가 그랬던 것처럼 이 바람은 그 땅과 바다의 사람들을 흉내내며 마치 역사가 그것을 원하기라도 한 듯 잠에 빠진 채 윙윙대며 불어오고 있다.

그리고 그는 오늘 자신의 담배에 불을 붙이며 다른 이들과 마찬가지로 부싯돌과 부싯깃을 사용한다. 그는 말한다. "보트에서는 이게 최선이에요. 바람은 성냥을 꺼뜨리지만, 바람이 세면 셀수록 부싯깃은 더 강하게 타오르니까요."[28]

역사란 결국 서술의 각축장이다.

—토마스 자파타

비밀의 언어로 이루어진 그것은 우리를 고양시키는 것이 아니
라 외려 모순으로 가득한 문서만을 뒤에 남길 것이다.

—후고 발,『시대로부터의 탈출』

유럽인들의 아메리카 대륙 침략 500주년이 되는 해를 맞아 오늘 콜
롬비아 인류학회는 우리를 보고타로 초대해 "아메리카를 구성하기"
라는 주제의 토론을 주최했다. 내가 보기에 이 주제는 무척 적절한
것이었는데 그 이유는 흔히 열리는 500주년 기념식과 같은 것과는
달리 이 토론은 우리가 세계를 인지하고 해석하며 지식을 생산하는
방식들뿐만 아니라 그러한 관행과 그것들의 이유, 그리고 어느 정도
로, 그리고 어떤 방식으로 우리가 아메리카를 구성하는지 또한 동시
에 아메리카가 우리를 구성하는지—우리의 정체성과 같은 것들—에
관한 매우 다층적인 성찰의 기회를 제공했기 때문이었다. 물론 이는
매우 곤혹스러운 질문이다. 어떻게 우리는 우리 자신을 구성하는 것
이 구성되는 방식을 이해할 수 있는가? 500주년 기념행사가 열리는
맥락에서 보건대, 여기서 기억과 그 기억의 과정을 만들어내는 의식
은 이러한 구성에서 어떤 역할을 담당하는가?

코디야라스산맥을 가로지르는 태평양 해안과 그 일대, 그리고
안데스에서 아마존 유역 동쪽 고지대에 이르는 콜롬비아 서남부 일

대를 다룬 인류학 담론을 살펴보면 우리는 아메리카의 구성에서 두 종류의 거대한 서사적 힘에 사로잡혀 있는 듯하다는 생각이 든다. 이 서사는 한편에는 인디언을, 다른 한편에는 흑인을 중심에 두고 구성되어 있다. 물론 이러한 형태는 아메리카에 이식된 유럽인들의 상상을 고려한 요구와 환상에 의해 만들어진 것이다.

수많은 해석들이 난립하는 와중에도 놀라울 정도로 지배적인 단 하나의 서사가 존재한다. 말하자면 이런 식이다. 인디언들은 아메리카의 근원을 전달하며 이는 그들의 존재가 위대한 아메리칸 역사의 근원이자 진정한 징표라는 사실에 대한 강조에서 출발한다(열대 우림에 대한 전 지구적 우려와 함께 인디언들의 활동이 지금처럼 활성화된 시대는 아마 없을 것이다). 그리고 흑인들은 위대한 아메리칸 역사의 방해물이자 파편으로—심지어 그 역사를 파괴하겠다고 위협하기까지 하는 존재로—그려진다.

인류학 분야만 놓고 봐도 인디언에 대한 물신화가 이 학문의 토대를 이루는 직업적 도구임이 분명하게 드러난다. 현장 연구의 낭만이 가미된 과학적 전문가의 아우라를 지닌 인류학자들은 인디언들에 매료되었고 이는 사회에 대한 시각을 역사가 그러하듯 해석 가능한 지적 구조들로 창조하기 위한 것이기도 했다. 여기서 구조란 소위 신화의 구조, 친족의 구조, 생태의 구조, 절멸과 노스텔지어의 구조 등등으로서 구조 그 자체의 진정한 구조, 즉 어딘가 존재했을지도 모르는 새로운 세계의 질서나 최상의 서사와 같은 것을 의미한다.

이에 비해 신세계의 흑인들을 향한 인류학의 관심은 미미한 데나 인류학적 연구들이 이 문제에 관해 수행해온 것은 그저 세계를 이해하기 위한 과업을 향한 구조의 필요와 주장에 불편함을 드러내는 것뿐이다. 예를 들자면 끝없이 이어지는 캐러비안인들의 주거 "구조"에 관한 통계 속에서 재주 넘기를 하는 인류학자들의 끝없는 시도는 영원히 지속될 극도의 강박과 같다. 거기에는 무언가 인지할 만한 것, 질서지어진 친족관계 같은 것이 존재하지 않으며 전부는 아닐지라도 많은 곳에서는 신화적인 것 심지어 종교적 "질서"라고 할 만한 것들이 부재하기 때문이다. 여기서 나는 레비스트로스의 제자인 한 사람을 떠올린다. 과거 서아프리카에서 연구를 수행했던 그는 1970년과 1971년에 걸쳐 콜롬비아의 태평양 연안에서 작업중이었는데 마치 불평을 늘어놓기 위해 보고타로 돌아오는 것만 같았다. "이 흑인들은 어떤 신화도 갖고 있지 않아!" 그가 결국 인디언들을 연구하기로 결심한 이유 역시 그들이야말로 신화를 갖고 있는 것이 분명했기 때문이었다. 이 이야기는 신대륙의 흑인 공동체에서 아프리카의 흔적을 찾으려는 시도에 헌신한 연구, 그리고 동시대의 사회 운동을 상기시키는 미덕을 지닌다. 탈구, 분열, 궁극적인 무분별함은 이런 식으로 서사성의 차분한 흐름에 의해 방해받지 않은 채 누그러질 수 있기 때문이다.

여기에 어떤 복잡한 역사적 이유가 있다거나 이미 포화상태인 재현의 논리가 항상-이미 지니고 있는 정치성이 무엇이든 여기서 중요한 점은 신대륙의 흑인이 백인과 인디언이 활용한 대비의 패턴을 끊임없이 교란하고 괴롭히고 뒤집고 조롱하면서 그 대비를 결코 평화로운 상태로 두지 않는 힘이 동반하는 부담과 이점을 오늘날까지 획득해왔다는 사실이다. 내가 아메리카의 해체라 부르는 이것이야말로 아메리카 그 자체다.

프라하의 문서고

위의 언설과 더불어 오늘 우리를 모이게 한 500주년 기념 프로젝트와 같은 기억화 작업 속에 함의된 학술적, 제의적 특성을 고려해 나는 여기서 한 남자의 역사가 지닌 이론적 실천적 측면에 여러분의 주의를 환기시키고자 한다. 몹시 연로한 흑인이자 맹인인 이 남성의 이름은 토마스 자파타이며 그는 영국과 오스트리아를 두루 여행한 바 있는 한 무명의 젊은 백인 남성의 소지품 속 일기장과 보고서들, 사진들과 녹음 테이프 속에 등장한다. 여러 기록에서 이 남성은 그저 미겔이라는 이름으로 등장하며 죽기 2년 전인 1969년 말경 콜롬비아 남서부 카우카 지역에 있는 푸에르토 테야다라는 작은 마을에서 거주한 바 있다. 기록들로 유추해보건대, 미겔은 **폭력**의 역사를 서술하고자 하는 동기에서 이 마을에 2년간 머물렀으며(그 이후에도 종종 방문했음이 분명하다), 지역의 노예 해방과 그 이후의 역사에 관심을 갖고 있었다. 그의 이후 행적이 묘연한 데다 나의 관심은 그가 아닌 그의 기록에 있기에 나는 그를 단순히 '기록자'라 부르기로 한다.

넘쳐흐르는 에너지와 인쇄상의 오류들로 가득한 이 보고서 더미들을 향한 결코 대답을 들을 수 없을 수많은 의문점에도 불구하고 이 기록들은 분명 인류학적 중요성을 지닌다. 20여 년 전 과거 마을 주민의 목소리를 담고 있는 녹음 테이프는 더더욱 그러하다. 이 기록들은 프라하에 있는 라틴아메리카 연구소의 아카이브 한구석에서 4년 전에야 비로소 발견되었으며 재정적, 관리상의 어려움에도 그것의 중요성을 알아본 아카이브 디렉터의 노고에 힘입어 마침내 열람 가능해졌다.

마을

정부의 인구조사 기록과 기록자의 노트에 따르면, 1970년 푸에르토 테야다 주민의 대다수는 소작 농장을 이어받은 근처 사탕수수 농장에서 일하는 저임금 노동자들이었다. 그러나 한 세대 혹은 그 이전만 해도 이 마을은 카카오와 커피 그리고 플랜틴을 재배하는 자작농들로 번성하는 경제의 중심지였다. 거의 삼분의 일에 이르는 자작농 가구는 여성들을 수장으로 했으며 이들은 농장을 운영하는 데서 남성 못지않은 능력을 발휘했다. 농장들은 마치 우림과 같이 거대한 붉은 꽃이 피는 카침보^cachimbo^나무가 카카오나무 위에 드리워져 있고 넓은 잎사귀를 지닌 플랜틴나무가 커피나무들 아래에 뒤섞여 있었다. 이 "숲 농장들"은 몬테 오스쿠로, 흔히 검은 숲이라 불리던 팔

로와 파일라강 유역 일대의 노예 농장으로부터 탈주해 독립적으로
농업을 행한 탈-노예들에 의해 19세기 중반 무렵 만들어졌다. 커피
는 20세기 초반에 이르러서야 재배되기 시작했다. 우림 형태의 농업
은 일단 잡초를 자라도록 한 뒤 열과 빗물이 이들을 평평하게 펼쳐놓
도록 하는 방식으로 이루어졌다. 수목들은 뜨거운 태양을 피할 수 있
도록 해주는 동시에 우기에는 물을 여름 동안 사용할 수 있도록 저장
했다. 스스로 자생하는 플랜틴나무들은 매년 열매를 맺었고 1년 내
내 2주에 한번씩 환금 작물들을 수확할 수 있었다. 카카오를 번갈아
가며 재배하는 것이 가능했으며 나무들이 거기 있는 한 언제나 수확
할 만한 작물이 존재했으므로 농부들은 대규모 노동력이나 자본, 힘
의 투입, 은행 대출이나 장기간의 휴지기 없이도 생계를 유지할 수
있었다.

    그러나 1950년대 최초의 사탕수수 농장의 출현, 그리고 1960년
대 말에 이르러서는 미국의 살충제와 기계 중심의 농업, 즉 "녹색혁
명"에서 영감을 받은 국가 주도의 농산업과 함께 상황은 이내 역전
되었다. 미주리주 세인트루이스에 기반을 둔 랄스턴-푸리나사의 붉
은색과 흰색이 섞인 작은 체스판 로고와 미국 농업 회사들의 깃발이
이 작은 마을 저장고의 진흙벽에서 '자라나는' 것이 기록에서도 확
인된다. "그들은 달걀을 얻으려고 닭을 가두었다"라고 파이사는 말
한다. 그와 그의 덩치 큰 형제는 세인트루이스에 있는 본사를 방문
할 수 있는 기회에 당첨되었는데, 그 회사는 같은 해 그 지역의 다른
그 어떤 회사보다 많은 농약과 호르몬제, 그리고 제초제를 농부들에
게 판매한 바 있었다. 몇 달이 지나지 않아 파이사는 빚 문제로 다투
다 자신의 가게에서 살해당했다. "이는 누구에게라도 벌어질 수 있
는 일이었…… 하지만 이러한 형태의 새로운 폭력은 이미 예견된
것일지 모른다. 모든 화학물들과 수입된 기술은 전혀 다른 기후와 생
태적 환경에 있는 부유한 농부들을 위해 개발된 것이다"라고 기록자
는 쓴다. 이 과정에서 농업 문화 전반은 모두 사라졌다. 사탕수수 농

장의 손아귀에 떨어지지 않은 경작지는 맨땅으로 남아 있거나 땡볕
과 홍수에 무방비로 노출되었는데 이는 소작농들 스스로가 그들 경
작지 내에 있는 카카오와 커피 나무를 베어버렸기 때문이었다. 잡초
는 몇 주 이내에 모두 사라졌고 비싸고 위험한 농약과 제초제 사용으
로 인해 수원이 오염되었으며 곤충과 식물 사이의 질병 균형은 변화
했다. 임금 노동을 향한 오랜 기다림과 의존 현상이 나타났고 은행은
수확물을 격주로 가져갔다. 여성 소농 대부분은 나무를 베어내려는
그들의 아들들에게 동의하지 않는 것으로 이러한 변화에 저항했다.
"적긴 해도 어쨌든 이 나무들은 우리에게 주는 것이 있어요." 여성 소
농들은 자신들의 농장에 대해 이렇게 생각했을 것이다. 질병과 새로
운 기술 경제적 변화에 대한 부적응 속에서 파괴된 소농장들은 이내
대규모 사탕수수 농장의 일부가 되었다. 새로운 세계는 그들의 존재
자체가 되었다. 누구보다 가혹한 경험을 한 가족들의 이야기는 기록
자가 마을에 처음 도착했을 무렵 막 시작된 참이었다. 그가 현장 연
구를 시작했을 당시에는 오늘날에는 상식처럼 여겨지는 환경주의적
비판이 부재했음을 고려하면 숲 농장의 지혜로움에 대한 그의 관찰
은 무척 새로운 것이다. 그는 농업 과학과 국가 주도의 농업 계획, 그
리고 유럽과 북미에서 보편적인 방식인 공동 경작 시스템을 도입하
기 위해 나무들을 베어내고 잘 구획된 경작지를 만드는 것과 같은 자
족적 태도를 비판했다. 열대 우림에서 행해진 소농들의 숲 농장 시스
템이 유지되었더라면 지금과 같이 존 디어 트랙터나 캐터필러 혹은
볼보의 굴착기가 콜롬비아에서 이토록 잘 팔려나가는 일은 없었을
것이었다. 1970년 푸에르토 테야다의 인구는 1만 1000명가량이었으
며 프라하 문서고의 기록에 따르면 주민들 대부분이—거의 95퍼센
트가량이—아프리칸 노예의 후손들이었다. 그들 중 대부분은 18세
기 중반부터 노예제가 폐지된 1851년 사이에 사금 광산에서 일했는
데 안데스산맥의 동쪽과 서쪽 일대의 이 놀랍도록 아름다운 평원과
관목 지대들, 짙은 푸른빛이 신비스러운 구름 속으로 사라져가는 이

지역, 즉 야피오^{Japio}, 라 볼사$^{La\ Bolsa}$, 그리고 퀴엔데로 아시엔타^{Quintero}
^{hacientas} 일대는 모두 아볼레다 가족의 소유였다. 비교적 최근이라 할
수 있는 1970년대에 이르기까지도 태평양의 외지고 고립된 섬들로
부터 수많은 아프리칸 후손들이 사탕수수 농장이나 근처 도시에서
일자리를 찾기 위해 이주해왔다.

기록자와 역사의 광기

모든 것을 녹음하고 문서화한 이 성실한 기록자가 토마스 자파
타를 만나 인터뷰를 시작할 무렵, 그는 라틴아메리카에 도착한 지 겨
우 두 달 남짓 되었을 뿐이었다. 그가 스페인어로 나눌 수 있는 대화
는 극히 초보적인 수준이었고 지역의 삶과 역사에 대한 그의 지식 역
시 미약한 수준이었다. 그는 충분한 인내심 없이 인터뷰를 한다. 대
화 상대가 자의로 말하도록 하는 대신, 대답이 만담으로 흐르거나 하
면 그는 끼어들거나 혹은 말을 중단시킨다. 그러나 오랜 시간이 지난
후 우리에게 때때로 놀라운 사유로 다가오는 것은 바로 이 부분이다.
그는 아마도 이 불확실한 부분들, 더듬거리는 사유와 비논리적으로
조직된 회상의 부분들을 메꾸고자 했던 듯하다. 많은 이들, 특히 노
인들의 경우 이야기가 만담으로 흐르는 경향이 있기는 하지만, 나는
어떻게 다른 이들이 정확하고 조화로운 문장들을 얻어내는지 또한
이 문제가 재현 그리고 역사 서술에 관해 무언가 암시하는 바가 있는
것은 아닌지에 관한 질문을 제기해야 할 필요를 느낀다. 과거를 회상
하는 살아 있는 언어를 담은 텍스트가 널뛰고 이리저리 구부러진 채
흩어져 있는 경우, 이 부정확한 파편들로 서사를 시작하고 그것을 우
회하는 것이 가능한가?

나는 또한 그 기록자가 미리 준비한 텍스트의 차례를 신중하게
따르는 동시에 또한 대화의 임의성, 그리고 과거에 조응하는 인간의
음성의 힘을 따라 움직이며 이들을 마치 유물과 같은 진정한 실재로
만들기 위해 애쓰고 있는 것은 아닌지 궁금하기도 하다. 이는 역사가

가진 가장 근본적인 문제들, 즉 어떻게 불투명한 밀도와 항목들을 제거해 과거의 비밀과 의미를 밝혀낼 수 있는지, 혹은 이를 나쁜 역사 혹은 널리 알려진 이야기의 윤곽을 밀어내는 힘으로 삼을 수 있는지와 같은 문제들로 우리를 인도한다. 아마도 그럴 것이다. 오, 지금 누가 횡설수설하고 있는 건지! 여기서 문제는 역사의 외부에 존재하는 누군가가 효과적으로 이러한 질문들을 제기할 수 있으리라는 가정 속에 있다. 이러한 가정을 암시하는 의심스러운 답변들은 다음과 같다. 역사에 관해 보다 정확한 답변을 제공하는 것은 장소에 우선하는 기록자가 아니며, 역사가를 역사에 의해 만들어진 존재로 그리고 우리 자신을 역사에 의해 만들어진 직업적 역사가, 즉 늘 우리를 굴복시키고 때때로 저항하도록 하는 과거에 대한 강박에 사로잡힌 존재의 현현으로 인식하는 것이다. 우리는 이것들에서 좀처럼 벗어날 수 없다.

　　오늘날 역사라 여겨지는 것은 이러한 강박적 광기를 "의미"의 추구라는 그럴듯한 목표와 계획을 통해 그럴듯한 것으로 만드는 것이며, 최우선의 목표는 역사의 꼭대기에 서서 역사의 환상, 그리고 현재의 연구 대상에 권한을 부여하는 것이다. 이러한 광기가 끝나는 지점은 그 반대일 텐데 여기서는 역사가 마치 환자가 궁극에는 현재로의 전이라는 기능의 실천을 달성하고 정신분석학자의 소파에서 내려오는 것이 치료의 종결인 것과 같다.

　　물론 사후에 기록자에 대해 비판적인 시각을 갖는 것이 얼마나 쉬운 일인지는 나 역시 알고 있다. 프라하의 문서고 담당자는 나에게 기록자의 불안에 찬 조바심을 그저 반복하거나 지워진 역사에 대한 시각을 잃지 않도록 인내심을 발휘할 것을 당부한 바 있다.

철학자

　　먼저 기록자는 이 가난한 마을에서도 가장 빈곤한 지역으로 향하는데 그곳에서 그는 담배 제작자인 노인, 유세비오 캄빈도를 만난다. 토마스 자파타를 소개해준 것 역시 그다. 그날 밤의 기록에 따르면 60세가량의 이 덩치가 크고 상냥한 맹인은 떨리는 두 손을 지팡이에 의지한 채 시멘트가 발린 안뜰 한구석에 앉아 햇빛을 쬐고 있었다. 그의 딸과 손주들이 이 예상치 못한 손님을 위한 자리를 마련하는 동안 그는 카랑카랑하고 떨리는, 그러나 단조로운 목소리로 이야기를 하고 있었다.

"그는 철학자입니다", 유세비오 캄빈도가 경의를 담아 말했다. 물론 그는 기록자가 돈 토마스에게 전설적인 도적, 20세기 초반 이 지역에서 활동한 바 있는 세네치오 미나에 관해 물을 때에는 곧장 격노했다. 이 시기 보수 정당의 승리 이후 보고타와 보안샤로부터 돌아온 대지주들과 부유층, 그리고 백인들은 자신의 땅에서 흑인 "점거자"들을 내쫓거나 임대료를 요구했다. 보수당에 속한 이 지주들은 이 일대에 노예 소유주들과 가족관계였다. 흑인들은 자유당의 오랜 지지층이었다. 1851년 자유당이 노예를 해방시킬 당시 많은 흑인들이 희생된 바 있다. 그들은 지주들이 19세기 후반 내내 노예제를 다시 부활시키려 한다고 생각했다. 이러한 흑인들의 우려에 관해 우리가 잊지 말아야 할 사실은 19세기 후반 대부분의 기간 동안 수많은 여행자들이 기록한 바에 따르면 백인들은 이 "검은 무리"들이 아이티에서 그랬던 것처럼 어두운 숲을 밀어내고 마을과 카우카 계곡의 아시엔다를 삼켜버릴 것이라는 공포에 질려 있었다는 사실이다……

세네치오 미나에 관해 돈 토마스는 다음과 같이 말한다. "그는 한편으로는 슈퍼맨이었고 또다른 한편으로는…… 재생산자였소. 그는 그 자신의 글을 쓸 능력이 있었고 그걸 모두에게 보냈다오. 그리고 슈퍼맨처럼 법을 따돌리거나 속이고 모든 것을 가졌다오. 당시 그리고 그 이전에 존재했던 서로 다른 척도와 능력을 지녔던 모든 이들 가운데서도 그는 (잠시 멈춘다) 마치 피타고라스 같은 사람이었소."

"굉장하군요! 그런데 잠깐만요." 유세비오가 말을 끊는다. "플라톤이나 피타고라스 혹은 역사 속 다른 위대한 현인들에 관해서는 말하지 않기로 합시다…… 이 남자에 관한 사실만을 다루기로 해요. 그가 어떤 사람이었는지, 그의 지식이나 솜씨가 어땠는지 같은 것들…… 혹은 당신이 아는 그의 정치적 숙고 같은 것 말이에요."

탈선과 범람

그러나 그날 돈 토마스는 다른 곳에 정신이 팔려 있었다. 그는 일반인과 슈퍼맨 그리고 신의 차이를 숙고하고 있었고 서양 고전에 등장하는 피타고라스와 같은 인물 그리고 현지의 복잡한 역사 사이를 이리저리 오가는 중이었다. 기록자는 이것이 문화적 사고의 양 극단을 예상치 못하게 오가는 것이기는 하나 마침내는 이 극단들이 서로 뒤섞이게 될 것이라고 생각했다. 뒤섞임과 움직임이 경계를 뛰어넘었다. 기록자의 노트에 따르면 그는 다소 혼란스러웠던 듯하며 이 과정을 "범람과 뒤섞임" 혹은 "범람과 탈선"이라 칭했다. 묵직한 유머를 구사하곤 하는 문서고 담당자는 기록자의 서술을 읽고 있는 나 또한 이 범람과 뒤섞임, 범람과 흐름에 뒤섞이게 될 것이라 말했다. 여기서 나 역시 혼란에 빠졌다.

변화무쌍한 도적의 신출귀몰한 능력에 관한 토론이 지속되는 가운데, 돈 토마스는 덧붙인다. "예를 들자면, 일단 처음에는 신의 언어를 공부해야 하오…… 그리스신화는 우리에게 레다와 사랑에 빠진 용감한 제우스가 호숫가 건너편에서 백조로 변신하는 모습을 보여주지 않소…… 제우스는 태양이고 레다는 지구이며 우주는…… 이걸 어떻게 설명할 수 있겠소? 마침내 그가 레다와 함께하게 되었을 때의 그 행복감과 이것들이 수많은 신들로부터 왔다는 것을." 그의 음성이 잦아들었다. "나는 그 어떤 것도 믿지 않는 어떤 남자와 대화를 나눈 적이 있소. 아무것도! 때때로 그는 뭔가를 알아듣기는 했지만 그 외에는 꽉 막힌 태도를 지니고 있었소. 그의 말에 따르면 천국은 오직 하나뿐이라는데 나는 그에게 그건 말도 안 된다고 소리쳤다오."

"잠깐만요, 돈 토마스. 지금 그리스신화에 관해 이야기하는 겁니까?" 유세비오가 물었다. "네, 물론. 물론 그렇소." 토마스가 대답했다.

"글쎄요, 그리스신화는 결국 상상에 불과하지 않습니까. 그리고 그 상상은 결국 소극과 같은 것이고요." 유세비오는 토마스가 자신의 실제 경험을 털어놓는 데에 실패하고 있음을 질책하고 있었다. "아주 작은 것이라도 좋으니 기억하도록 해보세요. 미겔리토[기록자]는 미나가 어떤 사람이었는지 알고 싶어해요. 똑똑했는지, 흉포했는지 혹은 대범했는지 뭐 그런 것들요. 그는 어떤 성격의 사람이었죠? 그는 전투에서 정직하게 싸웠을까요, 아니면 부정직하게 자신의 편을 바꾸는 사람이었을까요? 이런 것들이 미겔리토가 궁금해하는 것이라고요. 당신은 나보다 나이도 많고 그 사건들을 가까이에서 겪었으니 뭔가 생각이 있을 거 아니에요?"

대화는 이내 미나가 어떻게 정치적 적수를 속이고 그 자신의 이득을 취했는지, 그가 어떻게 적들을 피해 동물이나 식물로 변신했는지로 흘러갔다. 모든 대화는 매우 현실적인 어조로, 이 모든 것이 사실인 듯 계속되었고 이는 1980년대에 시작된 지식인들과 학생들의 일련의 움직임, 즉 미나를 저항의 상징으로 찬양하는 그들의 방식과는 전혀 달랐다. 거기에는 유세비오를 실망시킨 요소들, 즉 사실과 뒤섞인 소극, 르포르타주와 혼합된 신화와 같은 탈선과 범람이 있었다.

노년과 고대인들

녹음본을 듣기 시작한 지 얼마 지나지 않아 나에게 떠오른 생각은 모든 탈선과 범람의 과정이 실은 돈 토마스 자파타의 연로한 나이, 그 나이가 기억에 대해 행하는 속임수에서 비롯된 것은 아닌가 하는 것이었다. 그는 기억이 잘 떠오르지 않을 때마다 말을 멈추거나 자책을 하곤 했다. 하지만 나중에 드러나듯 의례적 발화나 시어에 관한 그의 기억은 거의 완벽했다. 게다가 나이듦이 기억에 행사하는 "간계들"이 간계의 부재만큼이나 명확히 드러나는 것은 아님을 염두에 둘 필요도 있다. 간계들의 역할이란 그저 과거에 대한 강박을 솟아나게 하는 것에 불과할지도 모른다.

　잘 교육받은 외국인이자 잉글레스^{the inglés}(영국인)로 알려진 바 있는 기록자에게 감명을 주기 위해 이 노인이 행하는 서구 엘리트 전통으로의 "접근"에 대해서도 생각해볼 수 있다. 고대 그리스 철학자들을 가미한 그의 이야기는 이 나이든 농부가 그저 자신을 과시하거나 바로 그런 식의 아첨으로 실은 철학을 기만하기 위해서였던 것은 아니었을까? 그는 단지 도시에 거주하는 상류층이나 구유럽의 지식인들을 단순히 모방한 것은 아니었을까?

　이러한 의심은 진심에서 우러나온 엄청난 공경의 태도가 토마스가 고대에 대해 그러하듯 익숙한 것들에 대한 애착과 뒤섞여 있음을 깨닫는 순간 분명 누그러진다. 하지만 모방이라는 주장이 갖는 함의에 대해 숙고해볼 때 떠오르는 것은, 우선 **모든** 사유는 다른 무언가로부터 비롯된 것이며, 기록자의 노트에 따르면 당시 푸에르토 테야다에서는 늦은 오후마다 길모퉁이 한구석에서 빈둥거리는(고작 몇 년의 정규 교육밖에 받지 않았음이 분명한) 중년 혹은 노인에 가까운 남자가 마치 그 길모퉁이에 살았던 누군가에 대해 이야기하듯 소크라테스나 플라톤에 대해 이야기하는 것이 그다지 드문 일은 아니었다. 고대가 지닌 권위는 완전히 다른 방식으로 사용될 수 있으며 과거를 상기하는 것이 반드시 현재 상황과 꼭 들어맞을 필요가 있는 것 역시 아니다. 위대한 혁명적 이론가인 마르크스 역시 사용가치와 교환가치와 같은 그의 주요 경제학적 개념들의 구분을 아리스토텔레스로부터 가져온 바 있으며 이러한 고대의 이론들은 그의『자본론』에 배어 있다. 이는 베르톨트 브레히트가 아리스토텔레스가『시학』에서 말한 극적 연극^{dramatic theatre}과 자신의 서사극^{epic theatre}을 근본적으로 구분한 것과는 대조를 이룬다. 이들은 모두 그들의 시선을 과거가 아닌 미래에 둔 유럽 근대 이론가들이었다.

　이 모든 것은 그저 모방에 불과하다는 주장 역시 딱히 타당한 것은 아닌데 지식인들 또는 상류층을 하나의 집단으로 묶을 수 있는 것은 아니며 따라서 거기에 모방할 만한 단 하나의 표본이나 정전이 있다는 것 역시 사실이 아니기 때문이다. 이들은 외려 다수이거나 서로 대적한다. 토마스 자파타와 비교해 유세비오 캄빈도에게서 뚜렷하게 드러나는 스타일의 차이란 과연 무엇일까? 여기에는 영국인에게 깊은 인상을 남기고자 하는, 그러나 고대의 것들을 찬양하는 것과는 거리가 먼 한 남자가 있고 캄빈도는 돈 토마스가 자신이 역사적 기록이라 생각하는 것을 유지하는 데에 실패하는 것을 견디기 어려워한다. 기록자의 존재에 대응하는 이 두 개의 전혀 다른 방식에 대해 어떤 설명이 가능할까? 기록자의 현존은 과연 무엇이었을까?

이야기꾼, 역사가, 콜럼버스

　발터 벤야민은 그의 널리 알려진 글에서 이야기꾼은 귀환한 여행자와 결코 고향을 떠난 적이 없는 사람 사이의 접합점이라 쓴 바 있다.[1] 이 서술이 강조하는 것은 이야기꾼만이 아니라 이야기가 발화되는 상황이기도 한데, 여기서 이야기는 서로 다른 궤적을 지닌 이들 사이의 조우로부터 나오며 아주 멀리 떨어진 장소를 지금 이곳으로 가져온다. 내 생각에 기록자의 존재는 바로 이러한 정의로부터 도출될 수 있는데, 그는 과거가 지닌 불투명성이 집약된 지혜의 아이콘, 이 눈먼 노인의 형상과의 조우를 통해 역사와 맞닥뜨린다. 테이프를 듣고 기록을 연구하는 과정에서 내가 기억하는 것은 아카이브 디렉터의 당혹스러움, 이 상황에서 그 노인이 느꼈을 법한 곤경이다(아마도 그건 우리가 그 디렉터를 비슷한 상황 속에 몰아넣었기 때문일까?).

　기록 초기의 어느 부분에 이르면 이 점은 더욱 분명해진다. 여기서 토마스는 기록자와 유세비오 캄빈도에게 다음과 같이 말한다. "좋소! 무엇보다도 먼저 나는 콜럼버스의 역사에 관해 명확히 하고 싶다오. 당신들은 이해하지 못할 테지만 이게 바로 내가 말하고자 하는 거요. 이건 분명 존재했기는 하나 사적인 영역의 일이라. 콜럼버스가 도착했고 이는 역사가 되어 전해졌소. 이제 더이상 몇몇만 아는 일이 아니라오. 이게 바로 미겔[기록자]이 하는 것이기도 하지. 사적으로 전해지던 것들을 그러모아서 역사가 되게 하는 것. 그게 내가 콜럼버스에 대해 말하고 싶은 거라오."[2]

"너무나 많은 것들이 잊혔죠", 유세비오가 덧붙였다. "바로 그런 이유에서 우리는 무슨 일이 일어났었는지 이야기를 들려줄 수 있는 노인들을 찾아가는 거고요."

"암, 그렇고말고. 경전 같은 것들이 활자로 쓰이기 이전에는 고대의 전통이라든가 하는 것들이 노인들의 입에서 입으로 전해졌소…… 그리고 이러한 전통이 바로 미겔이 역사를 쓰기 위해 수집하는 것들이고요."

이 모든 것들을 하루 만에 끝내기에는 벅찼고 유세비오는 기록자와 함께 이곳을 다시 방문할 것이라고 다시 말했다. "확실히 해두죠. 여기에는 위험, 그러니까 사회적 위험 같은 건 전혀 없어요."

"아뇨! 나는 그가 어떤 사람인지 알아요."

"지금 벌어지고 있는 일들은…… 분명…… 미겔은 이 나라의 오래된 존재들, 그러니까 노예제와 함께 존재했던 엄청난 수의 흑인들…… 당신의 아버지거나 선조였을 그 노예들, 그들이 주인들로부터 어떤 대접을 받았는지를 알아보려는 중이에요……"

토마스 역시 확신했다. "그는 조사관임이 틀림없소. 확실해. 조사관에게 거짓말을 할 수는 없지. 당신은 진실만을 말해야 하오."

쓰인 것에 따르면

디렉터가 제공한 현장 연구 기록에 따르면 기록자는 혼자서도 여러 차례 그곳을 방문했고 노예제와 이의 폐지에 관해 돈 토마스와 나눈 대화들을 녹음했다. 기록자는 이 노인을 일종의 구술 전통에 연관된 이로 여겼던 듯하다. 녹음은 계속 이어지며 이 녹음용 자기 테이프magnetic tape의 다림줄은 역사의 심연을 향해 던져졌다가 이내 뚝뚝 떨어지는 말들의 끈적끈적함에 무겁게 적셔진 채 되돌아온다. 돈 토마스의 말에 따르면 기록자가 하고 있는 일은 경전과 같은 책의 형태가 존재하기 이전의 "고대의 전통"을 회복시키는 것이다.

그러나 토마스는 구술 전통이 아닌 책을 통해서 그 모든 것을 알게 되었다고 말함으로써 이러한 기대를 무너뜨린다. 구술 전통의 권위자가 활자의 권위를 우위에 두고 있는 이 상황이야말로 궁극적인 진퇴양난이라 할 수 있다.

"나는 쓰인 것에 따라 말하고 있소." 그는 이렇게 말한다. "나는 쓰인 것을 내가 이해하는 한도 내에서 당신에게 들려주고 있다오. 독립전쟁 후 그들은 뭉쳐서 모든 땅을 자신들의 소유로 만들었소. 하지만 전쟁 기간 동안 서로 다른 세 일파가 스페인에 맞서 통일을 위해 싸웠는데 그들은 보수당, 자유당, 그리고 신부들이었소. 하지만 그들은 승리하자마자 가난한 이들을 추위 속에 버려둔 채 유력자, 그리고 부유한 자들끼리 땅을 나눠 가졌소. 부유한 보수주의자, 부유한 자유주의자, 그리고 부유한 신부들 말이오. 가난한 이들은? 그들은 빈자들을 내팽개쳤소! 아무것도 없이! 가난한 이들은 반란군이 될 수밖에 없었고 호세 힐라리오 로페즈라 불리던 자의 편에 섰소. 부자들은 가난한 이들이 땅을 원한다는 풍문을 듣고서는 정치la politica를 강요했소. 결국 빈자들은 갈기갈기 찢어졌다오. 모두 정치적이 되고 서로가 서로를 증오하며 갈라지다 마지막에는 아무도 땅을 갖지 못하게 되었소!"

"독립 이후 부상한 남자가 있었는데, 내가 알기로 그는…… 듣고 있소?"

"물론이에요."

"호세 힐라리오 로페즈와 빈자들의 권리를 옹호하는……"

"땅이 없는 이들요?"

"그렇소. 나폴레옹 보나파르트의 봉기. 이 남자는 선한 싸움을 벌였소. 잘싸웠지."

"여기서요?"

"그렇소."

"아니면 유럽이요?"

"여기 콜롬비아에서였소. 당시에는 협약이 존재했지. 그 협약에 따르면 신부는 시장과 같은 권한을 지녔고 교회법이 시민법보다 강해 수많은 이들을 이교도로 몰아갔소. 그리고 나폴레옹이 성공을 거두었고—이는 스페인에서 벌어진 일이오—감옥 중 하나를 부수는 데 성공했소. 이 건물들에는 성모 마리아가 판관들과 함께 있었소. 그들은 한 사람이 지닌 모든 것들 빼앗았고 그는 지하감옥에서 죽어갔소. 그들은 그에게 성모 마리아에게 키스할 것을 명했고 그는 길을 따라 그녀를 향해 나아갔소. 그녀가 팔을 벌리자 이내 그는 산산조각 난 채 땅으로 떨어졌소. 그녀의 팔은 사실 칼날이었던 거요. 바로 이런 이유에서 나폴레옹은 자신이 승리하자 이 판관들로 하여금 성모 마리아에게 가 키스를 하도록 했소. 그들은 그럴 수 없다며 비명을 질러댔지만 나폴레옹은 아랑곳하지 않았고 다이너마이트를 설치해 재판소를 날려버렸소. 나폴레옹은 사실 그 협약을 무효로 하기 위해 싸운 거요. 협약은 조화에서 나오고 이는 서로 다른 두 사람이 하나에 동의해서 만들어지는 것이오. 그는 협약을 약화시킬 수는 있었으나 완전히 없앨 수는 없었소. 이 잘 짜인 협약을 파괴하기란 불가능하다오……"

디렉터와 나는 이 통찰 앞에서 킥킥대며 웃었다. 프라하 문서고의 지저분한 창문에 비치는 얼룩덜룩한 불빛 아래 앉은 나에게 그가 들려준 나폴레옹의 역사는 그저 지리적으로 뒤죽박죽인 이야기일 뿐이었다. 우리는 아마도 그 웃음이 우리에 관한 것은 아닌지, 자신들의 평결 기준을 가지고서 판단을 내리는 자리에 앉아 박장대소하는 우리 자신들 역시 심판의 대상은 아닌지를 생각하며 다소 불편했던 것은 아닐까?

돈 토마스의 세계는 구술의 기술이 생생하게 살아 있던 장소 중 하나인 동시에 활자가 엄청난 권위를 지닌 세계이기도 했다. 이야기꾼과 책을 합쳐놓은 듯한 그의 과거를 호출하는 능력이 이 놀랍고도 기이한 해설과 조언의 이미지-단편들로 농축되는 것은 어떻게 가능했을까?

시인 혹은 역사가?

노인은 과거에 관한 수많은 질문에 대한 대답을 종종 시로 대신했다. 이러한 대답은 스스로의 언설을 공식적인 관행의 형태로 유지하는 방식으로 이루어졌기에 처음에 기록자는 그가 시를 인용해 대답하고 있다는 사실을 알아차릴 수 없었다. 우리가 처음으로 이 문제를 알아차리게 된 테이프 기록에서 기록자는 노예제 폐지 이후 토지 보유와 결혼에 관한 여러 질문들을 지속적으로 제기한다. "동거가 결혼보다 흔했소. 이내 전쟁이 시작되었지만." 토마스가 대답했다. "무슨 전쟁이요?" "천일 전쟁³ 말이오." 전쟁 후 남자들이 부족해지자 동거를 하던 이들은 모두 [레예스 대통령의 명령에 따라] 결혼을 해야만 했소."

> Están los enamorados muy enojados con Reyes
> Que con sus rígidas leyes
> Les obliga a ser casados
> Si no arreglan su conciencia de aquí a fines de mayo
> Sean liberals o godos
> Los manda p'al Putomayo

레예스의 연인들은 화가 났다네

그의 단호한 법은
모두를 결혼으로 몰아갔지
5월 말까지 양심을 저버리지 않는다면
자유주의자건 보수주의자건
푸토마요(유형 식민지)로 보내지겠지

"이봐요, 선생. 푸토마요는 정글이라오. 이건 심각한 문제였소. 결혼에 반대하는 이는 누구든 푸토마요로 보내졌소." 눈이 내리는 프라하의 문서고는 몹시 추웠다. 디렉터와 나는 개방 하수 시설인 데다 먼지까지 자욱한 농장 지대 마을의 열기 속에 앉아 있는 토마스와 기록자를 상상해보려고 애썼다. 전율하는 노인과 다음 질문에 대한 대답을 초조하게 기다리는 기록자를 말이다.

"돈 토마스, 4월 9일에 무슨 일이 있었는지 기억하십니까?" 토마스가 천일 전쟁에 대해 이야기를 꺼낸 것이 분명했다. 여기서 4월 9일은 1948년의 어느 수치스러운 날, 자유당의 총수로 인기가 높았던 호르헤 엘리세르 가이탄이 살해당한 날의 악명 높은 폭력을 칭하는 암호였다. 그는 서로를 수십 년간 학살해온 두 정당으로부터 농부들을 이끌고 있었다. 보수당이 국가와 군대, 그리고 경찰을 장악했다. "물론이오!" 돈 토마스가 퉁명스레 대답했다. "좀더 자세히 말해줄 수 있습니까?" "물론이죠." 내가 번역한 아래의 시는 강한 울림과 압운을 생략한 버전이다.

위대한 신이시여, 잠브라노 정권은 도대체 무슨 일을 벌인 것인지.
우리는 이미 자신의 형제를 죽이는 두 마리의 맹수가 되어
잠브라노가 이곳에 도착하자 마을은 부들부들 떨며 흔들리기 시작하고
그들은 우리를 발가벗겨 바늘 하나 들어갈 틈 없이 꽁꽁 묶었다

네.
무방비의 우리들은 바로 그날 4월 9일에
칼과 총이 이어진 행진
오 맙소사! 흑인들에게는 이토록 가혹한!

총을 들고 문 앞에 서서는
"이 망할 놈들, 손 들어!
겁쟁이들
용기는 사라지고 두려움에 사로잡혀 싸울 수조차 없는 놈들!
망할 흑인들과 자유당을 쳐부수자.
로레아노 고메스 박사여 영원히!
그를 콜롬비아의 대통령으로!
너희들은 흔적도 없이 사라질 것이다."

적막 속에서 점잔을 빼며 출라비타스⁴가 군경을 장악했고
출입문과 표지판을 부수고 전투의 함성을 지르면서
거리의 사람들에게 돌진해올 때
잘 연마된 마체테의 칼날이 순식간에 사람들을 베었네.
새벽 다섯시 일터로 향하던 길에 돈 안셀모 세트로에게 일어난
일이란
디오니시오 메르카도에게도―그의 마체테를 빼앗으려
총에 맞고 버려진 이들; 난도질당하고 처형된 이들.
돈 마누엘 피자로에게서 그들은 400페소를 훔쳐갔고
길을 잃어버린 한 남자가
잠바르노의 시장 앞으로 달려갔을 때, 시장이 말했네.
"당장 나가, 이 망나니 같은 놈! 내가 네 머리통을 날려버리기 전
에!"
그가 전 재산을 잃었다는 걸 깨달았을 때

그가 할 수 있는 일이라곤 오직 외치는 것뿐. "오 성모 마리아여
자비를!"
펠릭스 마리아 아콧사의 집에 정부군이 들이닥치자
그의 트렁크의 돈이 눈 깜짝할 사이에 사라졌다네.

어느 날 밤 그들은 준비를 마쳤으니, 오! 잔뜩 들떠서는 트럭에
올라타
하지만 구석으로 몰리자 오스피나의 딸을 괴롭히기로 했지
처음에는 엉망진창이었지만 이내 그들은 그 막다른 곳으로 굴
러들어가
요세파의 집, 그 유곽에서 긴장을 풀며
오스피나의 딸을 발견하고는 고함을 질러대며 욕설을 퍼붓고
는
마누엘 베도야에게 말하기를, "우리가 찾는 도둑이 여기 있다."
그 말을 들은 베도야가 대답하기를 "아무도 없소. 여긴 나 혼자
사는 집이오."
"거짓말 마라, 폭도가 안에 있다. 우리를 들여보내주지 않으면
쏘겠다. 신의 뜻으로!"
"이 가게는 내 것이오! 문을 열 수 없소!"
"누구든 내 문에 손대는 자는 쏘겠소!"
총알이 빗발친 후 그들은 원하는 것을 얻었네.
베도야는 혼자였고 그들은 마흔 명이었다네.
그들은 베도야를 굴복시켜 감옥에 가두었다가 잠브라노로 보
냈네.
"너는 2000페소를 내야 한다. 그렇지 않으면 너를 죽이겠다, 지
금 당장."
그는 자유로워지고자 주머니에 손을 넣어
"여기 있소! 다 가져가시오. 소란 피우지 말고."

다음에 그들은 헤수스 기랄도에게로 가서

"우리는 두 친구를 위해 왔다. 돈 잠브라노의 명으로."

"왜 나를 잡아가는 거요? 나는 빚진 것이 없소. 나는 내 사람들을 기다리며 내 자유의지로 이곳에 있는 거요."

"너는 곧 오리라, 사절단도 없이.

만용을 부린다면 너를 걷어차 버릴 테다."

이내 그는 마체테 칼날을 휘두르며

감옥 안의 라이플 총 부스러기 속에 파묻혀

"이곳에서 나가려면 2000페소를 내라!"

그것만이 그를 이 비탄의 노래에서 자유롭게 하리라.

그들은 빈민들에게서 계속 빼앗아갔다네.

용기에 찬 잠브라노가 떠올린 것이란

"나는 빌라 리카로 향한다. 내 모든 수단을 동원해

나의 국가를 선포하기 위해

"당신이 가신다면 따르겠나이다, 폐하.

저 흑인들이 무슨 짓이라도 벌인다면 그들을 불태워버릴 것이다."

지프에 올라탄 그들이 빌라 리카에 도착했네.

서로를 바라보며 "오! 보병들을 동원하겠다!"

하지만 일은 그렇게 흘러가지 않았으니

몰려오는 군인들을 바라보며

흑인들은 유령처럼 미끄러져 코코아숲으로 숨어들어

지프차들이 막다른 골목을 들이받고 모두가 튕겨나오자

"저 흑인들은 나에게 달려들었고 나는 한 마리의 상처입은 곰 같았다네."

"달아나! 달아나! 캄파네료! 저 흑인들이 나를 죽이려 해."

"뛰어! 지프에 올라타! 아야! 총에 맞았어!

이 상처를 좀 봐! 어서 이곳을 벗어나지 않으면

모든 게 끝이야."

이 창백한 영웅들은 푸에르토 테야다로 돌아갔고
얼마나 많은 상냥한 흑인들이 상처를 입었던지!
"잠브라노, 내 오랜 친구여,
두 번 다시, 다시는, 당신과 함께 가지 않겠소.
나는 너무 멀리 왔으나 삶은 그것보다 소중하다오."

그들은 분명히 나를 죽일 것이오. 나는 진실만을 말하기에
심지어 내가 생각을 멈출 때조차 내 펜은 계속해서 움직이고
내 글 속에서 적들이 모여들고
나는 강해진다네. 단지 이 경고 때문만이 아니라
중요한 것은 나에게는 스승이 없다는 것
호랑이가 줄무늬를 지니듯
글의 형태로 그에 대해 알게 될지니
내 시구는 여기서 멈추네.
마르코 폴로 잠브라노 정부가 오고가네.

그의 시는 여기서 멈춘다. 다른 테이프들을 듣고 난 이후에야 나는 각각의 연이 당시 마을을 지배한 군 장성들에 관해 말하고 있음을 깨달았다. 나는 이 시의 운율과 압운을 영어로 재현할 수 없는 나 자신의 무능력, 그 실패의 규모와 형상 앞에서 의기소침해진다. 시인의 지성과 능력을 내 번역으로는 도저히 담아낼 수 없고 이 냉철한 깨달음은 기록자의 형상을 다루는 인류학자의 과업에 대해 좀더 세밀한 주의를 기울일 것을 요구한다. 가련한 영혼들, 언어적 매개에 절박하게 매달린 채 차이들을 대조하나 결국 실패할 운명인 이들 말이다.

몇 주가 지나면서 이 노인이 과거에 대한 기록자의 질문에 시로 대답하는 일이 점점 더 잦아졌다. 과거에 관한 질문에서부터 과거

의 이야기들, 그리고 과거를 말하기까지 이 정제된 시어들은 그 시작
과 얼마나 다르게 끝났던지! 과거에 대한 정보에 관한 것만큼이나 의
문을 제기하는 질문들은 조사 대상과 주제 사이의 거리를 유지할 능
력, 즉 객관화된 앎의 존재를 가정하는 반면, 과거를 말하기는 이 모
든 소망된 가정을 친절하게도 비껴간다. 이 시구들은 어떤 측면에서
는 인식론적 안도감을 가져다주기도 하나 일단 그로부터 벗어난 뒤
에는 휘몰아친다. 오! 수많은 시들! 어머니를 위한 시, 최근 떠나보낸
아내를 위한 시, 그리고 1930년대 농지 투쟁에 관한 시들 말이다.

> Tengan presente señores lo que les voy a contar
> Los enemigos de los pobres no les deben olvidar.
> El asutno es bastante grave que mucho admirán
> Los amigos de Don Lisandro, más tarde reclamarán.

> 벗이여 잘 들으시오. 내 낭송을.
> 가난한 이들의 적, 그들에게서 절대 눈을 떼서는 안 되오.
> 이는 수많은 이들에게 해당된다오,
> 돈 리산드로의 친구들에게서는 더더욱, 그들은 종국엔 이 모든
> 게 터무니없다고 말할 거요.

시는 판사들과 피고들, 원고들, 목격자들이 저마다의 목소리로
말하는 경계선을 가리키며 계속 이어진다. 등장인물들을 통해 법정
에서 농지, 감옥을 오가며 국가의 사법 장치가 붕괴한 상황을 극적으
로 묘사한다. "당신이 가져온 테이프 레코더를 보니 로레아노 고메스
박사[5]에게 작별을 고하는 이야기를 낭송하고 싶어지는군요." 토마
스가 말한다. "이 작품의 낭송을 통해 우리는 쓰인 모든 것이 언제나
확실한 것은 아님을 알게 될 거요. 보편사를 연구하는 동안 이러저러
한 모든 것들이 실제로는 다 고쳐지고 덧붙여진 것이라는 한 남자의

말을 듣게 되었다오…… 조야해 보이는 것들은 여기저기 고치고 말이죠. 그가 말하길 역사란 결국 서사의 각축장이라고 하더군요." 그는 잠시 멈췄다가는 말을 이어갔다. "나는 로레아노 고메스를 개인적으로 아는 것은 아니오. 그저 사진으로만 알 뿐."

이어서 그는 고메스의 작별 인사—안녕, 콜롬비아, 어둠으로 덮인 땅—를 낭송하기 시작했다. 강등당한 지도자의 추방에 관한 이 기록은 오스피나 페레즈의 부상과 로하스 피닐라 장군의 쿠데타, 그리고 이 쿠데타가 어떻게 전세를 역전시켜 자유당의 부상을 도왔는지에 관한 내용을 담고 있다. 각각의 인물들은 그들 자신의 목소리로 말한다. 로레아노 고메스의 주장을 담은 불길한 결말은 다음과 같다. "자, 나는 이제 콜롬비아를 떠나지만 언젠가는 돌아올 것이다. 나는 지도자로서 다시 돌아와 영원한 힘을 손에 넣을 것이다." 그러나 이 시 바로 다음에 이어지는 시는 "보수당의 종말"이란 제목을 달고서 매장된 시신들의 이미지와 함께 정치 지도자들이 치르는 장례로 공식화되는 보수당의 죽음을 묘사한다. "보수당은 죽었다. 그리고 묻혔다/ 이 시를 읽는 이들은 결코, 결코 이를 잊지 않으리라." 이 문장으로 시작된 시는 새로운 탄생, 새로운 활기로 가득한 자유당의 탄생을 알리며 끝난다.

> El niño es muy hermoso, se parece una maravilla.
> El Liberalismo nació en manos de Rojas Pinilla.
>
> Estos versos así escritos son de un humilde poeta
> El niño del Liberalismo estuvo mamando teta.

> 아름다운 아이여, 바라만 보아도 경이롭다네.
> 이제 막 태어난 자유당이여, 로하스 피닐라의 두 손 안에서

겸손한 시인이 써내려간 시어들
자유당이 젖먹이 아이였던 동안.

그가 낭송을 마치자 큰 웃음이 터졌다. 이 자유주의자 시인은 너무 연극조는 아니되, 자유와 그 자신을 놀림거리로 만들면서 그들의 적, 즉 보수당의 죽음으로부터 새로운 생명의 부활을 말하고 있었다.
시에서 P.M이 의미하는 바에 대한 기록자의 질문에 돈 토마스는 다음과 같이 대답한다. "경찰, 군경을 의미하오." 그러고는 바로 그의 또다른 산문을 낭송하기 시작한다. 조롱을 담은 진지한 단어들, 성서와 일상어를 뒤섞어가며 그는 빈자와 도둑들의 취약함, 인종을 넘어선 빈자들의 연대의 중요성, 그리고 정의를 위한 힘과 같은 주제에 관해 이야기하기 시작한다. 이 흑인 남자, 돈 토마스 자파타는 시적 감성으로 가득한 그의 펜을 휘두른다.
시는 다음과 같이 끝난다.

내 펜에 놀란 수많은 이들이여,
그리고 내가 누구인지 알기 원하는 이들이여,
나는 토마스 자파타 고메스라네.
내가 대답해주기를 원한다면
내가 아무것도 배운 적이 없다는 것을 알아야만 하네.
나는 그저 요람에서 모든 것을 배웠을 뿐……
이렇게 말하는 자들도 있지, "이 악마 같은 흑인!"
그가 어떻게 쓰는지를 알았더라면 우리는 결코 이 모든 만행을 저지르지 않았을 터.
콜롬비아는 셀 수조차 없는 양심 없는 자들로 악명 높지.
기회만 되면 모든 것을 훔치는 자들.
이는 경험으로부터 배운 것.
우리는 하나가 되어야 하리라, 우리 가난한 자들, 피부색 같은 것은 상관없이.

그것이야말로 우리를 공격으로부터 자유롭게 할 것이기에.

언제나 고통받는 것은 가난한 이들일지니.

—토마스 자파타 고메스

　　베르톨트 브레히트를 존경해온 아카이브 디렉터는 이 시구들을 무척 좋아했다. 그는 존 윌렛의 『맥락을 통해 본 브레히트』를 꺼내들며 그 책에 실린 한 논문을 막 읽기 시작했다고 말한다. 그 글은 키플링이 브레히트에 미친 영향에 관한 것이었다. 두 시인 모두 성경과 찬송가를 풍부하게 인용하는데, 윌렛에 따르면 이는 호라세나 다른 라틴아메리카 시인들 역시 마찬가지였다. 그들은 모두 아라공이나 베허, 네루다와 같은 "사회주의자" 시인들이 그러했듯 "기본적으로 문학적이지 않았으며" 감정적 특성보다는 행동의 방향에 더 주의를 기울였다. 행동을 추동하는 것을 목적으로 한 키플링과 브레히트의 시는 모두 "대중적인 형태의, 분명한 언어와 거친 리듬, 그리고 '신체적'이며 단축적인 시구절의 중단을 그 특징으로 한다".[6]

　　디렉터는 윌렛이 키플링을 인용해 쓴 구절을 찾아 읽기 시작했다.

　　"민중의 노래를 쓰는 데에 더 방대한 지성이 요구된다. 언젠가 그는 벌몬지Bermondsey나 보우Bow에서 반란을 일으킬 것이고 거칠지만 명확한 시선과 견고하고 무한하며 부드러운 유머를 지닌 민중의 언어로 말할 것이다. 민중의 삶에 깊이 밴 그 언어들은 힘차고 강력하며 심금을 울리는 산문으로서 그들의 다문 입술이 말했음 직한 것들을 담아낼 것이다. 그는 이 말들을 노래로 만들 것이다. 노래들! 그리고 민중을 위해 노래하는 체했던 모든 하찮은 시인들은 마치 놀란 토끼들처럼 황급히 달아날 것이다."[7]

　　윌렛이 보기에 이는 브레히트가 이후에 목표로 삼은 방식에 매우 근접해 있다. 그러나 이에 제동을 걸며 디렉터는 다음과 같이 지적한다. 돈 토마스는 키플링이 쓴 "오마르가 그의 서정시로 심금을 울릴 때"와 같은 시, 호메로스나 고대 시인들의 방식을 따르지 않는 시를 쓴 것이 결코 아니다. 그의 방식은 외려 교육받은 계급들로부터 시를 빼앗아 교육받은 적 없는 민중 시인의 입안에 넣는 것에 가깝다. 브레히트와 키플링이 "일상어"에서 찾아낸 것은 자신들이 일부 발명해낸 뒤섞인 계급을 중재하는 힘찬 크레올어 같은 것이었다. 문학 언어가 지닌 전혀 다른 허세에 맞서는 한 방식으로서의 언어 말이다.

민중의 목소리

지적이고 시적인 성취에 관해 미처 검증된 바 없는 장소, 이 급속히 산업화되고 있는 농업 지대 주변부 빈민가에서 쓰인 시구들은 무언가 그 이상의 존재들, 즉 민중의 영혼에 대해 생각하도록 우리를 이끈다. 게다가 기록자가 "흐름과 뒤섞임, 범람과 탈선"이라고 칭한 것, 즉 현지의 역사와 서구 전통, 플라톤과 피타고라스와 같은 정전이나 레다와 제우스 같은 신화적 인물들의 병치는 뻔한 노스텔지어와 "라틴아메리카 농부" "아프리칸 노예의 후손들"에게 투사된 진정성 등등의 주제들과 함께 충분히 살펴볼 필요가 있다. 계속 이어지고 창조되는 전통에 대한 성찰과는 별개로 이 뒤섞임과 범람이 보여주는 것은 문화적이고 한시적인 몽타주에 대한 해석의 기술이라 할 수 있다.

나는 여기서 노스텔지어와 진정성이 지닌 유혹적인 힘에 대해 좀더 고찰해보고자 한다. 왜 우리는 그것들을 원하며 왜 그것들은 이 세계 속 우리들 존재 속 가장 깊은 곳에 자리하는가? 아메리카의 건설에 대해 돈 토마스가 행사하는 강력한 기여는 그들이 "민중"의 존재라는 사실에 있으며 바로 이 점이 서구의 정전에 대한 엄청난 존중과 의존을 재활성화한다. 이 재활성화 과정에서 특히 강조되어야 할 것은 그들이 사용하는 우아하면서도 반어적이며 또한 진실된 방식이 동시에 빈민들이 계급에 저항해 조직하는 것을 방해하기도 한다는 점이다. 이들 계급이야말로 정전들과 자신을 가장 가깝게 느끼며 그것들을 미래를 향한 것으로 구체화하는 이들이라 할 수 있다(보고 타가 "아메리카의 아테네"라 불리게 된 데에는 그럴 만한 이유가 있 다).

동시에 경제적 빈곤 계급인 콜롬비아 소작농들과 아프리카 노예들의 후손, 그리고 서구 정전들이 서로 뒤얽힘으로써 만들어지는 평행선 역시 분명 존재한다. 고대 철학자들이나 그리스 신화를 향한 그의 분명한 경의와는 별개로 그것들을 읽어내는 그의 해석의 즐거움, 개인적 성향— 존엄과 유머, 자신감과 솔직함—은 분명 귀족주의적인 동시에 탈권위적인 반향을 지닌다. 즉, 이것이 의미하는 바는 고상함과 겸손함을 지닌 동시에 확신에 차 있고 현실에 뿌리를 두되 직접적이며 유용성보다는 결말에 더 관심을 지닌 어떤 형상이다. 조르주 바타유는 이를 "지배mastery"에 반대되는 "주권sovereignty"이라는 철학적 개념으로 형상화한 바 있으며 나는 그가 말한 것이 지배하지 않음의 지배the mastery of nonmastery일 것이라 여긴다.[8] 이러한 관점에서 돈 토마스의 이야기를 조심스레 재해석하자면, 그는 과거 지식인 엘리트들과 연관이 있는 귀족주의를 인용해 특권층과 법 체계, 그리고 그것의 속성을 비판한 것은 아닐까.

오늘날 라틴아메리카를 휩쓸고 있는 상업화된 대중문화, 소위 제1세계의 것과 다를 바가 없는 대중문화의 영향과 그 속성을 우리는 일상적으로 목격하고 있다. 도심을 오가는 버스에 달린 비디오 화면에서 상영되는 극단적으로 폭력적이고 성차별적인 영화가 대중의 관심을 잡아채고, 헤비메탈 장르의 하위문화가 마약과 살인으로 물든 세계 코카인의 수도 메데인의 젊은 남성들의 이상향이 되는 그런 장면들 말이다. 이런 상황에서 우리는 돈 토마스의 사고와 존재의 방식, 의복과 연설의 형태, 행동거지와 신체의 움직임 같은 것들은 단지 뒤떨어진 것일 뿐만 아니라 오히려 그가 오늘날의 도심과 외곽의 빈민들보다는 먼 과거의 엘리트 문화와 더 많은 것을 공유하고 있을

지도 모른다는 사실을 깨닫게 된다.

하지만 여기에는 그 이상의 것, 실은 이 노인의 언어가 엘리트 문화에서 비롯된 것이 아닌 그의 본질을 이루는 소작농의 문화로부터 나온 상당한 형식과 척도, 리듬을 지닌 언어이자 도덕적 기준의 불평등과 명성의 교묘함에 대해 날카로운 민감함을 지닌 이의 언어라는 사실이 존재한다. 돈 토마스 자파타의 산문 속 도덕 세계는 위대한 형식과 민감함을 그에게 부여한다. 언어 속에 거주하는 이상향의 세계는 내가 연설의 언어라 칭하는 것, 즉 타자에 경의를 표하고 형식을 부여하는 언어의 비계들을 붙잡아두는 방식으로 만들어진다. 이것들이 언술의 기본 토대를 이루며 시인들이 대답을 통해 이어가는 각각의 행들 속에서 이 힘은 암시적으로 드러난다. 이미 지나가버린 것에 대한 여전히 강력한 기억이 이 형식 속에서 전달된다. 물론 이러한 것들이 오늘날 콜롬비아 살인의 85퍼센트를 차지하는 젊은 폭력배들의 전사戰士로서의 열정 속에 살아 있다고 말하는 것은 억지일 테지만 말이다.

과거의 목소리

일단 시작하면 20분가량이나 이어지는 시구들을 기억해내는 노인의 능력은 실로 놀라웠다. 기록자의 노트에서 드러나듯 마을의 집합적 기억은 매우 짧은 시간 단위에 관한 것이었기에 우리는 역사가 실은 이러한 서사시 없이도 보존될 수 있었으며 사실 시인은 실제 청중 앞에서 낭송을 했던 것은 아닌지 궁금해졌다. 그렇지 않다면 사람들은 현재를 사는 데에 침잠했을 뿐이고 이 사실이 기록자를 끊임없이 놀라게 했다. 그는 역사가 인간의 삶과 이 라틴아메리카의 소작농 마을에 필수적인 것이라 순진하게 생각하며—『백 년 동안의 고독』이 드러내듯—"과거의" 존재란 당연하게도 과거에 대해 매우 높은 수준의 의식을 지닌 존재라 여겼다. 우리는 후기 노트에 커다랗게 휘갈겨 쓰인 니체의 문장을 통해 그가 받은 충격의 크기를 짐작할 수 있다. "진정한 의미에서의 삶은 망각 없이는 불가능하다."[9]

노인은 그가 자주 암송하는 시구들을 스스로 쓴 것일까. 기록자를 만나게 된 그 운명의 날 이전에 그는 고립되고 잊힌 채 살았던 걸까. 기록자가 마을에 오기 전까지 시인은 아마도 침묵 속에서 그의 말년을 보내고 있었으며 이웃들로부터 서서히 잊혀가는 존재였으리라. 두 외로운 역사가가 낡은 삼베 가방들과 닭 배설물들이 널린 콘크리트로 덮인 안뜰의 햇살 아래에서 조우했던 순간, 그 둘 사이에는 어떤 시선이 오갔을까. 죽음을 고작 몇 년 앞둔 나이든 맹인 남자와 테이프 레코더를 가진 젊은 "영국 남자" 사이에 말이다. 노인은 그의 머릿속에서 윙윙거리는 시구들과 함께 일종의 시간여행을 하며 살고 있었던 걸까?

이 문제에 대해 디렉터와 의견을 나눈 이후에도 나는 여전히 기록자와 자파타가 일종의 "놀이터"를 공동으로 창조해낸 것은 아닌지 확신할 수 없었다. 이 놀이터는 프로이트가 1914년에 쓴 논문, 「회상, 반복과 훈습Remembering, Repeating, and Working Through」에서 언급한 전이 시나리오에 등장하는 "질환과 현실" 사이, 즉 반복이 일종의 완벽한 자유로 확장되는 공간이다. 여기서 회상은 이해, 심지어는 변화를 위한 궁극적인 힘으로 작동한다.

시인과 기록자가 "함께" 창조해낸 무언가 특별한 것, 즉 시구들이 만들어낸 기억과 언어의 놀이터로서의 상호 문화적 전이는 형식적인 압운이나 운율과 어떻게 연관될 수 있을까? 시들이 제안하고 있는 것은 제의가 반복과 형식을 통해 수행하는 것과 같이 회상을 제한하기보다는 되레 이를 활성화하는 반복의 한 유형은 아닐까?

전이 공간에 노출됨으로써 생겨나는 저항이 유발하는 신경학적 반복이나 광인의 말에 대한 분석 작업과는 다르게 "놀이터"는 일종의 양방통행로와 같은 성격을 띤다. 길 위에 있는 것은 두 명의 분석가 혹은 두 명의 광인, 즉 동시에 존재하면서 자신들의 존재 장소를 변화시키는 이들인데, 이중 어떤 쪽을 택하든 이들은 전이 공간을 창조해낸다. 물론 이 전이 공간은 두 세계 역사 속 개인들이 우연히 만나 겹쳐져 단기간에 확실한 것을 만들어내는 장소는 아니다. 갑작스러운 기록자의 방문이 만들어낸 상호 문화적 공간에서 드러나는 것은 시구들의 반복과 그 반복의 미학이며 그 속에는 그것들과 함께 살아내려는 노력, 한시적인 앞지름이 아니라 문화로 주조된 존재의 긴장감, 폭력과 반란, 그리고 20세기 콜롬비아 시골 마을에서 살아가는 존재가 지닌 판타스마고리아로 이루어진 신경 체계의 긴장감이 살아 있다.

눈멂과 글쓰기

여기서 이 연로한 시인이 백내장으로 인해 앞을 보지 못한다는 사실 역시 끊임없이 상기하지 않을 수가 없다. 다소 도착적일 정도로 낭만적인 생각이기는 하나, 앞을 볼 수 없다는 사실이 그의 기억 능력과 기억을 향한 필요성을 극대화하고 그 자신을 과거의 세계 내부 속으로 깊이 밀어넣은 것은 아닐까? 그가 지닌 지나칠 정도로 발달한 감각과 감정의 도구들이 실은 시각의 위축에 대한 일종의 보상이라면? 그러나 나는 이내 그의 내면에서 일어나는 일을 강조하는 것보다 시각적 좌절이 표현해내는 것, 그리고 표현의 도구로 선택한 것이 시라는 사실이 훨씬 중요하다는 것을 깨달았다.

그의 노트에서도 드러나듯 기록자는 아마도 읽기와 쓰기에 대한 시인의 계속되는 강조가 다소 혼란스러웠던 듯하다. 그는 "구술 전통"의 전형을 따라 시를 이어서 낭송하기는 하지만 그 시들은 자신이 쓴 것이거나 혹은 역사책이나 성경과 같이 이미 쓰인 것들로부터 영감을 얻거나 권위를 빌려온 것이다. "세권 라스 레스트라스$^{Según\ las\ letras}$." 그는 '전해지는 것에 따르면'이라는 이 문장으로 이야기를 시작한다. 모든 문헌들이 그가 가진 펜에 힘을 부여하며 글을 계속해서 써나가기 위해서 다른 선택의 여지는 없는 듯하다.

노인이 자신의 시구들을 종이에 옮긴 적이 있는지 여부에 관해 기록된 바가 없다는 사실은 다소 놀랍다. 현장 연구 역시 이러한 맹점으로 귀결되고는 한다. 그러나 내 짐작에 제대로 된 교육을 받은 바가 전혀 없었던 노인은 최소한 글을 읽을 줄은 알았던 듯하다. 그는 기록자가 보고타에 위치한 콜롬비아 국립 도서관에서 찾아낸 놀라운 신문기사를 본 적이 있었을까. 1916년(토마스 자파타가 26세 되던 해), 푸에르토 테야다에는 두 종류의 신문이 있었는데 하나는 신타 블랑카 Cinta Blanca(하얀 리본)로서 "일반 대중의 관심사에 대해 격주로 발행"되는 신문이었고 다른 하나는 엘 라티고El Latigo(채찍)였다. 엘 라티고는 신타 블랑카와는 대척점에 있는 듯했는데, 그 둘은 "민족적 특성과는 상관이 없는 유행성 출판물로서 주의깊게 찾아야만 하는" 신문이었다.

당시 마을의 인구는 2000명이 될까 말까 한 정도였고 가장 가까운 도시인 칼리에 가려면 비포장도로나 대나무 뗏목을 이용해야 했으며, 대부분의 주민들은 문맹이었던 것으로 추정된다.[10] 이 작은 마을에 동시에 발행되는 신문이 두 종류나 있었다는 사실보다 더 놀라운 것은—이 사실은 라틴아메리카 시골 지역의 인쇄술이나 문화에 대한 우리의 모든 선입견을 되돌아보게 만든다—엘 라티고 신문의 표지인데, 단순한 목판을 사용한 이 표지에는 악의에 찬 교권 반대 풍자만화에 "곁들여진 운율에 찬 시구들"로 구성되어 있다.

어린 토마스 자파타는 읽을 수 있기를 열망했다. 그가 기록자에게 한 말에 따르면 어느 날 그는 그의 양부에게 책을 사기 위해 3릴레를 달라고 했지만 돌아온 것은 가혹한 매질뿐이었다. 양부는 글을 읽는 것은 계집애들이나 하는 일이라고 소리쳤다. 이후 그는 몰래 돈을 모았고 산탄데르에서 열리는 주간 장터의 서적 판매상을 찾아갔다.

"『만틸로Mantillo』 1권 있나요?' 나는 물었소.

'물론이지.'

'얼마예요?'

'3릴레란다.'

'한 권 주세요. 그리고 저에게 어떻게 읽는지 가르쳐주세요.'

나는 그에게 3릴레를 건넸고 그는 책과 함께 알파벳을 가르쳐줬소. 그것이 내 생애 최초의 배움이었소. 그리고 두번째, 세번째, 네번째가 이어진 후 그는 나를 그곳에 두고 책을 팔러 떠났소. 읽기는 나에게 아직 어려운 일이었고 내가 읽는 법을 잊어버릴 때마다 그 장터로 가서 그에게 다시 가르쳐달라고 했다오."

"1970년 1월"이라고 표기된 테이프의 마지막 부분에서 그가 낭송한 시에서 이 배움의 기술을 떠올리지 않을 수 없었다. 이 운문은 그가 "처음으로 학교에 가는 어린 소녀를 위해 쓴 것"이다.

사랑스러운 아이에게 작별의 인사를
너는 내일 집을 떠날 테니, 울지 말아라.
지식의 문을 통과하면 새로운 세계가 너를 기다릴지니
네 영혼이 고양되는 동안
아무 위안도 없이 남겨진 네 어린 여동생 아델라는

하느님께 기도하며 너를 위한 축복을 간청하네.
내일 이 사랑스러운 집으로 돌아올 때
심고 기를 씨앗을 가져오려무나.
너의 자매, 아델라가 너를 도울지니
모든 계곡과 산맥을 넘어 우리는 우리만의 길을 만들고
유대민족의 스승이신 예수 그리스도
사명을 지닌 자가 누구든 씨앗을 뿌려야 하리.

분명 이 시는 다소 감상적이다. 하지만 그와 동시에 돈 토마스가 그의 아버지에게서 들은 것과는 정반대의 것, 즉 오늘날 콜롬비아 시골 지역에서의 공교육의 가치에 대한 매우 정확한 진술이기도 하다. 교육을 행함으로써 학교는 영혼을 고양시킨다. 이런 낙관적인 관점은 오직 그가 결코 교육을 받은 적이 없기 때문에 가능한 것이라고 말할 수도 있다. 지역 학교를 무한한 것으로서 존중하는 이러한 사고는 콜롬비아 소작농들 사이에 깊이 뿌리내리고 있기도 하다. 무엇보다도 나와 디렉터의 관심을 끈 것은 활자의 세계와 시적 형태에 대한 이 시인의 태도가 일종의 이와 같은 오인, 혹은 낙관성과 이상주의로부터 비롯된 것은 아닌지의 여부였다.

소작 농업과 서사시

게다가 이 소작 농부는 사실 학교에 다닌 적이 전혀 없는 독자로 존재한 것이 아니라 한 발은 시장경제에 다른 한 발은 자립 농업에 걸치고 있으며, 따라서 아마도 국가나 문화의 공식적 기구로부터 소외된 가장자리가 아닌 스스로 뒤섞이고 요동치면서 유통되고 범람하는 고급 문화와 대중 문화라는 "구조적 조건" 속에 있었던 것은 아닐까? 국가와 시장과의 관계에서가 아닌, 고통과 욕망, 앞을 보지 못함과 성찰이 모두 뒤섞인 모호함 속에서 동요하는 이 주변성이야말로 정확히 그의 서사시의 영적 원천을 이룬 것은 아닐까? 사고와 신체, 사회경제적 삶을 합리화하는 "형식화의 생생한 효과the lived effects of formalisation"에 대한 증언을 담은 시적 형태로서 말이다.

이렇게 충돌하는 궤적들이 필연적으로 그의 시를 구성하며, 그로 인해 그가 쓴 시에는 제도화를 만들어내는 국가와 법의 막강한 권능의 인장이 찍혀 있다. 토마스 자파타의 시에는 토지 관할권을 둘러싼 끝없는 민사 소송과 법을 집행하는 경찰, 폭력에 호소하는 읍장들, 그리고 동거를 금지하고 결혼을 강제한 법을 제정한 대통령들에 관한 이야기가 담겨 있다. 여기서 우리는『오디세이아』에 대한 로버트 피츠제럴드의 정확한 묘사를 떠올린다. 그는『오디세이아』를 "아내를 소중히 여겼고 아내에게 돌아가고자 한 남자의 이야기"[11]라 말한다. 그러나 역사적 관점을 더욱 신랄하게 적용한 독해에 따르면 이 이야기는 재현과 근대의 이성에 기반을 둔 신화적 토대에 관한 철학적 문제를 포함하고 있다. 우리는『오디세이아』를 자본과 근대 국가의 비인격성에 굴복하는 삶의 미메시스적 형태에 대한 전-소크라테스적 원사로 읽을 수도 있다. 이러한 관점에서 본다면, 이 서사는 현세의 세부 사항들에 대한 특정한 민감함sensuousness을 자연의 지배로 흔히 알려진 현세적 진보의 거대한 이야기 속에서 종국에는 자기 자신에 반하는 것이 되어버린 모방을 통해 어떻게 산출해낼 수 있는가라는 문제를 제기한다(물론 이 거대한 이야기가 여전히 피츠제럴드가 말한 아내를 소중히 여기고 그녀에게 돌아가고자 한 남자의 이야기임에는 의심의 여지가 없다).

아도르노와 호르크하이머 역시 호메로스를 마찬가지의 방식으로 읽어낸다.『계몽의 변증법』에서 그들은 농부들의 시에 특별한 관심을 보인 바 있다. 그에 따르면, 시는 소리와 감각, 자연과 문화에 대한 찬사 속에서 미메스시적으로 구성된 의미를 드러내는 예술이며 취약함과 인위적 노출의 힘 앞에서 배회하는 기호들을 그들의 가장 바깥쪽 경계까지 밀어붙인다. 바로 이러한 이유에서 운율이 중요하며 인위적인 근접성, 즉 번역으로는 운율이 드러내는 언어와 현실에 대한 우리의 이해를 전달하기가 너무나도 어렵다. 약간 동떨어진 시적 언어는 또한 공감각적 주술, 영향을 미치거나 감염시키는 공감각적 연쇄의 한 형태는 아닐까? 사유가 강력한 현존이 되어 현실을 따돌리거나 심지어 지배하기 위해 조응correspondence을 이용하는 마법의 연쇄 말이다.

여기서 디렉터는 그가 가장 좋아하는 비평가인 발터 벤야민을 언급한다. 벤야민은 샤를 보들레르의 서정시에 대한 그의 연구를 조응에 대한 언급으로 끝맺은 바 있다. 벤야민에 따르면 위기에 처한 것이 분명한 경험의 형태를 보존하려는 시인의 노력 속에서 드러나는 조응은 충격 체험에 기반을 둔 모더니티의 강압 속에서 실패할 운명에 처해 있으며, 그러한 실패 속에서 구성되는 시는 자신의 내부에 위기를 보존하고 있다.[12] 이러한 관찰은 소농들의 기억과 기계와 화학물질에 의존한 라틴아메리카 농업의 앞날, 환경 약탈과 대규모의 실업, 사법 체계와 경찰의 부패, 도시로의 강제 이주와 청소년 갱들이 행하는 폭력의 증가 같은 문제들에 대해 통렬한 시사점을 제공한다.

서사로서의 역사

이 시구들은 역사를 서술하는 방식의 다양한 가능성을 향해 열려 있고, 바로 그 점이 역사를 형언할 수 없는 위험에 처하도록 한다. 위험은 분명 즐거움의 이면이기도 하다. 역사가가 자신이 서술하는 내용과 거리를 둠으로써 힘을 얻는 반면, 서사시 시인은 서술하는 것을 자신의 내부에 체화함으로써 힘을 얻기 때문이다. 여기서 체화embodiment는 시가 지닌 시적인 동시에 다분히 수행적인 특징을 통해 이루어지는 것이 분명하고, 또한 이로써 우리는 언어의 단층들에, 그리고 발화가 지닌 도발적인 힘에 가장 가까이 다가가게 된다. 시구들이 궁극적으로 드러내는 것은 시간의 경계 너머에 있는 유동적 장소들이다. 시는 또한 정반대의 움직임, 즉 특정한 순간에 목소리를 부여하는 매우 근본적이고 친밀한 관계를 형성하는 동시에 스스로가 그 순간과 거리를 만들어내고 그 중대함momentousness을 지워버리는 순간을 만들어내기도 한다.

전문적 역사가professional historians라는 다소 불길한 칭호로 불리는 이들이 보기에 이 시구들은 역사에서 제외되거나 아주 조심스럽게 역사의 일부로 편입될 만한 것이다. 여기서 역사란 과거에 존재한 바 있는 날것의 재료들을 이를 수집하고 분석할 자격을 갖춘 근대의 역사가들이 "세부사항"과 "과거의 목소리" "권위의 인장" 심지어는 "허위의식"이라는 명목하에 탈취하고 전용해온 것들을 말한다. 그러나 이들을 전리품(혹은 "사료"라고도 불리는)으로 범주화하는 작업 속에서 전문적 역사가들은 이 같은 시구들이 역사가의 임무를 낯선 것으로 만든다는 사실을 끈질기게 부인하며 그 시구들이 과학이 아닌 예술로 분류되어야 한다고 주장한다. 여기서 나는 니체의 말을 떠올린다. 그는 과거를 재단하는 것이 직업인 이들을 향해 집중되는 문화적 권력에 대한 관심을 표현하며 그의 책 『역사의 이용과 오용』에서 다음과 같이 말한다. "판관으로서 당신은 당신이 판결을 내리는 대상보다 언제나 더 높은 위치에 존재해야만 한다. 당신은 가장 나중에 등장할 것이므로."[13] 이어지는 말은 다음과 같다. "테이블에 늦게 도착한 손님들은 남아 있는 자리에 앉을 수밖에 없다. 당신이 가장 먼저 자리를 차지할 텐가? 그렇다면 무언가 훌륭하고 위대한 것을 행하라. 그래야만 비록 늦게 도착하더라도 당신을 위한 자리가 준비되어 있을 것이다."[14] 위대한 업적과 관련해 흥미로운 사실은 우리의 역사가들이 충분히 영민하고 용감하며 언어와 이미지에 숙달되어 있다면, 그들 역시 객관성이라는 문화적으로 꾸며진 완벽성을 수행하는 대신 그들의 시를 우리와 함께 노래할 것이라는 점에 있다. 진실의 허위성과 유희하는 시들 말이다.

19세기의 위대한 역사가들과 그들의 역사 서술 후속 작업에 대한 고찰에서 하이든 화이트는 그들의 작업 상태가 "자신들의 관점이 지닌 전–개념적이고 특히 시적인 본성을 따르는 역사적 담화와 개념화의 모델"[15]이라고 쓴다. 이러한 시각에 근본적으로 반대되는 관점으로서 역사학이 과연 시로 규정될 수 있는지 다시 한번 살펴볼 필요가 있다. 포용력을 지닌 화이트의 관점은 분명하게 시적인 것을 역사적 문헌의 미학적 뼈대로 본다. 이러한 시각은 분명 돈 토마스가 쓴 것과 같이 시적 형태 속에서 전해지는 역사학에 대한 분명한 감각을 제시한다. 하지만 이 부분을 감안하더라도 과연 그의 산문시들이 역사 쓰기와 같은 것이라고 말하는 것은 타당한가?

　　문서고 디렉터는 토마스 자파타의 시를 미학적 장식이 아닌 과거를 구축하는 또다른 방식으로 이해한다. 사실 이 디렉터는 미학적인 부분을 무언가로부터 분리해낼 수 있다는 생각 자체에 반대한다. 더욱이 소비에트연방과 공산당의 선전전이 이어진 수년의 세월에도 불구하고 마르크스주의자들의 통용어들을 진지하게 받아들일 수 없었던 그에게 미학으로부터 현실을 분리해내는 것은 끊임없이 이어져온 부르주아적 사고방식의 잔재일 뿐이다. 그가 돈 토마스에게 매료되었던 이유 역시 그가 산문을 통해 명백한 사실을 끌어내는 수단으로서의 역사라는 질문에 자연스럽게 대답하고 있다는 점에서 비롯되었다. 돈 토마스는 자신의 시를 통해 결혼 관습이나 토지에 대한 사적 소유 개념의 발달, 폭력과 그 밖의 것들에 대해 말하고 있다. 이 주제들은 역사적 사실을 끌어내기 위해 외부인이나 낯선 이, 혹은 수사관—그는 어디에선가 질문자를 이렇게 칭한 바 있다—의 질문에 대한 응답하는 과정에서 자연스럽게 분출된다. 이들의 조우는 토마스 자파타의 진실에 대한 요구, 권위와 거의 우주적이라 칭할 만한 것, 즉 개인적인 것을 공적 세계에 내어놓고 역사적 지식의 상태를 전환시키는 것, 이미 논의된 바 있는 콜럼버스의 아메리카 대륙의 "발견"에 비견될 그러한 마주침 속에서 이루어진다. 어떤 개인이 전혀 다른 유형의 역사가들, 즉 수사관과 시인, 정보를 찾는 이와 관객을 찾는 이 사이의 마주침을 통해 언어로 표현된 역사가 그러하듯 시구를 반복하면서 개인적인 세계에서 공적 세계로 이동하며 질적으로 전혀 다른 지위를 획득하는 것이 가능한가?

　　이 질문은 벤야민의 이야기꾼 논문을 다소 상이한, 그러나 벤야민의 원본이 의도한 것보다 더 깊은 이해로 이끈다. 그 글에서 어느 정도 유사한 계급적 배경과 문화적 지위를 공유하는 두 개인의 조우는 고립된 것이기는 하나 그럼에도 둘 사이의 차이는 경험과 광범위한 공통의 문화적 배경의 존재를 교환할 가능성을 지닌 것으로 전제되어 있다. 그 지역을 거의 떠난 적이 없는 소작농과 수년을 여러 도시들을 전전한 뒤 그 소작농의 마을로 돌아온 장인이나 상인 간의 조우 같은 형태로서 말이다.

그러나 근대 세계사에서 마찬가지의 중요성을 지니는 사실은 비록 빈번한 일은 아닐지라도 전혀 다른 두 이야기꾼의 만남—우리가 이야기하고 있는 시인과 기록자의 사례와 같이—이 여러분이 신중하게 선택했을 그 어떤 척도에도 들어맞지 않는다는 점이다. 예를 들어 그림 형제는 자신들의 책을 통해 부르주아와 소농들 사이의 중재를 이루어냈는데, 여기서 농부는 자신의 등에 모든 종류의 고귀한 보편성을 짊어진 존재의 한 유형으로서 효과적으로 순화되어 그려진다. 벤야민이 이야기꾼의 기술에 대해 서술하는 방식 역시 마찬가지다. 그의 묘사에서 전근대의 농부와 장인은 농부와 장인으로서가 아니라 니콜라이 레스코프가 하듯, 작가와 외판원, 즉 세일즈맨으로 그려진다. 레스코프의 목소리를 통해 분출되는 이야기꾼의 기술은 러시아 장인과 농부를 부분적으로 매개한다. 게다가 벤야민은 이비사섬 해양 여행기와 그곳에 사는 소농과 조난자들에 관한 이야기를 쓰면서 스스로 중재인이 되기를 자처하기까지 한다.

부르주아와 소농 사이의 매개는 인류학자들이 자신들의 작업을 통해 구축한 이야기들의 핵심을 이루는 것이기도 하다. 에드워드 버넷 타일러가 1872년 그의 선구적 저서 『원시 문화』에서 시작한 이 같은 전통은 다음과 같다. 현장(그럴싸하게 표현하자면)에서는 유일한 수단이 이야기(때때로 "사례들"이라 불리기도 하는)를 통해 "친족" "신화" "경제" 등등에 관한 "정보"가 기록자와 조사관에게 전달되어 마침내 부르주아지 독자들에게 도착한다. 인류학은 자신들의 학문적 수행이 다른 사람들의 이야기를 전달하는 기술에 얼마나 의지하고 있는지에 관해 놀라울 정도로 무지하며 이 이야기들은 이후 과학적 관찰이라는 명목하에 이야기꾼들이 아니라 "정보원들"로부터 수집된 것으로 정제된다.

이러한 중재 기능은 근대화에 필수적 요소라 할 수 있다. 여기서 소농들과 원시인들the primitive의 역할은 분명 근대화가 지닌 문자 그대로의 감각을 보증하는 것, 즉 은유를 보다 효과적인 것으로 만드는 경험적 특성을 보증하는 것이었기 때문이다. 근대의 소농은 근대의 원시인이 그러하듯, 마치 신체를 정신의 영역으로 가져오듯 고대를 지금 살아 있는 이들에게로 가져오는 역할을 한다. 언어는 여기서 여전히 투명한 것으로, 그러나 기호와 지시물 사이의 신체적 연결이라는 필수적인 가상으로 존재하며, 주변부에서 도시로의 세계사적 이동이 이루어지는 가운데 형성되는 계급의 역사를 연결하는 고리로 작동한다.

살아내기. 회상하기

디렉터와 나는 처음에는 단지 기술상의 요소이거나 그다지 중요한 것으로 여기지 않았으나 이내 상당한 복합성과 연관성을 드러낸 하나의 요소로 계속해서 되돌아갔다. 기록자에게는 역사인 것을 돈 토마스는 현재의 살아낸 경험lived experience이라 표현한 부분 말이다.

그러나 시간이 흐르면서 연대기 기술자는 나이가 들고 죽음에 이르며 살아낸 현재에 관한 기록 역시 그와 마찬가지로 늙고 낡아간다. 기록은 현재의 둑을 넘어 시간의 강으로 흘러들고 이내 역사가 된다. 역사에 자료를 제공하는 동시에 스스로 역사가 되어가는 것이다. 이것은 과거로서의 역사와 과거에 대한 기록으로서의 역사라는 다소 혼란스러운 언어 이상을 의미한다. 그러한 혼돈이야말로 표현인 동시에 주석인 발화, 사건의 내부만큼이나 외부에서도 들려오는 발화 속 특별한 힘이 지닌 특징을 활성화하기 때문이다.

역사라는 이름으로 전해지는 현재는 연대기적 성격을 띠며 서사시적 형태와 관련되어 있다. 또한 여기에는 프로이트가 정신분석 과정에서 기억의 주요한 요소들로 지적한 것을 성취할 잠재성이 존재한다. 프로이트는 그의 경력 초기인 1893년 요제프 브로이어와 함께 수행한 히스테리 연구에서와 마찬가지로 1921년의 논평에서 역시 외상적 신경증이나 충격으로 고통받는 환자들에게서 나타나는 반복의 함의를 강조한 바 있다. 그에 따르면 분석은 필연적으로 환자로 하여금 "망각된 삶의 일부를 다시 경험하고 직면하도록 하는 반면, 환자는 일정 정도의 무관심을 유지하려고 한다. 그러나 그러한 무관심한 상태를 유지하기란 불가능하다. 그 모든 것에도 실제 무엇이 일어났는가에 대한 인식은 오직 망각된 과거에 대한 통찰을 통해서만 가능하다".[16] 나는 여기서 무언가의 일부가 되는 동시에 그것으로부터 거리를 두는 일종의 이중성, 즉 경험적 현실에 침잠하는 동시에 그 경험의 바깥에 존재함을 강조하고 싶다. 과거 속에 존재하는 과거성pastness은 무엇보다도 그것이 과거가 아닌 기억이라는 감각을 통해서, 즉 바로 그러한 반복 속에서 기입되어야 한다. 마치 과거의 사진이 동시에 과거에 관한 사진인 것처럼 말이다.

더욱이 프로이트의 후기 저작에서 반복은 억압의 징표 그 이상을 의미한다. 반복은 그 자체로 중요한 근원적인 강박이자 쾌락의 추구를 넘어서며 역사, 적어도 인간의 역사 같은 것은 존재하지 않는 현세적 삶의 비유기적 영역에 놓인 열외인간extrahuman이 지닌 정신과 영혼의 충만과 함께 죽음을 향해 기울어진다. 끔찍한 사건이 초래한 충격으로부터 고통받는 이들의 관점에서 반복은 계속되는 악몽일 테지만, 프로이트가 보기에 그 사건 당시에는 부재했던 이러한 불안을 만들어내는 기제는 바로 이러한 불안이 충격을 유발하는 사건의 발생을 막는 자극 방패a stimulus shield와 같은 역할을 한다는 데에 있다. 영혼psyche의 파괴로부터 비롯되어 정신적 신체적mental and physical 구조를 붕괴시키는 충격 말이다. 역사의 의미에 관한 우리의 논의에서 흥미로운 지점은 이 자극 방패—근대화의 인장인—가 자극의 빠른 처리를 위해 의식에 의해 형성되고 이것이 기억 그 자체와 경험 능력 자체를 쇠퇴시킨다는 데에 있다(경험, 독일어로 'Erfahrung'은 경험을 통해 변화할 수 있는 능력을 포함한다).

여기서 의문시되는 것이 시에서 반복이 하는 역할이다. 단순하고도 널리 알려진 방식의 이해에 따르면 시는 운율을 지닌 구들이 단어와 문법의 리듬, 그리고 이미지가 발화에서 떨어져나와 노래가 되는 것을 의미한다. 바로 이 지점에서 근대의 고급 문화와 대중 문화가 충돌하고 돈 토마스의 시구들에 대한 의심이 자연스럽게 피어오른다. 자신에 찬 미래주의자이자 음악가인 프란체스코 바릴라 프라텔라는 자신의 1911년 선언에서 운율을 지닌 시구에 대한 경멸을 표현하는데, 그가 보기에 이러한 시구는 "자유시free verses"에 정확히 반대된다. 그는 다음과 같이 주장한다. "제한적이고 비효율적인 형태를 띠는 운율이나 단조롭게 반복되는 어조에 의해 구애받지 않는 것은 오직 비정형시뿐이다." 그리고 그는 운율감을 띠는 시들을 **춤의 리듬**dance rhythm—육체화된 단어들이라는 말로 정확하게 강조한다. 춤추는 단어들을 향한 그의 경멸에 찬 거부를 들어보자.

> "춤의 리듬: 단조롭고 제한적이며 낡아빠진 데다 야만적이기까지 하다. 이것들은 자유로운 폴리 리듬polyrhythmic 과정을 위한 다성음악polyphony을 산출해내야만 할 것이다."[17]

보들레르 역시 유사한 태도를 보인다. 그는 『파리의 우울』 서문에서 다음과 같이 말한 바 있다. "우리 가운데 누군들 야심에 찬 젊은 시절에 시적 산문으로 거작을 써보려고 꿈꾸지 않았겠습니까. 그 산문은 리듬과 운이 없으면서도 음악처럼 흐르는 듯한 문체여야 할 것이며, 영혼의 서정적 격정에도 몽상의 파동에도, 의식의 충격에도 능히 적응할 수 있을 만큼 유연하면서도, 강한 산문이어야 할 것입니다."[18]

분명 돈 토마스의 시구는 이 근대주의자들과 공유하는 것이 거의 없다. 하지만 과연 그의 시가 미래주의나 보들레르의 시, 벤야민이 말하는 근대의 충격체험에 의해 아우라가 붕괴된 시점에 쓰인 충격에 관한 시들과 그렇게나 다른가?[19]

　이는 그 목적에 걸맞은 반복을 격찬하는 단순한 리듬이 하는 것과 마찬가지의 것, 즉 확고하며 무자비한 운율의 기능이 아닌가? 시를 서사시로 세분화함으로써 우리는 운문 속에서 반복되는 과거라는 형태로 과거의 또다른 반복을 추가한다. 균일한 어조, 특정한 정서적 단조로움, 때때로 등장하는 익살과 위트, 그리고 아이러니는 악몽의 반복과 그다지 많이 다른 것이 아니며, 오히려 악몽을 다시 주워담고 그 힘을 새롭게 해 자극 방어의 불안을 내부와 외부 모두에 존재하는 과거에 대한 이해와 연결한다.

　토마스 자파타의 시를 서사시로 규정하고 이것이 역사 기술의 한 방법이 될 수 없는지 자문하면서 나는 벤야민의 이야기꾼에 관한 글 한 부분을 떠올린다. 그는 그리스 신화 속 기억의 여신인 므네모시네를 언급하면서 서사시가 이야기와 소설, 그리고 우리가 오늘날 역사라고 부르는 다양한 형태를 아우르는 창조적인 매트릭스를 만들어낸다고 쓴다. 이러한 관찰은 우리에게 과거를 서술하는 여러 종류의 형태들 사이에는 차이만이 아니라 유사성 역시 존재한다는 점을 환기시킨다. 여기서 나는 역사의 서술 형식에 대한 하이든 화이트의 분석을 다시 한번 떠올리는데, 그에 따르면 역사 기술이 지닌 연간年間 혹은 연대기적, 그리고 근대적 형식들 사이에는 차이점이 존재한다. 서사시적 형태에서 흥미로운 것은 이러한 형식이 연간, 그리고 연대기적 형태와 긴밀하게 연결되어 있으며, 우리가 흔히 낡은 것으로 치부해버리는 이러한 방식이 사실은 놀랍게도 근대적인 방식이라는 사실에 있다. 이러한 방식은 기억술의 표현으로서만이 아니라 충격의 미학을 상대하는 근대에도 여전히 적용된다. 20세기에 들어 이 사실을 가장 분명히 보여준 이가 바로 브레히트이다. 그는 "서사극epic theatre"이라 불린 그의 시적이고도 극적인 지시 속에서 이 점을 분명히 한 바 있다. 그에 따르면 서사극은 이해되기에 앞서 "수용"된다. 그 자신을 휘감았던 "어두운 시대"의 시는 궁극적으로 이중의 결합을 지니는데, 환영을 만들어내는 어두운 공간인 극장에서 잘 알려진 역사를 반복하는 동시에 그 환영이 어떻게 만들어지는지를 드러낸다. 흔히 "소외 효과alienation effect"라 칭해지는 여러 기제로 작동하는 이러한 방식에서 가장 중요한 것은 드러냄을 드러내기, 즉 충분한 충격을 주되 완전히 압도하지는 않으며, 그럼으로써 살아낸 경험의 내부와 외부 모두를 볼 수 있게 하는 지성의 작용을 통해 유인되는 효과들의 흥미로운 연쇄를 드러내는 것이다.

폭력

그러나 무엇보다도 이 글을 쓰게 된 주요 동기는 여전히 폭력에 대한 돈 토마스의 답변에 대해 내가 느낀 놀라움에 있다. 이는 분명 희생자들의 목소리, 억압받은 "민중의 목소리"다. 또한 그 목소리는 "내부로부터" 들려오는 것이기도 하다. 언어 너머에 있는 이 쓰라린 침묵과 고통의 공허가 이내 사방을 채울 것이다!

하지만 내가 찾은 것은 사적인 목소리가 아닌 공적인 것, 감정적 연루가 아닌 거리 두기였다. 긴장과 최종적인 카타르시스 대신 그곳에 존재하는 것은 결코 끝나지 않는, 궁극에는 거대한 조롱으로 귀결되는 이야기였다. 이 시인-이야기꾼은 자신을 "비극적이지 않은 영웅untragic hero"이라 거듭 소개한다.

진실을 말했기에 나는 죽임을 당하리라.
생각을 떠올리려 애쓰는 동안에도 나의 펜은 쓰기를 멈추지 않으니
내가 할 수 있는 것은 없다네. 오직 나의 펜이 글쓰기를 흘러가게 할 뿐
세계가 난투극을 벌이는 동안.

내 힘의 원천은 이것만이 아니라네.
여담이지만 내겐 결코 스승이 없었고
줄무늬로 호랑이를 알아채듯 펜의 힘으로 나아가는 한 사람을
알아챌 수 있는 방법은 여러 가지일지니
여기서 내 시는 끝난다네.
그것이 마르코 폴로 잠브라노의 법일지니.

그는 라틴아메리카와 카리브해 작가들이 공유하는 마법적 사실주의, 소농들의 환상이라 부를 만한 것들에 올라타 천상을 향해 나아가는 그러한 조류와는 전혀 다르다. 그가 국제사면기구Amnesty International와 같은 단체의 보고서에서 볼 수 있는 임상적 정밀성을 지닌 글쓰기를 시도한 것 역시 아니다. 그들의 보고서는 알프레도 몰라노가 쓴 매우 강력하고도 훌륭하게 편집된 기록 『로스 아뇨스 델 트로펠』[20]이 보여주는 카우차 계곡 북부에서 일어난 폭력에 대한 당사자들의 감정이 흘러 넘치는 서술과 유사하다. 이와는 반대로 돈 토마스가 써내는 것은 폭력이 지닌 실제적 공포, 그리고 그로부터 수십 년이 지난 후 콜롬비아와 그 밖의 지역에서 이에 관해 말하고 서술하려는 사후의 노력 모두를 향한 감정적 반응을 제거한 기억의 요구에 자연스레 응답하는 서사시다.

그는 상연을 수행하고 그럼으로써 드러냄을 드러낸다. 전문적 역사가에 의해 구성되는 역사와는 달리 그의 작업은 현실의 내부와 외부에 동시에 존재하고 바로 그로 인해 자각의 방식들modes of realisation을 드러낸다. 그는 단지 그 자신의 개인적인 "가치"만을 드러내는 것이 아니라 더욱더 중요한 과업, 즉 사유의 매개가 되는 언어 그 자체의 신체성과 영성의 외골격을 노출시키며 바로 그렇게 함으로써 과거와 연관된 우리의 모든 작업들을 구성하는 상상적 토대가 드러난다. 뛰어난 예술적 형태를 지닌 그의 작업은 그 자체로서 예술이자 의식rite이며 자기 풍자와 함께 우리로 하여금 역사 기술이 그저

꾸며낼 뿐인 순간들을 결코 잊지 못하게 한다. 여기서 충격은 예측 가능한 운율과 지루한 리듬 속에서 반복되다가 궁극엔 익살이 되어 그 본래적 성격에서 다소 벗어난다. 위협적이고 일그러져 있는 현실에도 농담을 건네며 손톱으로 배를 긁듯이 말이다. 폭력이 더이상 콜롬비아의 농업 지대에 한정되어 있지 않고 외려 전지구적 현상이 된 오늘날과 같은 시기에 우리는 이 점이 "아메리카의 건설"에 시사하는 바를 특히 중요하게 여길 필요가 있는데 바로 이것이 역사가 지닌 강박이 만들어낸 500년의 "아메리카에 의한" 구성이기 때문이다.

서사시 예술의 형태는 관객의 존재를 전제한다. 그렇다면 누가 관객인가? 토마스가 푸에르토 데야다의 이웃들 앞에서 시를 낭송했다는 기록은 어디에도 없다. 설령 그런 일이 있었다고 해도, 머릿속에서 윙윙거리는 시구들과 함께 홀로 앉아 있는 그의 이미지를 떨쳐내기란 불가능하다. 우리가 아는 것이란 20여 년이 지난 후 세계의 정반대편에서 어떤 형태로든 존재하는 관객들, 즉 우리 자신들뿐이다. 수수께끼에 싸인 기록자와 허구와도 같은 프라하 아카이브, 그리고 마찬가지로 허구인 듯한 디렉터의 현명한 조언에 기대어 나는 나 자신으로부터의 필수적인 거리를 확보할 수 있었다. 회상이 집약된 장소로서의 아카이브를 통해 단편들로 가득한 글들의 미장센이 다시 재현될 수 있었고, 문서고 담당자는 이것들을 다시 부활시켰다. 몇몇 테이프들과 산만한 글귀들, 시간의 조각들이 어두운 파일 더미들 속에서 빛나고 있었다. 이 장소야말로 과거와 현재 사이의 전이 공간(프로이트의 정신분석학 기술에 따른) 중 하나일 것이다. 여기서 반복은 "거의 완벽한 자유 속에서" 상연되며 이 같은 강박이 역사를 "매 순간 우리 자신의 개입이 가능한 지점들"[21]로 몰아간다. 역사의 천사에 관한 글에서 누군가 말한 것처럼, "역사는 구성의 대상이며, 이때 구성의 장소는 균질하고 공허한 시간이 아니라 지금시간 Jetztzeit으로 충만된 시간이다".[22] 이 천사의 열렬한 희망은 모든 축적에 맞서 과거로 도약하는 것인데, 이 공간은 지배계급의 영향이 미치지 않는 "역사의 창공"을 향해 열려 있다. 이 같은 시도에서 필수적인 것은 이러한 도약이 이루어지는 공간, 즉 과거의 잔재들이 겹겹이 쌓인 채 닫혀 있는 아카이브적 공간을 만들어내는 것이며, 이 공간이야말로—농산업과 함께 주변부로 밀려난 소농들의 공간이 그러했던 것처럼—우리가 과거에 의해 구성되는 동시에 과거를 구성해내는 장소다.

3

태양은 받는 것 없이 준다

1940년대 후반 즈음 아직 어린아이였던 나는 엄마가 마치 보석 세공사라도 된 양 숙련된 손길로 할머니에게 보낼 음식을 포장하는 것을 지켜보곤 했다. 우리가 햇살 가득한 호주로 이주해온 반면 할머니는 전쟁으로 폐허가 된 빈에 남았다. 내 기억에 따르면 그 상자에는 언제나 커다란 버터 덩어리가 들어있었는데, 나는 할머니가 이 불건강한 과잉을 인지하는 동시에 그것을 토스트에 두껍게 바르는 모습을 생각하며 경탄에 빠지곤 했다. 고체와 액체의 중간 상태인 부드러운 금빛의 버터 덩어리가 잘 자란 소와 낙농업, 온화한 기후, 그리고 냉장 기술에 힘입은 특권의 상징이라는 사실을 내가 비로소 깨닫게 된 것은 아주 오랜 시간이 지난 후다. 1970년대 나는 콜롬비아 서부에 자리잡은 무더운 사탕수수 농장에 살고 있었고 마을에는 식수나 하수시설 같은 것들이 전혀 갖추어져 있지 않았다.

나는 그곳에서 악마와의 거래에 관한 이야기를 듣게 된다.

"악마와 거래를 하게 되면 많은 돈을 얻게 되지만 거기에는 조건이 따른다. 그 돈을 오직 사치품, 버터나 선글라스, 유행하는 셔츠나 술 같은 것에만 써야 한다…… 만약 농장을 임대하거나 구입한다면 나무들은 열매를 맺지 않을 것이다. 돼지치기를 하고자 시도한다면 돼지들은 말라 죽을 것이다. 그들은 '세카Secar'라는 단어를 사용했다. 말라 죽게 된다는 뜻이다. 마치 푸른 나뭇잎이 무자비한 태양빛 아래에서 바싹 말라 죽어가는 것처럼. 그 단어는 가축에게도 사용된다. 돼지들은 점점 볼품없이 말라 결국 뼈와 가죽만 남게 된다. 세카. 바싹 마름. 너무 과도한 태양."

왜 악마와의 계약은 오직 사치품을 구매하고 소비하는 것만을 허용할까? 버터, 선글라스, 최신 유행의 셔츠, 술…… 나는 버터가 포함된 이 기이한 목록이 새로운 제3세계에 거주하게 된 나 자신이 지닌 다름, 그리고 시간과 기억을 통해 전달된 또다른 이동, 즉 나의 부모가 결코 말해준 적 없던 유럽으로부터의 이주의 역사와 나를 미약하게나마 이어주는 신호라고 생각했다. 마치 아무것도 일어나지 않았고 유럽은 결코 존재한 적 없었던 듯이 말이다. 프루스트는 다음과 같이 쓴다. "과거를 다시 붙잡으려는 시도는 헛된 것에 불과하다. 우리의 모든 지성적 노력은 그러한 시도가 무용함을 입증할 뿐이다. 과거는 그러한 지성의 영역 너머 어딘가에 숨겨져 있으며, 우리가 예상할 수 없는 어떤 대상이 가진 물질성 속(그 물질적 대상이 우리에게 불러일으키는 감각 속)에 존재한다. 우리가 죽기 전 그 대상과 마주할 수 있는가 아닌가는 오직 우연에 달려 있다."

이것이 과연 적절한 때에 적절한 대상을 마주칠 수 있는지에 관한 문제일까? 발터 벤야민에 따르면 그렇지 않다. 그에 따르면 이는 잘못된 방식이다. 시간은 이미 일어난 일에 반하여 존재하고 역사는 경험의 방식에 따라 만들어진 세계에 관한 자료에 자신을 동화시키는 것이 불가능한 이들로 인해 스스로를 뒤바꾼다. 기억할 수 있는 능력은 위험에 처해 있고 벤야민에 따르면 이는 충격체험의 세계 속에서 경험 능력이 쇠퇴한 것과 연관되어 있다. 프루스트가 행한 여덟 권에 이르는 방대한 분량의 증언을 그는 경험을 회복하기 위한 노력으로 읽어낸다. 이 지난한 작업은 모더니티에 대한 이야기꾼의 작업과도 같으며 프루스트는 이러한 작업에 성공을 거둔 유일한 자라고 벤야민은 쓴다. 프루스트가 말한 "비자의적 기억"이란 사물에 의해 촉발되며 그 사물은 흔히 미식의 쾌감을 가져오는 대상, 과잉된 사물 혹은 경험과 기억에 대한 인간의 능력에 영향을 미치는 역사적 산물에 대한 수용력을 촉발하는 대상이다. 이 모든 것들이 지금과는 상이한, 전혀 다른 무언가로 존재했던 적이 있었을까? 벤야민은 그렇게 생각했음이 틀림없다.

> "경험이 엄밀한 의미에서 지배하고 있는 곳에서는 개별적 과거의 특정 내용과 집단적 과거의 특정 내용이 기억 속에 결합되어 나타난다. 의례儀禮와 축제들을 동반하는 제의祭儀들은― 프루스트에게서는 이러한 제의에 대한 언급은 어디에도 나타나고 있지 않지만―기억의 이러한 두 재료를 언제나 새로이 융합해왔다. 그러한 제의들은 특정한 시기에 기억을 유발해내어 평생 그 기억을 갖게 해주는 역할을 한다. 이렇게 해서 자의적 기억과 비자의적 기억은 상호 배타성을 잃게 된다."[2]

축제는 과잉의 소비와 증여, 낭비와 무절제라는 위반이 허용되는 공간이다. 만약 우리가 제의가 지닌 이 디오니소스적 요소들, 즉 반복과 재생, 믿음과 신성, 희생과 교환, 증여와 폭력, 그리고 쾌락의 요소들을 인정하고 제의가 지닌 위반의 요소가 실은 자의적인 것과 별반 다르지 않은 비자의적 기억의 두 요소를 결합하는 데 결정적인 역할을 한다면, 여기서 무엇이 우리로 하여금 이 악마적 제의를 행하도록 하는 것일까? 위반의 계약, 사치스러운 소비를 요구하고 이후에는 죽음과 불모를 만들어내는 선물을 창조해내는 이 거래를 우리는 기억을 불러오는 사물들을 향한 능력과는 구별되는 지점으로서 벤야민이 제시한 모더니티의 문지방이라 읽어낼 수 있을까? 이 같은 거래가 무엇보다도 벤야민이 말한 "세계에 관한 엄격한 감각으로서의 경험"의 흔적을 삭제하는 의식이라 할 수 있을까? 만약 그렇다면, 악마와의 거래에 대한 이야기 자체가 기억과 충돌하는 기능, 기억을 소거해버리는 기억술이거나 최소 "세계에 대한 엄격한 감각으로서의 경험"으로 구성된 기억술과 충돌하는 것은 아닐까? 악마와의 계약에 관한 이야기가 전 세계적으로 만연하고 그 이야기가 지닌 극적 강렬함이 끊임없이 수많은 반복과 상실에 대한 감각과 획득에 대한 욕망 속에서 절정에 달하는 오늘날, 무언가를[특정한 것을] 잃는 것이 아니라 그저 잃어갈 뿐인 이 세계 속에서 말이다.

이는 우리를 20세기의 사유에 대한 조르주 바타유의 다소 생소한 기여, 즉 위반과 뒤엉킨 과잉을 통해 근본적으로 다른 역사와 정치경제학, 자본주의와 공산주의에 대한 사유를 창조해낸 그의 사유로 이끈다. 그의 초점은 생산이 아니라 소비에 있으며, 그는 이를 두고 "비생산적 과잉들: 사치품, 전쟁, 이교적 제의들, 그리고 사치 단속령의 제정, 게임과 스펙터클, 예술, 도착적 성행위……는 모두 자신들에 귀결된다"고 쓴다. 결여에 대한 과학과 형이상학을 토대로 한 경제가 자연 상태와 다름없는 것이 된 우리의 시대를 고려할 때 나는 위대한 모방자the Great Imitator인 악마와 마법적 계약에 대해 상술하기에 앞서 먼저 그의 영향을 받아 바싹 말라버린 장소에서 이야기를 시작하고자 한다.[3]

태양

"태양광은 모든 생명의 넘치는 성장을 이끄는 원천이다.
우리의 부의 원천과 핵심은 태양광으로부터 오며 우리는 이 넘치는 에너지(과잉)를 상환할 필요가 없다.
 태양은 아무것도 받지 않으며 그저 주기만 한다."[4]
                                                            ─조르주 바타유

　　악마와의 계약에 대한 이야기를 처음 들었던 때로 돌아가보자.
그 이야기를 나에게 들려준 것은 1970년 콜롬비아 서부의 카우카 계
곡 남쪽 끝자락에 위치한 사탕수수 농장에서 일하는 나의 친구들,
한 무리의 여성들이었다. 당시 나는 런던 대학교로부터 받은 기금으
로 그 지역의 노예제 폐지에 관한 연구를 진행하고 있었다. 내가 살
던 작은 마을은 안데스산맥 사이에 위치한, 깊이가 200여 킬로미터
에 달하는 계곡 남쪽 끝자락에 자리잡고 있었다. 흑인이 전체 인구 1
만 1000명 중 대부분을 차지하는 이 마을에는 제대로 된 상하수도 시
설조차 없었다. 수천 헥타르에 달하는 세 개의 거대한 농장이 빠르게
확장하고 있었고 농장의 단일 소유주는 모두 백인의 후예들이었다.
한 농장은 스페인 식민 지배 시기로부터 내려온 것이었고 또다른 농
장주들은 각각 19세기 후반 콜롬비아에 와 막대한 부를 축적한 독일
인 영사의 후손과 최근 이주해온 러시아 유대계 이민자였다. 세 가족
의 영향력은 실로 막대했으며 주변의 소농들, 1851년에 이르러서야
자유신분이 된 아프리카 노예의 후손들이 대부분은 명의 없이 점유
하고 있던 그 지역 경작지의 절반에 이르는 땅을 사들였다. 그로 인
해 그 지역 소농들에게는 그 농장의 임금노동자로 일하는 것 외에는
다른 선택지가 존재하지 않게 되었다. 대서양 한복판 멀고먼 해안가
산림지대에 거주하던 흑인 여성과 남성들이 돈과 모험을 쫓아 대규
모로 이주해왔고 이내 사탕수수 농장에서 임금노동자로 일하기 시
작했다. 모든 것은 전에 없던 새로운 현상이었다. 그 지역은 한마디
로 말하자면 마치 피부병이 퍼져나가듯 급격하게 무산계급화 되었
는데, 이는 불공정하고 무계획적으로 형성되는 계급적 다양성이 혼
종을 이루고 현금 경제 속에서 여러 직업들이 겹쳐지는 방식으로 이

루어졌다. 이것이 역사의 척도이자 역사에 대해 말하는 한 방식일 것이다.[5]

적도 근방에 위치한 이 마을은 경탄을 자아낼 정도로 비옥하고 평탄한 땅으로 이루어져 있었다. 지표면을 이루는 검은 토양은 산맥으로부터 수천 년간 내려온 화산재와 호수 침전물이 만들어낸 것으로서 선사시대부터 존재했던 거대한 호수가 오늘날 카우카강이라 불리는 곳까지 흘러내려와 좁은 계곡으로 흘러들어온 결과였다. 이는 역사에 대해 말하는 또다른 척도라 할 수 있다. 비옥한 토양의 두터움 위에 구현된 역사의 척도에 오늘날의 농경산업이 자리잡고 있다.

역사 속에는 선사시대로부터 온 서로 융합되지 않는 요소들이 내재해 있다. 뜨거운 지표가 확장하고 아래의 평지를 향해 폭발하며 차가운 물이 수백만 년에 걸쳐 떨어져 바위를 관통하는 것 등등 말이다. "움직이는 비옥한 물은 마침내 화강암과 반암을 이긴다"(브레히트는 혁명적 변화의 이미지를 노장 철학자 노자$^{Lao Tzu}$의 말로부터 가져왔다). 두 개의 전혀 다른 리듬과 역사가 조화를 이룬다. "조응(교감)은 회상의 날들이다. 그것은 역사의 날들이 아니라, 역사 이전, 즉 전사前史의 날들이다. 기념축제일들을 중요하고 의미 있게 만들어주는 것은 이전 삶과의 조우다"[6]라고 벤야민은 쓴다. 또다른 곳에서 벤야민은 그의 친구 아도르노가 **변증법적 이미지**의 규정하기 어려운 성격에 대해 쓴 노트를 정독하며 다음과 같이 인용한다. "왜냐하면 자연은 언제나 생동적이고 현재적인 것으로서 변증법 속에서 관철되고 있는 것은 아니기 때문이다. 즉 변증법은 이미지 속에 내재하며 역사적으로 가장 최근의 것 속에서 오래전에 사라진 것으로서의 신화를 인용한다. 이것은 근원사로서의 자연이다. 이것이 이미지들이…… 진정으로 '태고의 화석들'인 이유다."[7] 여기서 우리는 벤야민이 말한 축제와의 조응이 어떤 리듬을 말하는 것인지 궁금해진다. 이는 지구가 자신의 내부를 분출시키는 것과 같은 엄청난 풍부함이거나 혹은 끝없이 떨어지며 바위를 마모시키는 물의 리듬과 같은 것일까?

대답은 당혹스럽고도 놀랍다. 그것은 소모와 진행의 중단이라는 이중의 리듬이며 그 속에서 벤야민이 역사철학 테제에서 말한 예언prophecy, 즉 현대적 기억과 사회가 지닌 혁명적 긴장이 역사의 연속성 속에서 함께 터져나온다. 하지만 여기서 변증법적 이미지로의 융합을 통해 묘사되는 과거와의 조응이 반드시 일어나는 것은 아니다.[8] 이는 근대 문화의 특징이기도 하다. "과거는 인식 가능한 순간에 인식되지 않으면 영영 다시 볼 수 없게 사라지는 섬광 같은 이미지로서만 붙잡을 수 있다."[9]

이것이 바로 변증법적 이미지, 즉 "메시아적 정지의 표지, 달리 말해 억압받은 과거를 위한 투쟁에서 나타나는 혁명적 기회의 신호"[10]다. 마치 화산이 분출하듯 벤야민이 말하는 지금-시간으로 충만한 현재the presence-filled now-time는 균질하고 공허한, 단지 진화론적 시간이 아니며 폭력이 분출하는 가운데 동시에 광대한 정지 상태를 이루는 와중에 마치 지구 암석층들이 이동하고 재병렬해 서로를 맞추어가듯 근대적 기억의 암석층을 이동해가며 더이상 축제가 존재하지 않는 세계에서 조응을 탐색해나간다. 이것이 시간을 중단하는 충격 속의 정지 상태다. 부정성은 이런 식으로 작동하며 바타유는 이를 한계를 위반하는 주권이라 칭한 바 있다.

머리 높이 솟아 있는 태양. 모든 생명의 원천인 태양은 동시에 너무나 뜨겁고 똑바로 쳐다보기엔 너무나 눈부시다. 산꼭대기로 솟아오르는 구름이 드리운 계곡의 푸르고 싱그러운 한낮의 눈부신 빛깔 속에서 마치 몽유병자처럼 비틀거리며 기나긴 뜨거운 오후를 향해 걸어가는 누군가는 아마도 급히 그늘을 찾을 것이다. 두 번의 여름과 우기가 서로 다른 길로 반복되고 식물들이 제멋대로 자라난다. "나는 당연한 사실로부터 시작하겠다." 바타유는 『저주받은 몫The Accursed Share』을 이렇게 시작한다. "지표면의 에너지 작용에 영향을 받는 모든 생명체는 그들이 삶을 유지하는 데에 필요한 것 이상의 에너지를 받는다."[11] 모두가 나무 열매를 선호했던 1970년대에 농부가 옥수수를 파종하는 것은 일반적인 일이 아니었다. 농부들은 뾰족한 막대기로 흙 위에 곧은 선을 그은 뒤 커버를 씌웠다. 막대기로 흙을 파고 알갱이 몇 개를 떨군 뒤 맨발로 흙을 뒤적여 씨앗을 덮는 것이 다였다. 쟁기나 비료 같은 것도 없었다. 록펠러식의 "향상된 씨앗" 따위도 아니었다. 물조차 주지 않았다. 하지만 한 해에 두 번 수확이 가능했다. 넉 달 뒤면 초클로와 부드럽고 달콤한 옥수수가, 그리고 여섯 달 뒤엔 마른 옥수수가 자라났다. 전 세계를 통틀어도 이 엄청난 비옥함, 그리고 그 비옥함과 대조를 이루는 빈곤에 빠진 수많은 이들의 모습에 비견할 만한 장소는 거의 없을 것이다.

1970년대만 해도 나무 덤불과 여기저기 달린 리본을 표식으로 삼은 소농들의 농장을 볼 수 있었다. 코코아나무들, 커피나무들, 커다란 잎사귀들이 늘어져 있고 빛이 나는 것처럼 보이는 플랜틴나무가 늘어선 그늘 아래에는 커다란 붉은 꽃을 피우는 카침보나무들이 자라고 있었다. 끝도 없이 늘어선 사탕수수 농장에는 광포한 햇살을 피할 그늘조차 존재하지 않았다.

소농장의 삼분의 일가량은 여성들의 소유였고 그들이 운영했다. 자본의 투자는 미미했고 농장을 유지하거나 열매를 수확하기 위한 노동도 그다지 필요하지 않았다. 나무는 많지는 않으나 1년 내내 지속적인 수확을 가져다주었고 그것들로 그럭저럭 돈을 벌 수 있었다. 태양의 막강한 힘 없이 곡식은 가까스로 자라났다. 비가 쏟아지면 나무들은 물기를 잔뜩 머금었다가 태양빛이 강렬해질 때 조금씩 그 수분을 배출했다. 숲의 맨 아랫부분 켜켜이 쌓인 나뭇잎들은 흙을 윤택하게 하는 가장 좋은 비료였다. 소농들의 생태계는 우림을 순환하게 하고 이는 오늘날의 농업 형태, 즉 스페인에서 들여왔거나 오늘날에는 존 디어John Deere나 미국 해외 기금의 지원을 받는 농업의 원칙들, 한때 아메리칸 인디언과 들소들이 배회하던 땅인 미국 대초원지대에서 시작된 농업과는 모든 부분에서 대조를 이룬다. 이 농장들과 소농들은 모두 새로운 상품 작물을 재배하기 위해 도입된 불도저와 도끼, 그리고 유로아메리칸 스타일의 열린 경작지 방식의 농업에 굴복했고 그같은 농업 방식에서 태양과 비가 만들어내는 씨앗의 성장은 더 많은 노동을 요구하는 골치거리가 되었다. 1970년대 중반에 이르러서는 안전성이 의심스러운 농약이 사용되기 시작했다.

내가 찍은 사진에는 열린 들판 뒤편에 자리한 전통적인 소농장의 모습이 담겨 있는데, 넓은 잎을 가진 플랜틴나무 그늘 아래에 몇 그루의 커피나무와 코코아나무가 드문드문 자라고 있다. 그 위로는 과일나무들이 있고 키가 작은 덤불이 카침보나무 주변을 둘러싸고 있다.

열린 들판을 만들기 위해 나무를 베어내는 식의 새로운 생산방식이 초래한 파괴는 아이러니하게도 전통적 방식을 따르는 농장이 지닌 찬란함과 장대함을 뒤엉킴 속에서 드러냈다. 오래된 방식은 하늘에 닿으려는 시도가 소멸되는 순간 그 모습을 드러냈다. 내 사진이 포착한 것은 단지 소농장의 한 단면이 아니라 지배의 역사로 이루어진 시간의 한 단면이기도 하다.

새로운 농업방식이 점차 널리 퍼지게 되면서 새로운 현상이 나타났다. 차곡차곡 쌓아올려진 나무 줄기와 장작이 그것이다. 베어진 나무 뿌리는 더이상 1년에 두 차례에 이르는 폭우가 유발하는 물줄기를 흡수할 수 없었고 이내 홍수가 났다. 그리고 키 작은 나무들의 푸른 잎이 만들어내던 그늘 아래에서 열기를 식히던 소농장들은 이제 작열하는 여름 태양 아래에 속절없이 노출된 채 버석버석한 황갈색 흙을 드러냈다.

젊은 농부들(도박꾼들이기도 하다)은 자신들의 (금욕적이고 보수적인) 모친에게 은행으로부터 대출을 받을 것을 청하고 농장의 규모를 줄여 "녹색혁명"이 가져다준 작물들을 심었다. 많은 돈을 빠르게 가져다줄 것이라 여겨진 콩과 작물들을 기르는 데에는 농약과 살충제가 필수였고 트랙터와 추수꾼을 고용하기 위한 자금 역시 필

요해졌다. 사방에서 나무들이 쓰러지는 와중에 일부 부농들을 제외하고 빠른 수익을 내기 위한 계획은 대부분 실패했다. 나이든 여성들은 대부분은 아들들의 요구를 따르지 않으려 했다. 그들이 가진 것은 척박하기는 하나 "어쨌든 얼마간의 수확을 가져다주는" 땅이었기 때문이다.

대규모 농업에는 벌레와 잡초의 박멸을 위한 제초제가 필수였고 소농들의 나무 역시 죽어가기 시작했다. 마녀의 빗자루라 불린 바 있는 코코아나무에 영향을 미치는 혹독한 전염병을 기적적으로 피한 적이 있는 이 지역의 소농장들은 1980년대에 이르자 대부분 고사할 지경에 이르렀다. 황홀하게 빛나는 잘 익은 코코아 열매는 보랏빛을 띠며 묵직해진다. 하지만 마녀의 빗자루가 스쳐 지나가기만 해도 엄청난 일이 벌어졌다. 더 많은 수확은 고사하고 그나마 달린 열매들조차 점점 더 왜소하고 시들시들하며 성긴 껍질을 지닌 채 너덜너덜 제멋대로 자라났고 배배 꼬이며 죽어갔다. 이로 인해 더 많은 나무가 잘려나갔다.

나무들은 어떻게 되었을까? 아직 푸르렀던 몇몇 나무들은 제재소로 보내져 얇게 잘렸는데 새롭게 단장한 농장에서 자라난 토마토를 넣을 상자를 만들기 위해서였다. 그 외의 나무들은 놀라울 정도로 도처에 널려 있던 화덕에 사용할 장작으로 팔렸는데 이는 소작농들이 모두 벽돌공이나 타일공이 되어버린 탓이었다. 토마토와 벽돌, 극심한 토지 부족에서 비롯된 두 물질적 선택지는 우리를 더 깊은 역사의 악몽 속으로 이끈다. 첫번째는 유독한 화학물질, 그리고 두번째는 신체 절단amputation인데, 이는 차후 점점 더 명확하게 드러나게 된다.

토마토는 소농들이 살충제를 치기 시작한 첫번째 작물이었다. 1970년대에 시작된 화학물질의 대량 사용은 오늘날에 빈농 부농을 가리지 않고 모두를 포위한 (농업) 혁명 이래 점차 보편적인 것이 되어갔다. 무결하고 (이내 아무 맛도 나지 않게 된) 토마토는 랄스톤 푸리나Ralston Purina를 필두로 이 지역 농부들의 화학물질 사용을 견인했

고 이내 토양과 용수의 사용에도 영향을 미쳤다.

　이 익숙한 소굴을 어슬렁거리는 동안 나는 토양에 스며든 화학 물질이 허옇게 변한 것을 볼 수 있고 내 후각은 그 냄새를 감지한다. 1992년 마을을 방문한 독소 전문가인 농학자는 대중들과 만난 자리에서 오염된 토양은 그곳에서 자라나는 작물들에 영향을 미치며 그 작물들은 심지어 동물들을 먹이기에도 부적절하다고 지적했다!

　1980년대 농업 방식의 변화로 인해 발생한 또다른 놀라운 일은 서서히 스며든 제초제의 영향이었다. 하루아침에 농업의 중심지로부터 마을의 가장 변두리에 이르기까지 소작농들은 팔라pala나 마체테를 이용해 손수 파종을 하는 것을 포기했고 밭 전체에 가루를 뿌리는 것이 이를 대신했다. 단지 훨씬 싸다는 이유에서였다. 심지어 천연 약재와 허브 등을 주로 사용하는 푸토마요 국경지대에 사는 샤먼들조차 "잡초"[12]를 죽이기 위해 파라콰트paraquat를 뿌려댈 정도였다.

　사진 속 한 젊은 남자는 제재소에서 토마토 상자를 만들 나무를 자르고 있다. 톱날을 작동시키고 있는 이 남자는 오른쪽 팔뚝 아래가 잘려나가고 없다. 하지만 그는 여전히 일을 하는 중이다. 팔에 꼭 맞

는 광택이 나는 가죽 의족은 톱밥을 잔뜩 뒤집어썼고 그는 의식적으로 웃으며 요란한 칼날을 향해 나무를 정렬한다. 이미지의 폭력이 이 순간을 가라앉힌다.

두번째 선택지, 즉 신체 절단의 예를 보자. 일반 농장들이 사분의 일 혹은 그 이하로 줄어들며 점차 자취를 감추게 되자 절망적인 착란 상태에서 시도할 수 있는 것이란 그저 벽돌을 만드는 데에 적합한 흙을 팔아 돈을 버는 것뿐이었다. 상대는 코카인 판매 자본을 기반으로 세워진 인근 도시에서 트럭을 타고 온 이들이었다. 한 트럭에 고작 6달러를 받을 뿐이었다. 당시 하루 임금은 3달러가량이었다. "얻은 것은 그저 땅에 남은 거대한 구덩이뿐Se vendió para hueco"이라고 농부들은 말했는데, 이는 내 번역이 전달하는 것보다 훨씬 간명하게 모든 정황을 드러낸다.

몇몇은 그들의 농장에 벽돌 생산을 위한 화덕을 세우고 속을 파냈다. 물론 이것은 엄청난 양의 장작을 필요로 하는 작업이었고 그 결과 많은 전통 방식의 농업이 사라져갔다. 사분의 일가량의 농장에 대여한 굴착기가 만들어낸 7미터 깊이의 구멍이 파였고 구멍은 거기에 "아무것도 남지 않을 때까지" 거의 4년간이나 남아 있었다. 농장은 사라질 것이고 구멍만 남을 것이었다. 이 지역의 흙은 벽돌 재료로 안성맞춤이었다. 지푸라기조차 필요하지 않았다. 화산재 형태로 분출된 진흙이 호수 바닥에 가라앉아 쌓이고 또 쌓여 도자기 재료가 되는 흙처럼 부드럽게 굳어진 탓이다.

지구의 역사를 간직한 선사시대 호수에는 수련이 만개하고 아이들이 물장구를 치며 놀곤 했었다. 하지만 이제 이곳에는 화학 물질로 범벅이 된 오염된 물웅덩이들이 뱀처럼 얽혀 있었고 사탕수수 농장 외에는 아무런 땅도 남지 않았다. 물론 가장 최신의 생산방식이 그 자리를 차지했다. 도시에서 독성 폐기물을 싣고 온 자들이 농부들에게 접근했고 이내 폐기물로 구멍을 메운 것이다. 진정 극악무도하고 상상할 수조차 없던 반전이었다.

악마와의 거래

위에서 묘사된 일들이 벌어지기 몇 해 전인 1972년, 나는 사탕수수 농장의 요리사들로부터 악마의 계약에 관한 이야기를 듣게 되었다. 요리사들은 분주히 움직이는 냄비들과 화염들 속에서 대화를 나누었고 그들의 훌륭한 유머 감각은 음식에 비견될 만한 것이었다. 정확히 기억나지 않는 무언가가 귓가에 들려왔고 나는 무슨 이야기를 나누었던 건지 재차 확인했다. 그들은 사탕수수를 자르는 일꾼들에 관한 이야기, 즉 악마와의 거래를 통해 추가적인 노력 없이도 더 많은 사탕수수를 자를 수 있고 다른 이들보다 더 많은 돈을 벌 수 있다는 이야기를 나누고 있었다(농장의 일꾼들은 노동시간이 아닌 결과로 보수를 지급받았다). 이후 몇 달간 조사한 바에 의하면 거의 모든 이들이 이에 대해 알고 있었다. 드물기는 하지만 종종 일어나는 일이었다. 나는 실제 사례를 잘 알고 있는 어떤 사람에게서 자세한 이야기를 들을 수 있었는데 그에 의하면 사탕수수 농장에서 악마와 거래를 시도하던 이는 겁에 질린 상태였다. 그는 사탕수수 농장 지역

"얻은 것은 그저 땅에 남은 거대한 구덩이뿐."

사람들에게는 주술로 악명이 높은 산맥 반대편 태평양 연안에 위치한 초코Chocó 지역에서 나고 자란 한 젊은 남자였다. 그는 푸토마요에서 온 떠돌이 인디언 약초꾼과 치료사들이 장터에서 판매하는 주술서에 의지해 머리 높이까지 자란 사탕수수 사이에 몸을 숨긴 채 검은 고양이를 죽여 심장을 도려냈다. 책에 나온 기도문을 암송하려 애쓰는 동안 갑자기 세찬 바람이 불어오며 하늘이 어두워졌다. 그는 혼비백산해 모든 것을 내팽개친 채 어둠 속에서 사탕수수 나무를 치받아가며 줄행랑을 쳤다.

하지만 보다 흔한 이야기는 이와는 동떨어진 익명의 것으로 남아 있다. 그 이야기는 인간사가 지닌 가능성의 지평 언저리에 있는 피할 수 없는 운명의 굴레에 빠진 이를 묘사한다. 그는 좀비와 같은 기이한 신음소리를 내며 울부짖고 사탕수수밭 한가운데에서 붕대를 풀어헤친다. 주술사로부터 받은 조각상을 지닌 이 남자는 감독관으로부터 이제 막 해고된 상태인데 이유는 그가 남들에 비해 너무 많은 사탕수수를 베었기 때문이다. 그는 동료들로부터 놀림을 받는다. "세상에! 그 조각상을 가지고서 도대체 얼마나 먼 길을 온 거야!" 거의 대부분의 이야기는 이런 식이다.

몇 년 뒤 나는 오랜 친구인 레히나 카라발리Rejina Carabalí와 이 주제에 관해 이야기를 나누었다. 나를 사탕수수 농장으로 안내한 요리사의 자매이기도 한 그는 다음과 같이 말했다. "그들이 더이상 악마를 이용하는 것 같지는 않아. 대신 마리화나를 사용하지." 이 말 속에는 나로 하여금 배운 것을 끊임없이 망각해야 할 필요를 상기시키는 몹시 중요한 교훈이 담겨 있었다. 많은 것들이 시시각각 변해가며 끔찍한 숙명은 그저 그 순간의 관점에 달려 있다는 사실이 그것이다. 하지만 또한 여기에는 어떤 지속성 역시 존재하는데 보들레르식의 **조응**, 즉 악마와 해시시 사이의 조응이 그것이다. 여기서 벤야민의 정의를 떠올리게 되는데, 그에 따르면 보들레르가 조응을 통해 말한 바는 사물들과 "위기와 무관하게 확실히 정착되고자 하는 어떤 경험"[13]

사이에서 벌어지는 공감각적 마법이다.

악마와 계약을 맺은 이가 일했던 사탕수수 농장은 이내 그 계약으로 인해 불모지가 되어버린다고도 전해졌다. 거대한 볏짚과도 같은 사탕수수를 베어내고 난 자리에서는 아무것도 자라지 않았다. 일단 베어내고 나면 몇 주 후에 다시 싹이 트고 일조나 강수에 따라 1년 혹은 그보다 좀더 시간이 지난 후에는 좀더 자라나 다음해에는 수확을 할 수 있을 정도로 자라는 것이 보통이었다. 다섯 혹은 일곱 번가량 이런 식으로 수확을 하고 나면 얻을 수 있는 설탕의 양이 점차 줄어든다. 각각의 농장이나 사탕수수밭은 모두 동시에 파종을 하는데 이는 수에르테suerte라 불리며 수에르테의 사탕수수들이 악마와의 거래 이후 잘려나간 다음에는 더이상 아무것도 자라지 않았다. 같은 뿌리를 지닌 수에르테 전체는 이내 불모지가 되었다. 밭 전체를 다시 일구고 파종해야만 했다. 언젠가 아무것도 자라지 않는 광활한 농장을 걸으며 여러 해 동안 농장에서 도랑을 파는 일꾼으로 일했던 친구에게서 들은 이야기를 떠올렸다. 인근 주민들은 그 농장에서 악마와 거래를 한 이가 일했다고들 했다. 사탕수수 압착기 굴뚝이 선명하게 시야에 들어왔다. 몇 달 후 농장은 다시 파헤쳐지고 새 파종이 이루어졌다.

몇몇 궁금증이 남아 있다. 거래의 세부사항은 여전히 모호하다. 누구와 그런 거래를 하고 어떻게 모든 추측이 만들어지는 것일까. 가장 흔한 설명은 조각상을 보건대 모든 것은 태평양 연안에 살던 흑인 이주노동자들로부터 비롯된 인디언 주술의 영향을 받은 것이라는 주장이었다.

거래에서 면제된 두 종류의 사람들이 있는데 여성과 소농들이 그들이다. 여기서 소농들은 작은 규모의 농장을 소유하고 있었거나 돈을 벌기 위해 그곳에서 일하던 이들을 가리킨다. 1970년대 당시 많은 여성들이 농장에서 일하고 있었고 그들은 18~19세기 노예들이 사용하던 팔라라 불리는 길고 날카로운 가래로 잡초를 베어내는 일을 맡았다. 1970년대 농약 사용이 시작되자 여성들과 그 자녀들은 손으로 제초제를 뿌리는 일에 동원되었다. 여성들 역시 다른 남성들과 마찬가지로 가난했고 고만고만한 상황에 처해 있었다. 그들 역시 악마와의 거래가 가져다줄 이득에 솔깃할 만도 했다. 하지만 이 점에 관해 물었을 때 내 친구들은 그들은 그것이 사실이건 원칙에 관한 것이건 아이들을 기르고 가계를 유지하는 책임을 가장 우선시하며 악마와의 거래를 통해 얻는 이득이 그다지 도움이 되지는 않았으리라고 대답했다. 그들에게는 돈이 오직 사치품을 위해서만 사용된다는 것이야말로 전적으로 견딜 수 없는 일이었을지도 모를 일이다.

그 돈은 말하자면 본질적인 불모를 의미했다. 사탕수수밭에서는 더이상의 수확이 불가능해졌고 그들이 구매하고 대여한 농지는 불모지가 되었으며 그 돈으로 산 가축들은 야위고 죽어갔다. 아이들을 기를 돈은 남아 나지 않았다! 그 돈은 이익을 가져오지 않았다. 투자를 할 수 있는 것도 아니었다. **부정적인 특질**만이 계속 이어졌다. **적극적으로** 부정적인 돈인 듯했다. 문제는 그 돈이 이런저런 식으로 작동하지 않는다는 점이 아니라 재생산을 향한 자연적 성향을 고의로 없애고 불모로 만든다는 점에서 비롯되었다.

성별을 막론하고 소작농들 역시 이런 계약을 맺지 않았는데 그들이 돈을 더 벌기를 원하는지 여부와는 별개로 이 거래는 곡식을 죽일 것이기 때문이었다. 소농장의 임금노동자들 역시 악마와의 거래에 결코 연루되지 않았다. 이 거래는 오직 돈을 벌기 위해 자신의 상품commodity—마르크스가 노동력이라 부르는—을 판매하는 사탕수수 농장의 남성들에게 한정된 것이었다.

여기서 우리는 악마적 거래 속 사악한 본성에 대해 숙고하게 된다. 기이하고 위반하는 문턱의 소문들, 알아챌 수 없고 아마도 영영 미지의 것으로 남아 있을 이러한 이야기들은 일종의 위험과도 같은 느낌을 불러일으킨다. 심지어 이것들이 어느 정도는 위험하다는 것을 가볍게 이야기하기만 해도 그 질문이 지닌 힘에 의해 오염되는 것

도 같다. 이 같은 위험과 불멸의 융합, 실용적 종교의 특수한 관점에
서 금기를 진부하게 이해하고 바로 그로 인해 금기가 위반되는 지점
에 주목해보자. 여기서 최근 경제사 속 악마의 활동이 두드러지는 몇
몇 다른 장소들을 떠올려보는 것이 도움이 될지도 모른다.

금

　지금으로부터 그리 오래되지 않은 어느 무덥고 습한 날이었다.
콜롬비아 태평양 연안의 팀비키Timbiqui강가의 카누 선두에 달린 보
가boga가 바위들 사이를 빙빙 돌기 시작했고 이내 노가 특정 지점을
가리켰다. 그곳은 최근 한 남자가 익사한 곳이었다. 그의 카누는 범
람하는 강물 속에서 뒤집혔다. 헤엄칠 수 있기는 했지만 고무장화가
방해가 되었다. 무심한 보가와 더불어 그는 눈 앞에 있는 바위들에
정신이 팔려 있었는데 거기서 한 남자가 자신의 입 속 의치에 질식해
죽은 바 있다. 전 세계를 통틀어 가장 많은 비가 내리는 이 지역 여기
저기에 펼쳐진 숲의 눈부신 푸르름이 빗물에 비쳐나오고 있었다.
　산맥은 해안을 따라 나란히 늘어서 있고 강은 빠르고 곧게 흐른
다. 강이 범람할 때면 라 봄바la bomba라 불리는 조수가 생겨났는데 강
물의 벽이 어두운 바위를 향해 몰아쳤다.
　익사한 남자는 아마도 자신만만했을 것이다. 나는 그가 이렇게
말하는 것을 쉽게 상상할 수 있다. 이곳 사람들은 카누와 함께 자란
다고. 이내 그의 부츠가 진흙물로 가득차고 발차기는 점차 불가능해
진다. 그의 치아가 목구멍 뒤쪽에 들러붙어 있다. 그나저나 이 지역
에서 의치를 지닌 이들은 얼마나 되는 걸까? 돈이 필요한 일이기 때
문이다. 금방이라도 무너질 듯한 건물 더미와 바위틈 커다랗게 입을
벌린 광산에서 솟아나온 녹슨 철로가 지닌 지난날의 속도가 서로에
면해 있다. 이 건물들은 대공황 후 프랑스 광산 회사들이 남기고 떠
난 것들이다. 광산에 면해 있는 건물들을 차지하기 위한 쟁탈전이 벌
어졌을 테고 아마도 이길 자가 이겼을 것이다.

그 역시 마찬가지였다. 익사한 이는 광산의 주인이었고 악마와 결탁해 있었다고들 한다. 그래서 그는 금을 발견할 수 있었고 다른 이들도 마찬가지였다. 이는 매우 중대하고도 일상적인 일이었다. 1975년 내가 그곳을 방문했을 때를 떠올려보면 당시에도 한 남자가 엄청난 양의 브랜디를 마시고 구타당한 뒤 죽었고 강물에 버려졌다. 그는 내륙의 대농장에서 사탕수수 수확과 적재를 담당했고 부활절 주간을 맞아 마을로 돌아온 참이었다. 그는 돈을 잘 벌었고 선글라스나 최신 티셔츠(버터 역시? 확실치는 않다)와 같은 유행하는 소품들로 한껏 꾸민 행색이었다. 여러분이 강가를 떠나 내륙으로 간다면 여러분은 분명한 성공의 표식들을 지닌 채 돌아와야만 했다. 하지만 성공한 채 돌아온 이들은 시기를 받았다…… 해안가 거주민들은 그 지역에서 유래한 상호의존성reciprocity 개념을 담은 문구를 의식적으로 되뇌곤 했는데 이는 다음과 같다. "이곳 해안에서는 한 손이 다른 손을 씻긴다."[14]

신령 여왕

사방이 어두워졌고 인디오 마초Indio Macho 신전의 뒤쪽에서 우리는 그저 사탕수수 압착기의 거대한 굴뚝과 솟아오르는 연기의 번쩍이는 불빛만을 볼 수 있을 뿐이었다. 수년이 지난 후에야 나는 베네수엘라 중심부의 이 사탕수수 압착기의 흐릿한 복합체가 실은 안락한 그늘을 드리우는 산맥, 그리고 온갖 나라에서 온 수천의 순례자들의 존재와 함께 일종의 마의 산a magic mountain을 이루고 있음을 깨달았다. 그들 사이에는 일종의 친족관계가 존재했다. 이들 모두는 상반된 것인 동시에 신화적 현실에 둘러싸여 있었다. 산은 전부 설화fable였고 압착기는 불빛을 깜빡이며 24시간 내내 작동하는 가혹한 실제였다. 노동자들은 심지어 성탄절에도 일을 했다. 예수 수난일Good Friday에는 사탕수수밭을 태웠다! 그들은 결코 쉬지 않았다. 우연찮게도 이들은 서로에게 우발적 알레고리처럼 작동했는데 여기서 흥미롭

고도 중요한 점은 산맥이 예술작품이나 스펙터클 차원의 것, 상상력
의 명백한 작동에 의해 외부로 도약하는 반면 사탕수수 압착기는 그
런 식으로 드러나지 않았다는 데 있다. 대신 산맥은 무언가 자연스러
운 것, 당연한 것인 듯 등장했다. 산의 경우 자연은 그 자신이 민족의
상징인 신령 여왕sprit queen의 주술에 걸린 영역으로 칭송되었던 반면
압착기는 매일매일의 일상에 관여하는 진정으로 자연스러운 것으로
나타났다. 이들 사이의 대조와 근접성을 깨닫게 될 때 압착기는 더이
상 자연스러운 것이 아닌 마법적인 것 혹은 원한에 차 있거나 귀신 들
린 것으로서 등장한다.[15]

　　아구아스 네그라스Aguas Negras(산맥으로부터 25마일가량 떨어
진 곳이다)와 세계에서 가장 외진 곳 중 하나인 콜롬비아 태평양 연
안에서 온 콜롬비아인 사탕수수 수확꾼들 모두가 자신은 결코 압착
소에서 일하지 않을 것이라고 나에게 말하곤 했다. 압착소의 주인인
쿠바인이 신령 여왕과 계약을 맺고 자신의 사업을 유지했기 때문이
었다. 계약이 요구하는 것은 노동자들의 빈번한 죽음이었고 악마는
그들의 영혼을 차지했다. 코로Coro에서 태어나 산에서 20마일가량
떨어진 언덕에 위치한 작은 농장의 관리인으로 그곳에 혼자 살고 있
던 47세의 베네수엘라인 루이스 마누엘 카스틸로는 자신이 신령 여
왕에 대해 처음 들은 것은 치바코아Chivacoa의 공공사업 부분에서 일
하고 있던 22살 때였다고 나에게 말했다. 사람들이 말하길 쿠바인이
신령 여왕과 맺은 계약의 조건이란 매주 죽어가는 노동자였다고 했
다! 1940년의 일이다. 사탕수수 압착소는 굴뚝을 칠한 노동자에게도
매우 후한 임금을 지급했다고 그는 기억했다. 뜨거운 태양 속에서 날
마다 일하는 동안 그는 위를 향하고자 하는 열망을 억누를 수 없었다.
마침내 꼭대기에 다다르자 그는 휘청거리며 고꾸라졌고 아래쪽 용
광로에 산 채로 떨어졌다. 루이스 카를로스의 말에 따르면 10년 전쯤
부터는 다른 이야기가 회자되기 시작했다. 그에 따르면 신령 여왕은
오직 자신들의 가족을 부양할 뿐인 가난한 이들의 영혼을 원하는 것

이 아니다. 그녀가 원하는 것은 바로 소유주 자신이다.

삶

1970년대 중반부터 1990년에 이르기까지 나는 산티아고 무툼
바호이Santiago Mutumbajoy라는 이름의 인디언 치유사와 종종 함께 살았
다.[16] 나는 안데스산맥의 구릉이 아마존 상류의 우림, 그리고 구름과
만나는 그 지역 식민지 이주자들이 왜 마법적 힘을 인디언 치유사들
의 속성이라 여기는지 궁금했다. 그곳에는 사실 내가 자라나면서 배
운 가장 중요한 교훈 중 하나가 숨겨져 있었다. 그것은 유례없고도
압도적인 질투의 힘이었다. 노래와 약물을 통해 치료사가 제거하려
고 하는 것은 시기하는 대상의 신체에 나쁜 영향을 미치는 물질이자
힘인 질투였다. 온갖 심각한 불행은 모두 이 질투심에 사로잡힌 이의
주술적 공격으로 인해 발생하기 때문이었다. 심지어 가장 빈곤한 이
들조차 병에 걸리면 그것이 질투 때문이라 여겼다. 무엇이든 질투의
대상이 될 수 있었다.

무엇이 질투를 유발하는 것일까? 그것은 남들이 더 가졌다는 사
실에서 비롯되었다. 무엇을 더? 더 많은 가축? 잘생김? 쓸모 있는 자
식들? 건강? 더 많은 돈? 이들을 하나로 묶을 공통의 기준이 있는 것
은 아니었지만 삶 그 자체에 풍요로움을 가져오지 않는 한 분명 돈이
기준인 것은 아니었다. 이는 망자로부터 이익을 얻는 산 자들에 대한
질투였다.

어느 날 잉가노와 스페인어를 말하는 한 나이든 여성이 치료가
필요한 아이들을 데리고 왔다. 그들은 며칠간 머물렀다. 몇 달 전 그
들의 아버지가 죽었고 이내 어머니가 뒤를 따랐다. 아버지는 그 여성
을 "반대편으로부터" 온 이라고 불렀고 그 말은 죽은 자를 의미하기
도 했다. 이제 아이들이 그렇게 불릴 것이었다. 치료사는 낮 동안 아
이들 중 하나와 함께 앉아서 보드라운 목소리로 노래를 불렀고 치유
부채로 약물과 연기를 피웠다.

몇 달이 지난 어느 날 밤 머릿속을 뒤죽박죽으로 만드는 강한 약물을 마시고 노래를 부르는 동안 온갖 형상들이 나타났다가 이내 사라졌고 아이들 역시 화제에 올랐다. 우리가 약물을 마시지 않았다면 나와 치료사가 그 아이들을 입에 올리는 일은 결코 없었을 것이었다. 인디언인 아이들의 아버지가 죽은 것은 사타냐스^satanás라는 이름의 악마에 연루되었기 때문이었다. 그는 별생각 없이 장돌뱅이 약초장수가 시장에서 파는 주술서를 구입했고 마법에 대해 연구했다. 어느해 질 무렵 낚시를 하러 가던 그는 강변을 덮은 안갯속에 앉아 있는 낯선 이와 마주쳤다. 집에 돌아오자 그는 열이 오르고 혈변을 보며 앓기 시작했다. 며칠 후 그는 죽었다. 그의 아내도 죽었다. 그리고 지금 그는 아이들을 부른다. 치료사는? 그 역시 그들을 부른다. 이쪽에서. 양쪽 모두에서.

코카인

거의 같은 시기 고산 지역에 있는 또다른 치료사의 집에서 나는 햇볕에 그을린 나이 많은 식민지 주민을 만났다. 해안가 출신인 그는 오래전 푸토마요로 이주했고 그 지역에 작은 농장을 갖고 있다. 그는 웃음이 많았다. 그와 그의 아들은 코카인의 재료인 코카를 불법적으로 기르고 있었는데 이것이 그들 삶에 최초의 소득을 가져다주었다. 그는 의기양양했고 반짝이는 눈빛으로 게임을 하거나 교훈을 늘어놓으며 과거 어떻게 경찰과 군인의 바리케이드를 피해 코카인을 밀수했는지를 아느냐고 나에게 물었다. 나는 고개를 저었다. "일단 죽은 아이를 하나 구해 복부를 열고 장기를 제거한 후 코카인 반죽을 채우는 거요. 그런 다음에 배를 꿰매고 훌륭한 엄마가 가슴에 아이를 안듯 이 귀중한 물건을 껴안고 바리케이드를 넘는 거지. 마이애미나 뉴욕에서도 이런 식으로 할 거요."

석유

나는 1970년대 중반 멕시코 모렐로스나 게레로 지역에서 목이 잘린 아이들의 시신이 발견되었다는 이야기를 들었다. 이들은 때로 다리 밑에서 발견되기도 했다. 모든 마을 사람들이 아이들을 집안에만 있도록 하고 학교에도 보내지 않았다. 절단된 시신을 묘사하는 방식은 우회적이었는데 하느님의 신체 조각들을 끌어안고 빛을 비추는 것 같은 식이었다. 누군가의 삼촌 혹은 삼촌의 친구였던 어떤 이는 한 어린아이의 장례식에 참석했을 때 몰래 시체를 보고 말았다. 세상에! 머리가 없다니! 그리고 아무도 이에 대해 말하지 않다니! 하지만 이제 우리 모두가 안다. 게레로에 사는 한 여자는 나에게 어떻게 밀수꾼들이 멕시코 남동부에서 석유를 찾기 위한 구멍을 파는지에 대해 말해주었다. 구멍에서 사람의 목소리가 들려왔다. "석유를 찾기 위해서는 수많은 어린애들의 머리를 갖다바쳐야 해요!" 현장 근로자들이 감독관에게 이를 보고했다. 감독관은 관리자에게 이를 보고했고 관리자는 공화국 대통령에게 그리고 대통령이 연방경찰에 이를 전했다. "필요하다면 우리는 기꺼이 그런 일들을 할 겁니다." 보난자bonanza에서 대규모의 석유가 발견될 것이라는 기대로 멕시코가 들썩이던 때였다.

무티MHUTI

남아프리카의 소웨토Soweto[17]에서는 신문에서건 일상적 대화에서건 무티라 불리는 저주가 늘어나는 상황에 대한 논의를 쉽게 찾아볼 수 있다. 일주일 전쯤 나는 소웨토 출신 남성의 절단된 시체가 이주노동자들이 사는 호스텔 중 하나 근처에 있는 들판에서 발견되었다는 이야기를 들었다. 심장과 성기 그리고 혀가 무티를 위해 적출되었다. 농촌 지역(부쉬벅 리지와 같은 곳)에 사는 학생들로 이루어진 대규모 조직이 산발적으로 성공한 사업가들을 공격했는데 이들은 모두 무티를 사용해 부유해진 이들이었다. 예를 들자면 손님을 끌기 위해 문 아래에 혀를, 사업을 번창시키기 위해 성기를 문 아래에 묻어둔다거나 하는 식으로 말이다. 아이들이 흔히 사용된다고도 했다. "여자들은? 사용된 아이들의 엄마들은요?" "절대!" 최근 알게 된 한 여자가 말했다. "그들은 그저 강간당할 뿐이죠."

저주받은 몫: 소비 이론이 말하지 않는 (놀라운) 소비의 의미에 관한 이론

이러한 이야기들은 이 글의 주제인 역사적 관점으로 본 소비에 대한 고찰에 과연 무엇을 말해주는 것일까?[18] 위반과 소모를 이해하는 것은 조르주 바타유의 삶 전체에 걸친 철학적 과업이었고 여기서 지출dépense, 특히나 과잉된 지출은 소비consumption와 불가피하게 같은 것으로 여겨진다. 과잉은 당혹스러운 동시에 매혹적인 방식으로 경계를 넘나들고 반대의 것들을 연결한다.

"나는 이런 식으로 그에 대해 사유하는 유일한 사람이다…… 니체에 주석을 다는 것이 아니라 그(니체)가 되는 방식으로 말이다." 바타유는 이렇게 말한 바 있다. 우리는 여기에 니체의 『우상의 황혼』(혹은 어떻게 망치로 철학을 할 것인가)에 나오는 사유를 첨언할 수 있다. 니체는 여기서 "생존을 위한 투쟁"에 관한 다윈주의자 이데올로기에 대해 논하며 "생존을 위한 투쟁"이 아니라 낭비야말로 모든 생명과 인간 역사의 동력이며 그 같은 투쟁이 존재하는 곳에서는 위장과 모방만이 언제나 가장 강한 것들에 맞서 승리한다고 주장한다. 우리는 악마의 힘, 위대한 모방자 그리고 선물의 문제에 대해 곧 논의하게 될 것이다.[19] 마찬가지로 니체는 "영원회귀"라는 개념을 최초로 소개하며 이것이 제한 없는 풍부한 소모가 주는 과잉에 대한 감각이라고 말한다. 태양으로부터 오는 잉여에 감사를 표하며 니체는 그 잉여에 굴복한다. 여기서 굴복이란 특정한 것에 대한 것이라기보는 그저 "주저앉는다"는 표현에 더 걸맞은 것, 즉 마치 밤이 되어 태양이 저물고 암흑 속으로 사라지는 것처럼 그를 아래로 주저앉히는 것임에 틀림없다. "찬란함 속에서 물이 흘러넘치는 컵과 사방에 널린 환희의 징표를 찬양하라. 주시하라, 컵은 또다시 텅 비워지길 원한다."[20]

1933년 서른여섯이던 바타유는 그의 첫번째 공식 발표에서 인간의 행위는 생산과 보존의 과정으로 축소될 수 없으며 대신 두 부분으로 나뉘어야 한다고 주장했다. 한 부분은 "생명의 보존과 사회 안에서의 개인적 활동의 지속을 위한 최소 필수품의 사용으로 드러나는 것" 그리고 다른 부분은(저주받은 몫에서 "저주"는 라틴어 사케르, 즉 성스러움을 의미한다) **비생산적 소모**unproductive expenditure로서의 소비다. 사치품, 축제, 전쟁, 광신, 스펙터클, 놀이, 예술, 혁명, 죽음과 섹스와 같은 예시가 이어진다. 바타유에 따르면 비생산적이고 비실용적인 것으로 정의되는 낭비가 선명하게 드러내는 것은 다음과 같은 사실, 즉 활동이 진정한 의미를 갖기 위해서는 반드시 막대한 손실을 동반해야만 한다는 점이다.[21] 그의 전체 주장은 다음과 같다. "사회는 언제나 생존을 위해 필요한 것 이상의 것들을 생산해낸다. 거기에는 잉여와 폐기가 따른다. 이들이 드러내는 것은 잉여의 정확한 용도다." 계속해서 그는 자신의 가장 중요한 주장을 이어간다. 과잉은 "사회의 전 역사와 구조적 변화, 그리고 교란을 유발한다".[22]

"나는 전문자격을 갖춘 경제학자들의 방식으로 현상을 보지 않는다"고 바타유는 『저주받은 몫』 첫째 권 서문에 쓴다. 이 책의 부제는 소비다. "나는 밀의 판매만큼이나 희생제의, 교회의 건축, 보석의 증여에도 관심을 갖고 있다. 요컨대 나는 생산이 아니라 부의 '낭비'('소비')가 일반 경제의 일차적 대상이 되는 '일반 경제'의 개념을 분명히 하기 위해 헛된 노력을 기울여야만 했다."[23] 책의 서두는 윌리엄 블레이크의 시구 "넘침이야말로 아름다움이다"로 시작되고 이어지는 장들은 잉여의 문제나 과잉과 연관된 세계사 속 다양한 삶의 양태들을 제시하고 있다. 희생제의나 아즈텍의 전쟁, (캐나다 밴쿠버 북부에 면한) 콰기우탈Kwakiutal과 이웃사회들 간의 경쟁적 포틀래치

선물 교환, 호전적인 이슬람이나 티베트의 (정치에 반대되는 것으로서의) 종교 경제(1917년 성인 남성 셋 중 하나는 승려였고 종교에 관련된 예산이 국가 예산의 두 배 그리고 군대 예산의 여덟 배에 달했다), 자본주의와 부르주아지 세계를 견고히 하고 풍부함을 소거하기 위한 칼뱅주의가 이용한 과도한 금욕주의, 소비에트연방에서 행해진 산업화를 위한 사치품 소비의 금지, 그리고 마지막으로는 마셜플랜이 바로 그 예시들이다. 이러한 사례들은 엄청난 소모/소진과 낭비, 혹은 비생산적인 과도한 지출을 불러온 태양과 20세기의 큰 전쟁들(냉전을 포함한) 모두에 관한 중요한 이론적 고찰보다 훨씬 이전의 일이다. 충격적인 사건들과 수많은 다른 일들은 바타유로 하여금 그가 종종 불가능한 것(불가능한 것은 그가 스스로 허구라 불렀던 그의 작업들 중 하나의 제목이 되었다)이라 여겼던 일을 완수할 희망을 품도록 했는데 이는 무용한 것, 그리고 무용함이 인간의 쾌락, 잔인함, 그리고 존재 자체에 대해 갖는 함의를 분명히 밝히고 이해하는 것이었다. 이미 서술한 바와 같이 과도함에 대한 관심은 그를 죽음, 섹스, 웃음, 폭력, 그리고 성스러운 것(전근대와 마찬가지로 근대에도 존재하는)이 융합된 놀랍게 다양한 경제과학으로 이끌었다. 이 모든 것을 하나로 묶는 것은 매혹과 혐오의 유동적이고 열정적인 혼재였는데 여기서 풍부함은 금지와 위반이라는 쉼없이 움직이는 이중의 즉흥적 움직임을 통해 고조된다.[24]

이것이야말로 (그런 것이 있기는 하다면) 소비에 관한 이론의 진수라고 할 수 있다. 게다가 여기서 이론은 바타유가 **일반 경제**라고 부른 것, 그가 "진정한 천국이 열릴" 때 "여행을 떠나기 위한 철로에 마침내 뛰어오르는 사유의 절정"이라는 순간에 이루어지는 과잉과 위반에 대한 고찰에 적합하며 자기 지시적 적용을 피할 수 없는 그 제한적 용어에 상당부분 수렴한다.[25]

선물

그렇다면 내 이야기는 무엇이고 어떤 비판이 가능할까? 중요한 것은 이야기가 제공하는 힘과 상상의 범주 속에 존재한다. 우리는 이야기들이 만들어지는 종속적 과정이 다른 식이었을 수도 있었으리라 말하는 과오를 범해서는 안 된다. 예를 들어 도구적 시선으로 이 이야기들을 탐욕이나 낭비, 자본주의 논리에 맞서는 개인주의나 도덕에 관한 이야기와 같이 무언가 다른 것을 얻기 위한 장치로 사용하는 것 말이다. 앞서 말한 바와 같이 나는 어떻게 콜롬비아 서부 사탕수수 농장에서 악마와의 계약이 **성좌를 이루게 되는지**constellated(나는 이 용어를 심사숙고 끝에 사용한다), 이들이 어떻게 카를 마르크스가 자본론 앞부분에서 말한 단지 상품-형태만이 아닌 (그의 용어로) "상품 물신"의 구조 속에서 일어나는 사용가치와 교환가치의 복잡한 운동에 대해 고찰한 부분과 놀랍도록 정교하게 일치하는지를 볼 것을 제안한다.[26] 더 많은 해석을 요하는 수수께끼들을 언급할 필요도 없을 강력한 권력은 그 지역 소농들의 생산방식 속 선물 경제의 요소들(마르셀 모스가 말한 바와 같이)이 한편을 이루고 소농업을 파괴하는 최근 도입된 대농장의 상품 경제가 다른 한편을 이루는 둘 사이의 긴장 속에 포개어져 있다.[27]

이러한 분석을 기능주의자들이 문화비평이라는 이름으로 행하는 흔하디흔한 종속이론으로부터 구하는 것은 그 같은 전거들과 그들이 지닌 시장에서의 교환이나 생산 그리고 소비와 같은 개념들과 연관된 친숙한 방식으로부터 분리하는 힘을 이질화하는 것이다. 그러나 이러한 분리는 이질적인 것으로부터 곧바로 도출되는 것은 아니며 나는 여기서 선물에 관한 마르셀 모스의 선구적인 글로 돌아갈 것이다. 바타유의 해석을 빌면 그 글은 새로운 해석을 향해 열리고 우리 세기 인류학의 역사를 근본적으로 수정한다. 모스의 선물은 "총체적인 사회적 사실"을 통해 구성되는 균형 잡힌 교환의 수수께끼로서 광범위하게 해석되어왔는데, 레비스트로스는 이를 "사회적이고 종교적이자 마법적이고 경제적이기도 하며 실용적, 감성적, 사법적이며 도덕적인" 모든 의미를 포괄하는 사건이라 칭했다. 자본주의 이전 사회에서 볼 수 있는 경제를 주조하는 역할을 하는 것으로 알려진 선물은 증여와 수신의 의무 그리고 되갚아야 할 의무를 포괄한다.[28]

증여의 의무라는 표현 속 '의무'라는 단어 자체가 제기하는 의문은 바타유를 괴롭혔다. 선물이라는 말이 지닌 모순, 한편으로는 임의적이고 관대한 것이되 동시에 고의적이고 자기본위적일 수 있다는 기묘하고도 궁극적인 모순 때문이었다.[29] 모스는 이 점을 그의 책 첫 번째 장에 서술했는데 그에 따르면 "우리는 이 책에서 일련의 매우 중요한 현상을 분리해내고자 한다. 즉, 이론적으로는 자발적이고 사심 없으며 임의적인 것이지만 실제로는 의무적이고 이해관계가 얽혀 있는 선물이 바로 그것이다".[30]

바타유가 결정적으로 개입한 지점은 바로 이 "증여의 의무"라는 부분이었다. 자신이 아는 모든 수사적 기교를 동원해 그는 독자로 하여금 관습적 사고를 부수고 증여의 의무에 함축되어 있는 깊이를 알 수 없는 아득한 모순의 성질을 인지하도록 했다. 증여는 관대함과 이해관계의 "혼합"이다. 더 나아가 바타유는 독자들에게 그가 "주권의 속성"이라 칭한 무익한 과잉("태양은 받는 것 없이 준다")에 대해 사유하도록 이끈다.

반대로 모스는 증여의 의무적 성격을 강조하며 그 속에는 증여 그 자체보다 더 강력한 복종의 의무가 포함되어 있다고 본다. 물론 여기서 제기되는 주된 의문은 과연 무엇이 그 속에서 주어지는가다. 바타유는 포틀래치의 예에서 볼 수 있듯 관대함과 이해관계의 혼합이 증여 속에 존재함을 인정하지만 논리적이고 사회학적 바탕에서 "주권적 관대함을 둘러싼 경쟁의 원칙에 앞서 증여를 하는 것은 가능하지 않으며 이것이야말로 선물-증여의 기원을 이룬다. 이로써 전체 토론의 양상을 뒤집을 수 있다"고 주장한다.

증여자의 편에는 계산이 존재한다…… 이런 경우 게임은 끝이
날 것이다. 심지어 증여자가 의도를 속이는 경우조차 그곳에는
압도적인 관대함이 존재한다. 고전적 형태의 증여에서 이는 의
심할 나위 없는 규칙이다. 증여자는 가장해야 하고 그의 관대함
은 과잉 없이는 효과를 발휘하지 않는다. 궁극적으로는 과장하
며 그의 주권적 성격을 통해 경의를 자아내는 이가 승리한다.[31]

위의 서술은 거래의 존재나 균형 잡힌 거래를 부정하는 것이 아
니다. 분석의 초점과 그것의 함의는 보는 관점에 따라 달라진다. 공리
주의적 독해는 선물을 양쪽 모두 이득을 보는 상호적 교환으로 읽어
내며 여기에도 참고할 만한 지점들이 존재한다. 애덤 스미스의 물물
교환, 거래, 그리고 교환은 선물의 기만적인 이데올로기를 보편 법칙
으로서 서술한다. 사회를 계산된 상호 이득의 태엽 장치로 보는 관점
에 맞서 바타유는 부가적이며 불변하는 전복적인 특성, 즉 별다른 이
유 없이 증여하고 소비하는 특성이라는 사회적 세계의 일관성과 조
화에 들러붙은 외상trauma이라는 요소를 읽어낸다. 그의 주장에 따르
면 풍부함에 반하는 금기들은 인간의 문화를 만들고 인간을 인간이
게끔 하는 필수적인 요소다. 이런 식의 소비와 그것을 금지하는 금기
사이의 불가해한 공간에 존재하는 이 완전하고 놀라운 세계 속 우리
들 중 누군가는 이것에 대해 인지하고는 있지만 그에 대해 언급할 수
는 없다. 부분적으로는 형이상학적 이유에서 비롯되었기도 하고 그
들이 깨달음 속에서 떠난 조직화된 종교나 도덕 체계가 이들을 가혹
하게 짓누르고 있기 때문이기도 하다. 또한 문화적이고 심리적인 억
압의 정치적 힘에서 기인한 것이기도 하다.[32] 바타유의 작업은 이러
한 세계의 윤곽을 그려내는 불가능한 과업에 몰두한다. 인류는 이중
의 시점에 직면해 있다. 하나는 폭력적인 쾌락, 공포, 죽음이며—시
가 정확이 이들을 향한다—그 반대 방향에는 과학적 관점과 유용성

으로 구성된 실제 세계가 존재한다. 여기서는 오직 유용하고 실재하는 것만이 중요한 성질로 여겨진다. 우리는 결코 유혹을 선호하는 우리의 권리 안에 거주할 수 없으며 진실은 우리를 압도한다. 이는 전능하다. 하지만 우리는 신이라는 존재가 아니라 이 모든 권리보다 더 막강한 무언가, 오직 이 모든 권리들에 대한 진실을 망각하고 소멸을 받아들임으로써 얻을 수 있는 이 불가능한 무언가에 대해 답할 수 있고 또한 답해야만 한다.[33]

몇 년 전 나는 사탕수수 농장에서의 악마와의 거래를 유물론적으로 해석하며 이것이 "선물의 관점"에서 본 상품-형식의 대중문화의 영역에 정교하게 들어맞는 표현이라고 쓴 바 있다. 악마와의 계약은 병리적이면서도 놀라운 균형 잡힌 교환이라는 선물 원칙을 확인해주는 것으로 보이지만 이 후한 선물은 죽음과 불모의 살포라는 대가를 치른다. 또한 선물이 지닌 전적인 과도함에 특별히 주의를 기울이고 그 부분을 강조할 필요가 있다. 여기서 가장 중요한 개념, 즉 넘쳐흐를 정도의 "지나침"[34]에 대한 분석은 끝이 없으며 각 용어들 사이의 폭력적인 움직임, 죽음과 선물, 창조와 파괴 사이의 끔찍한 인접성에 대한 무한한 해석의 가능성이 존재한다. 그 옛날 도처에 널린 풍문들 속 악마와의 거래는 우리에게 선물에 관한 중요한 무언가, 즉 위반을 그 축으로 한 삶과 죽음의 문제로서의 투입investment 대 지출spending을 분명히 드러낸다.

이 지점에서 바타유의 선물에 대한 묘사는 매우 적절해진다. 먼저 그는 나로 하여금 악마의 존재 근처를 어슬렁거리며 역사 속 악의 얼굴을 향한 더 크고 적절한 질문을 던지도록 강제한다. 다음으로 그는 왜 나의 모든 이야기가 금기로 여겨지는 부정한 계약으로 시작하고 금지의 명백한 위반을 동반하며 사탕수수 농장을 불모지로 만들고 아이들을 살해하며 그들의 시신을 부정한 용도로 이용하는지를 묻게 한다. 왜 석유와 코카인, 그리고 성공한 사업가들이 행하는 무티 의식 속에서 신체 부분들은 특정한 방식으로 사용되는가? 세번째로 악마로부터 온 돈을 사치품이나 명시적으로 금지된 것, 투자가 무의미한 곳에만 사용해야 한다는 제한은 누가 만든 것인가? 이들은 세카Secar라 불린다. 계약을 맺은 자의 농장과 동물은 시들고 죽어간다. 여성들은 아이들의 성장을 가로막을 이러한 거래를 하지 않는다. 여기서 얻는 돈은 본질적으로 불모이며 자본이 아님이 명백하다. 그들은 아무것도 재생산해내지 않는다.

모든 이야기들은 바타유가 지배하지 않음의 지배라는 의미에서 주권이라 칭한 것, 그것이 지닌 풍부한 경이로움에 맞닿아 있는 상처이자 균열의 표식을 드러낸다. 부와 죽음, 훼손된 시체들과 영아와 유아들의 시신들의 이용, 사치품과 불모의 모든 극단들이 말해주는 것은 과잉이 지닌 말할 수 없는 신비, 유용성의 철폐, 논리적 친밀함과 별로 다르지 않은 감각적인 것이 과잉과 결합해 위반 속에서 만들어내는 매혹과 혐오라는 양극의 움직임이다. 이 형용하기 어려운 움직임은 "밀어붙이고 되받아치는 움직임, 서로 반대방향에서 몰아치는 밀물과 썰물과도 같으며 금지와 위반이라는 폭력적인 동요 속에서 하나가 된다".[35]

시시각각 변하는 형태, 비밀스러움과 부조화, 그리고 이글거리는 호화로움이 지닌 온갖 특징들 속에서 악마는 매혹과 혐오라는 이중적 움직임의 전형으로 나타난다. 불순한 성스러운 것의 형상을 한 그는 이 소용돌이 속 야생의 에너지를 찬란하게 비춘다. 또한 위대한 모방자인 그는 신에 대해서만이 아니라 그가 우리의 눈앞에 계속에서 흔들어 보이는 고정된 존재론적 정주의 가능성 역시 방해한다.

악마가 지닌 가장 위대한 표식은 언제나 그가 낯선 것을 향한 단순한 변증법에 기댄 기독교적 적의로 사로잡기에는 지나치게 흥미롭고 매혹적이라는 데에 있다. 넘쳐흐르는 결연한 머뭇거림의 과잉에는 언제나 위반의 유익한 형상이 들어 있다. 여기서 우리는 헤겔의 부정적인 것에 대한 언급을 참조하는 것이 좋을 텐데, 그 유명한『정신현상학』에서 그는 다음과 같이 말한다(코제브의 영향을 받은 바타유 역시 이 부분을 인용한 바 있다).

그러나 정신의 삶이 항상 죽음을 피하고 파괴를 지양하는 것은
아니다. 이는 죽음을 견뎌내고 죽음 속에서 그 존재를 유지한다.
갈기갈기 찢어진 것들 속에서 자신을 발견할 때에만 정신은 스
스로의 진실에 이른다. 이 놀라운 권능은 우리가 아무것도 아니
거나 허위라 부르는 부정적인 것을 외면하고 그것들을 해치우
거나 다른 무언가로 넘어가는 방식으로 긍정성을 유지함으로
써 작동하는 것이 아니다. 외려 정신의 권능은 부정적인 것에 직
면하고 그 안에 정주하는 힘이다. 이러한 정주는 부정적인 것을
존재 속으로 가져와 전환하는 마법적인 힘과 함께한다.[36]

부정적인 것의 부정

축제에서 일어나는 소모를 동물적인 것이 아닌 성스러운 것을
향한 접근으로 해석하는 바타유는 우리로 하여금 위반이 지닌 흥미
로운 역동성, 금지의 금지, 혹은 그가 "부정적인 것의 부정"이라 말한
것, 즉 삶을 보다 풍요로운 세계에 투사하며 "겹겹이" 증가하는 충동
의 움직임에 주의를 기울이도록 한다. 부정적인 것의 부정의 예는 신
의 주적인 악마와 연루되어 더 부유한 세계에 대한 표현을 만들어내
며 이는 바타유가 말하는 "주권"의 유령과도 연결된다. 그는 주권을
"불확실성과 중단을 요구하는 것…… 풍부함을 욕망하는 동시에 그
것을 잃게 되지 않을까 하는 공포와 두려움을 갖는 것, 다시 말해 풍
부함을 잃을지도 모른다는 위협에 직면한 우리 존재의 충만함 속에
깃든 결여"[37]라 말한다.

"여전히 오르락내리락 하는 것이 있는가? 우리는 그저 끝없는
무nothing 속에서 헤매고 있는 것은 아닌가?"[38] 니체의 말이다. 태양
이 자신의 일상적 궤도 속에서 작열하며 악마가 있는 지하세계로 내
려갈 때 무슨 일이 일어나는가? 니체 역시 태양이 그러하듯 아무것

도 받지 않고 그저 주기만을 원했다. 혹은 태양으로부터 받아서는 마치 태양이 하듯이 그것을 돌려받을 기대 없이 그저 줘버리기를 원했다.[39] 그는 그저 주기만을 원했다. 이 아슬아슬한 중단의 어법은 우리에게 바타유의 동료, 로제 카유아$^{Roger Caillois}$가 1935년 쓴 모방에 관한 글 속 불온한 주장을 상기시킨다. 그는 유사해지고 싶은 욕구는 무언가와 비슷해지고 싶은 것이 아니라 "그저 유사해지고"[40] 싶은 것이라 말한다. 우리는 이를 "수신 없는 증여"라 재공식화할 수 있지 않을까?

니체가 말한 "수신 없는 증여"(여기서 우리는 선물이 가져오는 진정으로 급진적이고 놀라운 도약을 본다)가 암시하는 것은 되기^{becoming}의 희열과 파괴의 희열을 포괄하는 특수한 재현의 이론이다. 이 이론은 "재현과 모방, 변형과 변이, 모방과 가장의 모든 형태가 지닌 힘을 한데 그러모아 방출한다. 변신 능력의 핵심에 놓인 것은 반응하지 않는 것이 불가능한 능력이다". 이들은 "모든 피부 속으로 침투할 수 있으며"[41] 이것이 디오니소스적 충동을 이룬다. 그러나 위대한 모방자인 악마는 결코 "받는 것 없이 주지" 않는다. 그는 거래를 밀어붙이고 정확한 가격을 요구한다. 받는 것 없이 주는 디오니소스적 선물과 그 안에 존재하는 모방의 수혜자, 제멋대로 날뛰는 솜씨를 지닌 악마가 역사의 승리자다.[42] 마찬가지로 극단적인 또다른 충동, 최종적이고 악마적인 속임수의 존재는 물론 이미 일어난 실제 위반의 환영이다. 그러나 "우리의 귀에는 아직 들리지 않는 엄청난 사건이 여전히 진행중이고 우리 주변을 배회하고 있다".[43]

여파

내 이야기들이 소비^{consumption}를 필요의 효과 이상의 무언가 좋은 거래, 다르게 말하면 사회의 기본을 이루고 문화적으로 촉진된 것으로서 그리고 무언가 신비롭거나 심지어는 성스러운 것, 혹은 힘의 주변을 맴도는 것으로 생각하도록 이끈다면 여기서 내가 그 이야기들에서 무엇을 소비하는지에 대해서도 생각해볼 필요가 있다.

이 이야기들과 그들이 묘사하는 사건과의 관계는 라스코 동굴 Lascaux caves에 있는 사냥 장면과 동물들이 묘사된 벽화에 대한 바타유의 신랄한 반공리주의적 해석을 연상시킨다. 그는 그림들이 필요의 충족이나 사냥의 성공을 보증하는 마법적 힘에 관한 것이 아니라 사냥을 방해하는 금지를 깨뜨리는 폭력의 결과로 발생하는 성스러운 것의 열림을 요구하는 이미지들이라 주장한다. 이런 식의 해석은 악마의 이야기와 마찬가지로 그 이미지들의 상태를 기이한 증언과 신성함 그리고 의무의 진공 속에 놓아둔다. 이는 선물과 그다지 다르지 않으며 벤야민이 환기하는 경험의 방식("세계에 대한 진정한 감각을 통한")을 연상시킨다. 이러한 경험은 집합적 의례와 축제 속에서 한데 섞인 기억의 비자의적인 요소들과 자의적 요소들에 의해 매개된다. 이야기들은 결국 신을 향해, 세계를 향해 말을 거는데 이는 아마도 사회적 기능이나 필요의 충족 혹은 원인을 배반하기 위해서와 같은 이유에서는 아닐 것이다. 이것들은 모두 사건 이후에 발생한다. 선물에 관한 선물로서 이들은 익명의 이야기꾼들이 만든 기나긴 연쇄를 통해 나에게 오고 여러분에게 도착하며 딱히 유용하지는 않은 주권이라는 방식 속에서 소비된다. 그들 내부에는 부정의 폭풍 속에서 확장되는 의례의 예술이 존재한다고도 할 수 있다. 그리고 그들은 무엇보다도 역사와 인류학이라는 우리 학문분과 대부분을 차지하는 의미도 없고 재현할 수도 없는 켜켜이 쌓인 과잉의 원초적인 힘 속에 놓여 있다. 아주 오래전 혹은 먼 곳에서 인간 희생과 귀신 들림, 그리고 기적이 일어났고 유령들과 영혼이 존재하고 마법사와 마녀들, 신들과 인간들이 악마와 거래를 맺으며 지구의 표면을 걷는 곳, 말하자면 은유에 대한 문자적 토대를 믿는 곳 말이다. 역사와 인류학은 설화나 널리 퍼진 특정한 교훈들, 온갖 믿을 수 없는 행위들의 저장고이며 증거들은 이제 이 전거들 속 속임수, 수사와 형상들, 그리고 소비와 소모의 놀이를 벗겨내면서 인간의 성스러운 본성을 떠나

유용성의 외양과 결합된 세계 속 사물들의 물신적 힘을 향해 옮겨간
다. 우리 모두는 악마 이야기 속에 존재하는 받는 것 없이 주기만 하
는 태양과도 같은 야생의 풍부함에, 순수한 소비의 승인에 빚을 지고
있다. 사탕수수 농장의 공장식 체계가 지닌 "규모의 효율"이나 이들
이 불러온 파괴나 마찬가지인 빈곤에 앞선 것, 스스로를 비워내는 지
구와 아직도 호수를 향해 흘러들어오는 화산재에 말이다.

4
해변
(백일몽)[1]

"포석 아래에—해변!"

—파리의 그래피티, 1968년 5월

"누가 해변을 원해? 나는 맥도날드로 간다!" —미국의 TV 광고,
2005년

서문

환상에 대해 쓰겠다는 것이야말로 궁극의 환상일 것이다. 왜냐
하면 환상은 그것이 환상임을 깨닫는 순간 변해버리기 때문이다. 환
상은 어디로 가고 어떻게 변하는 걸까? 프로이트에 따르면 환상은
이전의 경험에서 비롯된 시각의 몽타주이며 환상 속에서 경험과 억
압된 기억이 위장된 형태로 나타난다. 하지만 특정 지점을 지나 강
렬할 정도로 증가하는 환상이 여전히 억압되어 있다면 그것은 신체
적 증상을 통해 나타날 수도 있다.[2] 이 같은 증상에 대해 쓰는 것이 프
로이트의 몽타주를 정면에서 얇게 썰어내는 형태일 수 있을까? "썰
어낸다고? 물론이다. 나는 여러 해 동안 그렇게 해왔다…… 나는 단
어를 마치 살아 있는 동물들처럼 생각한다. 그들은 낱장들 속에 갇혀
있길 원하지 않는다. 종잇장들을 자르고 단어들을 풀어준다."[3]

세계의 역사

미국의 시인 찰스 올슨Charles Olson은 『나를 이슈미얼이라 불러주

오『Call me Ishmael』라는 제목이 붙은 그의 『모비딕Moby-Dick』에 대한 소책
자에서 세계사는 세 개의 대양으로 요약될 수 있다고 쓴다. 지중해,
대서양, 그리고 태평양이 그것이다(호머와 단테, 그리고 멜빌을 보
라).[4]

바다의 소멸 그리고 환영적 부활

하지만 올슨의 가정은 얼마나 터무니없는 것인가. 문제는 순서
가 아니라 내용에 있다. 오늘날 우리 대부분은 선박이나 바다에서
의 경험이 전무하고 오직 선체를 통해 운반되는 상품들을 통해서만
해양과 그것의 역사에 관해 알고 있을 뿐이다. 조지프 콘래드Joseph
Conrad의 글은 바다에 대한 성찰, 혹은 바다에 대한 전 세계적 경험에
관한 것이나 인간 경험의 본성에 관한 주된 요소로서 바다가 사라지
고 있는 징후에 대한 것이 아니다. 석사 학위를 받은 직후 그는 바다
로부터 완전히 멀어졌는데, 당시는 돛대가 증기로 대체되고 근대화
의 과격한 실험이 시작된 시기였다. 상품으로 인한 일상 경험의 대체
는 카를 마르크스의 눈길 또한 사로잡았다. 그가 물신주의라 정의한
이 개념은 현실의 폐색이라기보다는 시간과 경험의 낯선 병치와 상
상의 공중곡예가 이상한 형태로 휘몰아치는 환영적 대체phantasmatic
displacement를 의미한다.

오늘날 나무나 돌로 만들어진 항구는 더이상 사용되지 않고 방
치된 채 남아 있다. 멀리 떨어진 산업용 부지들의 황량함 속 콘크리
트로 만들어진 컨테이너 터미널이 이를 대체하고 오래된 항구들에
남아 있는 항해용 배들은 관광객을 위한 박물관으로 개조되어 재사
용된다. 하지만 우리는 전 세계가 전례 없는 하나의 거대한 시장으로
통합되었으며 이는 필연적으로 엄청난 양의 선적과 해양 운송에 대
한 인간의 의존을 의미한다는 이야기를 듣기도 한다. 오늘날 삶을 이
끄는 것은 바다와 그 바다 위 배에 대한 전적인 의존이지만 그보다 더
비가시적인 것 또한 없다.[5] 이는 『율리시스Ulysses』로부터 시작되어

20세기까지 이어진 배와 선원들로 채워진 서구적 경험의 지평들과는 얼마나 다른가! 조이스가 멜빌을 지워내고 『율리시스』를 탈신화화 하며 위대한 백인 남성 따위는 잊은 채 그의 율리시스를 더블린에 사는 블룸Bloom이라는 이름을 가진 유대인, 어설픈 보통사람으로 만들었을 때 느꼈던 것 역시 이와 마찬가지의 것일까? 그의 율리시스는 근근이 살아가며 해변에서 자위를 하는 남자가 아닌가? "그녀는 우리의 위대하고 다정한 어머니." 그는 "당당하고 풍채 좋은 벅 멀리건Buck Mulligan" "콧물 바다. 음낭을 조여주는 바다"라 단언한다. 그러고 나서 갑작스레 스티븐 데덜러스Stephen Dedalus를 향한다. "고모 생각엔 당신이 어머니를 죽였다더군요." "누군가가 어머니를 살해했소." 스티븐이 침울하게 말했다.[6]

　　호메로스에게 바다는 율리시스의 모험을 위한 여행의 수단을 제공했지만 조이스에게는 독백을 위한 내면의 여행을 의미했다. 조이스의 『율리시스』에 등장하는 여행으로서의 내면 독백은 우리의 머릿속에서 바다가 사라져버렸음을 의미한다. 이러한 사실이 조이스로 하여금 의도적으로 바다와 육지 사이, 해변이라는 전략적 공간에서 책을 시작하도록 한 것은 아닐까? 이 책은 서양의 역사가 밀려왔다 사라지는 정신의 바다풍경, 저자가 언어라 칭하는 광기 섞인 유산, 즉 제국 가장자리의 언어를 체로 걸러낸 후 남은 이미지들을 통해 이동하는 무의식적인 정신의 움직임을 다루고 있다. 해변에서 바다의 움직임은 거대하고 유동적이며 매혹적이다. 우리는 스티븐 데덜러스가 해변을 걸으며 혼잣말을 하는 것을 엿듣는다. 그저 말을 위한 말, "코코코코코아색 조가비" 따위의 말을.

　　나는 언어유희를 통해 유희하는 그와 유희한다. 우리는 그저 "홍수가 나를 뒤따르고…… 무거운 모래는 언어의 밀물과 썰물이며 바람이 그것들을 퇴적시킨다. 그리고 죽은 건설업자들의 돌무더기가 쌓여 있다…… 한 떼의 거북머리 고래들이 뜨거운 오후의 얕은 해변에서 물을 뿜고 이리저리 절뚝이며 갇혀 있다. 그러자 굶주린 우리와 같은 도시의 난장이 무리들, 나의 동지들이 플래이어 칼을 들고 달려와 비늘을 벗기고 고래의 두꺼운 녹색 지방을 잘라낸다. 조수가 사방에서 빠르게 밀려들어와 코코아 빛깔 조가비 모래사장을 빠르게 뒤덮고 있는 것이 보이는가?"[7]

　　젊은 데덜러스의 눈은 물가에서 놀고 있는 강아지를 향한다(이 가장자리는 놀 만한 곳이다). 우리 역시 그 강아지를 본다. 스티븐을 통해서. 우리는 더이상 바다를 통해 혼잣말을 하는 그의 목소리를 듣는 것이 아니라 스티븐을 통해 그 강아지를 듣는다. 이 동물의 의식은 역사적 의식을 대체한다. 역사적인 것이 원시적인 것, 말하자면 죽어가는 바다나 썩어가는 간에서 나온 녹색 담즙 같은 것에 의해 대체된다. 강아지는 "이전 삶에서 잃어버린 무언가를 찾고 있는"[8] 중이다. 킁킁거리며 모래의 냄새를 맡는다. "그의 코는 파도의 소음과 바다코끼리 무리를 향해 짖어대느라 들린 상태이다. 그것들은 강아지의 발 쪽을 향해 구불구불 밀려오고 웅크리고 볏을 펼치며 아홉번째 파도마다 부서지고 멀리서 더 멀리서 더 많은 파도가 밀려와 부딪쳤다."[9] 언어는 우리 몸이 하듯이 바다 속으로 밀려들어가며 마침내 물처럼 움직이는 에너지와 모방하는 인간 능력 사이에서 새롭고도 행복하게 떠오른다. "들어봐: 네 단어로 된 파도의 말을: 시---수, 흐르스---, 르시이이이스, 우우우우스…… 바위들이 담긴 컵으로부터 미끄러지는 말들: 플럽, 슬롭, 슬랩: 통에 매여 있다."[10] 그리고 조이스가 쓴 『율리시스』첫 부분의 마지막 장, 우리가 위층의 사랑하는 여인을 위해 부엌에서 분주하게 돼지 콩팥을 튀기는 블룸을 만나기 직전, 젊은 데덜러스는 콘래드의 배가 우리 바로 등뒤 반류slipstream의 시간 속으로 사라지는 것을 목격한다. "그는 조심스럽게 어깨 너머로 얼굴을 돌렸다. 세개의 돛이 달린 범선의 높은 날개가 공중에서 움직이고 돛은 돛대 상부에 묶인 채였다. 상류를 향해 귀환하고 있었다. 고요히 움직이는 고요한 배."[11] 조이스는 여기서 완전한 자기의식적이고 시적인 순간을 동반한 갑작스러운 결론을 내린다. 느닷없이 너

무나도 고요한 배의 방향을 전환해 "고개를 돌리고" 집으로 향하는
것이다.

배가 집으로 향함에 따라 제2차세계대전의 "콧물바다"는 망각
속으로 사라지고 해변은 유복한 서구인들에게 점점 더 인기있는 장
소가 되어갔다. 그리고 바다는 새로운 감정 구조에 힘입어 환영과 같
은 회복을 경험하게 되었다. 해변에 자리잡은 빌리 버틀린Billy Butlin의
캠프들. 커치프를 조인 채 태양의 해변the Costa del Sol에서 혼비백산한
스페인인들을 떠나 물가에서 일광욕을 즐기는 벌거벗은 스웨덴인들
과 독일인들. 해적에 대한 우려 때문에 그들은 결코 집을 짓지 않았
던 노출된 언덕 주변 해변 자리를 밀려드는 독일인들에게 파는 펠로
폰네소스의 그리스인 소농들. 하지만 모든 것이 변해갔다. 이런 식의
약탈은 과거의 것이 되었고 해변은 이제 모두가 그저 가고 싶어하는
장소가 되었다.

베트남인 어부들

내가 태어난 1940년 시드니에서 바다 근처 해변이나 항구 근처
는 몇몇 예외를 제외하고는 주로 노동계급이 살거나 주말이면 파도
타기를 하러 가는 곳이었다. 항구 근처라면 투헤이 라거Toohey's lager
맥주를 마시거나 16 혹은 18푸터스에 내기―수많은 돛과 선원을 가
진 넓은 갑판을 댄 경주배들의 경기―를 하기도 했다. 경주를 구경하
기 위해 경주배들만큼이나 많은 수의 나룻배들 역시 고용되었고 술
에 취한 구경꾼들이 갑판을 가득 채웠다. 모스만Mosman이나 캐슬크
랙Castlecrag과 같이 만의 깊숙한 곳에는 가난한 이들이 살았는데, 구
부러진 철로 만든 오두막들은 마치 물가에 둘러쳐진 커튼처럼 오렌
지 빛깔의 사암에 들러붙은 굴 가까이에 지어졌다. 부드러운 대마황
she-oaks이 슬픈 목소리로 썰물을 향해 속삭이고 그들의 섬세한 비늘
이 발아래에서 느껴졌다. 오늘날 이들은 대마황이 아닌 카수아리나
casuarinas라 불린다. 이름의 변화가 말해주는 것은 분명, 더 정확하게

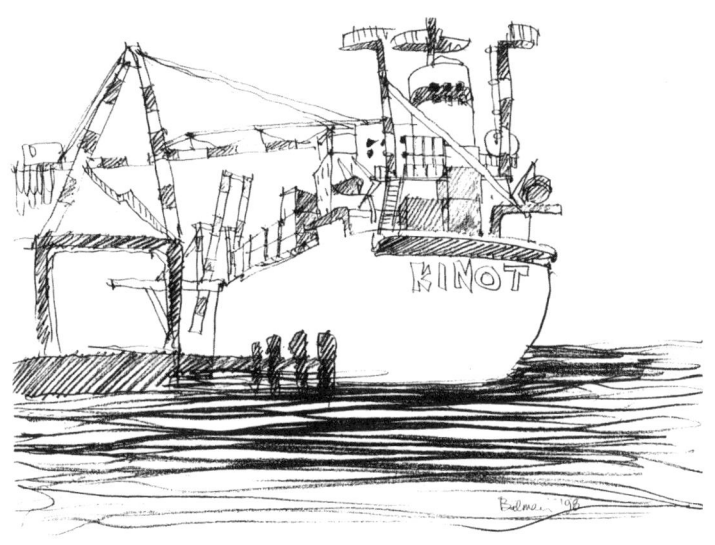

클라이브 부리치가 그린 선화, 발메인, 1998.

는 우리가 사랑하는 자연을 포함한 과학적 명명법에서 어떤 비판적
인 거리두기가 행해졌다는 뜻이다. 주변 지역들, 예를 들어 발메인
Balmain과 같이 물가 근처에 있는 과거 노동 계급 거주 지역은 이제 호
주 전체에서 가장 부유한 곳들 중 하나다. 본디Bondi나 쿠지Coogee와
같은 지역, 추한 벽돌집과 비좁은 아파트 건물들로 유명했던 해안가
도시들, 본래 중하위층이나 노동계급이 살던 장소들은 지금 태양에
면한 곳을 찾는 부자들의 전쟁터가 되어버렸다. 그들은 "항구 전망"
이나 해변 근처에 살기 위해서라면 살인도 불사할 것이다. 20년 전이
라면 상상도 못 했을 일이다.

　　법률 사무소나 주식 거래소에서 일하다 지쳐 집으로 돌아온 부
유한 도시 승객들이 발메인에 있는 롱 노즈 포인트 부두에 정박한 페
리에서 쏟아져나오는 장면을 볼 때마다 정말 이상한 기분이 들곤 한
다. 항구에 정박중인 대양을 향하는 진짜 배는 마치 박물관에서나 볼

수 있을 진귀한 것이 되어버렸다. 이제 지역 주민들이 진정성을 발휘할 수 있는 유일한 장소는 내 친구이자 건축가인 클라이브 부리치가 1998년 그린 키놋이라는 이름의 배를 묘사한 그림 속일지도 모른다.

각각의 승객들은 페리에서 내려 잠시 혼자만의 고요한 순간을 가진 뒤 항구를 가로질러 엄숙한 평화 속으로 들어간다. 정신적으로 지친 이들에게 주는 신의 새로운 선물이다. 그들이 신나게 뛰어들어가는 해변, 아직 그다지 자연스럽지도 거주할 곳이 된 것도 아닌 장소, 노동계급이 거주하던 물가를 고급 주거지로 바꾼 교외 지역인 이곳에는 흥미로운 시대착오가 존재한다. 이곳에는 가난한 베트남인 가족들이라는 다소 뒤떨어진 세계사의 놀이패가 존재하는데 그들은 부두에 있는 공공지대를 사용하며 낚싯줄을 던져 페리를 위한 길을 만든다. 아무도 그들을 입에 올리지 않는다. 이 베트남인들은 비록 완전히 합법이라 할지라도 자신들이 그곳에 있어서는 안 된다는 것을 알지 못하는 듯하다. 그들은 심지어 해변에 내리는 지친 얼굴의 백인 전문직 종사자들보다 훨씬 더 자연스럽게 그 장면에 녹아들어 있다. 이 베트남인들은 미지의 독립체다. 그들은 후줄근한 차를 타고 멀리 떨어진 슬럼을 출발해 이른 저녁 주차할 곳을 찾기가 몹시도 어려운 새롭게 단장한 물가에 도착한다. 언론은 그들이 개를 먹는다고 반복적으로 보도한다. 그들은 본질적으로 낯설고 그곳에 걸맞지 않은 존재이다. 하지만 그들은 즉시 그곳에 녹아들고 회중전등과 보온병을 지닌 채 밤샘 조업을 하며 과거 항구 근처에 살던 백인 호주인 노동계급 남성들이 그랬던 것처럼 기쁨과 권태의 뒤섞임 속에서 어획을 한다. 지금은 거의 사라지다시피 한 백인들의 조업이 동남아시아에서 온 난민들에 의해 되살아나고 있는 것이다.

가장 신기한 점은 페리에서 내리는 이들과 조업을 하는 이들이 조우하는 순간의 정적이다. 마치 후자는 전혀 존재하지 않는 듯이, 보이지도 않고 투명한 존재인 듯 나타난다. 하지만 사실 그들이야말로 물을 부동산과는 다른 무언가로서 이용하는 이들이다. 시간이 지나면 그들은 동식물계의 부분을 이루는 스펙터클의 일부가 될 것이다. 신중하게 고르고 옮겨 심어진 호주의 야생 식물들 속으로 말이다.

벤야민은 아도르노가 1935년 8월 5일에 쓴 편지를 인용하며 "변증법적 이미지"의 불가해함에 대해 반추한다. 이 주제는 프루스트와 마르크스에 매혹되어 있던 벤야민 자신에게도 무척 소중한 것이었다. 편지의 한 부분에서 아도르노는 세계가 점차 시장의 힘에 종속되고 있으며 "사물들에서 그것들의 사용가치가 사멸하면서 소외된 사물들이 공동화空洞化되고 암호처럼 의미들을 끌어들이게 된다"라고 쓴다. 벤야민은 "공동화된 사물들"이 세계사에서 유례없는 속도로 늘어가고 있으며 이들은 죽음과 의미, 희망과 불안 사이에서 찢긴 공허한 외관 속에서 그들이 지닌 의미를 자연화한다는 데에 동의한다.[12] 여기서 나는 궁금증이 생겨난다. 페리에서 내리는 "공허한" 사업가들의 낯선 윤곽이 부두에서 조업을 하는 조용한 사람들이 그러하듯 문화보다는 자연에 가까우며 해안에 인접한 주변부의 사멸한 과거, 한때는 교류를 위한 장으로 붐볐던 죽은 보트-빌딩의 산업들에게 삼켜져버린 것은 아닐까? 승객을 내리기 위해 정박한 보트가 부두에 부딪칠 때, 작업이 끝난 후의 먼지가 이는 순간은 변증법적 이미지를 드러낸다. 당신은 삐걱거리는 목재 부두에서 퍼져나오는 진동을 느낄 수 있다. 이 적재물들은 대양의 밑바닥까지 내려간다. 부드럽게.

쿨라롱의 친구들

벤야민은 변증법적 이미지의 구성과 그들이 보여주는 원사 속 어린이의 상상력이 어른의 상상력에 대해 하는 역할을 인지한 최초의 인물이었을지도 모른다. 이는 벤야민 자신이 지녔던 어린이책에 대한 사랑에서 온 것이기도 하다. 자양분 가득한 이러한 순환에서 비롯된 자신감에서 나는 다음과 같이 주장할 수도 있다. 항구를 재자연

화하는 것은 1950년 대 내가 읽었던 책에 이미 예언된 바 있는 고대
로부터 온 제2의 천성이라고. 『쿨라롱의 친구들Mates of the Kurlalong』이
란 제목의 이 책은 항구와 맞닿은 가파른 바위 언덕 위 시드니 동물원
을 탈출한 한 무리의 동물들에 관한 이야기였다. 그들은 페리를 타는
데, 기술자가 된 기린이 빽빽한 기계실에서 긴 목을 숙일 공간을 찾
으려 애쓰는 장면이 나오기도 한다. 어린 시절의 기억이 바다 건너의
스노우볼 속에 갇혀 그것을 흔드는 손길에 의해 되살아나기만을 기
다리고 있는 나와 같은 국외자들에게도 기억에 대한 권리 같은 것이
있을까? "그를 사로잡은 것은 화석화된 사물들 속에서 굳어버린 삶
을 일깨우는 것만이 아니라 살아 있는 것이 스스로를 고대의 것, '근
원사적인 것ur-historical'으로서 갑자기 그 의미를 드러내는 것이기도
했다"[13] 고 아도르노는 『벤야민의 초상』에서 서술한 바 있다.

내가 어린 시절 살았던 지역 아래에 있던 만에는 부두와 커다란
보트 창고가 있었다. 너무나 아름다운 만('선원의 만'이라 불렸다)의
앞쪽 지역에 살던 창고의 주인은 보트를 수리했는데 그는 여피yuppie
들의 시대 이전에는 노동계급의 운동이었던 사이클 경기의 역대 우
승자이기도 했다. 가죽 재킷을 사려고 부두에서 출항을 할 때면 나
의 눈은 정박중이던 요트를 향하곤 했다. 모두 열 대 정도의 요트가
그곳에 있었다. 그게 다였다. 오늘날에는 그렇게 많은 배를 보기가
힘들다. 게다가 나의 어린 시절 이런 요트들은 대개 그 주인들이 여
러 해에 걸쳐 만든 것들이었다. 오늘날에는 이를 상상도 할 수 없다.
이후 열네 살쯤 되었을 때 나는 만의 반대편, 시포스seaforth에 있는 조
정 클럽에 들어가 모스moths라는 이름의 보트를 몰았는데 이 보트는
11피트 정도의 길이에 거대한 돛과 19피트가량의 돛대가 달려 있었
다. 모두 남성들이었던 클럽의 구성원들은 목수나 배관공 같은 직업
에 종사하고 있었다.

내가 자란 그곳은 항구 중간이 사암 구조의 반도 모양으로 돌출
된 특이한 지형을 가지고 있었다. 1920년대나 30년대에 그곳으로 가

는 가장 쉬운 방법은 도심으로부터 온 전차 노선이 이어지는 좁은 지역 부근 모래톱에서부터 노를 저어 가는 것이었다고들 한다. 그곳에는 괴짜들, 공산주의자들, 내 부모님과 같은 유럽 중심부에서 온 난민들, 그리고 예술가들이 주로 살고 있었다. 경제적으로는 아닐지라도 직업적으로나 문화적으로 중산층의 감각이 공유되고 있긴 했으나 점잖은 이들 대부분은 그곳을 피했다. 대마황과 빠르게 자라나는 흰 껍질로 덮인 유칼립투스나무들로 사방이 가득했다. 여름이면 매미가 울어댔다. 나이가 든 지금도 내 귓가에는 그 노래가 들려오는 듯하다. 매미들은 목이 터져라 울어댔고 꽉 찬 여름의 공기가 진동했다. 아득한 여름의 나른함이 사방에 깔린 고요함에도 여름날은 결코 끝날 것 같지 않았다. 반도 전체가 흔들리고 있었다. 우리는 온갖 종류의 매미들을 태고에서 온 그들의 이름으로 분간했는데 이는 한 아이에게서 다른 아이로 전해지는 비밀스러운 지식이었다. 검은 왕자, 청과물 상인, 초콜릿 군인, 그리고 화려한Flowery—어떤 이유에서인지 나는 이를 '가루투성이Floury'라고 쓰곤 했다—제빵사 같은 이름들 말이다. 검은 왕자는 전체가 다 어두운 색에 빠르고 우아한 반면 둥근 모양을 한 화려한 제빵사는 윙윙거리는 날개와 노랑 솜털로 덮인 배를 가진 밝은 녹색의 둥근 모양을 하고 있었다. 매미들은 진심에서 우러나오는 기쁨에 찬 목소리로 노래했지만 우리가 그들이 사는 나무에 가까이 다가가기라도 할라치면 끔찍한 침묵만이 흘러나왔다.

내가 독자로서 그리고 연구자로서 가진 모든 기술은 아마도 이 같은 수렵 탐험으로부터 온 것일지 모른다. 환경에 대한 내 감각만 봐도 여기서 가장 중요한 것은 발견한 것을 산 채로 유지하는 기술이었다. 우리가 근면 성실하게 서로의 포획물들을 나누고 결핍과 가치에 대한 뼈아픈 교훈을 얻었음에도 몇몇 매미들은 다른 매미들보다 훨씬 잡기 힘들었고 그로 인해 더 많은 가치를 지녔다. 내가 배운 것이 사업이라고는 할 수 없을 텐데 왜냐하면 우리는 신흥 자본가라기보다는 외려 수집가에 가까웠기 때문이다.

클라이브 부리치가 그린 선화, 더 스핏, 1998.

　　태평양으로부터 흘러온 짠 바닷물이 도처에서 넘실댔다. 하지
만 보트를 갖고 있거나 바다를 지향하는 감각을 가진 이들은 그다지
많지 않았던 듯하다. 떠오르는 한 사람은 에른 클라리지Ern Claridge인
데 그는 온수 장치를 파는 작은 회사에서 승승장구하며 일하고 있었
다. 그는 멋지게 웃는 풍채 좋은 남성으로 물가에서 도보로 15분가량
떨어진 벽돌집에서 아내와 딸과 함께 살고 있었다. 그 집은 영화배우
를 위해 지어진 것으로서 극장으로 사용되는 별 모양의 거실도 가지
고 있었다. 그는 매일 오후 항구로 걸어가 뱃전을 겹쳐 댄 나무 보트
를 저어 바다로 나가서는 해질녘까지 낚시를 했다. 그는 커다란 하바
나 시가를 피웠고 백포도주를 즐겨 마셨다. 이 모두는 진정한 호주인
에게는 매우 보기 드문 것이었지만 아침마다 몇 시간씩 욕조에 앉아
있거나 일하러 가기 전 신중하게 경주 안내서를 읽고 마권업자를 부
른다거나 하는 걸 보면 그는 영락없는 호주인이기도 했다. 나는 그가

많은 물고기를 잡았던 것을 기억한다. 여기서 요점은 무엇일까? 아름다운 항구 주변 만에 자리잡은 "중산층" 반도의 외곽에서 내가 알았던 모든 이들 중 그는 몇 안 되는 바다를 이용하는 어른이었다. 우리가 사는 곳에서 고작 몇 분만 걸으면 나오는 그 바다 말이다. 무척 예외적인 경우다.

내가 살았던 언덕에서 조금 내려가 도로에서 반 마일가량 떨어진 곳에는 과거 대공황 시대에나 사용되었을 법한 재료들, 나무와 골진 철제로 만들어진 네다섯 채가량의 불법 주택들이 자리해 있었다. 거기에는 누가 살았을까? 나도 모른다. 그들이 누구든 간에 그곳에는 낯선 이국의 요소들이 존재했다. 그들은 보트를 이용하거나 동네 아이들과 자신들만 아는 지그재그로 난 길을 통해 비밀리에 그곳을 드나들었음에 틀림없다. 종종 앓아눕곤 했던 나는 나를 돌봐주던 의사가 언젠가 들려준 이야기를 기억한다. 그는 새로운 호주인이라 불리던 유고슬라비아인을 돌보기 위해 그곳으로 달려내려갔어야 했는데 아침마다 습관적으로 만을 횡단하며 수영을 하던 그 '새로운' 주민들은 상어들을 경계하지 않았던 듯하다. 여기선 상상도 못 할 관습이다. 환자는 상어에 절반쯤 물어뜯겼고 의심할 여지 없이 그 옛날 호주인들이 이민자들에게 품은 판에 박힌 태도로 인해 왕년의 럭비 연합 축구 스타이자 여전히 매우 발이 빠른 내 주치의가 그곳에 도착했을 때는 이미 늦은 뒤였다. 여피 그리고 이후에 등장한 히피들은 이제 이 오래된 거주민들을 밀어내고 맹그로브나무들과 상어떼, 그리고 그들에게 희생된 이들의 유령들이 가득한 물가 이주지를 쳐내며 자신들의 공간을 확장하고 있다. 그리고 의사들은 더이상 이 바위 투성이 언덕을 달려내려가거나 가정방문을 자신의 일로 여기지 않는다.

변해가는 바다의 양상을 가장 극적으로 보여주는 사례는 상어들의 운명일 것이다. 내가 어릴 때는 상어에 대한 공포로 인해 물에 발가락을 담그는 것은 상상조차 할 수 없는 일이었다. 우리 셋이 타고 가던 작은 보트가 돌풍을 만나기라도 하면 모두 절묘하고도 신중하게 발가락을 움츠렸고 물을 맨몸으로 건너는 것은 가당치도 않은 일이었다! 가련할 정도로 적은 수의 이들만이 상어가 나오지 않는 지역 바깥까지 헤엄을 쳤다. '새로운' 호주인 두 사람을 제외하면 교사한 사람이 맨몸으로 바다를 건너다가 물속으로 빨려들어갔고 다리를 잃었다는 이야기가 우리가 아는 전부였다. 좀더 자란 뒤 바다에서 파도 타기를 시작했을 때 트롤선이 해변 사이를 서서히 움직이며 그물을 끌어올리는 것을 종종 볼 수 있었다. 닉 골쉐닌Nick Gorshenin이라는 배의 이름과 철자를 내가 기억하는 것은 시드니의 모든 해변 정문마다 놓여 있는 상어 그물을 통해서다. 나는 사실 상어를 실제로 본 적은 없지만 흉포한 그물에 걸려 몸부림치는 어뢰 모양을 한 길쭉한 상어들을 상상하는 것은 그다지 어려운 일이 아니다. 그들은 기쁨 속에서 끌어올려져 그에 걸맞은 대접을 받았다. 그러니 1995년 그곳을 다시 방문한 내가 아이들이 신나게 항구로 뛰어들어가는 모습(그들은 나를 놀리려고 이런 행동을 한 것일까?)이나 청소년들이 이른 아침까지 흥청대며 놀거나 맥주를 마시고 노래하고 섹스를 하기는 했지만 결코 헤엄을 치지는 않았던 그물 바깥에서 수영하는 이들을 보았을 때 얼마나 놀랐겠는가. 이제 상어는 더이상 존재하지 않는 것만 같았다. 새 시대가 온 것이다. 바다는 전과 다른 무엇이 되었고 그 안의 악마는 영면에 들었다. 혹은 피부암에 대한 공포나 정제되지 않은 하수 혹은 수중에 함유된 수은이 악마의 자리를 대신했다.

　붉은 벽돌로 지어진 노동계급 교외 거주자의 주거지인 방갈로가 내가 유년 시절을 보낸 만을 가득 채우고 있었다. 전형적인 외곽 지역처럼 보이긴 했으나 동시에 이는 완전히 부적절한 것이기도 했는데 방갈로들이 수풀 속에 외따로 떨어진 형태를 띠고 있었기 때문이었다. 그 일대엔 아무것도 없었다. H. C. 프레스가에 있던 방갈로와 이어진 우아한 나무 계단과 덤불 오솔길을 따라 내려가면 부두와 상어의 접근을 막는 나무 말뚝을 둘러쳐 만든 수영장이 나왔다. 당시

열두 살이던 나는 무더운 평일 오후가 되면 친구들과 함께 노를 저어 만을 가로질러 몰래 그곳으로 들어가곤 했다. 프레스는 19피트 길이 보트 경주 우승자였고 은퇴 이후에 항구 근처에 작은 공원을 지어 주말마다 이곳에 오는 도시 여행객들에게 임대했다. 정육점 주인이나 제빵업자, 촛대 제작자 연합이 페리를 임대해 당일치기 나들이를 하는 이곳에서 중산층이나 부유층은 눈에 띄지 않았다. 그들은 "북부 해변가"에서 살고 아이들을 길렀는데 그곳은 이름과는 다르게 바다의 흔적을 찾을 수 없는 내륙 지역이기 때문이었다. 앞서 말한 바와 같이 그들은 항구나 바다에는 관심이 없었다.

    H. C. 프레스가를 따라 난 1~2마일가량의 수풀은 굉장했다. 거기에는 프레스의 나들이 터를 자신들의 삶으로 가져오려는 노동계급의 놀라운 환상이 더해진 성이 자리잡고 있었다. 성이라니! 호주에서! 우리 어린아이들은 어떤 이유에서인지 이를 윌리의 성Willis's castle이라 불렀는데 나중에 생각해보니 아마도 존 미스터리 때문이 아니었나 싶다. 무시무시하나 잘 알려지지는 않은 책들의 저자였던 그의 얼굴이 출판사에 관한 상세 정보와 함께 책표지에 우표 크기로 그려져 있었고 거기에는 저항할 수 없는 증거, 즉 앞장의 성과 똑같이 생긴 작은 성의 모습이 그려져 있었다. 한두 번쯤 우리는 용기를 내 노를 저어 만을 건넜는데 보트를 드리워진 나무 아래로 끌어당기고 숲속에 난 넓고 잘 닦인 오솔길에 다가가 가득한 수풀로 인해 더욱 아름다워진 정원에 도달했다. 한참 올라간 비탈의 숨겨진 장소에서 우리는 오십 피트 정도 되는 길이의 둑을 발견했는데 어둡고 자잔한 늪이 가득했다. 자연과 완벽하게 조화를 이룬 시멘트 구조물만큼이나 신비스러운 것도 아마 없을 것이다.

    우리는 성에 가까이 다가갈 만큼 용감하거나 무모하지 않았고 거기서 누군가를 본 적도 없었다. 길게 늘어선 돌출부 전체는 텅 비어 있었고 오직 두 기묘한 구조물, 한편에는 H. C. 프레스가에 세워진 붉은 벽돌로 된 노동계급의 방갈로가, 그리고 다른 한편에는 돌로

지어진 존 미스터리의 성만이 그곳에 서 있었다. 고요하고 텅 빈 만을 채운 것은 푸른빛과 금빛을 띤 태양광선을 받아 반투명의 녹색으로 빛나는 바닷물의 아름다움이었다. 그것에 대해 쓰고 있는 이 순간 나는 여전히 그 바닷물을 만질 수 있을 것만 같다. 지금 그 땅은 L. J. 후커가 개발해 거대하고 보기 흉한 집들을 지었고 주말이면 요트와 모터 보트들로 뒤죽박죽이 되곤 한다. 더 큰 규모의 파티를 위해 혹은 더 많은 배들을 바짝 대기 위해 요트와 보트들은 종종 서로 이어져 있었고 그로 인해 만은 점점 더 자연 수로가 아닌 주차장과 같은 곳이 되어버렸다.

돈의 재배치, 그리고 내 삶 속 바다의 시작과 끝은 가치가 완전히 전도되고 경제적으로 취약한 이들이 강제적으로 해변으로부터 떠밀려나오게 되는 과정과 맞물려 있다. 18세기 후반 시작된 원주민들이 가진 토지에 대한 전유와 마찬가지로 극적이고 필연적으로 전개된 이 과정에서 영국 식민 정부는 이들 토지를 법적으로 주인이 없는 것으로 간주했다. 마치 오늘날 이스라엘이 팔레스타인에 대해 하는 짓과 너무나 유사하게 말이다. 오늘날 자유롭게 이 과정을 수행하는 것은 시장의 익명적 힘, 환상의 시장이라는 차이를 제외하면 말이다.

고대의 것

나는 2004년 크리스마스를 유럽의 서쪽 끝, 산티아고 드 콤포스텔라Santiago de Compostela에서 몇 시간 떨어진 곳에 위치한 외딴 섬에 있는 등대에서 보냈다. 인적이 드문 그 섬에는 오직 야생 돼지와 말들만이 거주하고 있었다. 섬의 등대지기는 자신의 두 형제 자매도 같은 일을 하고 있기는 하지만 스페인 전체를 통틀어 현역으로 일하는 등대지기는 고작 80명에 불과한 데다 여성은 자신 한 명뿐이라고 말했다. 더 많은 등대가 자동화되어가고 있고 아마도 미국의 경우 이는 100퍼센트일 것이다. 자동화된 등대가 마찬가지로 자동화된 바다 저편의 선박들에 환영과 경고의 불빛을 비춘다. 늦은 오후 등대로 돌아왔을 때 바다는 깜빡이는 빛깔로 덮여 있었고 그는 오른손 손가락을 자신의 눈과 바다 아래로 저물어가는 태양 사이로 들어올렸다. 저무는 태양과 수평선 사이에는 오직 두 개의 손가락이 들어갈 만한 공간만이 남아 있었다. 15분이 지나자 오직 손가락 한 개만큼의 공간만이 남았는데, 등대지기의 말에 따르면 이는 30분 후에 등대가 불을 밝힐 것이라는 의미였다. 어둠에 덮여가는 태양 속 바다와 태양 사이에 놓인 손가락들은 바다의 항해자로서 인간 존재의 마지막 징표였다.

　　프랑코 독재 치하 수십 년 동안—독재는 미국 군사기지에 필수적인 것이기도 했다—이 섬은 본토를 탈출한 소농들의 피난처로 사용되었다. 이 농부들은 땅을 계단식으로 경작해 생계에 필요한 작물을 재배하고 가축을 길렀다. 그들은 본토의 이들보다 나은 삶을 살았다고도 전해진다. 독재자가 죽고 난 뒤, 이 섬은 프랑코 정권하에서 장군이던 자의 친척 손에 넘어갔는데 그는 농민들을 쫓아내고 그곳을 휴양지로 만들었다. 소농들이 작은 마을을 지었던 곳에 그는 몇 미터에 이르는 거대한 벽을 쌓았다. 마치 성곽 전투를 대비하기라도 하듯이. 그는 인부를 고용해 돌출부에 인어 조각상도 세웠다. 하지만 등대지기를 제외하면 섬에 사는 사람은 아무도 없다. 나는 이곳의 새로운 주인이 강력한 엔진을 단 순양함을 타고 바다에 나간 것을 단 한 번 본 적 있다. 그날은 파도가 무척 심했고 배는 그가 자신의 섬을 순회하는 동안 미친듯이 흔들렸다.

　　물론 섬에는 생명이 살고 있다. 소농들이 그 섬에 살았던 이전 세기를 목격한 야생동물이 그들이다. 등대지기 역시 살고 있다. 밤이면 넓은 원을 그리며 빛을 비춰 위험의 메시지를 전달하고 뱃사람들에게 안도감을 주는 일을 하면서 말이다. 하지만 마찬가지의 이유에서 이 섬은 살아 있기보다는 죽음에 가깝다고도 할 수 있을 것이다. 나에게는 불가능한 어떤 기억들이 상주하는 유령과 같은 장소라는 점에서 말이다.

자연은 역사의 결을 겹겹이 간직한 채 여전히 남아 있다. 각각의 층은 이전의 역사를 가로지르며 쓰이기에 과거의 어느 것도 사라지지 않았으며 얼룩덜룩한 모습을 간직한 채 때때로 놀라운 방식으로 드러난다. 동물의 야생성 또한 아마도 이와 똑같은 역사를 공유할 것이라는 점은 얼마나 흥미로운가. 고분고분한 농장 동물들 역시 지금은 접근 불가능해진 마치 멀리서 보면 마분지로 오려낸 듯 보이는 전속력으로 질주하는 새들이나 동물들이나 어미의 배에 코를 비비고 있는 갓 태어난 망아지들과 같은 역사를 지녔다는 사실 말이다. 빽빽한 수풀, 나선형 동굴 모양을 한 야생돼지들의 움직임이 점점 더 깊은 어딘가, 시간이 시작된 지점을 향하는 동안 그 위에 서 있는 하얀 등대는 시간을 정지 상태로 보존한다. 바다에 둘러싸인 채 역사는 선사prehistory로 드러난다. 근대 속 바다를 고대의 것들이 지닌 힘을 증거하는 것으로서 재평가하는 일은 "제2의 자연"의 풍부함 속으로 들어가는 것일 텐데 여기서 사물과 풍경은 원주민들과 함께 뒤섞여 가상현실 속으로 물리적으로 녹아들어가며 근본적으로 강렬한 의미를 획득한다.

"인간의 시작은 짜디짠 바다였고 이 위대한 고대적 사실의 영구한 반향은 모든 개개인의 삶 속에서 매번 새롭게 펼쳐진다. 이것이야말로 멜빌이 드러내는 중요한 사실이다." 올슨은 『나를 이슈미얼이라 불러주오』에서 이같이 말한다.[14]

내가 지금 서술하고 있는 오늘날 바다로의 귀환은 아마도 이와는 무척 다른 종류의 것일지 모른다. 이는 바다에 "거주"하기 위한 것이라기보다는 매우 비싼 배경으로서 바다를 감상하거나 공화당 지지자이자 백만장자인 윌리엄 버클리 같은 이들이 하듯 바다를 주말의 무료함을 달래며 자신의 남성성을 시험하는 요트 놀이터로 삼는 것에 불과하다. 물론 이 놀이를 하는 동안 해안 경비대와의 무전과 연락은 계속 이어진다. 아래쪽 시장은 카리브해로의 한 주짜리 단기

휴가 장소와 같은 곳인데 거기에는 검은 턱시도를 입은 흑인 웨이터들이 쟁반에 마티니를 받쳐들고 푸른 바다를 배경으로 서 있거나 한껏 치장한 정기선을 타고 떠나는 2주가량의 크루즈 여행, 일반적인 여행 경로를 따라 일곱 개의 해안을 도는 상품이 준비되어 있다. 여기서 19세기 중반 멜빌이 묘사한 선원들의 모습이나 혹은 콘래드가 19세기 후반 바다나 물리적 자연으로부터의 소외로 인한 "제2의 자연"의 이점으로 제시한 것과 같은 것은 상상하기조차 어렵다. 바다가 새로운 화려함을 지니게 됨과 동시에 사라지고 분리되어버린 것들이 우리에게 가져다주는 이점은 벤야민이 유럽 문화 속에서 이야기꾼들이 점차 사라지고 있음을 감지하며 지적한 바와 같이 오직 "사라져가는 것들 속에서 느껴지는 새로운 아름다움"일 것이다. 독일에서 스페인으로, 바르셀로나에서 이비사로 향한 1932년과 1933년의 여행을 통해 벤야민은 이야기의 기술에 매료되었고 심지어는 그 자신이 (바다에 관한) 이야기를 쓰기도 했다는 사실은 잘 알려져 있지 않다. 유럽의 변방에 위치한 이비사는 그에게 시대에 뒤떨어진 태곳적 실재를 드러냈는데, 그중에서도 고대의 것이 응축된 배는 그에게 이러한 감각을 일깨우는 것들 중 하나였던 듯하다. 배는 늘 정처 없이 떠도는 존재들이었다. 그랬기에 그들은 가장 강력한 이야기의 기술에 집중할 수 있었고 자연의 보복에 대해서만 아니라 세계사와 노동의 착취에 관한 서사적 측면들에 대해서도 서술해왔다. 『모비딕』과 B. 트라벤의 『죽음의 배』, 그리고 콘래드의 『암흑의 핵심』[15]이 바로 그 예일 것이다.

　　고대의 것이 "제2의 자연"이 되어 근대로 진입하는 와중에 일어난 균열은 앞서 올슨이 말한 세 대양, 지중해, 대서양, 그리고 태평양의 연대기적 귀결에 얽힌 역사의 진보를 향한 전혀 다른 감각을 제공한다. 고대의 것이 전면에 드러남으로써 우리가 알게 되는 것은 과거와 공존하는 전혀 다른 시간의 순서인데 여기서 과거는 실제인 동시에 허구이고 자연인 동시에 "제2의 자연"이기도 하다. 여기서 우리는 프로이트가 환상을 몽타주와 교차를 동반한 기억의 작용이라 묘사한 부분을 떠올리게 된다. 환상을 만들어내는 장소로서 해변이 하는 역할은 은폐가 아닌 노출, 즉 스스로를 놀이터나 탁월한 초월적 공간으로 선언하고 전도와 쾌락을 향한 이전의 모든 의식ritual을 전시하며 즐기는 데 있다. 이렇게 해변은 자연과 카니발이 뒤섞인 궁극의 환상 공간, 근대의 변증법적 형상 속에서 선사가 그 모습을 드러내는 공간이 된다.

변증법적 이미지

근대의 몽타주와 교차 속 현재로 드러나는 고대적인 것은 벤야민이 변증법적 이미지라 부르는 것에 힘과 특성을 부여한다. 활기찬 신경 조직은 문화적 영향, 그리고 스스로 화려한 외관을 자유자재로 변화시키는 초현실적 대상으로서 상품이 가진 역동적 구조로 우리 앞에 드러난다. 이는 정반대의 실천, 즉 미래를 선취하는 미메시스적 전략을 추동하는 요구와는 전혀 동떨어진 것이기도 하다. 이러한 행위와 속임수를 촉진하는 것은 죄르지 루카치가 상품의 "환영적 대상성"이라 칭한 것으로서 그는 이를 너무나도, 너무나도 절대적으로 환영적인 실재로 정의된 문화, 역사 대부분을 자연으로 떠넘긴 채 비극으로 만들고 모든 것이 정지 상태로 머물러 있는 상태로 정의한다. 자연은 살아남은 우리가 그러한 침묵을 깰 무언가를 주기만을 고대하고 있다. 브르통은 이를 "부동의 폭발물fixed-explosive[16]이라 부른다.

"변증법적 이미지에서 어느 특정한 시대에 존재했던 것은 언제나 '옛날부터 존재했던 것'이기도 하다"[17]고 벤야민은 말한다. 변증법적 이미지는 영화가 정지 장면으로 압축되듯이 내부에 시간을 포함하며 시간의 흐름 속 정지 상태의 메시아적 순간을 드러낸다. 이 순간은 사유를 정지시키고 실재를 무너뜨리고 해체해 대안을 탐색하며 투쟁 속에 놓여 있는 알려지지 않은 역사가 과거와 그것의 의미를 재정의하도록 이끈다. 바다야말로 "태고의 시간으로부터 온 과거"의

서구를 드러내는 지고의 예시 중 하나이며 클라우스 테벨라이트Klaus
Theweleit의 『남성 판타지Male Fantasies』 영역본 표지를 위해 복원된 엽서
만큼이나 변증법적 이미지를 잘 설명해내는 사례를 찾기도 어려울
것이다. 그는 이 엽서를 "뇌졸중을 겪은 후 의식이 돌아오지 않은, 죽
음을 향한, 여행 아닌 여행의 상태에 있는" 어머니의 사진첩에서 발
견했다. 그는 "이 사진첩을 볼 때마다 나는 사진 속 이들의 목소리를
듣는다"[18]고 쓴 바 있다.

태평양

유럽인들이 처음에는 "남쪽 바다"라 부른 곳을 향한 동경과 환
상을 품고서 나는 뉴욕시의 어두운 방에서 이 글을 쓰고 있다. 지금
은 해변에 대한 환상을 품기에 완벽한 시간과 상황, 즉 겨울이기도
하다. 그러나 내 개인사는 올슨의 세 대양의 역사와는 정반대의 순
서로 흘러왔다. 세계사에 대해, 그리고 그것의 내부에서 역방향으로
움직여온 내 삶의 궤적을 돌아보건대, 환상의 여정은 호주의 태평양
을 건너 영국으로, 대서양을 건너 콜롬비아로, 그리고 지금 내가 살

고 있는 소위 이스트 코스트라 불리는 대서양 연안이라는 시간의 바
다를 거쳐왔다. 추한 모습의 마지막 해안은 내가 지금도, 그리고 앞
으로도 이해할 수 없는 종류의 것인데 그곳에 접근할 때마다 더 큰 파
도를 기다리며 부서지는 파도 너머에 있는 무한히 웅대하며 출렁거
리는 어떤 선을 연상하게 되는 까닭이다. 우리는 휴이^{Huey}와 같은 낯
선 신들에게 커다란 파도를 보내달라고 기도하고 그는 기도에 부응
한다. 파도 소리 너머로 한낮의 더위 속 바닷가 돌출부에서 듣던 유
칼립투스나무 위 매미 울음소리가 들려오는 것도 같다. 말을 넘어서
는 마법적인 탈주는 파도 위에서의 감각을 전하는 서퍼들에게는 잘
알려진 숙명과도 같다. 위태로운 자유와 직접적으로 연결되어 있되
늘 이미 사라진 것으로만 존재하는 이 지점을 하킴 베이는 해적선 유
토피아와 같은 "한시적 자율 지대"[19]라 불렀다. 녹색 어스름과 기억
이 담고 있는 회복할 수 없는 상실에 관한 슬픔의 바다 속 초록빛 외
에는 아무것도 남아 있지 않다. 전부이거나 아무것도 없거나. 실제의
바다 혹은 집 없는 이들의 집, 쥐약과 철도를 품은 이 도시의 숭고함
은 망각 속으로 녹슬어간다. "나는 제때 화약의 심지에 불을 붙였다"
고 생존자 윌리엄 버로스$^{William\ S.\ Burroughs}$는 그의 책『붉은 밤의 도시
들$^{Cities\ of\ the\ Red\ Night}$』의 말미에서 말하는데 그는 이 책을 캐러비안과
마다가스카르의 해적 유토피아에 헌사했다. "몇몇 이들만이 제때 문
을 통과할 것이다. 스페인이 그러하듯 나는 과거에 매어 있다."[20]

대서양

몇 년 뒤 나는 실비아 플라스가 쓴 시에서 유사한 좌절감을 발견
했다. 「해양-1212W」라는 제목을 단 이 너무나도 훌륭한 기억의 서
사는 그가 짧은 삶을 마감하기 직전인 1962년 BBC를 위해 쓴 것으
로서 볼티모어 출신인 알리시아 라빈스라는 선원이자 시인의 이야
기를 담고 있다. 시의 제목은 호주에 거주하던 플라스 조부모의 전
화번호인데 그들은 해안에 살고 있었고 아직 아이였던 그는 교환원

을 통해 집에서 전화를 걸곤 했다. 그의 집은 매사추세츠 해안 보스턴 돌출부 만에 있었고 아버지가 죽고 어머니가 아이들을 데리고 해안을 떠나던 아홉 살까지 그는 그곳에서 살았다. 모든 것이 사라졌다. 완전하고도 영원히. 어린 시절과 아버지를 모두 잃음으로써 말이다.[21]

아버지의 죽음은 플라스에게 많은 것을 의미했다. 계관시인 남편 테드 휴스는 그들이 결혼생활에 종지부를 찍은 지 몇 달 뒤인 1963년 당시 31세였던 플라스가 자살하자 그 죽음에서 아버지의 영향을 찾는 데 특히나 필사적이었다.

> 매일 밤 꿈속에서 그곳으로 걸어들어가지
> 아버지의 무덤 속
> 보고 싶지 않은, 다음날 아침 기억하고 싶지 않은 그곳으로
> 무엇을 보았던 건지. 기억을 떠올릴 때마다
> 시체로 가득찬 바다의 꿈
> 극악무도한 죽음의 수용소, 잘려나간 사지들의 더미[22]

테드 휴스는 "아빠"와 같은 시를 염두에 두고 있었다. 이는 플라스가 죽기 몇 달 전의 시간 동안 때로는 이틀이나 사흘에 걸쳐 열 뜬 상태로 쓴 『애리얼Ariel poems』에서 가장 덜 알려진 작품이다. 둘째 연과 셋째 연은 다음과 같다.

> 아빠, 나는 당신을 죽여야 했지
> 당신은 내가 그러기 전에 죽었지
> 대리석처럼 무겁고 하나님으로 가득찬 자루
> 샌프란시스코의 물개처럼 크고
> 잿빛 발가락 하나가 달린 무시무시한 조각상
> 변덕스러운 대서양 앞머리

푸른빛 위로 강낭콩의 초록빛이 쏟아지는 곳
아름다운 노셋Nauset의 수면을 향해
나는 기도했지, 아빠를 되찾게 해달라고
아, 당신[23]

마지막 줄의 "아, 당신Ach, du"은 바다와 언어, 가부장의 힘과 기억을 한데 묶어놓는다. 이는 끊임없는 전쟁의 상흔으로 인해 무너진 폴란드 마을에 울려퍼지는 독일어를 묘사한 다음 연에 잘 드러나 있다. 그는 유령처럼 현존하고("나는 당신이 어디에 있는지 결코 알 수가 없네/ 어디에 발을 딛고 어디에 뿌리를 두는지") 시인은 그에게 결코 말을 걸 수도 없다. "나의 혀는 턱 안에 박혀 꼼짝도 않기에."

혀는 가시 철조망의 덫 안에 박혀 있네
나, 나, 나, 나,
나는 말을 할 수가 없지
모든 독일인을 아빠라 생각했지
그리고 음탕한 언어
엔진, 엔진
유대인처럼 나를 실어나르는 기관차
다하우로, 아우슈비츠로, 벨젠으로 보내진 유대인들
나는 유대인처럼 말하기 시작했고
아마 나는 유대인일지도 몰라[24]

"아름다운 노셋의 수면." 기도하는 이를 위한 장소. "변덕스러운 대서양의 앞머리." 그의 머리? 돌출부? "나는 유대인처럼 말하기 시작했지." 아우슈비츠를 향해. "푸른빛 위로 강낭콩의 초록빛이 쏟아지는 곳." 어찌되었건 언어는 계속해서 이어지다 이내 사라지고 대서양은 피터 라인보우가 "모든 대서양의 산맥들이 흔들렸다"에서 월

리엄 블레이크가 되찾은 신화적 아틀란티스를 복원해내며 쓴 바와 같이 아프리카와 유럽, 그리고 신대륙의 광대함 속에서 교차하는 다문화적 역사는 오늘날에도 여전히 살아 있다.[25] 이 주장에 따르면 대서양은 단지 신세계를 향한 통로였던 것만이 아니다. 몹시도 분주한 이 바다는 세계를 보는 새로운 사유를 촉발했으며 특히 개성이 표준을 대체하도록 했다. 폴 길로이는 라인보우의 독창적인 에세이 속 제언을 이어받아 "검은 대서양"이라는 용어를 제안하는데 그에 따르면 이곳은 선원과 노예들, 파도 위를 이리저리 건너는 하층민들, 식수와 식림, 바다 양편, 모든 방향에서의 선적, 크레올화된 언어와 음악의 읊조림, 무엇보다도 민족-국가의 범주에 강하게 귀속되어 있던 산업화 이전 배와 바다를 이용하는 인간의 권리the Rights of Man에 대한 혜안이 무질서하게 섞여 있는 장소였다. 대서양의 해안가에 밀려드는 새로움은 활기를 띠고 시시각각 변화하는 이종의 무리들이었다.[26] 더 많은 수중으로부터의 영향과 유토피아적 시각, 해적들에게서 흔히 보이는 반권위주의적 잠재성을 지닌 **무언가**가 싹트기를 기다리고 있었다. 이렇게 재부상하는 대서양은 아프리카 노예제라는 디스토피아나 선원의 삶이 실은 그다지 유쾌하지도 않고 외려 야수적인 것에 가까운 데다 짧기까지 하다는 사실로 쉽게 대체해버릴 수 있는 것은 아니다. 두 개의 현실, 노예제와 인간의 권리를 동전의 양면으로 보아야 하며 바로 그러한 까닭에서 대서양은 동요했던 것이다. 역사는 다르게 흘러갈 수도 있었다. 지금도 그러하다!

지중해

마침내 나는 두 눈으로 직접 바다를 바라보며 썰물의 흔적이 모래 위에 남겨놓은 휘몰아치는 무늬가 펼쳐진 이 아름다운 바닷가를 걷는다. 아이들과 함께했다면 얼마나 좋았을까! 아이들은 조가비들을 얼마나 사랑했을까. 아이가 된 듯 나는 그것들을 잔뚝 집어들었다. 특별하게 사용하기 위해.
　　　　　—요한 볼프강 폰 괴테, 『이탈리아 여행』, 1786~1788.

　　검은 대서양은 우리를 현존하는 역사적 인식을 바꿔놓을 수도 있을 쓰이지 않은 역사로 이끈다. 플라톤의 말을 빌리자면 가부장의 표식인 권위에 맞서는 대안을 찾기 시작함으로써 말이다. 놀이와 신체의 언어를 향한 이러한 변환을 니체는 변형된 의식의 무아지경 속 고통을 수반하는 디오니소스적 쾌락에 대한 감각이라 칭하는데 쾌락과 고통이 같은 양으로 뒤섞인 곳, 우리는 안전한 거리에서 하는 관조를 떠나 이미지들 속으로 들어간다.

　　검은 대서양은 우리에게 어떻게 기묘한 대서양이 북유럽인들이 지닌 이탈리아 남부나 그리스, 프로방스와 스페인과 같은 이국적인 남쪽에 대한 사랑의 근저를 이루고 이와 공존하는지를 살펴보도록 한다. 바다나 해변과 관련된 감각과 그 요소들에 무방비로 노출된 신체를 암시하는 환상, 생생하고도 삶을 고양시키는 원시주의자들의 환상 말이다. 여기서 나는 이탈리아의 해변에서 자신의 유년 시절을 발견한 괴테를 떠올린다.

　　그에게서 발견되는 프로이트적 요소는 전기작가이며 친구이자 동료이기도 했던 어니스트 존스의 말과도 이어진다. "북쪽 그리고 남쪽이라 칭해지는 곳을 가르는 이분법은 드물지 않게 존재한다. 의무에 관한 지고의 이념이 북부를 대변한다. 베를린이 그 예로서 쉼없는 활동과 성취를 향한 멈추지 않는 충동이 그곳을 지배한다. 쾌락과 행복, 그리고 순수한 흥미가 넘쳐흐르는 곳은 남쪽에 있다." 그는 프로이트에게 이탈리아를 향한 달아오른 사랑을 담은 시를 보여주는데, 존스의 회상에 따르면 프로이트는 그저 웃으면서 이렇게 말했다고 한다. "이런 시들은 필요하지 않소. 우리에겐 우리만의 광신자들이 있기에."

오 여성의 나라
승리보다는 그저 간청을
지구상 모든 남성들의 땅이 찬미하는
그들의 심장에 몸을 묻으리[27]

니체의 가장 도발적인 저작인 『즐거운 학문』(1882)의 이탈리아어 제목, "라 가야 시엔자^La gaya Scienza에 잘 드러나 있는 애착은 그보다 한 세기 전 괴테의 『이탈리아 여행』에서 선취되고 있다. 과거의 것들에 의해 제한되는 것에서 벗어나 남쪽은 성애화된 장소로 남아 있다. 1962년 『이탈리아 여행』을 번역한 W. H. 오든과 엘리자베스 메이어 역시 이 점을 지적한 바 있는데 그들에 따르면 이탈리아는 괴테에게 성애적 각성의 계기를 제공했고 이는 독일로 귀환하기 전과 후에 그린 그의 초상화에 잘 드러나 있다. 후자는 "남성적이고 자기 확신에 찬 얼굴"을 보여주며 그 얼굴은 "성적 만족을 경험한 남성"[28]의 것이라고 그들은 주장한다.

관상학을 이런 식으로 뻔뻔하게 사용하는 것은 괴테의 성적 경험보다는 이탈리아에 대한 태도와 더 밀접하게 연관되어 있다. 하지만 이는 그다지 중요하지 않다. 외려 어떻게 관상학이 여기서 사용되었는가가 더욱 문제적이다. 사회적 공간을 탐지하는 도구로 널리 알려진 이 기술, 영혼의 비밀을 얼굴이라는 외양으로부터 읽어내는 관상학은 감각적인 남쪽에 대해 짐짓 시치미를 뗀 얼굴을 유지한 북쪽과 밀접하게 연관되어 있다. 사물들의 요소와 관련된 이 같은 감각은 피상적인 것으로서 여기서 피상성은 깊이 없는 인간이나 인간-동물인 동시에 지나치게 깊은 인간, 말하자면 거짓말쟁이나 사기꾼 모두에게 해당된다. 니체의 철학과 카를 마르크스의 경제 이론 모두 이에 기반하고 있다.

"원시적 축적"이 근대 자본주의에 필수적이라는 주장을 담은 유명한 장에서 마르크스는 비밀의 문제와 남쪽의 "데카당스"를 상기시킨다. 그에 따르면 "베네치아인들의 장물 체계의 비열함은 그들이 많은 돈을 빌려준 네덜란드 수도-부의 비밀 기지들 중 하나를 형성했다."[29] 근대 초기 자본의 역사 속 남부 (의 비밀)에 대한 의존은 교역항과 쇠퇴해가던 베네치아 제국, 그리고 암스테르담이라는 급성장하는 항구 도시의 관계를 말해준다. 이들은 해양 도시였을 뿐만 아니라 동방에서 온 향료와 실크가 섞인 탁한 물결이 흘러드는 운하들 사이에 지어진 도시들이었다. 여기서 운하들은 그들이 도시들 자체였을 뿐만 아니라 이 도시들이 실은 그 핵심에서 바다와 위태롭게 공존하며 진흙에 처박힌 것들을 계속해서 건져내왔다는 사실 또한 상기시킨다. 괴테가 1786년 묘사한 베니스의 거대한 요새는 "시멘트를 바르지 않은 돌덩어리들"로 지어졌는데 이는 태풍과 거대한 파도로부터 도시를 보호하기 위해서였다. 도시는 진흙 습지를 향해 튀어나온 부분에 지어졌고 "원시의 바다"가 하강하면서 생겨난 "조수와 토양 사이의 상호작용"을 통해 발달했다.[30]

입구와 출구라는 근원사적 장소들은 해안이 어떤 특정한 것 혹은 그 밖의 것들, 예를 들어 섬이나 석호, 반도들의 문합吻合, 즉 소위 말하는 자연 운하로 분리되지 않고 자연의 역사적 작용에 의해 돈과 교역이 오가는 비옥한 지역을 형성하는 곳이다. 마치 근원사적 장소-물질이 물도 토양도 아닌 채 삶이 시작하고 되돌아오는 곳이 되듯이 말이다. 이러한 조건하에서 해양 국가들은 대규모의 해군을 동원해 섬 밖으로 향했고, 특히 영국 같은 나라는 아프리칸 아메리칸 플랜테이션에 공장식 시스템을 도입함으로써 이 과정을 완수했다.

마르크스가 암스테르담과 베니스 사이의 금융 관계를 특별한 비밀로 여기고 있었다고는 할 수 없다. 베니스는 성적 자유와 관련된 오랜 역사를 지니고 있다. "데카당스"라는 이 도시의 평판은 리처드 세넷의 관찰을 떠올리게 하는데, 그는 "유럽 속 베니스의 이미지를 이루는 필수 요소는 관능성이며 베니스인들 역시 이에 동의할 것이다"라고 쓴 바 있다. 16세기 무렵 이 도시에는 높고 낮은 신분 모두에

서 성매매가 빈번했고 "크로스 드레싱cross-dressing이나 여성용 보석 외
에는 아무것도 걸치지 않은 젊은 남성들이 운하를 떠다니는 곤돌라
에서 한가롭게 시간을 보내는 등의 동성애적 하위문화가 만개했다".
또한 매혹과 혐오가 육화된 존재로서 게토에 고립된 유대인들의 관
능적 몸이 가득한 곳이기도 했다.[31] 유대인들(의 경우 1397년부터)
그리고 성노동자들(1416년부터) 모두 도시 관료들에 의해 다른 이
들과 구별되는 노란색 옷을 입기를 강요당했다. 성노동자들은 노란
스카프를 그리고 유대인들은 다윗의 노란 별(혹은 모자)을 다는 식
이었다. 공공 사형 집행자는 언제나 유대인들이었다. 기독교인들을
근본적으로 타락한 이들로 여기거나 그들이 매독(최초에 이는 콜럼
버스가 아닌 유대인이 옮긴 것으로 여겨졌다)이나 다른 잡다한 질
병, 오염에서 온 불가해한 힘을 지녔다고 생각했기에 유대인들은 베
니스 해군의 영향력 아래에서 장거리 향료 무역이 아닌 고리대금업
에 종사했고 이런 일들은 곧 중단되었다. 셰익스피어의 베니스의 상
인과 1파운드의 살점은 이러한 생각을 가중시켰다.[32]

　　동양에서 온 실크와 향료, 그리고 그 밖의 모든 진귀한 것들이
거래되는 서구 무역의 교차로로서 베니스는 관능과 위반을 시장과
금화 더미와 한데 합쳐놓은 곳이었다. 배경에 어른거리는 노란 빛깔
사형 집행자들은 말할 것도 없다. 이 모든 것의 상호작용이 바로 자
본주의다. 그것의 기저에는 신세계로부터 약탈한 금은보화의 "원시
적 축적"만 있는 것은 아니다. 여기에는 동양과 서양이 그 최종의 심
급에서 상호 침투하는 장소, 즉 위반과 금기 사이의 적절한 혼합을
발견하는 문제에 대한 물음이 놓여 있다.

　　베니스는 자본의 원-장면ur-scene이라 할 수 있으며 이 장면은 이
후 세기 유럽 북부인들이 가진 집합적 꿈, 즉 "해변"을 이미 사라진,
그렇기에 영원히 회귀하는 우리들의 낙원이자 에덴동산으로 보는
시각 속에 삽입된다.

　　삶이 시작되는 땅과 바다 사이에 있는 이 가장자리는 문명을 지

탱해온 억압이 위반 속으로 뛰어드는 곳이자 아이들이 사방에서 모래성을 쌓는 풍경이 펼쳐지고 어른들은 아이가 된 듯 유희하며 바다 생물이 되어가는 장소이기도 하다. 해변 너머의 바다는 토마스 만이 『베니스에서의 죽음』에서 말한 텅 빈 영원함의 장소이며 이 무상함은 북부에서 온 완고한 중년의 인물이자 작가에게 요구되는 삶의 엄격함에서 탈출한 폰 아셴바흐von Aschenbach의 시선 속으로 들어간다.

폰 아셴바흐의 몸은 그가 알아차리지 못하는 사이 토마스 만의 거점으로 사용된다. 그곳은 열정의 놀이터로서 마치 낚시꾼의 낚싯대의 줄과 같이 억압에 의해 지탱되어온 예술적 창의성 속 무너져가는 힘에 의해 갑작스레 당겨지는 장소다. 최종적이면서 끔찍한 잔인함을 동반하는 창조성의 이미지는 억압이 승화된 산물이며 여기서 창조성은 오직 즉각적 만족의 부인이라는 대가를 치름으로써만 존재한다. 교두보로서의 신체에서 우리는 언뜻 영혼의 가능성, 프로이트가 말한 억압의 경제로부터 벗어나고자 북쪽에서 남쪽의 해변으로 온 어떤 이가 육체가 지닌 원초적 열정에 일격을 당한 뒤 그 영혼을 앞으로 나아가게 하기 위해 북쪽으로 되돌아가는 장면을 보게 되는 것은 아닐까?

"'아셴바흐는 늘 이런 식으로 살았던 거지.'" 뮌헨의 친구는 이렇게 말하면서 한 손으로 주먹을 꽉 쥐었다. "'이런 식으로는 결코 아니고'—그는 그의 펼쳐진 손을 매달았다."[33]

그 손은 베니스에서 기적적으로 열렸다. 생명이 시작되는 바닷가에서 말이다. 베니스를 떠나기 전 그는 이미 너무나 사랑하게 되어버린 소년이 모래사장에서 놀고 있는 것을 내내 바라보았다. 그 소년은 아셴바흐의 시선에 결박당했다. 이제 소년은 물로 걸어들어가 사주砂州를 건너는 중이다. 그는 물결의 폭으로 인해 해변에서 분리되어 물 밖으로 드러난 육지의 좁은 부분을 따라 천천히 앞뒤를 돌아보며 걷는 중인데 그 걸음은 그의 흩날리는 머리카락이 "바다 저편에서, 바람 속에서, 흐릿한 광활함 앞에서"[34] 물 위를 떠다니듯 유령과도 같은 걸음이었다. 그가 아셴바흐를 돌아봤을 때 충동 속에서 그의 두 눈은 수평선을 부르고 손짓하는 것만 같았다. 그는 멈췄고 해변도 멈춰버렸다. 그들뿐이었고 모든 것이 얼어붙었다. 아셴바흐가 갑판 의자를 기어오르려 애쓰며 몸을 자신의 시선이 향하는 비행경로로 던져넣는 순간 토마스 만은 그를 죽여버렸다. 물가에서 만들어진 금지된 사랑의 작가적 환상 역시 처분되었다. 니체라면 이 문제를 다른 식으로 처리했을 것이었다. 해변과 파도, 그리고 그들 너머에 희미하게 존재하는 영원한 공허는 역사를 "반대의 실험reverse experiment"을 향해 열어두며 바로 그로 인해 우리 인간은 쾌락에 대한 공포 없이 즐거움을 누리는 해양 동물의 삶 속으로 되돌아올 수 있다는 식으로 말이다.

마르크스가 베니스의 장물 시스템 속 "악당들"과 "데카당스"를 남쪽에서 북쪽으로 향한 고리대금과 연관지어 자본이 지닌 비밀 중 하나 속으로 욱여넣은 것을 본 순간, 실은 이 "비밀"이 돈과 섹스, 마법적인 오염, 인종 분리, 그리고 위반과 관련되어 수 세기 동안 문화적 행위 속에 뒤엉켜 보존되어왔다는 느낌을 떨쳐버리기란 거의 불가능하다. 토마스 만은 단지 바퀴를 돌렸을 뿐이다. 이 바퀴는 수세기 동안 동양과의 실크, 향료, 염료, 약재나 향수—즉 중동과 실론Ceylon, 인도와 말레이군도, 중국, 그리고 일본의 아우라를 흠뻑 품은 사치품 거래를 통해 베네치아의 힘을 형성하는 데 결정적인 역할을 했다.

그렇다면 사치품이란 과연 무엇인가? 이 매혹적인 상품은 인간의 신체에 침투하지 않은 채 그것을 자극한다. 청금색 혹은 남색 빛깔, 모자이크에 대한 사랑, 그리고 부드럽고 차가운 실크의 촉감 같은 것들에 의해 환기되어 발아하듯이 말이다. 이렇게 신체는 상품 속으로 침잠하고 사치품은 비사치품과는 달리 마치 성을 구매하는 것처럼 무의식적 쾌락과 완전히 동일한 것이 되어간다.

자본의 "비밀"은 관능과 위반이 한데 뒤섞인 유럽과 동양 사이의 교차점에서 그 모습을 드러낸다. 물신주의는 결과가 아니라 상품과 성숙한 자본주의를 기능하게 하는 마법적 전제조건이다. 우리가 모더니티의 내부에서와 마찬가지로 우리들 신체 속에서도 스펙터클한 고대의 것이 귀환하는 장면을 목격하게 되는 것은 이러한 이유에서다. 이들은 세 대양에 얽힌 경제사뿐만 아니라 세계사와도 밀접하게 연결되어 있다.

의지와 파도

"의지와 파도"는 니체가 그의 책『즐거운 학문』의 한 단락에 붙인 소제목이다. 질서 잡힌 무질서the ordered disorder의 파고는 내가 신경 체계라 부르는 것과 이어지는데 이는 실재에 대한 감각이 항상 우리가 그것을 포착하는 순간보다 한발 앞서 있음을 뜻한다.[35] 글쓰기 또한 이 기만적 세계에 직면해 스스로를 속인다.

> 그래서? 너희들은 나를 불신하는가? 나에게 화가 났는가, 너희 아름다운 괴물들이여. 내가 너희들의 비밀을 낱낱이 폭로할까 두려운가? 그렇다면 나에게 화를 내라, 너희들의 위험한 녹색 몸뚱이를 가능한 한 높이 들어올려 나와 태양 사이에 벽을 만들어라—지금 하듯이! 진실로 세계에는 녹색의 여명과 녹색의 번개 이외에는 아무것도 없다. 멋대로 계속하고 기쁨과 악의에 차서 울부짖으라—아니라면 다시 물속으로 들어가 가장 깊은 심연에 에메랄드를 쏟아내고 거품과 포말의 무한한 흰 갈기를 그 위에 내던져라.[36]

월터 카우프만은 "의지와 파도"가 어린아이들의 놀이가 열어주는 공간, 말하자면 해변과 같은 공간 속 디오니소스적 순간에 대한 목적 없는 사색을 담고 있다고 본다. 이는 니체가 무의미함과 무목적성이야말로 세계사의 명백한 설계도라는 주장을 담은 영원회귀를 최초로 정식화하기 이전에 쓴 글이다.[37] 하지만 디오니소스적 "순간들"의 요점은 그들이 관습과 시간을 초월해 비정합을 승인하는 격리된 장소로 고정되는 "순간" 외에는 아무것도 아니라는 데에 있지 않은가?

해변은 근원사가 역사가 되는 공간임에 틀림없다. 니체는 "스스로에게 맞서는 인간"의 죄의식과 본능적 억압의 발명 이전 무엇이 일어났는가를 이 거대한 파열을 통해 환기하고 포유류가 될 수밖에 없었거나 소멸했던 해양 동물들의 운명에 그것을 빗댄다. "이 지구상에 그처럼 비참한 느낌, 잿빛의 고통 같은 것은 결코 존재한 적이 없었으리라."

의지와 파도의 디오니소스적 놀이는 사전에 계획된 정치적 힘을 요구한다. 니체가 한 작업의 전체 요점은 "정반대의 실험", 즉 인간을 스스로에 반하도록 하는 억압을 제거하려는 시도였다. 이는 "원칙상" 가능한 것이지만 "과연 누가 충분한 힘을 가졌는가?"[38] 정반대의 실험은 필연적으로 물가, 역사의 가장자리이자 억압의 가장자리를 향해 내려간다. "자신에 반하는 인간을 되돌리는" 것은 모든 것에 앞선 가장 숙명적인 모방 행위mimetic act이며 바로 이러한 이유에서 나는 스티븐 데덜러스와 함께 해변에 머물기를 결정했다. 우리가 언어라 부르는 것, 이 끊임없이 이동하는 광기에 찬 유산과 함께 말이다.

니체의 우화에서 재난이 닥친 순간은 동물들이 바다를 떠나 해안으로 기어올라오고 마침내 그 자신에 반하는 존재, 즉 인간이 된 때를 말한다. 본능을 억제하는 본능을 사용함으로써 그들은 이를 수행했다. 상호 연결과 흐름에 관한 전-소크라테스적 감각은 탈맥락화의 논리와 원인과 관점을 따르는 국가-친화적인 모델로 대체되었다. 유대-기독교 세계는 신체를 죄악시하며 디오니소스는 사라지지는 않았으나 악마와 동일한 것이 되어갔다.

오늘날 서구 세계와 개발도상국들에서 바다는 일상생활의 한 부분이 아닌 상품 그 자체로 재발견되고 있다. "바다"는 마치 최신 사양의 스포츠형 자동차 혹은 그보다 좀 낫게는 전망을 동반한 부동산 투자처로 묘사된다. 중산층들 역시 마치 매음굴을 방문하듯 교대로 사용하는 콘도미니엄이나 2주짜리 크루즈 여행, 혹은 태국이나 자메이카 같은 나라들, 빈곤에 시달리는 '제3세계'에 지어진 호화 리조트에서 일주일을 보내는 식으로 이러한 행렬에 참여한다. 니체가 생각한 "정반대의 실험"으로부터 좀더 나아가는 것은 과연 가능할까? 정반대의 실험 역시 상업적 전유의 대상이 되어버린 것은 아닐까?

1958년 겨울 매사추세츠 해안가 윈드롭으로 돌아가보자. 실비아 플라스는 "움츠러들고 침침해진 촘촘한 은신처, 꿈으로 늘어난 무지개가 광채를 잃고 물에서 떨어져나와 그 빛을 잃어가는"[39] 장면을 보았다. 괴테는 베니스에서 그의 생애 처음으로 바다를 보았고 조수가 물러난 해변을 걸으며 조가비를 찾음으로써 어린아이의 상상을 발견했다. 높은 파도가 해안에 밀려와 부딪혔다. 파도가 해안으로 물러나면서 드러나는 "모래가 바스러지는 아름다운 해변"을 그는 사랑했다. "아이가 된 듯, 나는 온갖 것들을 집어들었다." 똑같은 조가비들이 아마 한 세기 반 이후 플라스를 절망하게 했을 것이었다. "우리의 마음은 세속에 물들었고 아이들은 더이상 전에 하던 것들을 지속하지 않을지도 모른다"고 플라스는 질문한다. 이 물음은 바다 생물이 육지 동물이 되거나 멸종해야만 했던 숙명에 대해 말하는 니체와 공명한다. "이 지구상에 그처럼 비참한 느낌, 이 잿빛의 고통 같은 것은 결코 존재한 적이 없었으리라."

"우리는 싸워야만 한다." 플라스는 일기에 이렇게 쓴다. "우리는 이전의 마음으로 돌아가기 위해 싸워야만 하고…… 그것을 다시 창조해내야만 한다. 서둘러 만드는 케이크에 들어갈 베이킹파우더의 양을 재거나 다음달 생활비를 계산할 때조차 말이다. 신은 이 모든 것들 속에서 숨쉬고 있다. 연습. 뒤집어져서 의자나 칫솔, 커피 한 잔이 되자. 내부의 느낌을 알자."[40]

해변. 우리가 즐기는 것이자 우리가 계속해서 잃어버리고 있는

영원한 유년 시절의 것. 녹색의 땅거미와 녹색 빛깔, 나 자신과 나의
태양 사이에서 스스로 휘어지는 파도의 잔상.

　　연습!

본능적 신체성, 신앙, 그리고 회의주의:
마법에 관한 또다른 이론

우리가 지닌 모든 신비스러운 상태 저변에는 본능에서 비롯된 신체적 기술이 존재하는데 이는 신과 소통하기 위한 생물학적 방법이다.

—마르셀 모스, 『몸 테크닉Les techniques du corps』, 1960.

주술사는 흔히 자신의 유서 깊은 직업을 독실한 신앙을 통해 배우고 처음부터 끝까지 다소간의 믿음을 유지한다. 일단 속이거나 기만한 뒤에는 신앙심이 있는 자의 에너지를 간사한 위선과 결합한다.

—에드워드 버넷 타일러, 『원시 문화』, 1871.

우리는 9·11 이후 고국의 안전을 논하는 극적 연출에 익숙해졌다. 대통령에 대한 신뢰도가 떨어질 때면 울리는 색색의 테러 경고나 창문에 플라스틱 울타리를 부착하라는 조언 따위를 누가 기억이나 하겠는가? 하지만 여기 여전히 새롭고 과감한 연기의 한 장면이 있다. 미국 법무부 장관 존 애쉬크로프트가 연방 판사에게 과하게 드러난 그의 가슴을 천으로 적절히 가리도록 명령하는 장엄한 모습 말이다. 한 학생의 노트에 따르면 이 장면에서 그는 인류학자 마르셀 모스가 1920년대 파리에서 한 다음의 말, "우리가 지닌 모든 신비스러운 상태 저변에는 본능에서 비롯된 신체적 기술이 존재하는데 이는 신과 소통하기 위한 생물학적인 방법이다"[1]를 마음에 새기고 있는 것처럼 보인다. 수백만의 인파가 시청한 2004년 슈퍼볼 텔레비전 중계에서 가수 재닛 잭슨의 의상에 문제가 생겼고 흘러내리는 드레스로 인해 갑자기 그의 가슴이 드러났다. 법무부장관이 가리라고 했던 바로 그 가슴 말이다. 매체에서의 외설을 금하는 법이 즉시 입안되었다. 1년 후, 복음주의자 팻 로버트슨은 자신의 텔레비전 쇼 시청자들에게 미국 정부는 베네수엘라 대통령 우고 차베스를 암살해야 한다고 말했다. 뉴욕 타임스에 묘사된바 그는 "중동 외의 지역에서 가장 많은 석유를 보유한 국가의 좌파"라는 이유에서였다. "이는 공놀이 중에 언뜻 텔레비전 화면에 포착된 가슴 따위보다 훨씬 더 북반구에 위협적"이라고 주장하며 제스 잭슨 목사는 연방통신 위원회로 하여금 조사에 착수할 것을 요청했다. 재닛 잭슨의 가슴이 노출되었을 때와 마찬가지로 말이다.[2]

　　모스는—제2의 피부인—의상이 성스러운 것에 도달하기 위한 "본능적 신체성에서 온 기술"과 밀접히 연관되어 있다는 점에 달리 무언가를 추가할 필요가 없었다. 이슬람 문화에서의 베일, 기독교 내 수녀나 신부들의 복장, 추기경의 진홍색 예복이나 교황의 주교관, 불교 승려의 오렌지빛 승복이나 삭발, 정통과 유대교 남성의 흑백이 교차된 의상과 흰 목걸이, 커다란 검은 모자를 둘러싼 열정을 떠올려보면 이내 이것들이 기도를 위한 자세나 신체 동작을 하기에 얼마나 부적절한지를 깨닫게 된다. 나체주의nudism 역시 일종의 종교일지 모른다. 신과의 소통이라는 가장 영적이고 종교적인 행위가 신체, 그리고 신체를 감싸거나 드러내고 심지어는 훼손하는 행위와 강력하게 결부되어야만 한다는 사실은 좀 기이하지 않은가?

　　이는 정말로 강력하다. 미국에 사는 운좋은 우리는 매체의 형태를 띤 "본능적 신체성의 기술"이 대중들을 신과의 소통으로, 완전히 세속적인 충만한 육체로 향하게 한다는 사실을 너무나도 잘 알고 있다. 이들은 마치 근대 초기 수도자들이 자신들의 몸에 나 감염된 상처를 영광의 증표로 삼은 것과 마찬가지로 스스로에 채찍질을 하며 피투성이의 광란으로 치닫는 기독교인이나 이슬람교도를 먼 발치에 남겨둔 채 떠난다. 15~16세기에 그려진 플랑드르 회화 속 십자가에 못박힌 예수는 오른쪽 가슴에 유두와 나란히 그어진 선명한 질 모양의 상처를 가지고 있다. 내가 본 한 그림에는 상처에서 작은 물방울 형상으로 된 금빛 광채가 흘러나와 제3의 훌륭한 그림을 만들어내고 있기도 했다. 레오 슈타인버그는 그의 경이로운 학문적 여정 대부분을 알프스 남북부의 르네상스 회화 속 편재성 연구에 몰두했는데 그가 연구한 그림들 속 십자가에 매달린 예수는 커다랗게, 때론 매우 크게 발기한 상태다.[3]

여기서 주목해야 할 것은 은폐다. 예수는 어색하게 천으로 뒤덮인 돌출된 부분을 제외하면 벌거벗은 상태이며 마치 수많은 성모 마리아 그림 속 사랑스러운 남자 아기인 예수의 성기가 그러하듯 수 세기 동안 차마 입에 담을 수 없는 그 부분에 대한 언급을 피해왔다는 사실을 말이다. 무의식에서 이 부분을 보지 않는 것을 택한 것이 아니었다면 어떻게 그 바쁜 법무부장관이 테러와의 전쟁을 벌이는 동안에도 볼 수 있었던 것을 못 보았단 말인가. 얼마나 바빴으면!

다행스럽게도 영적 헌신을 신체를 덮거나 드러내는 식의 상스러운 방식으로 전시하는 일은 긴 역사를 가지고 있다. 오늘날 서구에서 교회나 사원은 오랫동안 살균된 채 존재해왔고 이 증거는 꼭 그만큼 위생적이고 또한 바로 그 이유에서 공허한 장소인 미술관과 같은 곳에 안전하고 쾌적하게 안치되어 있다. 종교는 이를 대신해 새롭고 더 나은 "신과의 소통에 돌입할 수 있는 본능적 신체에서 기인한 기술"을 지니게 되었는데, 그들이 주목한 생과 사의 절대적 문제에는 낙태나 동성 결혼, 배아 세포 연구, 안락사, 콘돔, 그리고 (비아그라를 제외한) 경구 피임약을 향한 광신적인 반대가 포함된다. 이러한 반대가 전국적 선거에서 이기는 전략이 되고 더 나아가 세계의 운명을 좌지우지하고 있다는 것은 뼈아프게도 명백한 사실이고 바로 이러한 이유에서 본능적 신체에서 기인한 기술의 가치를 면밀히 살펴볼 필요가 생겨난다.

인류학자들이 전통적으로 연구해온 사회에서 종교는 소위 말하는 샤먼이나 마녀-의사들, 주술사와 같은 이들의 영역이었다. 여기서 본능적 신체에서 기인한 기술은 신과의 소통을 위한 영역으로 진입하는 능력을 확인케 하는 그들의 술책에 기반한 마술의 형태를 띤 것으로 간주되었다. 이는 비틀림을 동반한 마술이다. 어떤 비틀림? 이 놀라운 비틀림은 정교한 은폐를 교묘하게 드러내는 기술을 말한다. 찰나에 불과했던 재닛 잭슨의 노출과 법무부장관의 은폐나 십자가에 못박힌 예수의 발기와 같이 아무도 보지 않는 일을 목격하는 것이 그 예다. 이는 속임에 기반한 예술의 형태인데, 나는 이를 계획된 오인, 무언가 성스러운 것을 환기하는 것만이 아니라 무언가를 속이는 기술 또한 포함하는 본능적 신체 기술이라 칭한다. 종교는 분명 기이하다. 19세기 중반 영국 옥스퍼드에 살던 인류학의 창시자로 알려진 에드워드 버넷 테일러 경은 다음과 같이 쓴다.

> 주술사는 일반적으로 그의 유서 깊은 직업을 독실한 신앙 속에서 배우고 처음부터 끝까지 다소간의 믿음을 유지한다. 일단 속이거나 기만한 후에는 신앙심이 있는 자의 에너지를 간사한 위선과 결합한다.[4]

테일러가 "주술사"라는 말을 하면서 법무부장관을 떠올리고 있는 것은 물론 아닐 테지만 민족지에 기록된 소위 말하는 원시사회에서의 법이란 대체적으로 마법의 문제이자 우리가 흔히 생각하는 의학과 종교를 포함한다. 더 나아가 테일러는 초시간적 무언가 혹은 우리를 매혹하는 영원함, 즉 누군가가 가장하는 것에 사로잡히면서 동시에 그 내부에 산재한 어리석음을 의심하는 존재를 필요로 하는 그들의 숙명을 정확히 짚어낸다.

테일러가 일단 속이거나 기만한 다음이라고 말할 때, 여기에는 진정 놀라운 일, 즉 부인과 무지가 결합된 통찰이라는 복합적 인지 상태가 나타난다. 신앙은 회의론과 행복하게 공존하는 것이 아니라 외려 그것을 요구하며 이로 인해 끝없고 신비스러우며 복잡하게 앞뒤를 오가는 노출과 은폐 사이의 움직임이 되어간다. 마법은 기교 때문이 아니라 그것이 드러내는 것으로 인해 효험을 발휘한다고도 할

수 있을까? 이를 구체화하기 위해 마법사가 속임수를 부리는 원초적
장면이 나에게 의미하는 것으로부터 시작해보자.

극한의 부분들과 속임수

선교사에서 양치기가 된 아버지를 둔 루카스 브리지스는 놀랍
도록 많은 것들을 연상시키는 동시에 유익한 정보를 담고 있는 그의
자서전에서 인디언 아이들과 어울려 놀았던 1900년 무렵의 유년 시
절을 회상한다. 그가 자란 곳은 이슬라 그란데인데, 그곳은 티에라
델 푸에고로 향하는 물길을 만들어내는 수많은 섬과 반도들 가운데
하나였다. 그는 최소 하나 이상의 토착어를 배웠고 성인이 되었을 무
렵에는 주술사들이 일하는 방식, 즉 마법에 대한 공포가 마술사 자신
들이 지닌 불신과 뒤섞인 불가해성을 핵심에 둔 이 흥미로운 방식에
이끌렸다. 여기서 마법이란 일반적으로 주술사가 자신만의 수단을
이용해 무언가를 살해하는 형식을 띠곤 했다. 브리지스에 따르면 오
나 인디언 미신의 제1원칙은 "마술과 마술사가 지닌 힘에 대한 공포
이며 기예art를 가장하는 이의 경우에도 이것이 속임수임을 알고 있
어야만 한다. 그들은 타자가 지닌 힘에 대한 엄청난 공포를 갖고 있
다".[5] 그는 계속한다. "몇몇 사기꾼들은 뛰어난 배우들이었다." 그가
"연기"라 묘사한 부분을 따라가는 것은 우리에게 매우 유용하다. 그
묘사는 우리로 하여금 초점이 되는 "대상"이 단지 망상이 아니며 인
간 신체나 생명체가 지닌 간극으로부터 떨어져 나온 것임을 알아차
리도록 한다.

> 환자 곁에 서거나 무릎을 꿇고 앉아 고통이 시작되는 지점을
> 집중적으로 응시하는 의사의 얼굴에는 공포가 서린다. 우리가
> 보지 못하는 것을 그는 보고 있음에 틀림없다…… 그는 두 손
> 으로 해로운 영령을 환자의 신체 한 부분으로—일반적으로 가
> 슴에—모으고 그뒤에는 입을 가져다 대고서 그것을 세차게 빨

아낸다. 때때로 이 과정은 한 시간가량이 소요되고 이후 반복되기도 한다. 다른 때에는 환자에게서 나온 준joon이라 불리는 것이 마치 그의 입과 손에 있는 듯한 속임수를 쓰기도 한다. 그러고 나서 항상 야영지를 등지고 서서는 손을 입에서 떼어 한데 모으고는 형언하기도 알아듣기도 어려운 목쉰 소리로 고함을 지른 후 눈에 보이지 않는 무언가를 땅바닥에 내동댕이치고는 거칠게 짓밟는다. 때로는 작은 진흙 조각이나 부싯돌이, 심지어는 아주 어린 생쥐가 환자가 겪는 질병의 원인으로 제시되기도 한다.[6]

여기서 잠깐 위대한 약제사 호우스켄Houshken, 필연적으로 관상학의 전문가일 수밖에 없는 그의 눈에 주목해보자. 그는 180센티미터가량의 키에 거의 블루 블랙에 가까운 매우 어두운 눈동자를 가진 남자였다. "그런 빛깔의 눈동자는 처음이었다"라고 브리지스는 회고하며 호우스켄이 혹여 근시는 아니었을지 추측한다. 물론 아니었다. 그는 매우 훌륭한 사냥꾼이었을 뿐만 아니라 산맥을 꿰뚫어볼 수 있었다고도 전해진다.

인간의 몸을 꿰뚫어볼 수 있는 종류의 눈도 존재하는데 브리지스는 또다른 유명한 약제사 티니니스크Tininisk—그는 20년 뒤 마틴 구진데 신부Father Martin Gusinde의 가장 중요한 정보 제공자가 되었다—를 그 예로 든다. 그는 브리지스를 약제사의 길로 이끈 사람이기도 하다. 바람막이로 둘러싼 불 옆에서 과나코guanaco 가죽을 절반쯤 걸친 브리지스의 가슴 위로 약제사의 손과 입이 바쁘게 오갔고 마치 청진기를 가진 일반 의사들처럼 그들은 "규정된 절차에 따라 여기저기를 살피고는 특정 부분에서 멈춰 소리를 들었다".[7] 그런 뒤 눈으로 다시 살폈다. 산맥을, 그리고 신체의 산을 꿰뚫어볼 수 있는 눈 말이다. "그는 내 몸을 찬찬히 살폈는데 마치 방사선사와도 같은 시선이었다."

세계를 꿰뚫어보는 데 분명 유리한 것으로 작용할 이 같은 시선이 암시하는 바는 다소 오해의 소지가 있다. 눈이 무언가를 통과하는데 여기서 특별한 것은 관통되는 물질의 성질이다. 그것은 마치 인간의 몸과 같이 견고한 것이되 특정한 상황에서는 불안정하고 투명하게 나타나는 특징을 지녔다.

약제사와 그의 조수는 모두 벌거벗은 상태였다. 약제사의 부인은 몇 안 되는 여성 치료사 중 하나였는데 외투를 벗었고 그 세 사람은 몸을 한데 뭉쳐 브리지스의 표현에 따르면 4인치가량의 뾰족한 귀를 가진 밝은 회색을 띤 강아지 모양 같은 것을 만들었다. 강아지는 살아 있는 것처럼 보였는데 그들의 호흡과 떨리는 손 때문이었을 것이다. 그 "강아지"는 특별한 후각을 갖고 있었는데 이는 세 쌍의 손이 어떤 갑작스러운 움직임도 없이 가슴속으로 사라지면서 만들어졌다. 그들은 같은 동작을 세 번 반복했고 잠시 이어진 엄숙한 중단 이후 티니니스크는 브리지스에게 심장 속에서 움직이는 무언가가 느껴지는지 혹은 마치 꿈속에서 그러하듯 낯선 무언가가 보이는지를 물었다.

브리지스에게는 아무것도 느껴지지 않았고 마침내 그는 이 흥미로운 배움을 중단하기로 결심했다. 그 이유 중 하나는 그가 종종 "별로 소질이 없는" 거짓말을 해야 했다는 것, 그리고 또다른 이유는 이 과정이 그를 오나족 친구들로부터 떼어놓았기 때문이었다. "그들은 마법사를 두려워했고 나는 그들이 나를 두려워하게 되는 것을 원치 않았다."[8] 마법을 배우겠다는 그의 욕구는 점점 줄어들었음에도 마법은 그를 결코 완전히 떠나지 않았다.

그로부터 대략 20년 후 마틴 구진데 신부는 인디언들로부터 그 "강아지"가 갓 태어난 새의 흰 깃털로 만들어졌으며 샤먼의 피부뿐만 아니라 몸 전체 역시 이로 만들어졌다는 이야기를 들었다. 그것이 샤먼에게 특별한 힘을 가져다준다고 그들은 주장했다. 그의 꿰뚫는 시선과 예언, 무언가에 도달하고 그것을 죽이는 능력, 그리고 노래까

지도 말이다.[9]

　이후 이야기로만 듣던 그 유명한 호우스켄을 마침내 만났을 때, 브리지스는 그가 지닌 위대한 힘에 대해 이미 들은 바 있으며 그의 마법 일부를 직접 보고 싶다고 말했다. 보름달이 뜬 밤이었다. 눈 위에 반사된 빛으로 인해 사방이 마치 대낮같이 밝았다. 강에서 돌아온 호우스켄은 주문을 외우면서 양손을 입안에 넣어 안에 숨겨져 있던 구두 끈의 세 배 정도로 두껍고 18인치 정도 되는 길이의 과나코 가죽을 빼냈다. 그의 손은 떨렸고 점차 벌어지면서 그 가죽끈은 거의 4피트 정도로 늘어났다. 그의 동료가 한쪽을 잡았고 끈은 8피트로 늘어났다가 갑자기 호우스켄의 손 안으로 사라졌다. 끈은 점점 더 작아져 그는 손을 한데 모아 다시 입으로 가져갔고 길게 이어지는 날카로운 소리를 냈다. 그가 다시 양손을 펼치자 거기엔 아무것도 없었다.

　타조조차도 8피트나 되는 숨겨진 끈을 눈에 띄는 목 넘김 없이 삼킬 수는 없을 것이었다. 과연 이것은 어디로 사라졌다가 그의 몸 안 어디에서 다시 나타난 것일까? 그에게는 이를 숨길 만한 소매가 없었다. 그는 전라로 눈 위에 서 있었고 로브는 바닥에 떨어져 있었다. 게다가 현장에는 20~30명가량이 있었고 그중 삼분의 일만이 호우스켄과 관련 있는 이들이었다. 나머지 사람들은 그에게 전혀 우호적인 이들이 아니었다. "그들이 단순한 속임수라도 찾아냈더라면…… 이 위대한 약제사는 그의 영향력을 잃을 것이고 아무도 그의 마술을 믿지 않을 것이었다"[10]고 브리지스는 쓴다.

　로브를 걸친 호우스켄은 무아 상태에 빠진 듯했고 그의 로브를 땅에 떨어뜨리고는 두 손을 다시 입속에 넣었다가 뺐다. 브리지스의 얼굴로부터 2피트도 떨어지지 않은 곳에서 그가 천천히 두 손을 펼치자 그곳에는 1인치 너비의 작고 불투명한 물체가 정렬해 있었다. 그 물체는 반투명한 고무나 반죽처럼 보이기도 했는데 그것이 무엇이든 간에 마치 살아 있는 듯 빠른 속도로 회전했다.

　그가 손을 벌렸을 때 무슨 일이 일어나는지를 볼 수 있을 정도로 환한 달빛이 사방을 밝히고 있었다. 브리지스는 그 순간 물체가 더이상 그곳에 없다는 것을 알아차렸다. "거품처럼 깨지거나 폭발한 것은 아니었다. 그것은 그냥 사라진 것이었다." 구경꾼들은 숨을 참았다. 호우스켄은 그의 손을 펼쳐 아무것도 없음을 보였다. 그의 손은 정결했고 마른 상태였다. 브리지스는 바닥을 내려다보았다. 호우스켄은 태연했고 거기에 아무것도 없다는 사실에 웃음을 참지 못했다. "걱정 마시오. 나는 이것을 다시 내 손안으로 불러낼 것이오."

브리지스는 이 정체를 알 수 없는 물체가 "약제사가 그것을 발산하는 이로부터 빼내온 준, 몹시 해로운 영혼이거나 그것의 일부"라는 민족지적 설명을 덧붙인다. 그것은 물리적인 실체를 가질 수도 있었고 때로는 눈에 보이지 않기도 했다. 벌레나 작은 생쥐, 진흙, 날카로운 부싯돌, 심지어는 해파리나 작은 문어로 변신해 적의 몸 속으로 들어가는 능력을 갖고 있기도 했다. "나는 건장한 남자가 공포, 그리고 준이 가진 악마적 잠재성에 사로잡혀 자기도 모르는 사이에 벌벌 떠는 모습을 보았다."[11] 이어서 그는 이렇게 쓴다. "흥미로운 사실은 모든 마법사는 자신이 사기꾼이자 광대가 될 수 있다는 것을 반드시 알고 있어야 하며 다른 약제사들이 가진 불가사의한 능력을 향한 믿음과 공포를 항상 지니고 있어야만 한다."[12]

본능에서 온 신체성과 즐거운 학문

이쯤에서 인간의 몸을 조종하는 과정에서 손이 담당하는 간계들 중 몇 가지에 주목해보자. 우선 신체를 용기, "성소"이자 그 경계를 가로질러야만 하는 것으로 보는 시각이 있다. 기본이자 필수적인 요소들, 내/외부에서의 부단한 움직임, 이식과 추출 같은 것들 말이다. 이 요소들은 샤먼의 것이건 환자나 적의 것, 혹은 수련 단계에 있는 샤먼 연습생의 것이건 상관없이 모든 신체에 존재한다.

다음으로 등장하는 것은 우리의 호기심을 극도로 자극하는 물체, 소위 약제사의 신체 일부인 영혼이라 칭해지는 것의 존재다. 이는 살아 있는 것처럼 보이는 동시에 사물과도 같으며 신체에서 나오기도 하고 다시 그것 속으로 들어가기도 한다. 과나코 가죽의 놀라운 탄력성이나 빠른 속도로 회전하는 반투명의 고무나 반죽처럼 말이다. 이 모든 동작들은 마치 그것이 인간 신체의 연장인 것처럼 보이게 하고 또한 그 물체가 인간과 비인간 신체 속으로 들어가거나 그것들과 연결될 수 있음을 드러낸다.

빙빙 도는 기이한 반죽과도 같은 것에 대한 유럽 중심부의 한 예로 오드라데크Odradek라 불리는 한 장 반짜리 이야기, 「가장의 근심The Cares of a Family Man」[13] 속 영웅을 들 수 있다. 프란츠 카프카는 그 글에서 오드라데크라는 이름의 기원은 모호하며 이것이 사람인지 동물인지, 아니면 사물인지인지조차 말하기 어렵다고 쓴다. 말을 하거나 질문에 대답한다는 점에서 오드라데크는 사람처럼 보이고 아주 빠르게 움직인다는 점에서는 동물처럼 보인다. 하지만 동시에 이는 색색의 실이 뭉쳐진, 양끝에는 작은 막대기 모양이 튀어나와 있는 오래된 별 모양의 실패 같기도 하다. 이것은 문지방이나 계단이나 복도 끝 막다른 부분에 숨어 있다. 그것이 웃을 때 내는 소리는 마치 죽은 나뭇잎들이 살랑대는 소리처럼 들렸고 과연 그것이 언젠가 죽을 것인지조차 분명치 않다. 카프카는 속임수를 쓰지 않았다. 글쓰기로 그는 충분했다. 오드라데크는 카프카 자신이 연장된 것, 그의 정신과 신체 모두였으며 이는 티니니스크가 그의 환자나 희생자들의 신체 속으로 들어갈 때 사용한 갓 태어난 새의 흰 깃털로 만든 "강아지"와 비슷하다. 카프카의 이야기는 그저 이야기인 것만이 절대 아니다. 그 이야기들은 몸짓, 말과 신체적으로 같은 것, 구문에서 느닷없이 튀어나와 스스로의 삶을 갖게 된 말들로 이루어져 있고 이는 마치 샤먼의 입에서 흘러나온 셀크남의 빙빙 도는 반죽과도 같다. 카프카는 그의 신체에서 결코 평안을 찾지 않았다. 그가 천착한 것은 감정이입과 변신metamorphosis이었다. 벌레로 변한 남자를 기억하는가? 그 자신으로부터 떨어져나오며 흔들리는 얼굴의 경련을?

　　카프카에게서 오드라데크는 낯설고도 친숙한 것, 환상적이면
서도 평범한 것 모두를 의미했다. 루카스 브리지스와 구진데 신부가
묘사한 셀크남의 "강아지" 역시 마찬가지다. 이 피조물들은 피조물
이상의 것이며 갑작스럽게 등장하고 마찬가지로 불가해한 방식으로
사라진다. 그들은 움직임, 명백하게 알아차릴 수 있는 신체적 움직임
이다. 이들이 공간 속에 자리를 점하는 신체로서 혹은 거의 춤에 가
까운 형태로 급격하게 팔다리를 연장시키기 때문만이 아니라 안팎
을 오가는 움직임 속에서 존재와 비존재가 변화하는 형태의 존재 속
으로 변형되어 가는 완전한 되기sheer becoming의 움직임과 결합하는 방
식을 보여준다는 점에서 말이다.

　　이 같은 피조물들은 우리에게 유별나고 형언할 수 없게 활동적
인 사물이 명백하게 인지 가능한 것, 그러나 여전히 부적당한 사물들,
아기 문어나 진흙, 적의 몸 속을 휘저어 질병이나 죽음을 일으키는 부
싯돌 따위로 변신할 수 있는 능력을 지니고 있음을 보여준다. 이들은
자신의 일부분을 그저 변화시킬 뿐만 아니라 내파하는 본능적 신체
성implosive viscerality을 통해 우리를 소위 의미라 칭해지는 것, 예상했던
것들이 그대로 뽑아져나오는 상징들의 세계 너머로 내던진다.

　　무엇보다 마법적 기예와 술수의 스펙터클한 전시에 주목해보
자. 도대체 이 광경이 궁극적으로 사람들을 죽이거나 치료하는 진지
한 행위와 어떤 관련이 있는 것일까. 기예와 스펙터클 그리고 죽음의
결합은 우리를 혼란에 빠뜨리고 불안에 떨게 한다. 진실인지 사기인
지의 여부는 고사하고 이들이 연극theatre이나 과학과 맺는 관계나 속
임수라는 개념을 두고서 말이다. 우리는 바로 이 침식하는 힘에 주
의를 기울여야만 한다. 그렇지 않으면 이들은 언어와 사유의 견고한
구조 속 인지할 수 없는 단층선으로 존재하며 서서히 잠식해 들어올
것이고 게임을 꼬이게 하며 삶과 죽음의 문제를 왜곡하고 연극을 실
재로, 현세를 영혼들의 세계로, 그리고 책략trickery을 책략 없는 세계
에 대한 환상으로 유도할 것이다. 이것이 가장 어려운 문제다. 여기

서 강조되는 것은 프리드리히 니체가 말했듯이, "삶은 그 모든 측면에서 가장, 예술, 속임수, 관점, 견해와 실수의 필연성에 기반해 있다"는 점이다. 이는 호르크하이머와 아도르노가 이브나 선과 악에 대한 지식의 나무가 아닌 은총으로부터 완전히 떨어져나온 것으로서의 샤머니즘, 그것이 지닌 마법에서 계몽을 향한 비틀거리는 첫 걸음을 시작한 것과 전혀 다르지 않다. 여기서 계몽은 소위 과학이라 불리는 것, 즉 인간 본성을 포함한 자연을 지배하기 위해 자연을 모방하는 것, 이와 같은 속임수를 자연과 인간을 지배하기 위한 기술로 바꾸는 과정을 의미한다.[14]

가장, 예술, 그리고 기만에 기반한 세계에 직면한 니체의 충고는 다음과 같다. 우리는 저 너머의 다른 세계 혹은 책략이 없는 세계가 있을 것이라는 가정하에 책략을 지우려는 망상에 힘을 들여서는 안 된다. 속임수는 언제나 승리할 것이기 때문이다. 특히 그것이 자신을 숨기지 않는다면 더더욱. 만약 세계가 모조와 현혹으로 이루어진 전염성이 강하지만 동시에 우리들에게 지워진 무게에 반하는 지속적인 움직임 속 온갖 속임수와 가장, 그리고 기만을 통해 작동한다면 우리가 해야만 하는 것은 우리들 자신만의 샤머니즘의 형태를 실천하는 것밖에 없다. 이 신경 체계 속 니체가 『즐거운 학문』을 쓰면서 염두에 두었던 것은 "조롱, 빛, 신성한 평온, 신성한 인공 기술"을 사유 주변에 건설하는 것이었다. 이를 다시 쓰자면, 속임수의 노출은 그것이 은폐하는 것만큼이나 마법의 마법을 실천하는 데 필수적이다.[15]

"추키Chuckchee와 에스키모 샤먼이 수행하는 수많은 트릭을 묘사하는 데에는 아주 많은 공간이 필요할 것이다."

그 유명한 캐서린이 시베리아의 광야를 유럽 탐험가들에게 열어젖힌 18세기 당시 이들은 샤먼이 아닌 곡예사, 마법을 부리는 곡예사들로 불리었다. 샤먼이라는 명칭은 이보다 나중에 퉁구스 토착 문화들 중 하나에서 치료사들 중 몇몇 부류를 칭하는 말로 사용되기 시작했다. 인류학자들이 샤먼이라는 형태로 이름 붙이고 재현한 존재는 애초에 속임수와 더 깊은 연관을 맺고 있었다. 복화술을 통해 놀라운 계시를 하거나 동물의 영혼이 내는 목소리를 흉내내고 가려진 방에서 일하며 비밀스럽게 사라졌다가 다시 나타나고 반쯤 드러난 가림문과 칼을 사용하는 묘기 등등의 수단 모두가 이와 연관된다. 심지어는 여성과 남성들이 행하는 성전환—이를 속임수라 말할 수 있을까?—역시 이에 포함된다.

　20세기 후반에 이르러서야 소위 샤먼이라는 존재가 인류학자들과 그 외 일반인들의 사고에 편입되었다. 여기서 샤먼은 전 세계와 역사에 걸쳐 존재하는 마법과 종교에 연루된 보편적 유형의 존재를 의미했으며 신비스러움이 중요한 요소로 강조되는 가운데 속임수는 점차 간과되었다. 이 용어는 19세기 후반 수행된 시베리아 민족지 연구에 힘입어 서구 언어들 속으로 서서히 퍼져나갔고 점차 토착 용어에서 식민주의적으로 파생된 경이로운 단어의 무리들, 토테미즘이나 터부, 마나mana, 심지어는 카니발리즘cannibalism 같은 친숙하면서도 신비스러운, 본래의 의미나 맥락에서 공포스러운 단어들과 풍부하게 결합하기 시작했다.[16]

　시베리아에서 만난 추키 샤먼이 보인 훌륭한 트릭을 묘사한 발데마르 보고라스의 1904년 논문은 샤머니즘을 연구의 대상으로 삼기 시작한 서구의 역사에서 일종의 정점에 자리한다고도 할 수 있다.[17] 보고라스는 음향 전경soundscape을 창조하는 샤먼들의 복화술에 매료되었는데, 이는 매우 복잡하고 다층적인 기술로서 참여자를 영적인 세계 속으로 침잠하도록 인도했다. 그는 밀랍 원통을 통과하는 목소리의 속임수와 음향 기록을 포착하는 데 특히 공을 들였고 놀랍게도 자신만의 책략을 통해 그것을 완수할 수 있었다. 건너편에 앉아 있는 샤먼이 목소리를 내면 그 목소리는 바로 옆의 축음기에서 흘러나왔다! 한 세기가 지난 뒤 나는 구술 시험을 두 해 앞두고 있던 한 박사생이 가진 사본으로부터 이것과 똑같은 소리를 들었다. 이는 누가 봐도 가장 훌륭한 트릭 중 하나였다. 그 백인 남성에게 이는 두 가지 마법을 합친 것으로 여겨졌다. 모방 능력을 지닌 샤먼이 근대의 모방 기계들 중 하나를 사용해 만들어내는 마법 말이다. 원주민들에게 이는 행복에 찬 고객을 갖게 되는 만족을 가져다주었음에 틀림없다.

샤먼이 행한 또다른 트릭의 형태는 두 손을 꼬아서 커다란 자갈 무늬를 만들어내고 그 무늬를 가지고 다시 작은 자갈 무늬의 연쇄를 북 위에 계속해서 만들어내는 기술이었다. 보고라스는 샤먼으로 하여금 속임수의 정체를 드러내도록 하는 속임수를 써보려고 했지만 이는 잘되지 않았다. 이는 샤머니즘에 대한 서구인들의 조사에서 매우 중요한 순간이며 우리가 샤먼의 트릭에 얼마만큼의 주의를 기울였는가와는 무관하게 이 순간에 주목해야만 한다. 인류학자가 주술사를 능가하려고 시도할 때 『기록과 질문들Notes and Queries』과 같은 일반적 현장 연구 방법론 교재에서 권하는 방법 같은 것은 통하지 않음을 보여주는 감동적인 순간이기 때문이다. 관련된 세부사항은 이후 E. E. 에반스프리처드E. E. Evans-Pritchard가 1930년대 초 아프리카에서 수행한 작업에도 나타나 있다.

여기서 샤먼은 질병의 원인을 찾고 이를 제거하기 위해 자신의 아들의 복부를 열어젖히는 트릭 역시 수행한 바 있다. 보고라스에게 이는 "분명 살을 갈라 열어젖힌 것처럼 보였다". 양손 아래에서 피가 마치 작은 강물처럼 흘러 바닥에 뚝뚝 떨어졌다. "소년은 꼼짝도 하지 않았다. 한두 번 약한 신음소리를 내며 몸을 뒤척였고 칼이 내장에 닿는 것을 불평했을 뿐이다." 샤먼은 개복부에 입을 가져다대고 무언가를 말했다. 잠시 후 그가 고개를 들었을 때 소년은 상당히 나아진 것처럼 보였다. 또다른 샤먼들은 자신들 몸에 수많은 상처를 내기도 했다. 트릭은 도처에 널려 있었다. 보고라스의 결론은 다음과 같다. "추키와 에스키모 샤먼이 수행하는 수많은 트릭을 묘사하는 데에는 아주 많은 공간이 필요할 것이다."[18] 몇몇 사례를 더 들어보자. 우푸네Upune는 "자신의 몸 한 부분에서 다른 부분으로 얇은 선을 통과시키는 시늉을 했다. 그런 다음 갑자기 그것을 꺼내 자신 앞에 앉아 있는 여러 자녀들의 몸과 함께 둘로 자르는 듯한 행동을 했다. 이러한 트릭은 곡예사들이 전세계적으로 수행하는 묘기와 놀랄 정도로 닮아 있다. 우푸네는 심지어 각각의 퍼포먼스를 행하기 전에 전문 마술사들이 하듯 우아하게 두 손을 펼쳐서 거기에는 아무것도 없음을 보여주기까지 했다." 가장 위대한 트릭은 지하로 내려가 걷는 것이 아니라 정령의 도움을 받아 성별을 바꾸는 것이었다. 이 변화는 남성의 경우 자신의 동성 연인과 함께하거나 남성과 결혼을 할 수 있게 됨을 의미했다. 이들은 "부드러운 남성soft men"이라 불리었는데, 이들은 성별을 바꾸지 않은 남성이나 여성들보다 그러한 마법을 훨씬 더 두려워했다.[19]

벌레 한 캔

1975년부터 1997년 사이, 나는 콜롬비아 남서부 푸투마요 지역을 매년 방문했다. 이 지역은 주술로 가득한 가파른 골짜기와 빽빽한 수풀로 이루어진 아찔하게 아름다운 풍경으로 가득하다. 나는 샤먼이자 친구이기도 한 산티아고 무툼바호이와 함께 살았는데 그는 환각제와 음악을 사용하는 유명한 토착 치료사였고 게릴라 전쟁이 활발해지기 이전 한때 우리는 이중 치료dual practice에 관한 계획을 갖고 있기도 했다. 내가 서양 의학을 담당하고 그가 나머지를 맡는 식으로 말이다. 그는 항상 웃었고 농담을 사랑했다. 그 농담은 보통 뜬소문이거나 다른 사람들에 관한 것, 혹은 자신들이 이상한 상황에 처한 것을 알아차린 이들에 관한 이야기 같은 것들이었다. 그가 특히 좋아했던 한 이야기는 식민지배의 역사를 요약하고 역사가 스스로 간계를 발휘하는 이야기다. 소위 신대륙을 유럽이 점령하면서 마법의 힘은 소위 말하는 원시인들, 그 지역에 오늘날까지 살고 있는 이들, 가난한 백인과 흑인들, 그리고 최근에는 도시 거주민들에게 귀속되었다. 숲에 사는 인디언들이 자신들이 지닌 주술적 힘을 찾는다는 식으로 말이다. 산티아고 무툼바호이는 이것이 참을 수 없게 우습다고 생각했는데, 이는 모든 트릭에 맞서는 트릭으로서 모든 다른 종류의 마법을 한데 모아 저장해둔 것과 같다고 여겨졌기 때문이다. 우리가 말하는 "진정한" 마법은 인디언의 역사와 문화 수백만 년에 걸쳐 형성되었거나 최소 수 세기에 걸쳐 발달된 것이라 보는 시각이 여기에 들어 있다. 하지만 당연하게도 이런 물음이 뒤따른다. 이 두 종류의 마법을 따로 실천하는 것이 과연 가능한가?

하지만 그 농담은 나에게 다른 식으로 다가오기도 했다. 내가 그에게 어떻게 샤먼이 되었는가를 물었을 때 말이다. 그는 어렸고 막 결혼을 했으며 그의 부인이 계속 아팠다고 한다. 그와 아내는 많은 비용을 들여 별 차도를 가져오지 못한 샤먼을 계속해서 찾아갔다. 정부가 백인 의사를 인근 마을에 보내 인디언들을 치료한다는 이야기를 듣기 전까지 말이다. 그들은 색색의 구슬로 만들어진 목걸이를 걸고 최선을 다해 차려입고 그 마을로 향했다. "인디언에게 길을 내주어라! 인디언을 위해 길을 내주어라!" 사람들은 말했다. 이층집 발코니에 그 의사가 서 있었다. 그는 가슴을 진찰하기 위해 아연실색한 아내에게 셔츠를 벗게 했다. 그러고는 손가락을 교차해 두드리며 평평하게 만들었고 텅 빈 듯한 소리와 나직한 소리가 이어졌다. 의사는 아내에게 빈혈이 있다며 구충제를 주었다. 그들이 집에 돌아갈 때 만난 어린 소년은 빈혈에는 여러 종류가 있다고 그들에게 설명했다.

하루 이틀쯤 지나 아내가 배변을 했고 거기에는 엄청난 양의 벌레들이 있었다. "이것 좀 봐!" 외침이 들려왔다. 산티아고는 달려와 그 광경을 살폈다. 엄청난 분노가 그에게 밀려왔다. 샤먼들은 모두 엉터리였다. 바로 그 순간 그는 샤먼이 되기로 결심했다.

"정신의 특정한 상태…… 인간이 동물이나 물고기와 대화할 수 있다면 얼마나 좋을까."

저명한 인류학자 프란츠 보아스는 그의 경력 후반기에 이르렀을 때 다음과 같이 말한 바 있다. "샤머니즘적 행위의 많은 부분이 실은 속임수라는 점은 널리 알려진 사실이다. 그럼에도 샤먼 당사자와 그들의 환자나 환자들의 친구들은 여전히 이를 믿는다. 폭로는 샤머니즘의 '진정한' 힘에 대한 믿음을 약화시키지 않는다. 이 특별한 정신의 상태에 힘입어 샤먼 당사자는 자신이 지닌 힘에 대한 의심을 유지하면서도 또한 속임수를 사용해 그것들을 고무시킬 준비를 언제나 갖추고 있다."[20]

불쾌할 정도로 현학적이 될 위험 속에서 나는 보아스가 언급한 모순되는 요소들을 목록화함으로써 콰키우틀 샤머니즘의 미끄러운 물고기를 잡으려고 시도한다. 내가 묘사하는 모든 요소들을 분명히 정의하려 애쓰면 애쓸수록 이들은 점점 더 몸부림을 칠 것이고 나의 굼뜬 시도 속에서 논리의 형태가 앙심이 가득한 힘의 축과 그에 속박된 채 구부러진 지점이 드러날 것이다.

1. 샤머니즘적 행위의 상당 부분은 속임수이다.
2. 그러나 샤먼과 환자, 그리고 그의 친구들은 샤머니즘을 믿는다.
3. 게다가 샤머니즘이 지닌 사기적 측면을 폭로하는 것은 그에 대한 믿음을 약화시키지 않는다.
4. 하지만 앞의 두 항목, 2번과 3번과는 반대로 속임수의 존재는 샤먼 자신이 스스로의 가치를 의심하도록 한다.
5. 4번은 샤먼을 속임수에 더욱더 의존하도록 한다.
6. 이 모든 것은 1번으로 되돌아간다.

프란츠 보아스의 제자인 어빙 골드먼은 "콰키우틀 샤먼은 공공 시연을 행할 때 정교한 트릭에 상당 부분 의존한다. 그는 격벽이나 낙하문 같은 것을 고안해내고 줄을 사용해 인공물들을 빈틈없이 조종한다. 그는 현대의 마법사나 다름없다"[21]고 강조한다.

물론 절대적으로 그런 것은 아니다. 무엇보다 마법사는 그가 일을 망쳤다고 해도 살해당하지 않는다. 게다가 이는 그저 속임수일 뿐이다. 스탠리 월렌스의 말을 들어보자. "인류학자들은 종종 왜 현지인들이 샤먼이 실제 무언가를 치료하는 것이 아니라 그저 속임수만을 실행할 뿐이라는 사실에 그다지 불평하지 않는지를 궁금하게 여겨왔다. 그들은 콰키우틀 샤먼이 자신들이 지닌 속임수를 실행하는 능력으로 존중을 받는 동시에 그 속임수를 행하는 도중 실수를 저지르기라도 하면 즉시 살해된다는 역설을 설명하는 데 어려움을 겪었다."[22]

이쯤에서 멈춰 사기를 그저 부정직한 것이 아니라 일견 진실되고 효과적이기까지 한 것으로 보는 전략에 눈을 돌려보자. 내가 기예로서의 속임수trick as technique라 칭해온 것 말이다. 누군가는 샤머니즘 행위 전부가 사기인 것은 아니며 (상당) 부분이 속임수에 의존해 있다는 말에 안도하며 그 미미한 부분이 훨씬 더 중요한 것이기를 바랄 수도 있다. 혹은 "이는 샤먼들과 그의 환자들은 여전히 이것을 믿는다"라는 진술 속 믿음이라는 말의 의미에 천착해 개인의 심리학적 상태라는 맥락에서의 믿음과 "전통"이나 문화적 "진술" 속 믿음의 차이에 주목하는 이들도 있을 것이다(영국 "주지주의자"들의 마법에 대한 접근이 프랑스의 에밀 뒤르켐이나 뤼시앵 레비브륄과는 반대인 것처럼 말이다). 이 밖에도 무수한 버전이 존재한다. 결점이 없고 확신에 차 있으며 일관된 믿음이라는 것이 있기는 한가라는 물음 역시 제기될 수 있다. 샤머니즘이 작동하는 데에 얼마간의 "믿음"이 필요한가? 등등 말이다(좀 진부한 질문들이긴 하다).

누군가는 처음에는 E. B. 타일러가, 나중에는 에반스프리처드가 취한 술책을 택할 수도 있다. 마법적 치유의 효능을 인증하거나 허위로 몰아가는 과정은 가능하지도 실제로 행해지지도 않으며, 이러한 부적합성이 가진 의미 그 자체로 인해 실패를 해명하는 것이 언제나 가능하다. 예를 들어 치유사의 한 부분이나 더 강한 주술사나 영혼이 배후에서 작동하고 있다는 등등의 설명 말이다. 이러한 주장은 언제나 또다른 것들과 결합해 있는데, 아프리카와 관련되어 주로 서술되는 그 유명한 "닫힌 체계", 특정 샤먼이 사기일 수는 있지만 그럼에도 이는 아직 유효하며(믿어지고 통용되며 행할 가치가 있다는 식의), 미처 설명되지 않은 믿음과 연관된 아직 그럴듯한 연관성을 찾지 못한 지점이 있다는 주장이다. 썩은 사과 몇 개로는 부족하다는 식 말이다.

혹은 가장simulation이나 미메시스mimesis로 속임수fraud를 대신할 수도 있다. 이러한 주장은 무척 철학적이고 시적이기까지 한 사유의 부산물이며 민족지 기록 그 자체와도 불가사의하게 조응한다. 이 부분은 이후에 더 자세히 논의될 것이다. 이쯤에서 우리의 물고기는 아마도 몸부림치는 것을 멈추고 헤엄을 치기 시작할 것이다. 모순을 "해결"하는 이런 식의 태도를 나는 핀이나 뾰족한 도구보다 선호한다.

"특정한 마음의 상태"에 관한 보아스의 깊은 지식은 콰키우틀 정보제공자인 조지 헌트와 그 자신 사이의 40여 년에 이르는 관계에서 비롯된 것이다. 그들은 수만 페이지의 책을 함께 펴냈고 수천 페이지에 달하는 미발표 원고 역시 남아 있다. 스탠리 왈렌스는 콰키우틀 사회에 대한 보아스의 원고를 "미국 문화인류학의 기념비 중 하나"[23]로 묘사한 바 있다. 그는 이어서 "보아스의 작업이 보여주는 탁월함의 정도가 실은 이 두 사람[헌트와 보아스] 모두의 세심함과 주의 깊음에서 비롯되었다는 점은 충분히 논의된 적이 없다"[24]고 덧붙인다. 어빙 골드먼은 이 저작들이 "아마도 [현존하는] 가장 위대한 단일 민족지적 보물"[25]일 것이라 말한다.

1897년 시작된 헌트 자신의 샤머니즘적 경험에 대한 그들의 대화는 거의 30년이 지난 후인 1925년에 그 절정에 달했다. 헌트는 이 자전적 이야기를 1930년 콰키우틀어와 영어로 출판했는데 그 책의 제목은 『나는 샤먼의 방식을 배우기를 갈망한다I Desire to Learn the Ways of the Shaman』[26]이다. 묻혀 있던 그의 저작은 수십 년이 지난 뒤 기적적으로 레비스트로스에 의해 재발견되었다. 유명한 에세이「주술사와 그의 마법The Sorcerer and His Magic」[27]에서 레비스트로스는 오늘날 구조주의에서의 신앙에 대한 **설명**이라기보다는 마법의 관점에서의 신앙의 표현에 더 가까워 보이는 것을 제공하려 시도했다. 이 글 속에서 헌트는 1930년에 쓴 에세이「세상에 포틀래치를 주기Giving-Potlaches-in-the-World」를 통해 유명한 샤먼으로서가 아니라 그의 본질적으로 회의적인 태도로 인해 널리 알려졌다.

1897년에서 1925년 사이, 거의 29년에 이르는 시간 동안 헌트가 보아스에게 제공한 것은 사실 **샤먼**이 되어가는 그의 **경험**을 다룬 네 개의 이야기였다. 마지막 이야기, 이후『나는 샤먼의 방식을 배우길 갈망한다』로 출판된 이야기는 특히 중요했는데 그 이야기에는 보아스가 초기 저작들에서 초자연적 요소들이라 부른 것이 제거되어 있었다. 헌트는 어린 시절 경험한 신비한 혼절에 대해 생생히 묘사하고 한밤중에 벌거벗은 채 묘지에서 깨어났다거나 강력한 힘을 지닌 정령의 방문, 예를 들어 "대양 한가운데의 습격Tilting-in-Mid-Ocean"이라는 살인 고래가 나타나 그에게 다음날 아픈 요리사의 아들을 어떻게 치료할지를 말해주었다거나 하는 이야기들을 전한다. 이야기는 계속된다. 어떻게 질병을 일으키는 원한이 그가 질병을 빨아내는 동안 그의 입 안에서 저절로 나타났는지 어떻게 살인 고래가 그의 카누를 따라왔으며 어떻게 조물주라 불린 샤먼의 시체를 먹었는지 등등의 것들 말이다.

초기 버전에 따르면 그는 거의 대부분 무의식 상태였고 또다른 세계로 빠져들어갔다. 보아스의 말에 따르면 1925년의 마지막 버전에서 이전과는 다르게 헌트는 "그의 유일한 목적이 샤먼들이 저지르는 사기를 파악하는 것"[28]인 자의 위치를 점한다. 이 같은 모순에 직면하고 당면한 현실에 맞닥뜨린 보아스가 그럼에도 결코 콰키우틀 사회에 대한 일반 이론이나 파노라마적 이미지를 제시하려들지 않은 것에 약간 의문이 생기기는 한다. 그의 이런 태도는 브로니슬라프 말리놉스키Bronislaw Malinowski의 선구자적 손길 속에서 막 시작된 영국 사회 인류학이 부분과 전체를 연결하는 기능주의적 형태를 띤 것과는 전혀 달랐다.

보아스는 콰키우틀인들이 보이는 마법을 향한 회의론이 정치적인 방어처럼 여겨진다는 사실을 매우 일반적인 관점에서 지적하는데 그 인디언들은 백인들이 자신을 비합리적으로 보길 원치 않았고 그로 인해 샤머니즘에 대한 비판적인 가짜 태도를 연출했다는 것이다(백인들의 찬사를 받는 오늘날의 "샤머니즘"과는 얼마나 다른 현상인가!). 게다가 우리는 신앙 내부에 어떻게 회의론이 자리할 수 있는가에 대한 물음을 한번에 해결하고 이 같은 불확실성을 일종의 사기—혹은 미메시스?—가 지닌 단순한 인위적 요소로 단순화해버릴 수도 있다. 특정한 시공간 속에서 발생한 인디언들의 백인을 향한 자기재현이라는 식으로 말이다. 물론 또다른 가설이 곧장 떠오른다. 보아스가 또다른 책에서 확신에 차 말한 바와 같이 만약 사기가 (콰키우틀) 샤머니즘의 핵심 요소이거나 적어도 "대부분"을 차지하고 있거나 혹은 사기와 회의론이 함께 존재한다면, 보아스의 말대로 백인들과 대화할 때는 샤머니즘을 향한 회의론적 태도를 "채택"하는 것이 그다지 혹은 전혀 어려운 일은 아니었을 것이다. 서로 연결된 두 가지 이유들이 이 가설을 뒷받침한다. 첫번째로 회의론은 더 큰 부분의 일부이며 인디언들은 그저 솔직했으며 사기를 저지르는 것에 대한 "원주민들의 시각"을 보여준 것이다. 두번째로 누군가가 백인 대화 상대에게 거짓된 태도를 취한다면 이는 그가 동료 인디언들과 샤머니즘에 대해 토론하며 사기와 회의론을 충분히 연습했다는 뜻일 수도 있다.

1925년 자서전에 실린 샤먼에 관한 이야기에서 헌트가 보여준 신랄한 회의적 태도는 처음부터 그랬던 것이 아니라 그의 40여 년에 걸친 보아스와의 관계 속에서 비롯된 것이며 이전의 버전들은 다소 신비주의적이기는 했으나 회의적이지는 않았다는 사실을 어떻게 봐야 하는 것일까? 이 시점은 보아스가 그의 인디언 정보 제공자의 진실성을 해석하기 위해 한 시도, 즉 인디언들이 백인들과 있을 때 그들의 회의론을 강조하는 것이 실은 자신들을 합리적 존재로 내보이기 위한 일반적 법칙에 따른 것이라는 해석과 모순을 이루는 것은 아닌가? 최종 버전이 더 솔직하고 무언가 좋은 인상—말하자면 이성적인 것—과 같은 것을 만들어내려는 시도에 덜 속박되어 있는 것은 아닐까? 그 문화와 관련해 40년 동안이나 숨겨져 있던 것은 과연 무엇일까?[29]

샤머니즘과 같이 민감하고 상상에 기반한 행위는 어떤 경우든 식민지적 관계를 통해 필연적으로 전해지고 그 행위 자체가 아니라 우리의 연구 대상을 이루는 부분으로 존재하게 된다. 샤머니즘에 대한 진실을 파악하고자 하는 우리는 여기서 30년간 네 개의 버전으로 쓰인 『나는 샤먼의 방식을 배우기를 갈망한다』[30]와 같은 자기 민족지적, 상호 문화적 텍스트야말로 상호문화적 관계의 진실을 구체화하는 수단임을 비로소 깨닫기 시작한다.

이는 마법의 자기민족지가 동반하는 회의론을 향한 식민주의적 해석이 지닌 도착적인 영향에 대해 말하는 것은 아니다. 오히려 그 반대다. 여기서 마법은 그 무엇보다도 식민지적 현존이 드러냄과 은폐 사이의 책략에 사로잡혀 있는 또다른 형상을 제공하는 방식을 드러낸다는 점에서 그 중요성을 지닌다.

1925년 마지막 문헌에 나타난 헌트의 일시적인 샤머니즘 이력의 개요는 우리에게 일정 정도 도움을 줄 것이다. 비록 그 경력에 대한 안도감이 모순으로 가득한 그의 비일관적인 움직임을 정당화할 수는 없다고 하더라도 말이다. 우선 그의 글 맨 첫 줄에서 시작해보자. 그는 자신을 본질에서 의심하는 자이자 샤먼의 방식을 배우기를 갈망하는 자라 칭한다.

이 긴장에 우리는 주목할 필요가 있다. 샤머니즘을 배운다는 것은 모호함 속으로 빠져들어가는 것—흥미로운 딜레마 혹은 심지어 신비스러운 활동?—이며 그것을 믿는 동시에 의심하는 것이고 그 행위 자체가 아니라 그것의 실행자를 의심하는 것이라는 가설은 충분히 합리적인 언설이다. 게다가 미해결 상태의 지속적인 동요 상태는 모든 배움의 과정에 해당되는 것이기도 하다.

"나는 샤먼에 관해 배우기를 갈망한다"라고 그는 문장을 시작한다. "그것이 진실이건 허위이건 혹은 그들이 그저 샤먼인 체하는 것이건 상관없이." 여기서 더욱 놀라운 점은 그의 의심이 향하는 곳이 실은 그가 "깊은 우정을 쌓은 친구들"이라 칭한 두 샤먼이라는 사실이다.

그의 첫걸음은 공개적으로 행해진 치유 의식에서 샤먼이 토해낸 석영 크리스털을 향한다. 아마도 우리는 그 자신이 의식 내부의 의식 혹은 그가 이후에 치유를 위해 배우게 될 입속에 무언가를 숨기는 기술과 다름없는 기술이자 일종의 전시품이 되었다고도 볼 수 있다. 그리고 나서 샤먼은 추장의 아들이자 병에 걸린 한 소년의 꿈속에서 매우 강력한 존재로 등장한다. 그 꿈은 어린 소년에게 이후 그가 행할 효과적인 치료기술의 세부 사항을 상세하게 묘사한다. 꿈속의 샤먼은 확고한 명성을 지녔고 그의 이름은 바뀌었으며 샤머니즘적 경쟁은 그의 테크닉과 진실을 찾아가는 여정, 즉 다른 샤먼을 만나는 과정 속에서 가짜처럼 보이거나 그 치유 효과가 심히 의심된다고 여겨지는 것들을 보게 되고 그 샤먼들이 그가 자신들보다 더 강력한 비밀을 지녔다고 믿게 되는 과정을 보여준다.

여기서 성스러운 것을 비밀로 대체하는 흥미로운 치환이 발생하는 현상에 주목할 필요가 있다. 어빙 고프먼은 "헌트의 서술은 [보아스가 편집하고 출판한 버전보다] 좀더 정확한 콰키우틀 의미를 담고 있다. 예를 들어 보아스는 헌트의 '비밀'을 '성스러운 것'으로 특징적으로 번역한 바 있다"[31]고 말한다. 이것이 암시하는 바는 실로 통렬하다. 우리는 즉시 일종의 게임 같은 것을 떠올리게 되는데 이 게임은 심지어 요술에 가깝기까지 하다. 높은 수준의 믿음을 공유하는 집단을 유지하기 위한 비밀에 대한 감각, 그리고 실은 그 비밀이 계속해서 비밀로 남아 있어야만 한다는 점에서 말이다. 여기서 요구되는 것은 노출과 은폐에 대한 지속적인 환기다.

헌트는 애초에 샤머니즘을 단지 개인적으로 의심한 것만이 아니라 그 사실을 공론화하려고 했다. 이 점은 문화적으로도 매우 중요한데 그야말로 자신이 "큰 소리로 말한 바 있는 그 샤먼들의 모든 방식을 가장 확고히 불신하는 자"[32]임이 너무나도 분명한 까닭이다.

그 자신이 바로 "그 당사자"임에도 그는 토해져나온 석영 이후 그가 만난 첫번째 인물이 던진 다음의 물음들을 우리에게 전한다. "그 샤먼들, 그 거짓말쟁이들의 석영 크리스털에 관해서 눈치채지 못했단 말이요? 그들이 당신 뱃속에 들어 있다고 말한 것들 말이오? ……당신은 결코 그것을 느낄 수 없을 것이오. 샤먼들이 말하는 건 다 새빨간 거짓말이라오."[33] 그리고 나서 그는 우두머리 추장, 안락을 이끄는 자를 만나는데 그 역시 마찬가지로 이 순진한 생각을 바로잡아준다. "샤먼이 하는 말은 다 거짓말이지."

거의 모든 사람들이 무당을 가짜라고 선언하는 것을 좋아하고 이 기본적 사실을 주장할 기회를 거의 놓치지 않는 듯하다. 헌트는 매번 여기서 더 나아가는데 "세상에 포틀래치를 주기"라는 가짜를 폭로할 적기가 주어짐과 동시에 샤먼들의 방식을 배우고자 하는 그의 욕망은 점점 배가된다. 노련한 샤먼이 자신들의 비밀을 드러내는 과업을 맡고 있는 것과 마찬가지로 말이다.

유명한 코스키모Koskimo 샤먼인 아이사기달라길리스Aixagidalagilis가 자랑스럽게 그의 성스러운 노래를 부르는 장면을 보자.

아무도 이 마법의 힘을 꿰뚫어볼 수 없다네.
아무도 이 마법의 힘을 꿰뚫어볼 수 없다네.

그러나 세상을 떠들썩하게 하는 (조지 헌트와 같은) 이가 아이사기달라길리스가 치료하지 못한 환자를 전율하는 속임수를 통해, 병을 유발한 피투성이 벌레를 빨아내는 것과 같은 속임수를 통해 치유해낼 때(이는 내 말이 아닌 그 자신의 글에 나오는 바다) 아이사기달라길리스는 헌트에게 그의 비밀을 알려달라고 간청한다.

내게 자비를 베풀어 어젯밤 당신의 손바닥에 붙어 있던 것이 무엇인지 나에게 말해주십시오. 그것은 진짜 병이었습니까, 아니면 그저 속임수였습니까?³⁴

"누구도 내 마법의 힘을 꿰뚫어볼 수 없다네"라고 노래하던 이에게서 이 말이 나온 것이다. "당신이 내게 말한 것은 충분하지 않소." 세상에 포틀래치를 주기가 응답한다. "이것은 진짜 병이었습니까, 아니면 그저 속임수였습니까?"
이는 사실 운집한 인파 앞에서 성공적으로 치료를 마무리하며 성스러운 노래를 끝낸 세상에 포틀래치를 주기가 아이사기달라길리스에게 창피를 주면서 한 것과 정확히 일치한다.

그는 사실 내 성공을 방해하려 했다. 성공하지 못한 자인데도 말이다. 아, 나는 성스러운 비밀을 가지는 것에 실패하기 위해 애쓰지는 않을 것이다. ³⁵

여기서 더 나아가 놀라운 일이 벌어진다. 아이사기달라길리스가 그의 비밀을 털어놓기 시작한 것이다. "내 머리의 붉은 삼나무 껍질 고리에 대해 이야기하겠소."

모든 것이 이런 식으로 진행된다고 생각하는 이들의 믿음은 사실 조작된 것이오. 계속하지! 얇고 날카롭게 갈린 손톱이 내 머리 뒷부분 붉은 삼나무 껍질 고리에 있다고 느끼면서 나는 거짓말을 한다오. 마치 환자에게서 진행중인 질병을 빨아낼 수 있다는 듯이…… 이 멍청이들은 내 손바닥에 남은 강렬한 얼얼함을 믿고 있다오.[36]

그들은 경쟁에서 졌고 이 직업적 샤먼들은 헌트에게 그가 가진 기술의 비밀을 알려달라고 애걸한다. 하지만 그 과정에서 그들은 자신들의 비밀을 그에게 털어놓는 데 더욱 골몰한 것처럼 보인다. 그들이 고백하는 비밀은 놀라울 정도다. 샤머니즘을 가르치는 비밀은 사실 폭로를 행하는 이 명백하고도 고의적인 열변을 통해 확립된 것이다![37]

성공한 속임수는 그것이 진행된 방식의 열정적이고도 성실한 세부 사항들과 함께 폭로된다. 그리고 세계가 드러난다! 가장 없이는 아무것도 가능하지 않으며 그 가장에 필연적인 것은 노출 그 자체, 몸 가운데, 혹은 그보다 약간 아래에 인간의 머리가 달린 두 개의 머리를 가진 뱀이다. "얼마나 대단한 일일지." 아이사기달라길리스가 말한다. "만약 샤먼이 동물이나 물고기와 대화할 수 있다면 말이오. 그래서 환자의 영혼을 붙잡을 수 있다고 말하는 샤먼들은 거짓말쟁이들이라오. 우리는 다 영혼이 있기는 하니까 말이오."[38]

이 냉소적인 조종자, 자신의 샤먼-아버지에게 무슨 일이 있었는지를 들려준 것은 초대자인 그의 딸이었다. 그에게 수치를 안긴 몹시도 불경한 일이 그녀와 아버지에게 일어났다. 그들은 인파를 피해 이리저리 헤매던 중 바위 건너편에 누워 있는 한 생물체를 발견했는데 그것은 양쪽 끝에 머리 두 개가 달리고 가운데에는 커다란 인간의 머리를 가진 뱀이었다. 그것을 본 순간 그들은 죽었고 한 남자가 그들을 되살렸다. 그는 말하길 자신은 그들에게 행운을 가져왔으나 그녀가 당시 월경중이었던 까닭에 그들은 죽는 날까지 어려움을 겪으리라는 것이었다.[39] 그때부터 그들은 제정신이 아니었다. 이 이야기를 하면서 그녀는 웃다가 울다가 머리를 잡아당기기까지 했다. 그리고 그녀의 아버지, 이 위대한 사기꾼은 세 번의 겨울을 나는 동안 미쳐서 죽어버렸다. 도덕은? "이것이 모든 부족 사람들이 위대한 샤먼이라 믿어마지않았던 아이사기달라길리스의 이야기의 결말이다. 모든 것(모든 비밀을) 안다던 바로 그 사람 말이다. 이로 인해 나는 그가 자신의 샤머니즘을 통해 행한 모든 것이 전부 거짓임을 깨달았다."[40]

　　우리는 샤먼들을 거짓말쟁이들이라 부를 수 있을지도 모른다. 월경과 머리 두 개 달린 뱀에 그 분명하고 고약한 잠재성이 전혀 존재하지 않는 것은 아니다. 하지만 이 이야기들이 실은 도덕 혹은 그 밖의 체계를 만족시키려는 시도에 모순될 뿐만 아니라 그것과 관련된 관념들을 제 뜻대로 이용하는 데에서 기쁨을 얻는다면? 이것이 우리가 "신경 체계"라 부르는 것의 진실이다. 샤머니즘은 신랄한 회의론, 그리고 회의론과 신앙이 적극적으로 서로를 잡아먹으면서 지속적으로 서로를 보충하는 침투를 통해 번성한다. 마치 세상에 포틀래치를 주기가 온갖 질문을 요청하는 것처럼 말이다. 이들은 시험하고 그럼으로써 믿음을 가진 이들을 끝장내기 위한 의심의 날것인 재료나 냉소적인 조작자가 아닌 **폭로자**로서, 그다음의 비밀을 털어놓는 전달자로서 기능하는 복합적인 버팀목의 역할을 하기 위해 요청된다.

　　속임수trick로 드러나는 기예technique는 우리로 하여금 이 중대한 차이에 관한 질문을 좀더 숙고하도록 한다. 속임수에서 기예로서의 이행이 얼마나 중요한가는 호르크하이머와 아도르노의 샤머니즘 속 미메시스의 역할에 대한 매혹적인 주장에 잘 나타나 있다. 그들이 보기에 이는 계몽과 근대 기술에 이르는 길을 의미한다. 여기서 나는 보아스-헌트의 글에 나타난 샤머니즘적 속임수를 기예로 읽는 스탠리 왈렌스의 독해를 따르는데 그에 따르면 실행자가 완벽함을 통해 설정해낸 수행performance 속 미메시스의 놀라운 마법을 정신이 모방한다. 이는 콰키우틀인들이 자신의 세계가 다양한 방식을 통해 미메시스적으로 이중화되어 있으며 "동물들과 영혼들은 인간의 것과 정확하게 일치하는 삶을 지나고 있다. 그들은[동물과 영혼들] 겨울 마을에 살고 춤을 추며 가면을 쓰고 결혼하며 기도하고 인간이 행하는 그 밖의 모든 활동 역시 수행한다"고 믿는 데에서도 드러난다. 샤먼이 인간의 몸에서 질병을 빨아낼 때 영혼들 역시 그곳에 있으며 마찬가지로 빨아내는 행위를 한다. 이러한 마법의 작동 방식을 왈렌스는 "인간의 행위를 극대화하고 강화하는 상위 단계의 힘"[41]으로 정의한다. 더 나아가 그는 샤머니즘과 관련된 실질적 역설은 존재하지 않는다고 주장하기까지 한다. 속임수는 영혼들이 따를 만한 예시나 장면으로 제시될 뿐이며 궁극적으로 치유를 행하는 것은 영혼들이기 때문이디.

이 같은 명백한 역설은 계몽이 세계를 탈주술화한 결과이며 우리들 대부분에게 영혼들은 설명을 제공하는 존재가 아닌 설명되어야만 하는 존재이다. 이 지점은 왈렌스의 다음과 같은 언급을 이해하는 데 중요하게 작용한다. 그에 따르면 샤먼은 언제나 영혼에 의지해 있으며 "콰키우틀은 행위를 수행하는 동안 샤먼이 어떤 생각을 하는지에는 전혀 관심이 없다. 치유를 가져오는 영혼은 샤먼을 도구로 이용할 뿐이며 샤먼의 생각은 치유의 효과와 아무런 상관도 없기 때문이다."[42]

헌트의 글에서 우리는 샤먼이 그의 방울과 대화하고 그것이 환자의 병을 삼키도록 하는 장면을 볼 수 있다. 그리고 나서 그는 구경꾼들에게 말한다. "그대들은 중증의 병을 삼킨 나의 방울이 손바닥 위에 잡혀 있는 모습을 보았소?" 이 말을 한 뒤 그는 자신의 성스러운 노래가 등뒤에서 불리도록 한다.

이 초자연적 존재들은 진정으로 볼 수 있단 말인가?

이 초자연적 존재들은 있는 그대로를 본다네, 이 초자연적 존재
들은
이 위대한 벗들 위대한 존재들을 흉내낼 수 있는 이는 아무도 없
다네
위——[43]

여기서 근본적인 반론이 제기될 수 있다. 영혼에 호소하는 이
러한 설명은 비밀의 폭로 과정에서 일어나는 허위에 대한 지속적인
불안과 사기의 지속적인 발굴을 이해하는 데 과연 어떤 도움을 주
는가? 다시 말해 영혼의 편에서 창조된 행동을 촉발하는 이 놀라운
환영simulacrums에도 불구하고 지속적인 은폐와 폭로, 본능적 신체성
과 신앙, 회의론이라는 또다른 형태의 연극play이 연극 안의 연극play-
within-the-play이라는 형태로 여전히 상연되는가?

이 질문에 대한 완벽한 대답은 아마도 존재하지 않을 것이다. 하
지만 왈렌스의 다음과 같은 지적에는 일종의 단서가 담겨 있다. 그에
따르면 "치유의 핵심은 샤먼이 행하는 속임수가 가진 유동성, 기술,
신체적 완벽함에 있다. (영혼에 의해 완벽하게 복제되어 강화될) 속
이는 움직임이 바로 치유를 가져온다".[44]

왈렌스가 유동성fluidity이라 부른 바 있는 이 "속이는 움직임"을
나는 완전한 되기sheer becoming, 존재와 비존재 모두가 변형되는 형상
이라는 존재 속으로 변화해 들어가는 것이라 칭한다. 여기서 "유동
성"은 사진과 같은 복제duplication가 아닌 흘러넘치는 변형metamorphicity,
즉 미메시스에 다름아니다. 『황금 가지』에서 제시된 용어로 이는 유
사likeness가 아닌 감염contagious의 주술이다. 황금 가지에 나온 이 용어
는 유명한 언어학자인 로만 야콥슨에게도 영향을 미쳤는데, 그는 이
후 이것을 유사로서의 은유와 대비되는 것으로서의 환유metonomy, 즉
신체적 연결에 대한 감각이라 부른다. 하지만 이 용어들 중 무엇도
왈렌스가 "치유의 핵심적 부분"이라 말한 유동성을 정당화하지는 못

한다. 그 용어들은 모두 지나치게 정적이며 완전한 되기와는 동떨어져 있는 데다 최종 결과를 직접적으로 향해 있기 때문이다.

따라서 우리에게 필요한 것은 무엇이 교환되는가에 대한 특정한 관점을 채택하는 것이다. 우리는 이 교환을 인간과 치료에 영향을 미치는 영혼들 사이의 계약으로 보는 시각으로부터 우리를 비틀어 떼어놓아야만 한다. 상호적 도움이라는 도구적 형태의 관념이 아니라 미메시스적 유동성이라는 관점에서 이 문제를 바라보아야만 한다. 실행자는 선물을 원하는 것도 영혼과의 계약 속으로, 즉 존재가 수행하는 완벽함을 통해 연동되는 그들의 세계 속으로 들어가는 것도 아니다. 니체는 그의 생애 후반 춤과 음악을 동반한 이러한 무아지경 혹은 황홀경이 디오니소스적 상태의 핵심이라 여겼다. 맹렬하게 타자가 되어가는 과정 속에서 일어나는 완벽하게 유연하고 변화무쌍한 상태 말이다. 여기서 되기는 특정한 무언가가 되는 것이라기보다는 되기 그 자체가 되어가는 것을 의미한다.

가장 중요한 요소는 은폐와 노출의 반복, 인간의 몸 속에 들어갔다 나오는 움직임의 본질적 상연이다. "의식을 수행하는 이의 물리적 움직임이 지닌 특성들이 가장 중요하다"라고 왈렌스는 말하며 "의식을 행하는 도중 그가 행하는 특정한 움직임의 형태들은 정확하게 반복되고 그 가운데 영혼들의 힘이 증대된다"[45]고 덧붙인다.

완벽함과 기술이라는 문제와 함께 매우 암시적인 특징이 여전히 미해결 상태로 남아 있다. "샤먼이 유동적인 행위를 하면 할수록 영혼들이 지닌 치유의 힘과 우주의 힘이 통합된다."[46] 여기서 유동성은 어설픈 것과는 거리가 멀다. "속임수를 서투르게 행하는 샤먼들은 영혼들로 하여금 혼란스럽고 목적이 없으며 파괴적인 행위를 수행하도록 추동하는 셈이다." 이러한 행위는 치유를 불러올 수 없을 뿐만 아니라 왈렌스가 말하는 "세계 속에 존재하는 고삐 풀린 혼돈의 힘"을 풀어놓아 사람을 죽이기까지 한다. 바로 이러한 이유에서 서투른 자는 그가 더 큰 손상을 초래하기 전에 즉시 죽여야 한다. 이러한 이유에서 세상에 포틀래치를 주기는 어쨌든 존경의 관점을 지니고서 샤먼들의 방식을 배우기를 원했다. 왈렌스에 따르면 이는 샤먼에게 거의 자살 행위나 다름없으니 말이다.

여기서 나는 보아스가 말한 물범 사회seal society 속 구성원들의 대응방식을 떠올리게 된다. 그들은 겨울 의식 도중 행위자의 춤이나 노래 속에서 실수를 인지하면 곧장 의자를 박차고 일어나 그 실수를 저지른 자를 물어뜯고 할퀸다. 행위자는 기절한 체하는데 이는 영혼이 그를 데리고 갔다는 의미이다. 물범 사회의 구성원들은 집 연단에 앉거나 서서 춤을 추는 동안 실수가 있지는 않은지를 지켜본다. 과거에는 축제 무용수가 도중에 넘어지기라도 할 경우 다른 무용수들에 의해 죽임을 당했고 이는 종종 그 무용수 아버지의 요청에 의한 것이었다고 전해진다.[47]

여기서 성스러움을 무엇이라 정의하든 이것이 콰키우틀 샤머니즘의 기술적 진행 속에서 주된 역할을 한다는 것은 분명하다. 그들의 샤머니즘은 영혼을 신체로부터 분리할 수 있는 솜씨에 상당 부분 기대고 있다. 여기서 관련된 신체는 하나가 아닌 여럿이며 그들 내부와 외부로 꿈, 초현실주의, 그리고 동물적 현현을 동반한 에너지가 경계를 넘나들며 흐른다. 백인 사회가 이곳으로 가져온 홀로코스트에 비견될 만한 참상인 천연두로 사람들이 죽어가는 동안 두꺼비나 늑대의 형상이 인간의 몸에 거품을 토하며 해변으로 내려온다. 믿기 힘들지만 이로 인해 1862년에서 1929년 사이 콰키우틀 인구의 80~90퍼센트 정도가 감소했다('접촉' 이전의 인구는 1만 5000에서 2만 명 사이였던 것으로 추측된다).[48]

흐름은 노래와 노래의 신체 속에 존재하며 그로써 언어는 존재 속 존재의 또다른 차원으로 이동한다. 흐름은 동물과 인간 사이에 존재하는데 이는 시조가 되는 조상이 그들의 동물 가면과 피부를 벗고 인간으로 모습을 드러낸 콰키우틀 시간의 시초로부터 비롯된 것이다. 이 흐름은 또한 백인들이 입은 옷으로부터 오기도 하는데 그때 흐르는 것은 천연두다. 풀Fool은 자신이 어떻게 샤먼이 되었는지를 회상하며 다음과 같이 말한다.

"카누에서 내린 후 우리는 옷과 가루 더미를 발견했다. 그것을 걸치고 먹은 지 열흘이 지난 후 우리는 천연두를 앓기 시작했다. 우리는 텐트 안 침대에 누워 있었다. 나 역시 그들 사이에 누워 있었다. 지금 나는 우리의 몸이 부풀고 어두운 붉은색을 띤 것을 본다. 우리의 피부는 곪아터지는데 왜 모두가 죽었고 나는 그들 사이에 누워 있는지 영문을 알 수 없었다. 이내 나는 나 자신 또한 죽은 것이라는 생각이 들었다." 해변으로 내려온 늑대들이 낑낑거리고 울부짖으며 그의 몸을 핥았고 그의 몸 위로 거품을 토해냈다. 그의 회상에 따르면 늑대들은 필사적으로 거품을 그의 온몸에 발랐고 계속해서 그를 핥고 그 과정에서 천연두 딱지가 떨어져나갔다.

여기서 일어난 온갖 종류의 놀라운 일은 모두 백인들이 가져온 끔찍한 천연두와 함께 시작되었다. 그러고 나서 늑대가 인간처럼 말하는 일이 생겨났다. 그 늑대는 자신이 하푸너-바디Harpooner-Body(작살을 던지는 자)라고 말하는데 그는 예전에 풀이 바다에서 구해낸 바 있는 뼈에 숨이 막혀 죽어가는 상태로 바위에 올라가 있던 자의 이름이었다. 그 늑대는 죽어가는 풀의 몸 위로 거품을 토해낸 것만이 아니라 그의 흉골에 코를 바짝 가져다대기도 했다. 마치 그의 내부로 들어가기 위해 애쓰는 것처럼 말이다. 아마 모든 것은 풀이 지어낸 것일 수도 있다. 샤머니즘이 사기로 유명한 것처럼 말이다. 하지만 이는 또다른 실재들, 또다른 신체들에 섞여들어가고 이것이 콰키우틀 세계에서의 삶이다. "그는 바다를 향해 앉아 나를 코로 찔렀고 나는 등을 똑바로 대고 누워야만 했다. 그는 무언가를 내뱉으며 내 흉골 가장 아랫부분에 코를 바짝 가져다댔다. 그는 마법의 힘을 나에게 토해냈다…… 그리고 나는 샤먼이 되었다."[49]

무엇보다 여기서 눈에 띄는 것은 구토나 거품과 같은 물질에 의

해 만들어지는 흐름-속-흐름의 특정한 성격과 그것들이 어떻게 인
간의 몸을 뒤덮는 동시에 핥는 동작과 같은 것을 통해 전력을 다해 제
거되는가다. 같은 동작이 은폐이면서 동시에 노출이 되며, 이는 인디
언들의 주의를 끌던 해변에 남겨진 의복들이나 외부 덮개와 같은 것
들, 그리고 신체 형태의 외피를 손상시키며 부어오른 피부에 남은 농
포나 붉은 기운을 통해 명백하게 현현하는 천연두 같은 것들을 통해
재확인된다. 게다가 늑대의 내부—혀—는 그의 가장 깊은 내부로부
터 온 뒤 외부화된 물질—거품 형태의 토사물—을 핥음으로써 이 내
부와 외부의 얽힘, 해변의 천연두 장면 속 죽음의 지점에서 무한히
반복되는 얽힘을 단단히 고정시킨다. "이제 나는 오래전 죽은 조카들
사이에 누워 있는 나 자신을 본다."[50]

　　왈렌스는 다음과 같이 말한 바 있다. "마치 영혼들이 그들과 짝
을 이루는 인간들과 하듯 콰키우틀인들 역시 게임을 하고 있는 거라
말할 수 있을지도 모른다."[51] 이런 관점을 통해 우리는 막대한 중요
성을 지닌 겨울 의식의 콰키우틀 이름에 관한 보아스 번역의 변천을
이해할 수 있다. 11월에 출현한 완전한 형태의 영혼들이 다음해로 넘
어가 마을의 생명을 앗아가는 시기 말이다. 이때 인간은 영들인 체한
다. 그들이 상연하는 신화에는 53종류의 인간-동물의 짝, 늑대나 살
인 고래, 독수리, 천둥새, 그리고 식인자("카니발 춤꾼")와 같은 존재
들로부터 초자연적인 힘을 얻은 인간의 기원과 관련된 이야기가 등
장한다.[52]

　　겨울 의식의 이름인 쳇세카ᵗˢᵉᵗˢᵉqᵃ는 호기심을 자아낸다. 보아스
는 그 이름이 뜻하는 바가 "사기"나 "속임수"인 동시에 좋은 마음과
행복의 상태에 있기를 뜻하는 용어와 동의어를 이룬다고 쓴다. "예를
들어 누군가가 샤먼이 진짜 힘을 지녔는지 혹은 사기인지를 알기 원
한다면 그는 '거짓되고 사기이며 조작된' 샤먼이라는 의미를 지닌 똑
같은 말을 사용한다. 의식의 가장 중요한 부분에서조차 그것이 애초

에 사기로 계획되었음이 의심의 여지 없이 분명히 드러난다."[53] 『천국의 입』에서 어빙 골드먼은 이 궁금증을 해소하려고 시도하면서 보아스의 번역이 지닌 불완전성을 지적한다. 골드먼에 따르면 그 용어는 보아스 유작의 문법을 따라 **모조**라는 의미를 지녀야만 한다.[54]

우연일지도 모르나 바로 여기서 우리는 수수께끼의 핵심, 골드먼이 발견한 보아스의 노트 속 "번역에 관한 매우 이른 시기의 시도" 한가운데에 있게 된다. 여기서 겨울 의식의 파생어인 체카^{tseka}가 실은 **비밀**을 의미한다는 사실 말이다.

여기에는 어떤 종류의 불안, 심지어는 고통과 광기 같은 것이 존재하는데 골드먼은 이러한 모방이 필연적으로 세속화를 말하는 것이 아님을 열정적으로 주장한다. 누가 그렇게 주장했던가? 무엇이 문제인가? 모든 용어들이 가역적인 의미와 중첩된 연관성과 흐름의 다중적이며 증식하는 모순된 형상들 속을 헤엄치기 시작한다.

사기
가장
숭고
모방
비밀
행복
성스러움

여기서부터 토대는 가파르고 미끄럽게 변하고 오직 어리석은 이들만 더 나아가길 원할 것이다. 이곳에서는 콰키우틀은 말할 것도 없고 서양 철학으로는 꿰뚫어볼 수 없는 모호한 재현과 실재 역시 완전한 힘을 지니고 등장하는 까닭이다.

하지만 도덕에 관해서라면 이렇게 말할 수도 있다. 『나는 샤먼의 방식을 배우기를 갈망한다』속 실제 초보 샤먼은 사실 프란츠 보아스였으며 그다음에 오는 이는 간략히 말해 인간의 과학이었을 것이다. 그러한 과학을 탄생케 한 근대성의 중대한 역사적 순간에 선봉에 서 있던 자 말이다. 이 점은 우리를 옭아매는 동시에 이러한 통찰이 가져오는 선택 또한 제공한다. 나의 독해에 따르면(이는 보아스의 후기 주해를 통해 충분히 확인된 것이기도 하다) 보아스는 다음의 경우 중 어디에도 해당되지 않는다. 즉 중립적인 관찰자나 운이 좋게도 요술에 도전하는 계몽된 독특한 개인, 혹은 내부의 이야기를 이 뉴욕에서 온 남자에게 전달할 준비가 된 이를 찾아낸 기록 요정이거나 그 같은 의심을 애초에 품고 있던 이가 아니었다. 하지만 문헌 그 자체에서 드러나는바, 인류학이라는 신생 과학의 가공품, 특히 원주민의 관점을 포함하는 이 가공품은 비밀 고백의 궁극적이고 완벽한 예시를 제공한다. 숙련된 은폐의 숙련된 드러냄의 절정 말이다. 전문적 인류학 학술 문헌을 사용하는 것은 이 경우 또다른 형태의 "겨울 의식"이자 또다른 형태의 의례, 즉 이것을 수행하기 위한 수단일 뿐이다.

다시 말해 이 글은 샤머니즘에 관한 것이라기보다는 끊임없는 고백을 위해 항상 새로운 것을 보충해야만 하는 식의 논리를 신봉한다는 점에서 주술적shamanic이다. 이 회의론 속에 놓인 심오한 마법이 레비스트로스의 기빙-포틀래치-인-더-월드에서의 결론에 동의하기 어렵게 만든다. 그는 허위의 기술에 눈이 멀고 바로 그로 인해 회의론에서 신앙으로, 과학에서 마법으로 이어지는 문지방을 넘어버린 까닭이다. 레비스트로스의 실수는 노출과 가면을 벗기는 의식을 통해 전달되는 마법 속 회의주의를 충분히 진지하게 고려하지 않았고 둘째, 이러한 의식이 인류학자에 의해 텍스트 형식으로 전환되고 과학으로 읽히는 것에 주목하지 않았다는 데에 있다. 이 텍스트를 콰키우틀이 보아스의 방식으로 말하거나 레비스트로스가 하듯 구조주의를 검증할 목적으로 사용하는 것은 요점을 놓칠 뿐만 아니라 그러한 의식이 제공하는 것 역시 놓쳐버린다. 이들은 마법으로 건재하며 심지어 우리 비-인디언들에게도 비밀을 열어젖히고 닫는 과정을 통해 계속해서 연기되는 고백의 책임과 신중하고 복잡하게 뒤얽힌 회의론과 신앙의 메들리로 동등하게 구성된 상호 응답을 요청한다.

우리에게도 발전시켜야 할 트릭이 있다. 이를 "부유하는 석영 크리스털 속임수"라고 부르기로 하자. 이 속임수는 샤먼 메이킹-얼라이브가 토해내 그로부터 풀려난 석영 크리스털이 여기 우리들의 친구, 기빙-포틀래치-인-더-월드의 몸으로 들어갈 때처럼 몸안과 몸 사이에서 사물이 나타났다 사라지는 황홀한 순간이자 유동성, 질량, 그리고 움직임에 대한 민감한 반응을 동반한다. "이제 이 친구는 위대한 무당이 될 것이오."[55] 여기서 암시되는 것은 인간 정체성을 지닌 이의 행위 속 특수한 유동성이다. 비록 되기 그 자체의 논리는 아니더라도 풀Fool이 삼나무 기둥에서 이리저리 부유하는 석영을 바라보며 선창을 하는 이가 빠르게 박자를 치는 동안 메이킹-얼라이브는 구경꾼들의 거대한 무리 앞에서 집 한가운데에 위치한 불 주변을 마치 술 취한 사람처럼 비틀거리며 배회한다.

우리는 아마도 저 삼나무 서까래의 우아한 물줄기 속에서 잠시 길을 잃은 채 내장 사이를 흐르는 토사물의 줄기 속 깜빡이는 빛의 파편이야말로 샤머니즘의 실제라고 말할 수 있지 않을까?

제기되는 여러 문제는 일단 제쳐두고 부유하는 석영 크리스털에 주목해보자. 신체적 연결의 긴장감으로 무겁게 공중에 떠 있는 시간이 얼마나 될지 과연 누가 알 수 있을까? 석영은 속임수이고 속임수는 형상이며 속임수의 형상은 몸 내부와 사이를 끊임없이 움직이고 변주하며 해석보다 한 발짝 앞서 있는 힘을 운반한다. 여기서 참과 거짓을 식별하는 말은 특별히 무능한 것이라기보다는 의도적인 것처럼 보인다.

겨울 의식에서 연극과 모방이 차지하는 지점을 이해하기 위해 분투하던 어빙 골드먼은 미메시스적 모방이 숨겨진 것을 숨기는 동시에 드러낸다는 사실, 즉 비밀스러운 것을 드러내면서 그 비밀을 유지하는 방식에 대해 서술한다. "이러한 비밀의 문제를 다루는 의식은 항상 숨겨져 있으며 오직 모방의 형태로만 경험할 수 있는 비밀스러운 문제를 다룬다."[56]

숙련된 은폐를 숙련되게 드러내는 방식에 대한 표현으로 이보다 더 나은 것을 찾기는 어려울 것이다.

질문의 춤

> 회의론은 사실 주술사에 대한 믿음의 형태에 이미 포함되어 있다. 신앙faith과 회의론은 그 전통에서 동일하다.[57]

인류학계 내부에서 EP로 불리는 에반스프리처드가 1930년대 초 나일강과 콩고강 유역에서 현장 연구를 수행하던 당시 주술은 잔데Zande인들 삶 도처에 널려 있었다. 이들이 행하는 주술, 신탁, 마술과 같은 것이 그의 첫번째 책의 주된 관심사였고 그가 지닌 글쓰기와 지성적 탁월함으로 인해 그 책은 주술을 연구하는 이들, 그리고 그 외의 영역에까지 방대한 영향을 끼쳤다. 하지만 어떤 특정한 지점을 조사할 때마다 드러나는 비춰 보일 정도로 투명한 이 책의 도입부가 실은 얼마나 기이할 정도로 불분명하며 그러한 확실성이 마술적 현상에 대한 저자의 자기 확신에 찬 설명에 의해 실은 더욱 신비스러운 모순을 향해 순간적으로 마법과 같이 용해되는지를 더욱 강조할 필요가 있다. 나는 이 점이 마법이 설명을 요청하는 동시에 설명되는 것처럼 보일 때 가장 그것에 저항한다는 점, 즉 마술의 가면을 벗기는 순간이야말로 마술이 더욱 불투명해지는 순간이라는 점을 드러낸다고 생각한다. 이러한 기술 혹은 트릭으로부터 비롯된 특별한 비틀림이야말로 (클리포드 기어츠가 말한) EP의 "투명함transparencies[58]"

이 아닐까.

    주술 치료사witch-doctors들은 보통 남성들로서 잔데 지역에 존재하는 마녀의 존재와 정체를 예언하고 그로 인해 발생한 질병을 치료하는 일을 한다. 이들은 비밀을 공유하는 집단에 속해 있으며 이 그룹의 일원이 되는 과정은 매우 길고 험난하다. 여기서 비밀은 약에 대한 지식뿐만 아니라 EP가 "거래의 트릭"이라 부르는 것, 즉 주술 피해자의 몸에서 숯조각이나 파편, 검은 딱정벌레 또는 벌레처럼 보이는 것들을 손이나 입을 사용해 실제로 뽑아내는 것을 골자로 한다. 피를 토하거나 자신의 몸에서 벌레를 빼내거나 가슴에 무거운 추를 얹기도 하고 다리의 검은 딱정벌레와 숯조각을 먼 거리에서 다른 사람의 몸을 향해 쏘는 등등의 트릭 역시 이에 포함된다. 하지만 EP의 서술에 따르면 병자의 몸에서 주술과 관련된 대상을 뽑아내는 것을

비밀로 보존하는 트릭 따위는 존재하지 않는다. 이를 트릭이라 부르
건 기술이라 부르건 그것은 선택의 문제로 남겨진다(이는 EP의 문
장이 의미하는바, 즉 단어가 가진 두 개의 의미에서 역시 그러하다).

　주술 치료사들은 EP에게 자신들의 비밀을 누설하지 않았다. 그
는 자신이 그 조직에 들어가는 것은 역효과를 낳으리라고 생각했고
따라서 잔데에서 고용한 카망가Kamanga에게 비용을 지불해 "주술 치
료사들이 가진 기술 전부를 배우기 위한" 입문 교육을 받도록 했다.
그는 주술 치료사들을 절대적으로 신뢰하는 잘 속는 사람이었다고
전해진다.[59]

　EP는 카망가가 알아낸 비밀을 이용해 주술 치료사들 사이의 경
쟁을 유도함으로써 더 많은 것들을 배울 수 있었다. 하지만 그는 주
술에 걸린 물체를 뽑아내는 것과 같은 특정한 기술은 카망가에게 전
해지지 않으리라고 확신했는데 그가 의사들에게 그들이 가진 모든
것을 카망가에게 가르쳐달라고 "있는 그대로" 말했기 때문이었다.
하지만 그는 "장기적으로는 민족지학자가 이길 수밖에 없다"고 전투
적으로 덧붙인다. "사전 지식으로 무장하고 관심과 끈기를 지니고 있
다면 그가 더 깊고 깊은 균열을 내는 것을 방해할 것은 아무것도 없
다."[60]

　니체가 『즐거운 학문』에서 말했듯, "우리는 더이상 베일이 벗겨
진 뒤에도 진리는 진리로 남아 있으리라고 믿지 않는다…… 필요한
것은 외양을 숭배하는 것, 표면, 주름, 피부에서 용감하게 멈추는 것
이다".[61] 하지만 우리 대부분이 그러하듯 EP는 더 깊고 깊은 균열을
냄으로써 바닥에 도달해야만 하는데 그가 목표로 하는 것이 마치 외
과적 절개로 관통하듯이 주술적 대상의 노출을 그 표면, 주름, 피부
를 통해 폭로하는 것이기 때문이다.

　게다가 진실을 향한 그의 강박적 탐구는 그가 밝히고자 하는 비
밀을 지닌 치료사들과 많은 부분을 공유한다. 그들과 마찬가지로 니
체 역시 기생충, 혹은 그 비슷한 벌레들을 추출해낸다. 그는 다음과

같이 선언한다. "모든 계략을 사용해 마침내 그 모든 비밀을 서서히 알아낼 수 있을 것이긴 하나 이는 사람들로 하여금 그들이 숨기고 싶어하는 것을 폭로하게끔 지나친 압력을 가하는 것에 다름아니다."[62] 그리고 인류학자가 깊이 파고드는 동안 주술 치료사들은 비밀을 표면으로 가져온다. 비밀들은 논문의 장 속에서 결국 맞닥뜨리게 될 운명적 움직임, 즉 인류학자가 미처 스스로 선택하거나 이해하지 못한 의식의 장 속으로 끌려들어가는 움직임 속 의기양양한 결합과는 대치된다. 즉 주술사들로 하여금 자신의 고용인에게 그들의 비밀을, 그리고 그 비밀이 그에게 말하는 것을 드러내라 요구함으로써 그는 후자, 즉 그들의 마법이 실제로 요구하는바, 바로 비밀의 드러냄이라는 요구를 충실히 이행한다. 다시 말해 주술 치료사의 의식 내부에는 비밀을 폭로하는 완곡한 의식이 존재하는데, 아니나다를까 인류학자의 현존은 바로 이 애매한 존재로부터 이끌어져 나온 것이다.

폭로 의식은 매우 흔했다. 젊은 귀족들은 주술 치료사들을 함정에 빠뜨려 폭로하는 것을 즐겼는데 EP의 말에 의하면 이러한 행동은 "시험"이나 "장난"으로 여겨졌다. 한번은 그의 평민 친구 음비라가 뚜껑 덮인 냄비에 칼을 넣어두고는 치료사들에게 안에 무엇이 들어 있는지를 점쳐 달라고 부탁한 적이 있었다. 세 명의 치료사는 온종일 땡볕 아래에서 춤을 추며 내용물을 알아내려고 시도했지만 실패했으며 그중 한 명은 기회를 엿보다 오두막에 있던 음비라에게 찾아와 굴욕을 피할 수 있도록 비밀리에 답을 알려달라고 간청하기까지 했다. 음비라는 그를 사기꾼이라 부르며 이를 거절했다.[63]

오직 회의론에 물든 사람들만이 그러한 행위에 빠져들 수 있다고 EP는 지적한다(하지만 그는 그러한 시험에 참여하기로 한 주술 치료사들의 동기에 대해서는 의문을 품지 않는다). 하지만 음비라는 온갖 종류의 마법을 굳건히 믿는 자였고 그 스스로가 마법사이기도 했으며 문제가 생길 때마다 주술-치료사를 찾는 사람이었다. 그렇다면 질문은 더 나아가야 한다. 진지한 이들, 심지어는 중간 정도의 회의론자가 이런 종류의 활동에 빠져드는 까닭은 무엇일까? 여기에는 어떤 필요, 즉 마법 그 자체를 강화시키기 위해서는 마법 의례 내부에 만들어진 노출 의례가 반드시 필요했던 것은 아닐까.

EP의 책에는 노출 의례와 관련된 매우 통렬하고 극적인 순간이 등장한다. 내용은 차치하고서라도 1930년대에 쓰인 이 텍스트가 얼마나 놀랍도록 탈근대적인지 일화적 형태를 띤 분석으로 어떻게 정전의 목록에 끼어들게 되었는지에 대해 생각해볼 필요가 있다. 꼼꼼하게 기획된 이론에 대한 거의 병적인 혐오감을 지닌 이 스토리텔링은 끊임없이 요점을 벗어나며 여기서 모순들은 주술을 설명해내는 매끄러운 논증을 그저 통과하는 것이 아니며 외려 그 과정에 필수 불가결한 것으로서 드러난다. 책에 나오는 그 유명한 예시, 즉 모순에 의해 영향을 받지 않은 채 서로를 강화하는 그물망이라는 주술의 "닫힌 시스템"은 이를 잘 드러낸다. 이 책이야말로 그 자신이 설명해내고자 하는 주술의 예시 그 자체라고도 할 수 있다.

여기서 드러나는 노출을 폭로하는 것은 나의 역할이 아니다. 대신 나는 책에 등장하는 어느 중요한 날을 상기하고자 한다. 그날 EP는 마술사를 속이는데 이는 보그와즈Bogwozu의 지도하에 있던 자신의 조수 카망가가 그의 스승이 약초로 만든 찜질약으로 어느 환자(그 역시 EP의 조수였다)의 몸을 닦아내려던 순간이었다. 이는 표준적인 치료 관행이기도 했다. 주술의 대상을 추출하기 위해 환자의 복부를 닦아내고 추출된 것을 회복되어가는 환자에게 보여주는 식 말이다. 주술 치료사들이 이 기술을 카망가에게 전수하기를 고집스럽게 거부해온 것이 EP에게는 크나큰 유감이었다. "그들이 자신의 영업 비밀이 혹여 EP에게 알려지지 않을지 걱정한 것은 너무나도 당연했다."[64] 상황을 더 복잡하게 만든 것은 이 기술에는 어떠한 속임수도 없다는 카망가의 고집스러운 믿음이었다. 이제, 사기와 속임수, 신앙과 회의론이 겹겹이 드리워진 이 상황의 복합성을 신중히 살펴볼 때이다.

먼저 인류학자가 주술 치료사를 속인다.

스승이 그의 제자에게 찜질약을 건네는 순간 내가 그것을 받아 카밍가에게 전달했다. 그 과정에서 나는 찜질약 속에 들어 있는 무언가를 감지했고 그 찜찔약이 무엇으로 만들어졌는지를 가볍게 살펴보고 그것에 대해 언급하는 체하면서 손가락을 사용해 그것을 제거했다. 주술 치료사가 늘 하던 대로 환자의 복부를 찜질약으로 문지른 후 그것을 건넨 순간 주술의 대상이 그 속에 없다는 사실을 깨달은 카밍가는 소스라치게 놀랐다.[65]

다음에는 폭로가 뒤따른다.

이제 그만할 때가 되었다고 여긴 나는 카망가와 그의 스승을 몇 야드 떨어진 내 오두막으로 오게 했다. 거기서 나는 그들에게 찜질약에서 숯을 제거했다고 말하고는 보그와즈에게 그것이 어떻게 거기에 들어 있었는지를 설명해달라고 요청했다. 그는 잠시 동안 그런 일은 불가능하다고 말하며 그 제거된 것을 볼 수 있는지를 물었다. 그는 그런 일은 있을 수 없다고 주장했다. 하지만 그는 더이상 아닌 체하는 것은 소용이 없다는 것을 알 만큼 영리했고 게다가 우리가 있던 곳은 사적인 장소였으므로 이내 속임수를 시인했다.[66]

우리는 이 장면을 하나의 무신경한 예, 즉 식민지 권력이 원시 마법에 맞서 계몽주의적 힘을 발휘하며 마법의 중심지에서 과학적 방법론이라는 의식을 치른 또다른 사례로 읽어낼 수도 있다. 또한 이는 인류학자가 문화적으로 다소 부적절한 행위를 한 것이라 여겨질 수도 있다. 앞서 설명한 예에서 나오듯, 인류학자는 음비라가 주술 치료사를 조롱하듯이 그저 흔한 방식을 따르고 있었을 뿐이다. 하지만 EP가 행한 방식, 즉 잔데인들이 실제 환자를 치료하는 도중에 마법의 핵심을 없애버리는 식의 대담하고 교활한 방식의 사례는 흔치 않다. 이는 무엇보다도 치료사의 능력을 시험하며 그를 속이는 것은 또다른 문제다. 누가 그것을 알겠는가? 이는 환자의 죽음에 영향을 미칠 것이다.

여기서 고려해야 할 점은 인류학자 역시 더 크고 복잡한 상연, 즉 속임수의 노출이 게임이라는 이름으로 이루어지는 무대의 일부였으며 비록 의도하지 않은 우연적 결과이기는 하나 우리가 마술에 필수적인 요소들, 즉 믿음과 회의론의 혼합, 잘 숙련된 은폐와 노출의 연출이라는 상상적 텍스트를 목격하고 있다는 사실이다.

마지막으로 스승의 고백과 속임수의 노출이 그의 어린 제자에게 미친 영향 역시 살펴볼 필요가 있다. 여기서 가면을 벗는 것은 사실 마법 속 마법이 지닌 **신비함의 무시무시함**을 제거하기보다는 외려 더하는 것처럼 보이기 때문이다.

> 폭로가 카망가에게 끼친 영향은 실로 엄청났다. 충격에서 가까스로 벗어난 그는 주술사가 되기 위한 훈련을 계속해야 할지 여부를 심각하게 회의했다. 자신의 눈과 귀로 본 것을 믿을 수 없었던 그는 하루 이틀이 지나자 완전히 평정을 되찾았고 이것이 그저 나의 착각은 아닐 것이다. 그는 사건 이전에는 드러낸 적 없던 현저한 수준의 자기 확신을 갖게 되었다.[67]

여기서 우리가 다시 보게 되는 것은 "속임수"를 경계하는 인류학자가 실은 자신 역시 숙련된 은폐의 잘 숙련된 폭로의 일부라는 점을 깨닫지 못한 채 가면을 벗길 때 일어나는 역설적인 효과다. 예를 들어, "특출한 명석함을 지닌 자"인 키상가는 주술 치료사가 치료를 시작하는 과정에 대해 EP에게 다음과 같이 말한 바 있다.

사람이 아프면 주술 치료사를 부릅니다. 주술 치료사는 환자에게 오기 전 동물의 뼈를 긁어내어 아주 작아질 때까지 망치로 두드려서는 뿔 속에 든 치료제에 떨어뜨립니다. 이후 환자의 집에 도착한 그는 한 모금의 물을 가져다 입안에서 빙글빙글 돌린 뒤 사람들이 들여다볼 수 있도록 입을 벌립니다. 그는 또한 모든 사람이 볼 수 있도록 그들을 향해 손을 펴고 이렇게 말합니다. "나를 잘 살펴보시오. 나는 속임수를 쓰지 않소. 나는 누구에게서든 무언가를 거짓으로 취하길 원하지 않소."[68]

"속임수에 대한 훈련은 필수다"라고 인류학자는 자신에 찬 어조로 말한다. 마치 다른 이들의 속임수가 언제나 내재되어 있다는 듯 말이다.

잔데인들은 피를 빨아내는 것에 대한 광범위한 회의를 품고 있으므로 속임수가 드러나지 않도록 주의를 기울여야 한다…… 빙바[bingba]풀과 같은 것을 찜질약으로 사용하는 것과 같은 특정한 방식의 치료에서 그는 분명 의심에 차 있을 것이다. 그러나 주술 치료사가 의자에 앉아 제3자로 하여금 빙바 인피[kpoyo]를 자르고 찜질약을 만들도록 하며 그의 입을 물로 헹군 다음 검사를 위해 손을 가져다대면 의심은 가라앉을 것이다.[69]

이러한 과시적인 부정행위가 정반대의 말을 하고 있으며 모두가 그것을 알고 (아마도 즐기고 있을 것이고) 느끼지 않기란 실로 어렵다. 그는 계속한다. "주술사의 방문에 동행한다면 그의 치료법의 유효성까지는 아니더라도 적어도 그의 기술은 확신할 수 있을 것이다. 잘 숙련된 속임수의 은폐를 발견하는 것이 인류학자 혼자만의 일이라고 믿기 어렵다. 당신이 관찰할 수 있는 한, 그가 하는 모든 행동은 겉으로 보기에는 모두 정상이지만, 사기를 감지하는 데 도움이 될 만한 것은 아무것도 발견하지 못할 것이다."[70]

EP는 숨겨진 속임수를 찾는 데에 몰두한 나머지 자신이 숙련된 계시를 향한 특권적 증인일 수 있다는 사실과 그 비밀 속 비밀이 존재하지 않거나 오히려 그 비밀이 일반적으로 알려져 있지만 일반적으로 표현할 수 없는 공공의 비밀이라는 것을 깨닫지 못한다. 이것은 더 많이 보느냐, 덜 보느냐, 겉모습 너머 이면을 보느냐 여부의 문제가 아니며 외려 어떻게 보고 있는지를 보는 것이다. 마술이 무엇이든, 그것은 알려진 미지의 영역에서 이 전환과 이 전환이 켜는 것, 즉 외관에 대한 새로운 태도를 포함할 필요가 있다. 니체가 말한 바와 같이 가장 큰 비밀은 "아래"나 "배후"가 존재하지 않는다는 것이다. 신은 죽었고 형이상학은 마법이기 때문이다.

지연과 수행

나는 EP가 신앙이 존속되고 주술 치료사들에 대한 회의를 극복할 수 있는 두 가지 방법을 제시한다고 본다. 하나는 E. B. 타일러가 **확률**을 통해 말한 바 있는 것, 즉 비록 대부분의 치료사가 가짜일지언정 그렇지 않은 치료사도 있다는 점이다. 특정 의사가 가짜인지 아닌지를 결코 알 수 없기 때문에 잔데인들은 특정 치료사를 향한 믿음을 회의론을 통해 단련한다고 EP는 말한다. 다시 말해 마녀의 사악한 영향을 예언하고 그것을 치료할 수 있는 진정한 주술사라는 확고한 이상이 존재하며 그 이상은 때때로 현실화된다. 여기서 주목할 만한 점은 이러한 이상은 집에서 멀리 떨어진 곳으로 갈수록 실현될 확률이 높아지며 타자들의 마법이야말로 더 진실되며 믿음은 거리 속에서 유지되고 그로 인해 더 도드라진다는 사실에 있다.

신앙이 회의론과 공존하고 심지어 그에 맞서 승리를 거두는 두 번째 방법은 **물질**의 사용에 있다. 여기서 사용되는 물질은 두 종류다. 약초 치료제와 인간의 몸이 그것들이다. 이들은 주술 물질인 망구mangu를 이어받은 마녀의 몸, 그리고 주술 치료사의 약으로 가득찬

몸, 계속해서 움직이고 춤을 추며 질문을 해대는 몸 모두를 의미한
다.[71] 첫번째 방법인 확률의 논리가 일반과 특수, 이상과 현실이라는
논리를 기반으로 한다면 두번째 방법은 힘force으로서의 물질이 가진
이질성에 기반하고 있다.

　이러한 지속적이고도 쉼없는 지연은 그 자체가 비밀을 의기양
양하게 드러내는 카타르시스에 대한 추구를 동력 삼아 움직이는 어
떤 쐐기와 같은 것과는 현저히 대조를 이루는 사고의 흐름과 가정을
통해 형성되는 지연을 통해 작동하는 회의론을 동반한 신앙에 대한
설명과는 명백하게 다르다. 확률을 통한 설명은 마법의 진실성, 즉
존재의 진실성에 끊임없이 의문을 제기하는 진리라는 문제의 한 가
운데, 즉 우리를 출발점으로 끊임없이 되돌려놓는다. 여기서 순환적
추론과 역추론은 쐐기라기보다는 사고의 움직임을 뜻하며 지연은
"낯선 효과"의 힘, 즉 진리는 우리가 결코 도달할 수 없는 저 너머에
존재하며 속임수란 단지 진정성의 가능성을 향한 지속적이고도 예
상 가능한 전주곡에 불과하다는 의미를 지니기도 한다. 속임수의 이
면에는 완벽함을 지닌 진짜의 그림자가 존재하지만 사실 이 실재 역
시 낯설기 그지없으며 결코 통속적이고 수수한 것일 수 없거나 그렇
게 될 운명에 처해 있다. 진정성이란 영원히 존재의 지평 너머에 있
는 무엇이기 때문이다.

　여러 가지 면에서 주술-의료의 근간이 되는 약의 경우 수년에
걸친 훈련과 많은 비밀에 대한 체계적이고 신중한 교육이 필요하지
만 약제들에 대한 전 세계적 동어반복적 담론들 속에서 이러한 지연
은 이보다 더 명백할 수 없는 방식으로 드러난다. EP의 글이 계속해
서 말하듯 이 약들은 그 자체로서 주술적 힘의 근간을 이루며 이 속에
서 우리는 마법이 마법을 설명해내는 무한한 궤도 속에 갇히게 된다.
이들은 예언의 정확성 속에서 주술적 힘을 보증하는 약제다. "내 오
랜 친구인 응고시는 이렇게 말하곤 했다." 인류학자는 그의 말을 인
용한다. "주술 치료사들이 청중에게 하는 말의 대부분은 베라bera, 즉

'추측'에 불과하오. 그들은 어떤 문제의 가장 유력한 원인에 대해 생각하고 영감에서 비롯된 신탁을 가장한 그럴듯한 추측을 제시하지만 그것은 의학적 용어인 상바 응구아^{sanba ngua}, 즉 그들이 복용한 약으로부터 도출된 것이 아니라오."[72]

주술 치료사가 되기 위해서는 약제들에 대해 배우고 다른 치료사들과 함께 그 약을 먹는 공동의 식사에 참여해야 하며 약제들의 전설적 원산지인 나일강과 콩고강 유역에 위치한 동굴로 가 더 강력한 식물을 찾아내야만 한다. 이 약제들과 관련해 수많은 마법적 요소들이 존재하는데, 약제들이 다른 이들의 몸과 연결된 누군가의 신체 내부나 혹은 신체 외부의 물질과 연결될 수 있다는 믿음이 그것이다. 게다가 이 약제들은 의미와 반대되는 존재의 근원적 힘을 확립하는 최상의 수단인데, 여기서 약제는 외부로부터 내부를 관통해 훈련을 받고 있는 의사의 영혼에 근원적인 힘을 주는 지속적인 흐름인 까닭이다.

훈련생은 끓고 있는 냄비의 증기에 얼굴을 대고 있어야 한다. 눈은 뜨고 있어야 하는데, 그렇게 해야만 약물이 그로 하여금 마녀와 주술을 볼 수 있도록 허용할 것이기 때문이다. 약물은 고도의 의식적 형태를 띤 채 제공되며 여기서 제공자는 냄비에서 한 스푼의 약을 떠서 한 남자의 입 속으로 옮기고 그가 약을 삼키려는 순간 재빨리 다음 사람에게 옮겨간다. 가슴과 견갑골 윗부분, 손목과 얼굴을 그은 후약을 문지른다.[73] 약제들은 그들이 만들어지고 훈련생의 몸에 문질러지는 동안 말을 하며 훈련생은 약제를 삼키는 것과 거의 동시에 춤을 추기 시작한다.

약물에는 반드시 대가를 지불해야 하고 그렇지 않으면 다른 선물로 보답해야만 한다. 그렇지 않으면 약은 효과가 없을 것이고 대가는 반드시 그 약제가 보는 앞에서 치러져야만 한다. "구매는 약물에 힘을 부여하는 마법의 의식적 조건의 일부다." 이는 마치 불만족한 행상인이 그러하듯 약 자체가 지닌 인간적 정신 작용과 보복 능력을 암시하는 듯하다. EP는 한 주술 치료사가 환자를 치료하는 과정에서 돈—이집트 도공—을 바닥에 내려놓으며 "만약 약물이 (자신에게) 지불된 돈을 보지 못한다면 이는 나쁜 결과를 초래할 거요. 약이 약효를 잃을 수 있소"[74]라고 말한 것을 인용한다. EP는 어디선가 이 교환을 선물이라 칭하기도 한다.

주술 치료사는 화가 나면 마법을 사용해 자신이 훈련생에게 "판" 약물 속 마법을 제거할 수도 있다. 이때 그는 숲 덩굴식물을 구해 나무 윗부분 유연한 가지에 이어 붙여 일종의 활시위를 만든 뒤 천둥의 마법을 몇 방울 떨어뜨린다. 약물은 포효하며 덩굴을 잘라내고 이내 위쪽 절반은 하늘로 날아가버리고 아래쪽 절반은 지상에 남게 된다.[75] 이는 마법이 접촉하는 물질과는 반대의 것, 은유에 의존하는 몇 안 되는 사례 중 하나다. 이 장문의 글에서 주술 치료사들이 언급되는 경우 그들은 변이적 연결metamorphic connectedness의 장 안에서 본능적으로 신체적 존재이며 물리적인 힘force이 흐르고 중단되는 상황에 관여한다.

우리가 여기서 보게 되는 것은 비록 휘청대고 그저 그런 데다 지연되기까지 하는 움직임과 같은 것이 어떤 순환 속에 있는 마법을 설명하는 강력한 사례다. 이 같은 사실은 열정적인 인류학자의 동기, 즉 외관 뒤에 숨은 비밀을 발굴해내고 쐐기를 박겠다는 생각이 얼마나 순진한 것인지를 드러낸다.

신앙과 회의론의 혼합에 내재된 지연의 존재는 주술 치료사의 예언에서 가장 극적으로 드러난다. "주술 치료사는 입술만이 아니라 온몸으로 예언을 한다. 그는 자신에게 던져진 질문을 춤으로 풀어낸다." 여기서 인류학자는 가히 마야 데렌Maya Deren의 글에 필적할 만한 가장 절묘한 춤에 관한 묘사를 인류학적 글쓰기를 통해 풀어낸다.[76]

그는 질문을 춤으로 풀어낸다. 그의 몸은 약물이 든 뿔이 뒤집힌 채 반원을 그리며 늘어선 속에서 앞뒤로 움직인다. 그는 어린 소년들의 합창이 느슨해진 것에 짜증을 내며 다리를 걸어차고 검은 딱정벌레를 그들에게 쏘기도 한다. 관중들은 자신을 괴롭히는 주술에 관한 질문을 던진다. 질문과 답변이 오가는 와중에 또다른 원이 만들어지고 치료사는 몇 시간 동안이나 뙤약볕을 뚫고 뛰어다니며 소용돌이를 일으키고 영리한 대안과 직관의 비약을 통한 대답을 하고 또 이를 가다듬는다. 징과 북 소리가 울려퍼진다. 이 급박하고 격렬한 지성과 신체의 움직임 속에서 시기와 분노를 둘러싼 공공연한 비밀이 상연되고 질문과 답변이 오간다.

　춤은 황홀한 동시에 폭력적이다. 무용수는 몸이 베이고 피를 흘린다. 입술 주위에서는 거품이 흘러나온다. 몸속의 약이 춤에 의해 활성화되고 그 약물은 다시 춤을 활성화한다. 특정한 치료사에게 질문을 하면 그는 북을 치는 이들에게 다가가 독무를 추며 응답하고 더 이상 춤을 출 수 없을 때는 술에 취한 듯 손에 들린 방울을 흔들며 그만하라고 말한다. 그러고는 몸을 두 배가 되도록 뻗어 바닥에 뒤집힌 채 놓인 뿔에서 나온 약물을 들여다보며 예언적 대답을 내뱉는다. 그는 질문을 춤추며 그 춤사위는 장관을 이룬다. "잔데 주술 치료사의 춤은 내가 아프리카에서 본 몇 안 되는 공연 중 하나인데 이는 센세이셔널한 저널리즘의 기준에 부합한다. 몹시 기이하고 도취적이다"[77]라고 인류학자는 쓴다. 속임수는 지연되며 연극으로 변하는데, 이 연극 속에서 의식이 지닌 마술, 기이하고 도취적인 마술이 등장한다. 속임수와 기술, 지성과 직관, 비밀과 공공의 비밀이라는 온갖 이분법들은 열린 하늘 아래에서 질문을 춤추는 몸이 제시하는 온갖 유형의 다른 지식들에 의해 지연된다. 이것은 정신이 육체로 대체된다거나 감각이 감각으로 대체되는 것과 같은 문제가 아니다. 외려 이는 잘 숙련된 은폐와 계시가 지닌 밀도와 명료함이 비밀이 불러일으키는 확실성에 대한 갈망을 대체하는 것의 문제다. 주술 치료사가 추는 신앙과 회의론이라는 춤은 공공의 비밀, 즉 이미 알려진 것을 계시한다.

터닝 트릭

　　나는 언제나 과연 속임수란 무엇일지 자문해온 바 있다. 내게 있어 속임수는 구실인 동시에 자연 그리고 사회제도와 개인 간의 관계에 내재된 신비를 강조하는 무엇이다. 곡예사나 잠수부가 몸을 비틀고 공중제비를 돌거나 카드 마술사가 에이스를 뽑는 장면들을 떠올려보자. 이 모든 속임수는 엄청난 기술과 테크닉, 그리고 현실에 대한 과도할 정도의 공감을 요한다. 그렇다면 속임수란 내면의 앎, 예술과 마술이 기술에 더해져 온전히 발휘되는 무언가가 아닐까? 그렇다면 마술은 테크닉을 속이는 것일까 아니면 기술을 뛰어넘는 어떤 것, 마법이나 신성한 것으로 존엄하게 여겨질 정도로 희귀하고 숙련된 최고 수준의 기술인 것일까? 음악가나 뇌 수술 전문의, 혹은 즉석 요리사들이 하는 것처럼 말이다.

　　도박꾼이나 샤먼과 같은 이들, 자연법칙, 즉 우연과 냉소적인 거리두기의 법칙을 실행하는 자들은 자신들이 모방하는 대상과 하나가 되는 미메시스를 이용한다. 열성적 도박을 성적 행위에 빗대며 발터 벤야민은 도박을 운명을 속이는 스릴이 가득한 에로틱한 열정으로 묘사한다.[78] 이 같은 언급은 우리를 다시 처음으로, 즉 마르셀 모스가 말한 신과 소통하기 위한 모든 신비주의적 상태의 근간이 되는 "본능적 신체성의 기술"로 되돌아오도록 한다. 내가 보여주고자 한 것 역시, 이러한 신체 기술들이 사용하는 은폐와 계시, 더 정확하게는 잘 숙련된 은폐와 계시를 통한 손재주다. 신이 정말 듣고 있는가와는 별개로, 연방판사의 가슴과 재닛 잭슨의 가슴 사이에서 우리는 우리 시대의 곡선과 그것이 품은 희망을 그려낼 수 있다.

위반transgression이 종교의 핵심 요소라는 주장은 일견 터무니없고 혼란스러우며 낯설기까지 하다. 이러한 주장이 낯설게 보이는 까닭은 우리 시대의 주류 종교는 흔히 위반을 통제하고 제거하는 데 더 몰두하고 있기 때문이며 혼란스러운 것은 위반이 지적 정서적 불확실성의 정수로 드러나는 까닭이다. 성스러운 것으로 불리는 무언가는 큰 의미를 담고 있어야만 한다. 이 문제를 가장 잘 탐구하고 공표하는 분야는 특정 지역에 존재하는 특정 종교들에 대한 역사적 연구라는 데에는 의심의 여지가 없다. 그들은 종교 연구에 골칫거리인 광범위하게 퍼져 있는 유사진리pseudo-truths를 타파하는 것을 목적으로 하기 때문이다. 하지만 역사적이고 구체적인 탐구는 그 자체적 분석 원리에 변증법적으로 의존하고 있으며 이 제한된 공간 속에서 나는 위반을 부정negation이라는 용어, 그리고 그 용어 속 금기와의 연관성을 통해 정교히 설명해보려고 한다.

　　라틴어에서 유래한 다음의 단어는 기독교와의 관련 속에서 수많은 연구가 진행된 바 있다. 그 연구들은 저주받은 것과 성스러운 것, 불결한 것과 순수한 것을 모두 포괄하는 "성스러운^sacred"이라는 단어에 내재된 부정의 의미를 탐구해왔다. 여기서 부정은 시적인 의미에 불과할지라도 깊은 상처와 신성 그 자체에 필수적 요소로서 드러난다. 성스러운 것에 내재하며 이를 구성하는 부정에 대한 감각은 근대 서구의 논의 속에 광범위하게 등장한다. 한 예로 프로이트는 성스러움, 순수함, 위험, 불결하고 섬뜩한 것, 금지가 결합된 이 단어의 함의를 우아하게 요약해낸 바 있다.[1] 부정의 매혹적인 복합물 속에 내재된 위험이라는 두드러진 속성은 정반대의 것들을 서로 강화하며(수많은 저자들이 이를 전기電氣에 비유한 것에서 알 수 있듯!) 서로를 유인하고 물리치는 형언할 수 없는 힘을 지니고 있다.

부정의 지배적 역할에 관한 또다른 놀라운 사례는 에밀 뒤르켐의 강박적 논의에서도 찾아볼 수 있다. 그는 성스러운 것이 (1) 세속적인 것이 아니고 분리/구별되어 있으며 (2) 이는 금지에 둘러싸여 있다고 주장한다. 마치 성스러운 것이란 무엇보다도 숭배될 만한 부정적인 것인 양 말이다. 동의여부와는 상관없이 부정이 형언할 수 없는 무언가를 부정적으로 정의하는 것으로서 이 모든 드러나는 어지러운 논리 속에서 세심하게 짜인 분석틀이 보여주는 도착적이고 예상치 못한 본질은 경이롭기까지 하다("전기"를 떠올려보자).[2]

하지만 부정의 힘을 그저 장애물로 볼 수만은 없다. 무언가가 분리될 때 그곳에는 탈구뿐만 아니라 연결 역시 생겨나며 우리가 주의를 기울여야 하는 것은 그러한 관계 속에 체현되어 있는 부정에 동반된 기묘한 긴장감이다. 이 긴장은 (레비스트로스의 작업과 같은) 프랑스 구조주의의 기호학적 패러다임의 특징인 질서의 텔로스^telos(궁극의 목적)나 메리 더글러스가 말한 불순함을 무질서로 보는 생각, 영국의 구조 기능주의에서 비롯된 "분리, 정화, 경계 긋기, 처벌에 대한 아이디어는 본질적으로 정돈되지 않은 경험에 체계를 부여하는 것을 주 기능으로 한다"[3]는 기호학적 축소 버전과는 다르다. 여기서 드러나는 것은 위반이 거치게 될 험난한 지적 여정이다. 위반 그 자체가 질서를 만들어내고 의미를 부여하는 지성의 규범 속에 내재되어 있기 때문이다.

험난한 여정 없이 위반의 문제를 다룰 수 있을까? 우선 추정컨대 우리는 위반으로 인해 가로질러진 장벽이 그 자체로서가 아니라 위반되는 무언가라는 형태로 생겨난다는 점을 고려해야만 한다. 다음으로 우리는 이 장벽이 혐오와 매혹의 하나이자 열려 있는 동시에 닫혀 있는 형태임을 이해할 필요가 있다. 여기서 우리는 니체, 그리고 헤겔과 조우한다. 그들의 주장에 따르면 부정이란 금기와 위반이 끝도 없이 흘러나오는 회로와도 같다. 마치 무시무시한 장벽이 세워진 이유는 필시 그것을 넘어가도록 하는 데 있다는 듯 말이다. 더욱이 위반으로 가득한 열린 공간에서 우리가 마주하게 되는 것은 그 "공간"으로 인해 만들어지는 동시에 그 공간을 만들어내는 권능을 부여하는 성스러운 의식이다.

스위스 선교사 앙리 주노드Henri Junod가 자신의 저서 『남아프리카 부족의 삶Life of a South African Tribe』에서 묘사한 바를 예로 들어보자. 그는 이 책에서 세기말 통가Thonga(현재의 모잠비크)에서 행해진 소년과 청년들의 입문식(성인식)에 대해 말한다. 그에 따르면 소년과 청년들은 3개월 동안 외부와 단절되고 분리된 공간에 격리된 채 엄격한 규율에 따라 생활하며 그 기간 동안 성적 위반을 포함한 다른 금기들을 심각하게 위반함으로써 소년에서 남성으로 신비롭게 변화한다. 나이든 남성들이 초심자들에게 전달하는 비밀 역시 중요한데 여기서 비밀은 흔히 외설적인 이미지와 생각으로 간주된다. 소녀들 역시 규모는 작지만 이와 유사한 의식을 거치며 여기에도 장례식, 전쟁, 그리고 마을의 이동에 관한 호기심 어린 위반의 논리를 찾아볼 수 있다.[4]

제2차세계대전 이후 인류학에서 빅터 터너는 주노드의 연구와 그가 사용한 아르놀드 방주네프Arnold Van Gennep의 통과의례 개념을 바탕으로 정상성을 벗어난 소위 문턱 시기liminal period, 즉 신성한 힘이 본능적 신체성의 실현과 재현을 믿게 만드는 극적 공간, 폐쇄적이고 분리되어 있는 마치 극장과도 같은 시기의 중요성을 강조한 바 있다.[5] 그가 말한 제한적 시기가 어떻게 소거되고 검열의 대상이 되며 부정의 힘, 나아가 위반이 지닌 힘이 사실상 지워져버렸는지를 살펴보면 실로 놀라움을 금하기 어렵다. 더욱이 시간이 흐르고 사상이 발전함에 따라 그의 묘사는 점점 더 평온하고 순수한 것으로 변해갔으며 니체와 바타유가 묘사한 바 있는 기독교 진화의 궤적 속에 존재하던 에로틱하고 외설적인, 가학적이며 잔인하고 파격적인 특징들은 점차 퇴색해갔다. 다음의 사실은 더욱 중요하다. 이 무렵(이전 민족지 기록에 일반적으로 기록된 사실들은 말할 것도 없고) 뉴기니 고산지대에서 행해진 진지한 민족지 연구를 통해 밝혀진 자료는 결코 고상한 방식으로는 수용될 수 없었다. 인류학자들 사이에서 위반의 특징과 그들이 종교에 대해 지닌 중요성은 의식적, 무의식적으로 회피되었으며 그 같은 중요성을 회피한 것은 비단 터너만은 아니었다.

위반에 관한 사료를 정면으로 마주하고 그것이 지닌 종교적 의미를 분석하는 것이 왜 그토록 큰 반감을 불러일으켰는가를 추측해보는 것은 철학적으로도 유용한 일일 것이다. 주노드가 밝혀낸 세부사항, 그리고 그로부터 수십 년이 지난 1929년 에반스프리처드가 「아프리카에서 외설의 집단적 표현」이라는 짧은 논문에서 제기한 질문들은 빠르게 잊혀갔다(괴짜 비-인류학자이며 한때 최근 부활한 사회학 연구소 구성원이기도 했던 로제 카유아의 저서 『인간과 성스러운 것』은 예외다).[6] 예배식이나 카니발과 같은 축제와 관련하여 중세 기독교 교회에서 위반의 존재와 그것이 지닌 결정적 중요성 역시 제외되었다. 고대 그리스와 로마 종교 속 디오니소스적 요소나 힌두교, 불교, 그리고 이슬람교의 "의심스러운" 조류나 탄트라tantric의 경우와 마찬가지로 말이다.

이와 같은 회피의 징후 중 하나로 맥스 글럭먼Max Gluckman이 쓴 「의례 속 승인Licence in Ritual」과 같은 열광적인 출판물이 대거 등장하는 광경을 통해 찾아볼 수 있다. 이들은 모두 "역전의 의례rituals of reversal", 잠시 동안 허가된 위반, 예를 들어 통치자가 하인이 되고 왕이나 왕비가 굴욕을 당하며 남성이 여성의(혹은 여성이 남성의) 복장을 하는 등과 같은 행위를 다루고 있다. 그보다 심각한 예들은 조롱이나 기괴한 반향에 노출된다.[7] 근대 학자들의 글 속에서 이 같은 열광이 실은 현상 유지를 강화하는 기능을 하는 사회적 서사의 한 부분일 뿐이라는 공리주의적 해석을 피하는 것은 불가능하지만, 그 와중에도 이 같은 분석 속에서 몇몇 부류의 학자들은 지루한 결론으로부터 탈출구를 찾으며 자신들이 서술하고 있는 한시적 광기와 엑스터시에 스스로를 동일시하는 은밀한 반동으로부터 활기를 얻었다. 다시 말해 안정성과 기능에 대한 주장이 완전히 수용되지는 않았으며 도무지 피할 길 없는 기능주의적 승인의 인장이 찍힌 학술적 묘사 이면에는 항상 이 같은 과잉이 스며들고 있었다. 역전과 위반 행위가 가리키는 또다른 세계가 공포스러운 것만이 아닌 차이와 경이로움이 한데 모인 장소일 수 있을까?

이 딜레마는 라블레Rabelais와 카니발에 관한 미하일 바흐친의 널리 알려진 작업에서 특히 두드러지게 나타난다.[8] 바흐친은 또다른 시대, 즉 초기 근대 유럽의 '승인된 위반'에 대한 연구를 1930년대 소련 극동의 반-망명지semiexile에서 수행한다. 이는 스탈린주의에 대항해 장렬하게 사라진 유머와 꿈이라는 대의를 카니발과 웃음을 터뜨리는 복부의 시학을 통해 제시하는 향수 어린 작업이었다. 냉전의 파토스는 수십 년 후 영어로 번역된 바흐친의 "메시지"를 더욱 분명히 하며 그것은 웃음에 관한 학문적 성찰로 정화되었다. 이 모든 것이 이루어지는 동안 강제 노동 수용소의 공포는 카니발과 같은 위반의 표식만큼이나 검증되지 않은 채 남아 있었다. 바흐친의 복부와 성기에 관한 서술에서 드러난 위반에 대한 감각은 마치 천사 같은 것인 양 매우 훌륭한 것으로 해석된 반면 사드나 바타유와 같은 일련의 저자들은 그런 식으로는 결코 동화될 수 없는 죽음과 시체, 그리고 에로티시즘에 빠져 있는 것으로 간주되었다. 게다가 우리는 여기서 위반이 홀로코스트나 20세기 후반 끊임없이 증가하는 인종차별과 같이 우리 시대에 존재하는 폭력의 신성한 차원을 연구하는 데 무척 중요하게 작용한다는 사실 역시 분명히 알아차릴 수 있다.

종교 속 위반의 본질에 대해 사유하고자 하는 시도를 향한 혐오는 많은 경우 특정 학파의 분석적 선호 때문이 아니며 외려 자본주의적 상식 속 공리주의적 가설과 함께 기독교와 계몽주의가 결합된 작용이 통합해낸 인간 경험의 방대한 영역을 단순히 차단하는 현대적 취향과 도덕의 영향에서 그 원인을 찾을 수 있다. 조르주 바타유가 저서 『에로티시즘의 역사』서문에서 탐구 주제이자 그 자신이 지닌 불안의 원천으로 지목한 것은 바로 느낌과 표현 능력의 차단, 그의 표현에 따르면 우리가 "하늘이 [지금] 열리고 있는 것처럼 보이는 순간을 그저 공허한 생각으로 대체해버리는" 상황이다. 그는 이에 맞서 "바로 그 순간에 들어맞는 사유의 방식을 세우기"를 원했다. 이 같은 재현적 파토스는 위반이라는 형태의 도전으로 영원히 남아 있게 될 것이다.

초현실주의와 범속한 각성

우리는 (바타유가 밀접하게 관련된) 초현실주의 그리고 앙드레 브르통이 『광란의 사랑』에서 말한 "발작적 아름다움convulsive love"과 "부동의 파열fixed-explosive"을 통해 재현적 파토스에 대한 통찰을 얻을 수 있다.[9] 이 개념들은 위반을 재현할 때 동반되는 딜레마를 전달할 뿐만 아니라 초현실주의자들의 시각 이미지와 시, 특이한 형태의 서사와 같은 예술 작업 속에 잘 세공되어 있는 모순들, 즉 말할 수 없는 것이 지닌 고무적 영향을 되살려낸다. 이는 발터 벤야민이 쓴 초현실주의 에세이에서 두드러진다. 그 글에서 벤야민은 "범속한 각성profane illumination"이라는 용어를 사용한 바 있는데, 이는 (계몽이 아니라) 각성의 신비로운 감각에 대항해 무언가 신비한 것을 유지하는 동시에

세속화된 유물론적 감각 또한 지니는 것을 의미한다.[10]

벤야민은 이러한 각성이 이미지와 신체적 본능성을 강조하는 비논증적nondiscursive 현실에 기반하고 있으며 의미가 행하는 의미 자체를 향한 구체적인 도전이라 여겼다. 초현실주의자에게 삶이란 "깨어남과 잠 사이의 문지방이 마치 이리저리 넘쳐흐르는 수많은 이미지들의 발자국들로 밟히듯이 모든 이의 삶 속에서 밟혔을 때에만 살만한 가치가 있는 듯이 보였다. 언어는, 소리와 이미지가, 그리고 이미지와 소리가, '의미'라는 동전이 들어설 틈이 더 남아 있지 않을 정도로 자동기계적인 정확성을 갖고 서로 행복하게 맞아떨어질 때에만 언어 자체가 되는 것처럼 보였다".[11] 이 같은 인식론적 열정을 통해서만이 우리는 바타유가 1930년대에 쓴『과잉의 비전들Visions of Excess』에 실린 놀라운 에세이들을 이해할 수 있다. 재현의 문제를 제기하는 동시에 위반의 전형을 보여주는 이 에세이에서 그는 무엇보다도 재현의 딜레마와 그것의 표상을 통해 작동하는 종교와 의례에 대한 시각을 정확히 제기한 바 있다.

신체와 이미지

우리는 신체와 이미지를 상징이나 증상이 아닌 종교 속 위반을 행하는 수단으로 볼 필요가 있다. 그중 가장 상위를 차지하는 것은 시체, 그리고 월경혈이다. 이들은 모두 오염되었고 그러한 까닭에 신성한 힘을 지닌다. 또한 성별에 관계없이 신체의 다른 구성 요소 및 특징들에 비해 일반적으로 신성함의 측면에서 다소 열등하게 여겨지며 그로 인해 위반의 잠재성 또한 지니고 있다. 하지만 인간 문화가 아마도 우리가 신체에 대해 종교 혹은 종교적 작업이 행하는 신성한 예술의 형태라 부를 만한 것들의 범위를 파악하기 위해서는 클리토리스 제거나 남녀 할례, 음경 아래쪽 절단, 가면, 바디 페인팅, 문신으로 얼굴을 덮기, 두개골의 "변형", 이마를 납작하게 하기, 피를 흘려 보내거나 치아를 뽑고 채우거나 조각하는 행위, 몸과 팔, 또는 다

리에 상처를 내는 행위, 인신 공양, 타인들의 시체를 먹고 태양을 향
해 기도하는 동안 관절을 자르는 행위(윌리엄 버로스[12]가 묘사한 자
동절단이나 바타유[13]가 빈센트 반 고흐가 자신의 귀를 자르고 자살
을 택한 사실이 태양과 맺는 연관성, 그리고 그 같은 행위들이 근대
적 삶에 의해 그 신화적 의미를 완전히 소거당한 일에 완전한 관심을
기울인 점)를 간과해서는 안된다.

저명한 인류학자 로버트 로위Robert Lowie는 1907년과 1916년 사
이 크로우 인디언 지역을 방문하는 동안 왼손이 온전한 노인을 거의
본 적이 없다고 말한 바 있다.[14] 1830년대 크로우를 방문한 바 있는
조지 캐틀린George Catlin은 미주리강 상류 지역의 젊은 만단Mandan 용
사들이 버팔로 두개골에 왼손을 얹은 뒤 새끼손가락을 절단하는 광
경을 목격했다. 그들 중 일부는 활을 다루는 데 필수적인 두 개의 가
운데손가락과 엄지손가락을 제외한 손가락들을 자르기도 했다. 추
장과 고위 인사들은 과거 몇 해 동안 더 큰 희생의 의미로 오른손 새
끼손가락을 잘랐다. 하지만 이는 젊은 용사들이 상반신 근육에 밧줄
이 달린 쐐기를 꽂은 후 약제를 만드는 오두막 서까래에 매달려 있는
동안 바닥에 있는 동료들은 그들이 고통으로 기절할 때까지 주변을
빙빙 도는 것에 비하면 아무것도 아니었다. 이어서 네 명의 노인이
"물이 든 자루를 계속해서 두드리며 가장 고음의 음정으로 노래를 불
렀다".[15] 그런 다음 무거운 버팔로 두개골을 다리와 팔 근육의 인대
를 통해 쐐기에 부착하는, 마치 경주와 춤 사이에 존재하는 듯한 무
언가가 이어졌고 젊은이들은 근육 자체가 아닌 다리와 팔의 인대를
사용해서 부목에 의해 살이 찢겨나갈 때까지 달리면서 그것을 끌어
야만 했다.

그 자체로서 성스러운 상연장이자 흔히 오염의 진원지로도 여
겨지는 무시무시한 월경혈뿐만 아니라 인간의 피를 이와 동일한 것
으로 만들려는 남성들의 시도 역시 있어왔다. 고원 지대에 위치한 아
사로Asaro강 골짜기에 거주하는 가후쿠Gahuku인들 사이에서의 경험

을 담은 케네스 리드^{Kenneth Read}의 책『하이 밸리^{High Valley}』가 그 예시
다. 리드는 밝은 불빛이 비치는 얕은 강변에서 화려한 빛깔과 깃털로
무장한 다른 남성들 앞에 선 채 성기를 과시하며 자위를 하는 신참 남
성들을 목격했다. 신성한 피리 소리가 울려퍼졌다. 이들은 차례로 면
도칼처럼 날카로운 나뭇잎 두루마리를 들고 앞으로 나아가 "조명 아
래 마술사가 하듯이 그것들을 무성하게 만든" 뒤 그 사악한 도구를
코에 넣어 점막을 찢고 피가 흘러나오도록 했다. 이를 지켜보던 남성
들은 소리를 질러댔고 부상당한 이는 고통으로 정신이 혼미해졌다.
아무리 힘이 센 사람이라도 무릎이 떨리고 다리가 휘청거릴 만한 고
통이었다.¹⁶ 리드는 이를 부분적으로는 여성의 불결한 영향을 쫓아
내려는 욕구에서 비롯된 것으로 이해한다. 이는 이 신참에게 생애 최
초의 굴복이었으며 이들은 이후 길고 좁은 U자 모양으로 두 번 접힌
큰 지팡이를 삼킬 것을 강요받았다. 리드는 그 경험을 다음과 같이
서술한다.

> 허리를 앞으로 숙인 채 그는 둥글게 휘어진 부분을 입에 넣고 몸
> 을 곧게 편 뒤 고개를 기울여 목선을 길게 늘인 뒤 지팡이를 그
> 의 배 속에 넣었다. 목구멍이 수축하고 배가 부풀어올라 고개를
> 돌려야만 했다. 다시 그에게 돌아갔을 때 지팡이 대부분은 사라
> 지고 입꼬리에서 튀어나온 두 개의 작은 부분, 즉 U자의 끝 부분
> 만이 보이는 상태였다. 그가 얼마나 오랫동안 이 기괴한 자세를
> 유지했는지는 모르겠다. 그의 긴장된 복부와 가슴은 무의식적
> 전율로 가득했다. 나는 이미 그 광경에 경악했고 그가 손을 들어
> 지팡이 끝을 잡고 위아래를 빠르게 휘두르며 위를 향해가는 움
> 직임을 하는 동시에 지팡이를 입에서 거의 빼내다시피 하는 모
> 습에 충격을 받아 숨이 멎을 지경이었다. 구경꾼들의 열기는 최
> 고조에 달해 그들이 내뱉는 함성이 파도처럼 밀려왔다. 마침내
> 그가 지팡이를 빼낸 뒤 허리를 숙인 채 강물에 토해낸 후 나는

비로소 안도의 숨을 내뱉었다.[17]

신체를 이런 식으로 사용하는 예는 무수히 많지만 여기서 예시라는 개념의 사용 자체가 요점을 놓치게 하는 것일지도 모른다. 이같은 퍼포먼스는 리드가 "과잉을 추구하는 가후쿠의 끝도 없는 성향"이라 부른 것에 꼭 걸맞을 만큼 충격적이다. 의례가 극화되는 와중에 신성하고 초자연적 목적을 위해 신체를 사용하는 이 기발한 게임에 경외심을 느끼지 않기란 실로 어려운 일이며 여기서 주연 배우이자 가장 놀라운 소품은 다양한 부속물, 체액, 물결치는 표면, 주름, 출구와 입구를 지닌 너무나 인간적이면서 평범한 신체다.

비밀스러움

리드의 입문식 묘사가 제공하는 중요한 개념적 요점은 오직 입문자 남성들에 의해 연주되는 비밀스럽고 신성한 나마 피리 소리에서 드러나는 것과 같은 비밀 혹은 공공연한 비밀의 역할이다. 여기서 중요한 것은 비밀이 금기(그로 인한 위반)와 어떻게 얽혀 강력하면서도 눈에 보이지 않는 존재(존재의 현존 자체)를 만들어내는지, 그리고 이 점이 우리가 일반적으로 종교라고 부르는 것에서 얼마나 필수적인가를 깨닫는 것이다. 한 예로 주노드가 묘사한 할례 의식은 여성과 입문식을 거치지 않은 이들에게는 금지되며 음경 상처를 감싸는 붕대를 본 여성은 반드시 죽임을 당한다. 스펜서와 길렌은 1899년 호주 중부 아란다인들이 사용하는 신성한 추링가churinga라는 물건을 묘사하며 그것을 본 여성이나 입문하지 않은 남성을 기다리는 것은 죽음 혹은 부지깽이에 찔려 눈이 머는 것이라고 쓴 바 있다. 이러한 종류의 제재, 그리고 그에 따르는 공포와 위험은 호주 대륙의 많은 지역에서 찾아볼 수 있다.[18]

이러한 극적 사례들은 우리에게 거대한 세계 종교 속 성스러운 것 속의 비밀과 전략적 역할에 대한 통찰을 제공한다. 키스 볼레는 이를 다음과 같은 말로 표현한 바 있다. "비밀이 없는 종교는 없고 모든 인간 존재 역시 비밀을 지니고 있다." 그는 제한이나 특별한 신비, 주의, 자제 등과 같은 사례들 속에서 드러나는 비밀에 대한 비-실증적이고 자기 성찰적 시각을 불러일으키는 데 주의를 기울인다. 그는 학자뿐만 아니라 신자에게도 해당되는 질문을 던진다. "어떻게 [비밀을] 왜곡하지 않은 채 그것을 완전히 인식할 수 있는가?"[19]

비밀에 내재된 부정의 힘은 그것이 위반되는 상황에 대한 공포스러운 기대에서 비롯된다고도 할 수 있다. 위반은 그것의 실현 여부가 아닌 혹여 위반이 일어날지도 모른다는 우려를 통해 막강하고도 창조적인 힘을 발휘한다. 그것만으로도 충분하다. 하지만 고려해야 할 추가적인 특징이 하나 있는데, 이는 위의 두 예시에서 알 수 있듯 신비가 **시각적** 표출로 드러나는 과정 속의 불안이다. 이 예시를 비롯해 다른 수많은 예들에서 볼 수 있듯, 금지는 통제되지 않은 보기의 행위를 뜻한다. 내가 이미 말한 바 있듯, 끝없이 방전되는 회로에 비견되는 금기와 위반의 교묘한 상호작용이라는 부정의 논리에 따라 비밀(따라서 그것을 깨뜨리는 위반)은 은폐되어야 하는 동시에 드러나야만 하는 것이기 때문이다. 이러한 부정의 부정은 아마존 중부나 뉴기니, 중앙아프리카, 호주에 이르는 전 세계의 수많은 사회에서 행해지는 위장한 남성의 가면을 벗기거나 신성한 피리나 포효하는 황소를 전시하는 등등의 사례들 속에 극명하게 묘사되어 있다.

은폐와 노출 사이를 오가는 움직임에 대한 탐구 속에서 드러나는 예술 형식이자 금기와 위반으로부터 힘의 원천을 창출하는 계시의 중요성을 설명하기 위해서는 무엇보다도 한 사람의 입문을 보장하는 신비를 폭로하는 드라마에 주목할 필요가 있다. 이러한 계시는 마법을 해체하는 것이 아니라 신비스러운 조명에 힘입어 외려 더 많은 마법을 보장하며 그로 인해 계시는 더 많은 은폐로 이어진다. 비밀을 드러내는 것이 더 깊은 비밀, 혹은 또다른 비밀로 이어지는 것이다.

좀더 나아가보자. 주노드가 묘사한 할례가 이루어지는 오두막의 신성한 구역에서 멀리 떨어진 마을에 남겨진 여성과 아이들, 또는 중앙아프리카[20] 음부티Mbuti족의 몰리모molimo 트럼펫이 연주되는 동안 오두막에 숨어 있어야만 하는 사람들, 아마존 중부와 뉴기니[21] 고산지대에서 신성한 피리가 연주되는 동안 숨어 있어야만 하는 이들로 시선을 돌려보자. 티에라 델 푸에고의 셀크남족 캠프(1920년대 초 마틴 구진데가 생생하게 묘사한 바 있는)에 가면을 쓴 슈르트 영혼이 입장할 때[22] 역시 마찬가지이다. 이 사례들에서 우리는 매우 강력한 동시에 상당히 다른 방식으로 표현된 부정을 볼 수 있다. 오두막에서 일어나는 일에 대한 **부재하는 존재**absent presence와 **적극적인 무지**active unknowing를 형성하는 것이 입문하지 않은 자들(일반적으로 여성들을 의미한다)의 임무이기 때문이다. 부재하는 존재와 적극적인 무지가 실은 그 자체로 폭로와 은폐의 미묘한 표현이라는 사실에 주목해야 한다. 여성들은 자신이 몰라서는 안 된다는 것을 인지하는 동시에 실제로 많은 것을 "알고" 있다. 다시 말해 오두막의 비밀 속에서 펼쳐지는 강력한 계시의 드라마는 그 장소와 그곳에서 일어나는 모든 일을 외부로부터 숨겨야만 펼쳐질 수 있다. 다른 한편, 그러한 은폐는 문제가 되는 비밀이 전략적으로 불완전하며 모든 이들이 일부나마 공유하는 공공연한 비밀이라는 점에서 그 자체로 더 큰 계시의 일부이며 은폐와 폭로, 금기와 위반으로서의 부정이 드러내는 교묘한 유희를 다시 한번 보여준다.

"권력의 핵심에는 비밀이 놓여 있다"라고 카네티는 쓴 바 있다. 여기서 권력은 종교적 권위에 필수적이며 종교를 종교이게 하는 것, 즉 믿음의 힘이 포함되어야 한다.[23] 하위징아가 그의 놀이 연구에서 지시한 바와 같이 "교묘한 놀이"라는 용어는(나는 이를 부정의 작업을 위해 사용하듯) 최상의 진지함과 즐거운 포기로서 위반을 정확하게 특징짓는 것으로 이해해야 하며 그로 인해 ("권력의 핵심에 놓여 있는") 비밀은 짐멜이 "현실의 확대"라고 부르는 것, 즉 사물의 외관

뒤에 놓인 무언가 깊고 신비스러운 현실, 설령 종교까지는 아닐지라
도 무언가 성스러운 것이 존재한다는 감각을 동반하며 창조성을 위
한 강렬한 자극으로 기능한다.[24]

　신성한 것의 비밀과 그것의 폭로라는 통제된 위반 모두를 포함
하는 이 같은 유희는 치료사 남성과 여성들, 혹은 소위 말하는 샤머
니즘(실제보다 관습적 용례에 의해 더욱더 승인된 본질주의적 용어
다. 이 책의 제5장을 참조하라)에 관한 논의에서 강력하게 드러난
다. 인류학자들은 마법이 실은 속임수라는 널리 퍼진 의혹에도 불구
하고 대부분은 이에 대해 관대하거나 잠재적으로 어떤 효과를 가져
오리라는 믿음이 존재함을 반복해서 지적한 바 있다. 프란츠 보아스
는 그의 긴 학문적 여정의 후반부에 이르러 다음과 같이 쓴 바 있다.
“[콰키우틀족] 샤머니즘 방식의 대부분이 실은 속임수라는 것을 모
든 관련자들이 알고 있지만 그것을 행하는 샤먼, 환자와 그들의 친구
들은 모두 이에 대한 믿음을 유지한다. 폭로는 샤머니즘의 ‘진정한’
힘에 대한 믿음을 약화시키지 않는다. 이러한 독특한 심리상태로 인
해 주술사는 자신이 가진 능력을 의심하고 항상 속임수를 통해 그것
을 강화할 준비가 되어 있다.”[25] 보아스가 “독특한 심리 상태”라고 부
르는 것은 “속임수”와 “마법”에 대한 “믿음”이 숙련된 은폐를 잘 숨기
는 것이 아니다. 외려 이것은 잘 폭로해내는 것에 관한 수많은 (부적
절한) 표현들, 즉 실제 벌어지는 일에 의문을 품는 것, “알지” 말아야
할 것을 알게 되는 공공연한 비밀의 미로 속에 세워진 모순들의 시소
게임이 만들어내는 촘촘한 기대로 가득한 분위기 속에 존재한다. “회
의론은 주술 치료사에 대한 믿음의 패턴에 이미 포함되어 있다. 회의
주의와 믿음은 그 전통에서 유사하다”라고 에반스프리처드는 아잔
데 치료사들에 대한 그의 1937년 저서에 쓴 바 있다.[26]

위반되어야 할 비가시적 존재인 소리와 노래
　황소 울음, 성스러운 피리 연주나 노래와 같은 소리들은 점점 더

중요해진다. 이들은 시각적 드러냄이 금지되는 것과는 다르게 비밀을 드러내지 않고도 비밀의 존재감을 드러낸다. 따라서 소리는 부재하는 존재를 매개하는 완벽한 수단이다. 소리는 메타-비밀 또는 비밀의 "피부"와도 같아서 그 내용을 드러내는 동시에 숨긴다. 넘어서야 하는(그러나 절대 넘어서는 안 되는) 신비스러운 위반이라는 선을 정확히 드러내는 것이 바로 이 피부다.

뉴기니 고지대나 아마존 중부의 신성한 피리 소리의 예를 보자. 여기서 중요한 미장센은 남성들이 비밀리에 신성한 피리를 연주하는 동안 여성과 아이들은 눈을 감은 채 부재하는 존재로 집과 정원에 숨어 있어야 한다는 점이다. 이는 눈에 보이지 않는 피리의 소리에 의해 영의 힘을 증강시킨다. 뉴기니에서 3개월간 진행된 가후쿠 남성 입문식에서 나는 인간이 만든 소리에 대한 케네스 리드의 표현은 이를 잘 드러낸다. 예를 들어 남성 입문식 초기 단계에서 여성들은 "고막을 찌르는 듯한" 날카로운 울음소리를 내고 남성들은 맨땅에 발이 부딪히는 소리에 대응해 가슴을 두드려 쿵쿵거리는 소리를 낸다. "무엇보다도…… 피리의 울부짖음을 나는 처음으로 가까이에서 들을 수 있었는데 이는 고막을 두드리는 커다란 날갯짓 같은 소리, 두개골의 빈 부분에서 욱신거리며 울려오는 소리와 같은 압도적인 소음"이었다. 그는 이렇게 쓴다. 이때 남성들은 "보이지 않는 힘과의 황홀한 교감"을 느끼는 듯했으며 그들이 무엇을 느꼈는지를 정확히는 알 수 없지만 "그들은 [여성들에게] 보이기를 원하는 것 같다는 생각이 강하게 들었다".[27]

널리 알려진 또다른 민감한 사례로 『숲의 사람들』에 실린 비밀스럽고 신성한 몰리모 트럼펫과 그에 관한 노래인 중앙아프리카 이투리숲의 음부티 "피그미족"에 관한 이야기를 들 수 있다. 이 책에서 콜린 턴불은 남성의 악기가 불러내는 눈에 보이지 않는 존재를 인상적인 용어로 묘사하며 여성은 그것을 목격하면 죽게 될 것임을 믿어야 한다고 쓴다. 턴불과 음부티 모두는 소리, 즉 눈으로는 볼 수 없는

악기가 사실상 위안과 아름다움, 신비와 성스러움, 윤리 체계와 숲속
의 '존재'에 뿌리내려 있다는 감각을 제공하는 종교를 실질적으로 구
성한다는 점에서 더욱더 전형적이라 할 수 있다. 여기서 종교란 무엇
보다도 신중하게 감추어지는 **동시**에 드러나는 비밀을 말한다.

> 한 달 내내 나는 매일 저녁 쿠마몰리모[몰리모 의례]에 참여해
> 듣고 보고 느꼈다. 느낌이 가장 우선했다. 무슨 일이 일어나는지
> 전혀 알 수 없었지만 적어도 중요함과 기대감으로 찬 분위기를
> 느낄 수는 있었다. 매일 저녁 여성들은 "숲의 동물"을 보는 것을
> 두려워하는 체하며 입을 다물었고 남성들은 여성들이 배수관
> 을 동물이라 여기는 체하는 것을 믿는 체하며 불 주변으로 모여
> 들었다. 매일 저녁 나팔 배수관이 표범과 코끼리, 버펄로를 흉내
> 냈고 이 모든 가장make-believe이 진행되는 동안 나는 그 저변에 존
> 재하는 매우 현실적이고도 중대한 무언가, 모두가 당연하게 여
> 기지만 나는 전혀 눈치채지 못하는 무언가가 있음을 느꼈다.[28]

1970년대와 80년대 콜롬비아 남서부에서 들은 푸투마요 샤머
니즘 속 샤먼의 노래는 그의 몸이라는 매개체를 통해 그를 통해 노래
하는 영혼과 정확히 똑같은 영혼들, 강력한 영혼들에 다가가 그들에
게 연결된다. 그런 식으로 샤먼은 영과의 접촉을 금기시하는 비밀의
벽을 통과해 사람과 영혼 사이에서 변증법적으로 작용하는 소리의
신비를 통해 보이지 않는 것이 존재하도록 한다.[29]

환각 물질인 야헤yage로 인한 환상은 음향으로 이루어진 존재,
눈으로는 볼 수 없는 영적 존재에 시각적 형태를 부여한다. 하지만
핵심은 환각적인 이미지는 놀랍도록 계시적인 동시에 매우 위태롭
게 실재한다는 점에 있다. 이러한 이미지들은 현대에 이르러 콜라주
나 몽타주라고 불리는 것들의 전형이라 할 수 있다. 이들은 이리저리
움직이고 서로 모순되며 감정적으로 양극화되어 있다. 이들은 다른

누군가, 예를 들어 적의를 지닌 주술사로부터 온 것일 수도 있고 의도적으로 오해를 불러일으킬 수도 있다. 그 형태들이 만들어질 때 노출과 은폐, 노출을 통한 은폐의 또다른 방식 역시 생성된다. 시각적 노출이 가진 치료적 기능뿐만 아니라 야혜와 같은 약물의 복용을 통해 만들어지는 위험과 강렬한 감정이 금지된 정령의 영역으로 침입하는 것과 마찬가지로 위반의 깊이를 암시한다는 점 또한 염두에 두어야 한다. (특히 여성, 월경혈, 임신과 관련된 금기는 과업을 수행 중인 샤먼을 신체적으로 파괴할 수도 있는 무시무시한 상태를 의미한다.)

노래와 음악을 통해 표현되는 비가시적인 존재와 더불어 인간의 신체는 철학적 "장치device"로 작용해 내면을 극화하고 숙고하거나 진리의 불가침 요소로 은폐하기도 한다. 여기서 내가 염두에 두고 있는 것은 앞서 언급한 입문식과 같은 종교 의례의 신성한 무대로서 신체가 사용되는 사례만이 아니라 전 세계적으로 퍼져 있는 예, 즉 내부와 외부, 침투와 회수의 무대로 사용되거나 은폐와 노출의 화려한 상연 속 숨겨진 깊이를 파헤치고 드러내는 도구로서의 신체이기도 하다. 예를 들어 주술로 누군가를 치유할 때, 이는 일반적으로 신체 내부로부터 물체, 파편, 벌레나 동물을 추출해내는 것을 포함하며 종교의 본질을 이루는 동시에 가장 "위반적" 부분일 이러한 주술은 열거된 것들을 신체에 배치하는 것과 관련되어 있다. (퇴마의식, 고해성사, 카타르시스, 정화에 대한 기독교적 개념과 소위 원시 종교의 핵심 요소인 영혼을 번역해내기 위해 기독교의 개념들을 사용할 채비가 되어 있는 것은 모두 내면성과 외면성에 의해 활성화되는 일종의 평행 현상이라고도 할 수 있다.) 주목할 만한 또다른 사실은 존재와 무 사이의 유희인데, 이는 흔히 존재론적으로 부인할 수 없는 물질의 본질을 수반하는 물체가 빠른 속도로 변화하며 신체의 외부와 내부를 들락거리며 나타났다 사라지는 기술을 통해 드러난다.

아시아, 아프리카, 라틴아메리카의 많은 사회에서 이들은 마법의 물질이 아니라 죽은 자의 영혼을 말하며 그 존재를 통해 내부와 외부라는 개념이 상연된다. 흔히 '귀신 들림spirit possession'으로 분류되어 광범위하게 퍼져 있는 이 같은 현상의 강력한 흔적은 기독교 전례, 특히 성령과 성인 숭배의 근간을 이룬다. 마찬가지로 은폐의 드라마와 신비를 드러내는 신체의 사용은 외부의 신체적 특징을 통해 미래만이 아니라 인격과 영혼을 읽어내는 고대 과학의 한 종류인 관상학physiognomy을 형성하기도 하며 특히 얼굴 클로즈업을 통한 영화의 (마법적) 힘에 관한 이론의 기초가 되기도 했다. 그러나 내면과 외면이 구체화되는 과정에서 우리가 주목해야 할 것은 결국 감추어진 것이 드러나는 카타르시스의 승리라기보다는 금기와 위반, 은폐와 노출의 회로가 끊임없이 방전되며 흐르는 영원하고 불안정한 움직임 속 숨겨짐 자체의 상연이다.

부정과 과잉에 대한 끝없는 추구

케네스 리드는 "과잉을 추구하는 지칠 줄 모르는 경향"에 주목하면서 의도치 않게 "과소비" 또는 "소모"[30]에 관한 조르주 바타유의 1933년 이론을 강조한다. 바타유의 이론은 경제학보다는 종교와 더 밀접하게 연관되어 있으며 이후 3권으로 이루어진 그의 저서 『저주받은 몫』(1988)[31]에서 더욱 정교하게 발전된 바 있다. 책에는 다음과 같은 주장이 담겨 있다. 모든 인간 사회에는 과시용, 낭비적이고 사치스러운 지출, '지나침toomuchness'(이는 노먼 브라운의 표현이다)[32]이 존재하며 거기에는 순전한 손실 외에는 어떤 이득의 동기도 없는 소모에 대한 욕구가 내재되어 있다. 바타유는 이를 바탕으로 (1) 제물을 바치는 자sacrificer와 신 사이에서 제물victim로 존재하는 매개자 (2) 이 매개자의 파괴를 특징으로 하는 많은 종교 속 가장 중요한 요소, 즉 희생을 통한 세계사 읽기를 제안한다. "희생은 자신이 숭배하는 것을 파괴한다"고 강조하며 바타유는 유용성과 이득의 부정을 통해 위반과 밀접하게 얽혀 있는 소모가 지닌 성스러운 특징을 정의할 방

법을 탐구한다.[33]

희생에 대한 이 같은 시각은 지양Aufhebung(개념이나 사건이 그 것의 부정에 의해 초월되는 동시에 내부에 보존되는)의 기능에 관한 헤겔의 작업 속 죽음 공간이 가진 의미에 대한 바타유의 철학적 논쟁 과 밀접하게 이어진다. 바타유가 보기에 헤겔은 자신이 『정신현상 학』 서문에서 행한 죽음과 분할dismemberment에 대한 강조가 어느 정도 타당한 것인지 확신하지 못했다. 헤겔이 쓴 그 유명한 구절은 다음과 같다. "정신은 절대적인 분할 속에서만 그 진리에 도달한다. 정신은 부정적인 것을 외면하는 긍정이 됨으로써 얻어지는 막강한 힘이 아 니다…… 영혼은 부정과 얼굴을 맞대고 그 속에 거주하는 정도의 힘 이다. 장기간의 체류야말로 부정을 특정한 존재given-Being로 바꾸는 마법적 힘이다."[34] 바타유는 이러한 마법에 맞서 인류 역사와 정신에 서 작동하는 부정을 구원적 종결을 달성하거나 그에 관심을 둔 것이 아닌 일종의 이탈한 지양으로 해석한다. 변증법적 구조를 종결시키 는 것은 사실 매우 비-변증법적인 것이다. 반대로 부정은 죽음과 해 체에 계속해서 직면하는 가운데 종결이 있다는 생각 자체를 희생하 는 것을 말한다.[35]

자동 절단automutilation과 신의 살해

죽음과 해체는 성스러운 행위가 이루어지는 특수한 상연장으 로서의 인간 신체로 우리를 되돌아가도록 한다. 이곳은 죽음이나 해 체, 신의 살해, 그리고 스스로를 살해하는 신과 같은 주제를 피하는 것이 불가능한 장소다. 기독교의 근간은 그 핵심에 놀라운 수준의 위 반이 존재한다는 사실이 암시되어 있음으로 인해 만들어지며 이는 근대성에 대한 니체의 유명한 정의에 큰 영향을 미쳤다. 그에 따르 면 신의 죽음이란 실은 신이 스스로를 살해한 것이며 니체는 이를 근 대성 속 위반의 실제 장소와 성격, 의미를 정의하는 새로운 차원으로 끌어올린다.

신은 노화해 죽은 것이 아니다. 니체는 살해를 이렇게 정의한다. 그리고 그것은 사회 전체에 의한, 시대에 의한 살해이며 그가 『즐거운 학문』에서 던진 다음의 질문, "어떻게 우리는 이런 짓을 한 건가?"에 상응하는 엄청난 행위이다. "어떻게 우리는 바다를 들이마실 수 있었을까? 누가 우리에게 수평선 전체를 닦아낼 수 있는 스펀지를 준 걸까?" 불확실성이 지배하며 지구는 태양으로부터 풀려난다. "어디를 향해 움직이는 걸까? 우리는 어디로 가는 걸까?" 게다가 사건은 제대로 알려지지 않았는데 이것이야말로 위반의 가장 두드러진 특징일 것이다. 소식을 전하던 이들이 등불을 땅에 던지자 이내 산산조각나버린다. "나는 너무 일찍 왔다", 그가 말한다. "아직은 때가 아니다. 엄청난 사건은 아직 진행중이고 여전히 헤매고 있으며 아직 사람들의 귀에 들려오지 않는다. 번개와 천둥에는 시간이 필요하다."[36]

신의 죽음이 얼마나 근원적인가는 미셸 푸코가 쓴 『위반에 대한 서론』(1963)에서도 드러난다. 그는 이 책에서 근대성 자체를 위반의 관점에서 정의하는데, 이는 성스러움이 소거된 세계에서 한계에 관한 경험의 시적 논리를 중심으로 구축된 그의 새로운 철학(한계의 무한성이 그 자신의 무한한 한계로 규정되는 신의 법칙을 대체하는)[37]의 서곡이었다. 여기서 핵심적이며 종교 연구에 중요한 의미를 지니는 통찰은 위반 그 자체가 상연되는 장소로서의 성스러운 것은 (앞서 언급한 수많은 예들이 보여주듯) 세계의 탈마법화라는 유명한 개념에서 제시된 바와 같이 근대성에 의해 소거되는 것이 아니며 오히려 스스로 위반된다는 점이다. 역설적이게도 이러한 위반의 위반이 궁극적인 성스러움으로 보이는 곳은 신성 모독, 즉 근대성에서 성스러운 것이 가장 빈번하게 경험되는 장소, 성스러움이 뒤집힌 형태인 신성 모독, 환유적 증식의 끝없는 물결 속에서 극단들의 조우를 특징으로 하는 부정적 거룩함으로 가득 채워진 공간이다. 푸코에게 위반으로 가득한 근대적 공간이란 바로 성, 혹은 성과 언어이며 이들은 신이 아니라 신의 부재 속에 자리한다. 위반에 주어진 이 독특한 비틀림은 전적으로 새로운 "비변증법적 철학"을 요구한다. 이는 바타유의 과잉과 웃음의 흔적으로 가득한 죽음의 공간을 연상케 하는 한계에 대한 아찔하고 불가능한 언어에 기반하는데, 푸코의 황량하고도 시적인 표현에 따르면 이러한 언어는 "침묵의 모래사장에서 언어가 얼마나 나아갈 수 있는가를 드러내는 거품으로 된 선"을 이룬다. 여기서 모든 것은 언어, 철학-으로서의 언어, 존재-로서의 언어, 위반-으로서의 언어(초현실주의와 벤야민, 그리고 재현의 파토스에 관련된 주제로 우리를 되돌아가게 하는)에 달려 있다. "파열되고 갑작스럽게 하강하는, 부서진 윤곽의 산물인 이 흉하고 험준한 언어는 원을 그린다. 언어는 스스로를 지시하며 자신의 한계에 대한 질문과 다시 포개진다."[38]

섹슈얼리티의 역사에 관한 푸코의 후기 작업에서 가장 중요하지만 거의 인정받지 못하는 주제는 섹슈얼리티에 매여 있는 위반의 신성한 힘과 한계에 처한 언어, 비밀, 특히 은폐와 폭로의 놀이 사이의 밀접한 연관성이다. 14년 뒤, 푸코는 그의 저서 『성의 역사』에서 다음과 같이 반복한다. "근대 사회의 독특한 점은 성을 그림자와 같은 존재에 위탁한 것이 아니라 이를 비밀로 묻어두는 동시에 끝없이 그것에 대해 말해왔다는 데 있다."[39] 이 주장은 초현실주의를 종교와 위반, 이미지와 신체 사이의 새로운 조합을 만들어내는 현대성의 교차로로 이해한 벤야민의 통찰력과도 조우한다. 범속한 각성에 대한 그의 조언에 따르면 "우리는, 일상을 꿰뚫어볼 수 없는 것으로, 그리고 꿰뚫어볼 수 없는 것을 일상적인 것으로 인식하는 변증법적 시각의 힘으로, 그 비밀을 일상 속에서 재발견하는 정도로만 그것을 꿰뚫을 수 있다".[40]

도취

1928년 쓰인 벤야민의 기민한 권고는 무정부 공산주의 계급 투쟁 속 신비로운 힘으로서의 도취, 즉 신체와 이미지를 폭발적으로 전

위시키고 재구성하는 이미지 제조기로서의 도취로부터 비롯되었다. 또한 도취는 범속한 각성 속 일상적 요소를 약화시키는 요소인 마약을 통한 영감이라는 보다 문자적인 의미를 담고 있기도 하다. 이는 위험한 영역이지만 20세기 말 위반과 근대성을 논의할 때 피할 수 없는 영역이며 현대에 이르러 마약은 섹스만큼은 아닐지라도 정치, 혁명, 반혁명, 그리고 신성한 것과 관련되어 중요한 위치를 점하고 있다. 윌리엄 버로스(콜롬비아와 페루의 인디언 샤먼과 함께 복용한 야혜는 그의 작업을 이루는 중요한 경험이었다)의 다양한 글과 그림은 이 물음에 대한 일종의 원형과도 같다. 종교를 대중의 아편이라 말한 카를 마르크스는 자신의 이 같은 평가가 얼마나 문자 그대로 옳은 것인지 알지 못했으며 오직 방정식을 앞뒤로 읽을 수 있을 뿐이었다. 니체와 바타유에 이어 푸코는 그의 초기 작업을 통해 명백한 형태의 교회나 사제직이 존재하지 않는 위반의 종교/철학이 어떤 것인지에 눈을 떴고 이로 인해 그의 작업은 우리에게 자동 절단과 자기희생이라는 온갖 덫으로 가득한, 약물을 통해 접근 가능한(혹은 약물이 제공한다고 여겨지는) 근대성 속 성스러움과 경이로움에 대한 이해를 제공한다. 이는 『네이키드 런치』를 시작으로 외설적이고 위반으로 가득한 형태의 이미지와 단어를 문제삼으며 종교, 섹스, 마약, 몽타주를 서정적인 아름다움과 결합시킨 버로스의 작품에서 풍부하게 드러난다. 위반이 종교의 대척점에 있는 것으로 잘못 인식되는 상황은 오늘날 조직화된 종교의 편협한 도덕주의를 드러낼 뿐이다. 이 같은 조직들은 사실 마약을 불법화하고 그것의 사용과 판매에 엄청난 처벌을 가함으로써 성스러운 것의 기저에 깔린 금기와 위반의 끔찍한 논리를 무자비하게 완성하는 현대 사회, 특히 미국의 대응물에 불과하다.

7
NYPD 블루스[1]

조지 W. 부시가 공화당 전당대회를 위해 뉴욕에 왔던 2004년, "뉴욕의 최정예(현재의 이름은 '가장 용맹한 이들')"라 불리는 뉴욕시 경찰국the New York City Police Department(약칭 NYPD)은 대다수의 시위대가 불법 행위를 하지 않을 것을 예상했음에도 매일 수천 명의 시위대를 플라스틱 그물망을 이용해 포획한 후 거대한 포승줄에 묶어 거리에서 쓸어버렸다. 심지어 경찰이나 검찰에 의해 일부가 조작되기까지 한 바 있는 광범위한 비디오 증거에서도 이 같은 장면은 분명히 확인된다. 시위대는 허드슨의 관타나모라 불리는 허드슨 강변 57번 부두에 서둘러 설치된 "유치장"에서 "처리"되었다. 그 장소는 화학적으로 오염되어 있었던 데다 모든 절차는 일반적으로는 몇 시간밖에 걸리지 않는 것이었음에도 이때 체포된 1800명 대부분은 음식과 물조차 거의 제공받지 못한 채 거의 3일간이나 그곳에 갇혀 있어야 했다. 농축된 화학 폐기물이 가득한 바닥에서 잠을 청해야만 했던 그들은 이내 심각한 피부 발진을 경험했고 어떤 이들은 신체 전반에 문제가 발생했다. 하지만 뉴욕의 거리는 전당대회 내내 시위 없이 평온을 유지했다. 목표한 바대로다. 뉴욕은 마치 무대 세트장과도 같은 포템킨 마을(1787년 러시아의 여제 예카테리나가 크림반도를 시찰할 당시 그곳의 군사행정 책임자인 포템킨이 그의 환심을 사기 위해 눈가림식으로 아름다운 풍경을 그린 나무판으로 마을의 빈곤과 낙후함을 감췄던 일화에서 비롯된 명칭—옮긴이주)로 변해 있었다. 미리 정해진 각본에 따라 바그다드에 도착한 총을 든 '해방군'을 장미꽃을 들고 행복하게 웃으며 맞이하는 사람들이 가득한 가짜 장소 말이다.

이런 포템킨 마을은 마흔세번째 대통령과 그의 기병대가 도착하는 '제3세계' 도시 곳곳에 만들어진다. 뉴욕 역시 예외는 아니었다. 치안은 물리적 힘의 문제일 뿐만 아니라 베트남 전쟁중 CIA의 활동을 다룬 소설을 쓴 J. M. 쿳시의 표현대로 "신화적 투쟁"[2]이기도 하다. 1920년 독일, 젊은 시절의 발터 벤야민은 바로 이러한 유령과도 같은 존재 상태, 일종의 폭력적인 비–실재nothingness라는 보류 상태로 인해 이 같은 투쟁은 쉽게 치안 속으로 진입한다고도 말한 바 있다.[3]

발터 벤야민에 따르면 법의 유지에 필수적인 무인지대를 점령하고 있는 것은 치안이다. 치안의 "법"은 그 외의 법과는 무관하며 이는 "국가가 어떤 대가를 치르고서라도 달성하고자 하는 자신의 경험적 목적들을 더는 법질서를 통해 보증할 수 없는 지점을 가리킨다".[4] 이 섬뜩한 주장이 의미하는 바는 우리가 법을 유지하기 위해 돈을 지불하는 이들이 실은 그 법으로부터 벗어나 자신의 일을 지속할 수 있다는 사실이다. (민주주의가 결여된 국가라고 미국이 비난하는) 쿠바의 관타나모 만과 같은 곳에서 사람들이 고문을 당하고 구금된 채 방치되고 "국가 안보"라는 명목으로 모든 증거들이 유기되는 상황, 예외가 노골적으로 규칙이 되어가는 현재만큼 이를 분명히 보여주는 사례도 없을 것이다. 이러한 예외적인 상황이 9·11 테러 이후에 발생했다는 것은 어불성설이다. 벤야민이 치안에 대한 생각을 적어나간 때가 나치 집권으로부터 십여 년도 전이었다는 점을 염두에 둔다면 말이다.

벤야민의 시각과 뉴욕 경찰의 기록 모두는 우리가 "지성으로 비관하되 의지로 낙관"하도록 애쓰면서 얼마나 경찰의 부패를 척결하고 싶어하는지 여부와는 무관하게 우리에게 주어진 과제는 필수적이고 끝이 없다는 것을 드러낸다. 그렇다면 우리의 임무는 정확히 무엇일까? 우리는 그저 경찰을 감시하려고 애쓰는 것은 아닐까? 아니면 그 함정을 염두에 두고 우리 스스로가 치안이 되어야 할까? 아마도 세번째 대안, 즉 지혜의 원천으로서 자신의 비판에 굴복하는 대안 역시 가능할 것이다. 경찰에 대한 감시는 벤야민 시대 이후 전 세계, 특히 제3세계 국가에서 문화적, 관료적 운동을 형성해온 소위 "인권"이라 불리는 것과 밀접하게 연관되어 있다. 뉴욕시나 미국에서 인권에 대한 이 같은 문제 제기가 이루어지는 것은 일반적으로 상상하기 어려운 일일지도 모르나 실제 이는 점점 더 빈번하게 벌어지고 있다. 벤야민의 치안에 대한 분석이 자유주의 일반론과 구별되는 점은 그의 주장에 따르면 치안은 법의 지배를 받지 않으며 결코 법의 지배하에 놓일 수 없다는 데 있다.[5] 그렇다면 무엇이 그들을 지배하는가? 여기서 쿳시가 말한 "신화적 전쟁"이라는 개념이 소환된다. 그는 이를 베트남이나 이라크와 같은 빈곤국들, 소위 '제3세계' 국가에서 수행된 전쟁으로부터 도출해왔지만 그 개념은 바로 이곳, 미국에서도 마찬가지로 적용되고 의심할 나위 없는 힘을 발휘한다.

"잔인한 경찰이 아닌 강인한 경찰"이라는 뉴욕 타임스의 사설이 내가 이 글을 쓰는 동안 호소력을 발휘하고 있었다. 사설은 강인함과 잔인함을 구분하려는 시도 속에서 모순으로 가득찬 채 이성적인 논증이 아닌 위선적인 갈지자 걸음으로 전락해버렸다. 뉴욕 경찰청장은 "경찰관들은 '진퇴양난에 빠져 있으며' 강해지지 않고서는 마약이 만연한 지역을 되찾을 방법이 없다"고 말한다. 뉴욕 타임스 역시 동의한다. "사실이다. 하지만 청장도 지적했듯이 '해결을 위한 옳은 길과 잘못된 길'이 존재하며 [그리고] 경찰배지를 단 누구라도 공격적인 치안과 잔인함 사이의 차이를 식별해내지 못할 수는 없다."[6] 그러나 요점은 "불필요한 폭력"이나 "비합리적인 폭력"과 같은 개념이 그러하듯, 차이는 환상이며 극복 불가능한 모순이라는 데에 있다. 바로 이로 인해 뉴욕 타임스 편집자는 경찰 청장의 수사적 여정을 따라 방패가 지닌 마법 부적 같은 성격을 모방한 방패 모양의 경찰 배지를 상기시키며 글을 끝맺는다.

　몇 해 전 일어난 경찰이 등장하는 장면을 떠올려보자. 내가 일하는 컬럼비아 대학이 있는 뉴욕 북서부 할렘 지역에 위치한 뉴욕 경찰서 제30지구에서는 조만간 뉴욕시 역사상 가장 스펙터클한 흑인 집단 퇴거가 이루어질 예정이기도 했다. 몇 년 전 그곳의 경찰들은 조지 노바를 능숙하게 지워버리고 지위를 박탈했다. 그는 이 지구에서 부패 혐의로 기소되어 청장에 의해 배지를 회수당했다. 어린 소년이었을 때부터 경찰이 되기를 소망했던 그를 말이다. 그는 훌륭한 경찰관이었다. "어떻게 그리 훌륭할 수 있는지 놀라울 따름이다. 그는 요령이 있었다." 노바는 범죄에 관한 한 남다른 감각을 가지고 있었다. 그러나 밝혀진 바에 따르면 그는 동시에 가장 삐뚤어진 사람이기도 했다. 최고가 최악이었던 것이다. 이것이 치안이 작동하는 방식이다. 구금되기 전까지 그의 화려한 이력에는 오직 단 한 번의 오점, 친구에게 배지를 빌려줘 할로윈 의상에 달도록 했다는 사소한 "규율 위반"만이 기록되어 있었다는 점도 주목할 만하다.[7] 누군가는 절도범이 된 경찰이 아니라 프랑스의 위대한 작가이며 성인이 된 도둑, 생장 주네가 술집에서 베르나디노가 지닌 건장함과 자신감 앞에서 찌부러지는 장면을 떠올릴 것이다. "무엇보다도 나를 흥분케 한 것은 그의 검사관 배지가 지닌 보이지 않는 존재감이었다. 이 금속 물체는 노동자의 손가락 사이에 있는 담배 라이터나 군대 벨트의 버클, 날이 달린 칼, 캘리퍼와 같이 남성적 특성을 한데 모아 놓은 듯한 물체들이 지닌 힘을 마찬가지로 지니고 있다. 만약 내가 어두운 구석에 그와 단둘이 있었다면 나는 대담하게 옷을 헤집어 경찰이 배지를 달고 있는 옷자락 아래로 손을 넣었을 것이다. 마치 그의 바지 앞섶을 열듯이 떨면서 말이다."[8]

절도범이 경찰과 경찰 배지, 그리고 그의 성기에 매료된다는 것은 얼핏 역설적으로 보인다. 하지만 이것이야말로 우리 모두가 알고 있는 모순이다. 경찰이 절도범이라는 것이 아니다. 물론 그들 사이에는 차이가 존재한다! 만약 경찰이 절도범이라면 그는 "경찰-도둑", 엘리아스 카네티가 말한 늑대 인간이나 토템과 신비롭게 동일시되는 마법의 능력을 부여받은 이를 가리키는 이중 인간double-men[9]일 것이다. 요점은 경찰과 절도범이 성적으로 얽혀 있으며 이들을 구분하는 얇은 파란 선은 스트립쇼의 베일과 유사하다는 데에 있다. 모든 것은 말 그대로 나쁜 섹스일 수도 있고 유전자의 문제일 수도 있지만, 이는 또다른 논의다. 우리가 주목해야 할 점은 범죄자와 경찰을 하나로 묶는 분류의 기묘한 속성, 즉 경찰이 범죄자보다 더 나쁜데 그 이유는 그들은 똑같은 일을 하지만 경찰은 이를 법의 이름으로 행하기 때문이라고 주장한 니체의 말 속에서 분명히 드러나는 속성이다.

"사랑과 전쟁에 관한 한 모든 것은 공평하다." 1994년 『뉴요커』에 실린 미국 일리노이주 북부 지방 검찰청과 블랙스톤 레인저스 기소에 대한 기사는 이 말을 놀라울 정도로 잘 드러낸다. 기사는 갱단이나 마피아 조직과 같은 범죄 조직 전체를 개인을 대신해 기소하는 이른바 "현대적" 법 집행 경향에 주목하면서 이러한 경향이 실은 검사와 해당 조직의 변절자 사이의 동맹에 크게 의존하고 있음을 지적한다. 하지만 저자에 따르면 이러한 의존이 지닌 가장 큰 위험은 "극과 극처럼 보이는 검사와 범죄자가 협력 방안을 찾지 못할 수도 있다는 것이 아니다". 외려 위험은 "그 반대, 즉 여기서 선인과 악인이 서로 사랑에 빠질 수 있다는 데 있다".[10]

"사랑에 빠진다"는 말은 경찰과 범죄자, 즉 "좋은 놈과 나쁜 놈"이 등장하는 연극 세계에 완벽하게 어울리는 풍부한 은유적 표현의 하나다. 법의 높이로부터 범죄자가 지닌 욕망과 불결함으로의 추락은 고대 신화 속 장면처럼 예정된 일이다. 팩스, 자동 무기, 테이프 레코더 등 모든 것이 "현대적"인 와중에도 말이다. 언젠가는 검찰 총장의 보좌관과 감옥에 수감된 "변절자" 사이의 통화가 몰래 녹음된 테이프가 공개된 적도 있는데, 대화는 경찰이 경찰을 단속하는 훌륭한 예시를 이룬다. 테이프는 법정에서 검사에 맞서는 증거로 재생되었다. 이는 시카고 시내의 연방 검찰청과 메트로폴리탄 교정국 사이에 이루어진 폰 섹스와 같은 불미스러운 일이었고 누가 누구와 섹스를 한 것인지, 검사의 보좌관인지 살인범인지를 가려낼 수 있는 이는 아무도 없었다.

> 그녀가 웃었다. "문이 잠긴 방에서 10분. 그 정도면 충분해." "좋아, 린디", 헌터가 말을 돌렸다. "오늘 할일은 다 한 것 같군. 그러니 이 밤을 위한 잠자리 이야기를 들려줘." "잠자리 이야기를 해달라고? 맙소사." "글쎄, 나도 긴장돼. 알잖아." "가엾어라." "그리고 너는 내가 긴장을 풀도록 도와주겠지." "글쎄, 유진." 루체타가 말했다. "어디 보자, 어떤 이야기를 해줘야 할지." "나는 그냥 보고 싶은데." "보기만 하고 만지진 마", 루체타가 말했다. "그럴 리가."[11]

죄수와 그들을 검거하는 이, 검사와 살인자 겸 정보원 사이를 이어주는 흥분 상태의 전화통화는 이런 흐름으로 계속 이어졌다. 테이프가 재생되는 동안 법정은 매우 고요했다. "사실, 어떤 규칙이 위반되었는지를 이 대화를 통해 정확히 알 수 있는 것은 아니며…… 이는 매우 부적절하고 기괴하고 당황스럽기까지 하지만 불법은 아닐 수도 있다"고 저자는 쓴다. 이 모호함이 지닌 성적이고 스펙터클한 효과는 저자가 선별한 표상적 언어들에 의해 더욱 강화된다. 재판장에게 제시된 대화는 검찰과 범죄자들이 "서로 일정 정도의 거리를 두는 것을 멈추었으며 그들 사이의 동맹이 지닌 불경함"을 보여주는 최후의 증거이자 최종적이고 분명한 표식이었을 거라고 그는 추측한다.[12] 제네트는 이러한 동맹의 불경함을 그것의 내재적 필요성과 함께 최초로 서술한 바 있다.

조르주 바타유와 미셸 레리는 신의 죽음 이후 현대 세계에 "신성한 사회학"을 도입할 필요가 있다고 주장하며 범죄자와 경찰 사이에 나타나는 불경한 동맹을 다음과 같이 요약한 바 있다. 세속화된 세계에 존재하는 성스러움을 탐구한 레리는 모호하고 위험한 것, 흥분과 금지로 특징지어지는 것들이야말로 성스러운 것이라 주장한다. 바타유는 이에 혐오와 공포, 매혹을 추가한다. 세속화된 세계 속 성스러운 것이 지닌 부정과 긍정의 극단을 넘나드는 동안 악마적이고 불쾌한 것, 그리고 악 자체는 우리가 좋은 것이라 이름 붙이는 것들과 마찬가지로 성스러움의 영역에 포함되어야 한다는 사실이 점차 명확하게 드러난다. 현대 사회는 이 무시무시한 의미 속 성스러움에 완전히 사로잡혔으며 이를 교회를 통해 살균 처리해버리거나 종교 권력의 불건전한 본질을 억압하는 데 최선의 노력을 기울여왔다. 하지만 원시 사회는 이 점을 간파하고 있었고 경찰 역시 마찬가지다.

경찰과 법정 사이에서 벌어지는 정교한 위장극, 한 편에는 거칠고 소란스러운 거리에서 유지되는 치안이, 다른 한쪽에는 판사 앞에서 고요한 정의의 판결이 이루어지는 장면만큼이나 장관인 것도 없을 것이다. 한쪽의 끝과 다른 한쪽의 시작은 과연 어디일까? 무력의 법이 법의 힘에 굴복하는 지점은 어디일까? 뉴욕시의 판사와 검사가 법정에서 위증을 하는 경찰을 암묵적으로 승인하는 "벌거벗은 임금님"과 같은 상황을 어떻게 이해할 수 있을까? 뉴욕 법률지원협회 범죄방어부서의 책임자는 최근 다음과 같은 말을 한 바 있다. "경찰은 늘상 증거를 조작한다. 증언을 손보고 합법적 반론에 걸맞게 증언을 바꾸고 체포기록을 바꾼다." 게다가 "검사와 판사는 이를 눈감아준다".[13]

연극적 상연은 공공연한 비밀의 성공 여부에 결정적인 역할을 담당하며 미국 사법 시스템의 핵심에서 반복되는 힘과 사기의 반복적 상연을 위한 무대를 마련한다. 법정은 연극 속 연극이라는 역할을 담당한다. 경범죄를 저지른 경찰관에게 면죄부를 주기 위해 루이스 모라라는 이름의 죄수를 폭행하고 허위 자백을 강요한 경찰관 존 로시의 위증죄 재판에서 재판장은 다음과 같이 말했다. "위증의 끔찍함은 그것이 거짓을 진실처럼 보이게 한다는 데에 있다. 루이스 모라는 존 로시에게 유죄인 것처럼 보였다. 그는 유죄로 뒤덮여 있었다. 그는 범죄기록이 있었다. 그는 완벽한 희생양이다. 존 로시는 지방 검사보와 함께 일하고 대배심과 판사 앞에서 증언해온 수년간의 경험을 통해 루이스 모라와 같은 이들에게 그 같은 짓을 해도 아무 문제될 것이 없음을 알고 있었다."[14] 하지만 경찰 커뮤니티 내부에서는 로시 경관에 대한 기소가 "잘못된 데다 지나치게 열의에 사로잡힌" 것이라는 생각이 팽배했다. 치안 업무의 위험과 어려움을 고려하지 않은 결정이라는 것이다.

가장 이상한 점은 로시 경관에게는 이 모든 일들이 마치 전혀 일어나지 않은 것처럼 느껴졌다는 데 있다. 그는 자신에게 소송이 제기되었다는 사실조차 믿지 않았다. "그들이 나를 기소할 것이라는 사실을 인지한 때부터 지금까지 나는 이를 도저히 믿을 수 없었다. 모든 것이 거짓말처럼 느껴진다."[15] 형을 선고받은 후 그는 이같이 말했다.

아마도 그는 자신의 허구가 만들어낸 환각적인 안개로 인해 명해진 상태였을 수도 있다. 그의 소식이 전해지기 한 달 전 한 변호사는 자신이 뉴욕에서 일한 16년 동안 뉴욕시의 검사가 경찰을 위증죄로 법정에 세우는 것을 보거나 들은 바가 전혀 없다고 말한 바 있다. 또한 그는 법정에서 경찰이 일곱 살짜리 아이의 신빙성을 왜곡하는 증거를 제시하는 것은 흔한 일이지만 판사가 그러한 증언을 거짓이라고 기각하는 경우는 거의 없다고도 덧붙였다.[16]

바로 그 시스템이 우리에게 자신의 부패에 대해 알려주고 있는 것은 아닐까? 이것이 구원의 은총은 아닐까? 하지만 이 같은 고백이 아무 것도 바꾸지 않는다면? 아마도 그럴 가능성이 높다. 우리는 이 모든 것을 어떻게 이해해야 할까? 이는 연극과 의례 속 궁극적인 것, 고해와 조사 위원회, 검은 복면을 쓴 증인들과 모든 조언들이 새로운 시장이 취임할 때나 십 년 주기로 시행되는 공개적인 정화의식을 수행하는 것과 같은 것일까? 도시의 신들에게 강제 고해성사를 하듯이? 절대적인 것의 영역에 작별을 고하는 것은 사면에 다름 아니다. 여기서 기대할 수 있는 것은 마치 변기 청소와도 같은 빈번하고 규칙적인 골탕 먹임을 통해 다룰 수 있는 "최소한의" 나쁨일 뿐이다. 이는 정의가 얼마나 드물고 기적에 가까운 것인지를 드러내는 신의 궁극적인 표식일까?

이런 예도 있다. 부패 위원회에 따르면…… 두 명의 경찰관이 순찰차를 타고 할렘 북서쪽 30구역을 순찰하고 있었다. 보고서에 따르면 "마약에 취한 한 사람이" 누군가에게 총을 쏘고 있었다. 다른 마약상들이 이에 합류하자 경찰관들은 차를 몰아 "출동"했다. "마치 거기가 베트남인 것만 같았다"고 한 경관은 회상했다. 바스케스 경관이 한 남자를 쐈고 그가 재장전하는 동안 쓰러진 남자가 총상으로 비틀거리면서도 무릎을 꿇은 채 바스케스를 총으로 겨눴다. 바스케스의 파트너인 호르헤 알바레스는 망설임 없이 뛰어들어 그 잠재적-살인범을 사살했다. 몇 달 후 마치 그리스 비극에서처럼 알바레스는 자신의 범죄 연루 사실을 무마하기 위해 파트너를 부패 혐의로 고발했다. 그렇다! 이는 베트남 같았는지도 모른다. 알바레스의 영웅심은 다른 경찰관들을 괴롭혔다. "다시 되돌아가 호르헤가 바스케스에게 호의를 베푼 것인지 아닌지 살펴볼 필요가 있소"라고 한 경찰관이 말했다. "바스케스가 바로 그 자리에서 죽었다면 가장 좋은 일이었을지 모르지. 그는 영웅이 되었을 것이고 그의 가족은 연금을 받았을 테니. 이제 그의 가족은 불명예를 떠안았고 그 남자는 감옥에서 삶을 보내고 있소. 누가 그처럼 되고 싶겠소?" 경찰을 감독하는 수사관들은 "언제, 왜 무언가가 잘못되었는지는 불확실한 채로 남아 있다"고 말한다. 최고의 위장은 맡은 일을 잘하는 것이 아니라 뛰어나게 잘하는 것이라고도 한다. 최악이 되는 가장 좋은 방법은 최고가 되는 것이다. 보고서는 경찰을 "해변과도 같은 존재"라고 묘사하는데, 이 낯선 비유는 이들이 범죄가 던지는 유혹에 지속적으로 침식되고 있음을 말해준다.[17] 우리는 파도가 몰아치는 바다를 보고 있다. 돈의 파도, 마약의 파도, 오염된 해안에서 밀려오는 비밀의 파도가 넘실대는.

보고서는 "파탄" 상태의 남성들, 매월 청구되는 모기지 상환액, 미납 세금, 20만 마일이 넘는 주행을 기록한 닷선Datsun 자동차, 압류된 집, 별거, 이혼, 불우한 배경에 압도당한 이들의 이야기를 담고 있다. 그리고 잡화점에서 집어든 갈색 종이봉투 속에는 수만 달러가 들어 있다. 누가 이를 거부할 수 있을까?

하지만 이 모든 것이 파트너의 목숨을 구하기 위해 그 앞으로 뛰어드는 것에 대한 충분한 설명이 될까? 드라마는 정직한 남성이 천천히 범죄와 배신에 빠져드는 과정을 담담하고 흡인력 있게 그려낸다. 무엇보다도 그들은 경찰이며 범죄를 향해 기우는 것은 이를 배가하는 일이 된다. 단지 도둑이 아니라 "경찰-도둑들"인 것이다. 이중-인간. 이는 변신의 기술이며 아마도 이 안에 어떤 유혹이 내재되어 있는 것은 아닐까? 이것이야말로 제네트가 말한 배신이 주는 쾌락, 성스러움을 향해 난 길이자 최초의 위대한 위반의 "영원회귀"는 아닐까? 보고서는 "법의 어두운 이면으로 난 길"에 대한 부분적 이해만을 담고 있을 뿐이다. 우리는 폭풍우가 몰아치는 심연으로 향하는 "길"이라는 개념이 불러일으키는 끔찍한 필연성에 경악하는 동시에 흥미를 느낀다. 그것은 어떤 길을 말하는 것일까? 그러나 인간 드라마에 천착한 이 보고서는 인간 못지않게 법 자체도 그 존재의 일부이며 이 "어두운 면"에 의존하는 동시에 이를 부정한다는 사실에 대해 그 이상의 통찰을 제시하지 못한다.

치안이 "어둠으로 향하는 길"을 걷게 됨에 따라 이는 눈에 보이지 않는 계급의 다른 경찰을 만들어내는데 이들, 즉 '더 낫고" 더 "고 귀한" 경찰은 경찰에 대한 감찰을 수행한다. 도둑을 잡기 위해 도둑을 이용하는 오랜 관행은 경찰이 사냥을 하는 동물처럼 작은 마이크를 녹음기에 연결해 덫을 놓고 동료 경찰이 경찰 자선 바비큐 파티에서 유죄를 입증하는 대화를 나누는 상황을 녹음하는 것과 같은 일상적 "도청장치" 관행으로 이어진다. 이제 경찰은 뉴욕시의 "스파이 상점"에서 판매되는 도청기를 비밀리에 착용한다. 아파트에서 마약을 수색하는 과정에서 미끼를 거부하지 못하는 경찰을 잡아내기 위해 몰래 카메라가 설치된 주방 조리대에 1만 달러가 든 (또다시) 그 악명 높은 갈색 조리 봉투를 놓아두는 등 수개월에 걸쳐 인내와 교활함으로 "찔러 보기" 작전을 수행한 FBI에 대해서는 말할 나위도 없다. 이 모두는 신화적 전쟁, 예술과 실생활 모두에 해당하는 스파이 스릴러와 같이 서로 의심하고 위장하고 속이는 세계 속 세계라는 질문으로 이어진다. 법이 무한한 퇴보를 통해 실행되는 치안만큼이나 유동적이고 섬뜩한 무언가에 의존할 수 있는 걸까? 누가 경찰을 감시하는 경찰을 감시할까? 플라톤이 『이온』에서 묘사한 바 있는 샤먼들처럼 내가 콜롬비아 남서부에서 만난 샤먼들은 각각 더 강력한 샤먼에게 의존하고 있다. 그리고 마침내 길을 잃은 숲 속 강물의 최상류에는 있는 자는 과연 어떤 모습을 하고 있을까? 그는 어떤 언어로 말할까? 그의 통찰력과 나약함이 발휘되는 순간 그는 누구를 향해 있을까? 악명높은 FBI의 수장 J. 에드거 후버J. Edgar Hoover는 서른다섯 개의 서류 보관서랍과 여섯 개의 파일 캐비닛이 있었는데, 거기에는 대통령과 주요 정치인, 공무원(FBI 구성원들을 포함한)의 자료가 가득했다. 그의 개인 비서 이외에는 아무도 이에 접근할 수 없었다. 이게 다일까? 그가 죽자 대혼란이 일어났다. 그의 비서였던 헬렌 간디는 후버의 자택에 그 파일들을 숨겨야 했고 몇몇 자료들은 파기해버렸다. 그는 왜 그것들을 파기한 걸까? 그리고 부와 권력을 지닌 이들에 대한 이 신비한 흠더미는 왜 때로는 "금"으로 다른 때는 "벌레 한

통"[18]으로 불린 걸까?

이 비가시성과 가시성의 상연에서 가장 흥미로운 점은 미용실이나 과속 차량에서 범죄자를 체포하는 비번 경찰을 향하는 언론의 잦은 관심이다. 이유는 알 수 없지만 이 사례들은 항상 나의 주의를 끈다. 종교인이나 의료인이 그러하듯, 경찰 역시 그저 단순한 직업 그 이상이기 때문에 비번일 때에도 그들은 여전히 근무중인 것으로 간주되기 때문일까? 내 곁에 있는 사람이 비번 경찰인지 알 수 없고 당연하게 여겨지고 또 그래야만 한다고 생각했던 경찰과 일반인 사이의 경계 역시 균일하게 설정되어 있지 않음을 갑자기 깨닫게 된 까닭일까? 클라크 켄트^{Clark Kent}라는 인물이 순식간에 슈퍼맨으로 변하는 초자연적이고 분명 할리우드적이기도 한 무언가가 그곳에 있기 때문일까? 아니면 의심의 여지가 없는 일반인을 갑작스레 이용하려던 범죄자에 관한 예상치 않은 전세의 역전이 일어난다는 기쁨 때문일까?

더욱 궁금한 점은 경찰^{police}이 짭새^{cop}로 이리저리 바뀌는 과정에서 일어나는 반란이 절절하게 전시되는 과정이다. 사복경찰이라는 단어 역시 경찰과 마찬가지로 놀라운 양가적인 힘을 가지고 있는 듯한데 프로이트에 따르면 우리는 이 기묘한 "원초적" 단어들에 주의를 기울일 필요가 있다.[19] 이면 혹은 애매함을 지닌 이 사복경찰이라는 용어는 두 측면에서 궁금증을 자극하는데, 이 단어가 경찰이라는 용어의 공식적 대응물이며 공식적이지는 않을지라도 준-공식적이며 꽤 훌륭한 것으로서 미국 어휘에 스며들어 있다는 점에서 그러하다. 이 용어의 사용은 "경찰"과의 비판적인 거리두기뿐만 아니라 모욕과 애정이 섞인 독특한 의미를 전달하며 이는 딕, 퍼즈, 플랫 풋, 슬루스, 검수 등등의 다른 경찰 호칭에도 거의 동일하게 적용된다(이런 호칭에 대한 선호가 점점 줄어들고 있다는 것은 우려할 만한 일이다. 너무 장난스럽기 때문일까? 어쩌면 더이상 그 같은 이름을 위한 신화적 공간은 존재하지 않으며 경찰은 이름 없음을 통해 궁극의 완벽함을 달성한 것일지도 모른다).

　경찰과 짭새 사이를 오가는 것이 치안의 핵심을 이루는 이중성에 대한 언어적 증거를 제공한다면 "좋은 짭새, 나쁜 짭새"라는 관행에 대한 민속학적 관찰은 치안이 너무나 손쉽게 연극적 재현에 자리를 내어준다는 것을 증거(여기서 법적 용어를 쓰는 것을 거부할 수 없다!)한다. 이는 "나쁜 짭새"의 위협이 "좋은 짭새"가 지닌 경악스러운 이중성보다 덜 중요한 위치를 점한다는 사실을 드러내는 전조이며 또한 부패를 통해 특정한 매력의 성좌가 그어지는 동시에 커다란 반감을 불러일으키기도 하는 권위 속 성스러운 양면성에 대한 증거(!)이기도 하다.[20]

　여기서 강조되는 것은 현존하는 민족지와 고전을 참조해 금기가 지닌 현저한 특징에 주목한 프로이트의 표현이다. 그의 1913년 서술에 따르면 "우리는 금기가 두 상반된 방향으로 갈리지는 것을 보게 된다. 한편으로는 '신성'하고 '봉헌'된 것, 그리고 다른 한편으로는 '기괴'하고 '위험'한 것, '금지'와 '부정'으로 존재한다". 또한 금기시되는 사람이나 사물과의 접촉은(이 부분이 가장 기이한데) 동일한 힘을 전염시키고 따라서 접촉한 자 역시 금기시되는 속성을 지니게 된다고 프로이트는 지적한다.[21]

　벤야민이 유령으로서의-경찰이라는 형상을 사용한 저변에는 바로 치안 속 마찬가지의 성스러운 순결, 그리고 불순함이 동시에 깔려 있는 듯하다. 물론 죽은 자가 마법적 힘을 가지고 있다고 보는 것은 보편적인 현상에 가깝다. 하지만 벤야민에게 치안의 핵심에 존재하는 마법적 힘은 불온한 부패, 부글부글 끓어오르는 부식을 통해 강화된다. 더 자세히 살펴보자.

　벤야민은 형체 없는 권력인 경찰을 "문명화된 국가들의 삶 속에 떠도는 결코 포착될 수 없고 도처에 확산되어 있는 유령 같은 현상"[22]이라고 묘사한 바 있다. 폭력이 법 그리고 이성에 대해 가지는 함의로 가득찬 혁명과 반혁명의 시대에 벤야민은 (그가 스물여덟 살이던) 1920년 프롤레타리아트 총파업 그리고 그가 "파괴를 위한 신성한 정의"라 칭한 것 속에 나타나는 폭력의 권한을 정의하기 위해 고심했다. 이는 "법의 기초가 되는 신화적 폭력"[23]과는 대조를 이룬다. 그는 특히 힘과 권리의 경계를 불안정하게 만드는 현상에 관심을 가졌는데, 예를 들어 사형제도는 법체계 내부에서 가능한 최고의 폭력을 행사함으로서 법을 보존하는 행위다. 이는 삶과 죽음을 향해 권력을 행사함으로서 법을 유지하고 동시에 법이 가진 폭력적 기원을 적나라하게 드러낸다. 이 과정에서 법 내부의 "부패rottenness"가 드러난다. "부패"는 폭력을 이성으로부터 분리하는 동시에 결합하는 신비화를 의미하며 폭력 혹은 폭력의 위협을 통해 일상적으로 법을 제정하고 동시에 유지하는 경찰의 역할을 통해 실행된다. 치안은 사형에 내포된 "부패"를 넘어 벤야민이 말하는 "불명예", 즉 "법을 보존하는 폭력과 법을 세우는 폭력 사이의 훨씬 더 괴물 같은 결합"에 이르게 된다.

벤야민이 푸른 제복을 입은 우리의 소년들에게 드러낸 이 태연스러운 혐오감은 마치 주문을 외우는 듯한 우아하고도 비관적인 에세이의 어조에 비해 두드러지게 낯설다. 마치 이 글이 조명하는 폭력적인 현실보다 그 같은 범주의 혼합이 그를 더 화나게 하는 것처럼 말이다. 게다가 그는 치안의 핵심에 무엇이 존재하는지를 파악하기 위해 다양한 용어를 빠르게 전환해 사용하면서 사형 제도를 통해 드러난 법 내부의 **부패**로부터 훨씬 더 **부자연스럽고 끔찍한 조합**, 분리의 중단에서 비롯된 **유령적 혼합과 불명예**, 그리고 법 제정과 법 유지의 조건으로부터의 해방이라는 주제들로 옮겨간다.[24]

나의 요점은 간단하다. "부패"라는 용어가 내 흥미를 끄는 것이다. 바타유의 다음 구절과 마찬가지로 말이다.

무엇이 성스러운가. 이는 의심할 나위 없이 내가 말한 공포의 대상, 악취가 나는 끈적끈적한 물체, 경계가 없으며 생명으로 가득차 있는 동시에 죽음을 상징하는 물체에 조응한다. 이곳은 삶과 죽음이 부글대며 밀접하게 결합하는 자연 그리고 부패한 물질을 통해 생명을 갉아먹는 죽음 모두가 존재하는 장소다.[25]

"부패"와 "끔찍한 조합"을 "유령 같음spectrality"과 한데 묶는 것은 과연 무엇일까? 만약 경찰의 극대화된 부패가 민주국가에 들러붙은 치안의 유령적 성격을 설명한다면 우리는 특정 사회에서 법의 기초가 되는 폭력이 현대의 법 유지에서 어느 정도, 그리고 어떤 방식으로 계속 "서식"할 수 있는지 뿐만 아니라 이 끔찍함이 목적과 수단, 법 제정과 유지의 "끔찍한 결합"을 통해 계속해서 확장되는 방식 역시 고려해야 할 것이다.

민주주의에 내재된 경찰 폭력에 대한 논의를 신학적으로 구성하려는 벤야민의 노력은 금기와 위반에 대한 성스러운 사회학을 통해 재상연될 수 있는데, 이때 경찰의 유령적 성격은 그것이 지닌 불분명한 경계 때문이 아니라 경계 그 자체에 의해 제기되는 끊임없는 위반의 요구로 인해 발생한다.[26] 이 가느다란 선이 경찰이라는 "사람"을 말한다는 사실을 망각해서는 안 된다. 그들이 바로 그 선이다. 그들과 분리된 채 독립적으로 존재하지 않는 경계는 사실 선이 아닌 다공성이며 그것이 위반되는 한에서만 존재한다. 최종적으로—물론 최후라는 것은 결코 존재하지 않을 테지만—민족지는 분명한 사실을 드러낸다. 경찰에게 삶은 해변이다.

육지와 수면 사이에 존재하는 해변은 생명이 시작된 선사적prehistoric 지대다. 이 같은 선사적 성격prehistoricity—벤야민이 카프카에 대한 그의 에세이에서 주장한 바도 이것이라 할 수 있다[27]—은 근대국가에 의해 재활성화되었으며 경찰은 이 같은 원시적primordial 노력의 선두에 서 있다. 이런 관점은 유물론자인 토머스 홉스의 권력 이론과 계약이 없으면 그저 말에 불과할 뿐인 그 유명한 검sword에 고유한 "외경심awe"에 대한 신비스러운 이론 어디에 자리잡을 수 있을까?

그들은 진흙탕에서 기어나와 그와 전혀 다를 바 없는 해변을 기어오르는 리바이어던을 어디로 데려갈까?

말의 힘을 지탱하는 검은 말의 범위 **외부**에 놓여 있다. 말이 지닌 의미는 전혀 다른 영역에 대한 참조와 느낌의 덩어리를 껴입는다. 이것들에 대해 말하는 것은 쉽지 않고 말은 결여되어 있다. 신체와 무기로 이루어진 사물 세계 내부에 존재하는 타자성 속에서 홉스의 검이 보존하는 외경은 리바이어던의 신화적 완성을 가능케 한다. 요점은 법에 필수적인 힘으로서의 경외감은 **오염**의 신비로운 산물이며 광채는 법의 냉담한 거룩함이 무자비함을 향해 기울어질 때 발생한다는 데 있다. 그것이 움직임을 이루고 순간을 만들어낸다. 필멸의 신 리바이어던, 이 괴물은 결국 신의 가장 막강한 적이며 그의 숭고한 지위는 무자비함을 신성한 힘으로 변모시키는 데서 나온다.

무자비함이 지닌 성스러운 성격에 더해진 완벽한 설명 불가능성이야말로 **필연적으로** 테러를 정의한다. 세계사적이고 신화적인 운동으로서의 이성을 뒷받침하는 테러의 경우에는 특히 그러하다. 벤야민의 에세이가 우리에게 경고하는바, 즉 현대 국가의 법 제정 행위와 신화 속에 존재하는 폭력의 중요성과 편재성을 떠올려보자. 우리는 이미 프로이트의 (근친상간) 금기 속 부친 살해와 법의 알레고리를 통해 단서를 얻은 바 있으나 여기서는 위대한 공산주의 혁명과 마찬가지로 위대한 부르주아의 법 제정적 폭력 역시 고려할 필요가 있다. 위대한 반식민지 투쟁 속 폭력 역시 떠올려보자. 마지막으로 서구적 신화에 대한 비판 역시 빼놓을 수 없다. 에덴동산에서의 추방(이 글을 쓴 동안에도 내 눈앞에는 이글거리는 검을 든 천사가 떠오른다)과 플라톤의 동굴에 갇힌 이들을 발로 차고 소리를 질러 구해내 이글거리는 태양빛의 아름다움을 향해 가도록 하는 데 요구되는 폭력과 그뒤에 오는 순수한 법에 기초한 공화국의 건국, 노예와 주인 사이의 생사를 건 투쟁으로부터 시작되는 현상학으로부터 온 헤겔의 신비스러운 폭력―위의 현상학에 대해 코제브는 다음과 같이 말한다. "그러므로 자의식의 '기원'에 대해 말하기 위해서는 '인식'을 위한 죽음에 이르는 투쟁에 대해 말해야 한다." 이 영역에서 "국가는 테러를 통해 발현된다."[28] 모든 과정 속 가장 불안한 점은 테러가 이성의 지배를 향한 길을 열어주는 동시에 그를 넘어선다는 사실에 있다. 테러는 설명이 중단되는 지점에 무언가 절대적인 것으로 존재하며 신에게 속한다.

　　루이 알튀세르는 사회과학 속 문화와 상징에 대한 관심이 전반적으로 이동하던 시기에 국가는 단순히 "무장한 남성의 신체"가 아닌 문화적인 힘이라는 사실을 가르치면서 저속한 유물론을 뒤집어 놓은 바 있다. 그러나 여기서 간과된 것은 바로 무장한 남성의 문화, 무력의 문화, 광포한 힘과 무절제한 폭력, 그 자신 외에는 어떤 의미도 갖지 않는 문화다.[29] 알튀세르가 행한 문화의 분리는 오늘날의 시각에서는 문화를 억압적이고 외적인 힘으로 간주하는 매우 빈곤한 시각을 전제로 하고 있지만 그의 제자 중 한 명인 니코스 풀란차스는 자살하기 얼마 전 국가 폭력이 지닌 연극적 성격에 대한 이론을 제시한 바 있다. 그는 스승의 "유물론"을 인간의 신체와 무기의 기술, 폭력에 수반되는 환상적이고도 연극적인 인물, 그리고 감정적 고양과 결합했다. 이러한 이론은 현대 사회학과 정치 이론의 방대한 세계 속에서 항상 존재했으나 동시에 부인되어온 모호한 무언가에 대한 고백과 같았고 이후 1968년 5월과 베트남 전쟁의 경험으로 인해 무대연출stagecraft로서의 국가연출statecraft에 대한 이해는 더욱 심화되었다. 그에 따르면 "억압은 결코 순수한 부정이 아니며 물리적 폭력이 실제 행사되거나 내면화되어가는 과정에서 사라지지도 않는다. 억압에는 사람들이 거의 말하지 않는 또다른 무엇이 존재하는데, 그것은 공포의 메커니즘이다". 나는 이미 이것에 대해 언급한 바 있다. 이 메커니즘은 "근대 국가가 행하는 카프카적 성곽의 연극"이며 "이 메커니즘은 근대법이 실질적인 현실이 되어가는 미로 내부에 새겨져 있다".[30]

　흥미롭게도 풀란차스가 서술하고자 애쓴 주제는 이후 거의 언급된 바가 없다. 하지만 공포의 메커니즘에 대한 이 같은 침묵이 암시하는 성곽의 연극적 권력, 그리고 경고성 에너지는 내가 이 글을 처음 시작한 1995년 뉴욕, 다른 모든 곳과 마찬가지로 더 많은 경찰, 더 많은 수감자, 더 많은 사형 집행에 대한 요구로 쏟아져나오고 있다. 9·11 이후, 풀란차스가 말한 공포 그리고 내가 언급한 치안의 "불순한 신성함"은 너무나도 명백해지고 있지만 그와 동시에 이 모든 것이 침묵 속에 잠겨 있는 현재는 얼마나 순진무구한 것일까.

　이러한 침묵은 그 출구를 또다른 극장, "부정적인 성스러움"이라는 지하 세계, 마피아, 길거리의 갱단, 아동 성추행범, 마약상, 오클라호마 폭파범들로 이루어진 환상 극장에서 찾으며, 마침내 "적들"은 이제 사방에서 치고 들어오는 자, 즉 테러리스트라는 이름으로 명명된다. 이 필사적인 악의 이미지 위에서 성城은 그 스스로를 지탱한다. 성의 극장은 또다른 극장을 필요로 하고 그 반대의 경우도 마찬가지이며, 한쪽의 신비스러운 힘은 다른 쪽의 신비스러운 힘으로 변형되지만, 이 모든 것은 언제나 부정적인 성스러움, 즉 지옥과 지하 세계의 모습을 하고 있다. 이 장소들은 권위가 지닌 신비스러운 토대에 가장 설득력 있는 각본과 수행적 권력을 제공하며 이로써 언명될 수 있는 공포는 다른 곳으로 이전된다.

　벤야민은 카프카의 작품 속 국가 세계가 지닌 선사성이 신화의 세계와는 비교할 수 없을 만치 오래된 것이라 생각했다. 부패의 필연성에 대한 비관적인 반추는 그 방향을 향해 고개를 끄덕이지 않고서는 이루어질 수 없었던 까닭에 그는 구원을 신화와 동화 사이 어딘가에서만 (추구가 아닌) 떠올릴 수 있는 것이라 여겼다. 이곳은 분명 키치로 가득한 살아 있는 극장이며 그곳에서는 성스러운 것과 순수한 것, 혹은 악의 신화가 갑작스레 치안에 의해 소거되고 세 명의 꼭두각시가 범죄라는 비극을 희극으로 대체하는 것이 가능한 장소다. 카프카의 소송에서와 같이 말이다. 진정 부패한 경찰관은 해변과 같이

범죄의 파도에 휩쓸려 침식되는 사람이 아니다. 오히려 그는 금기가
원활하게 작동하는 길목을 방해하며 서 있는 자, 범죄를 올바름으로
전환하기 위한 자유로운 통로를 허용하는 대신 할로윈 파티를 위해
그의 경찰 배지를 빌려주는 자다.

벅스 버니와 로드 러너의 작가로 유명한 만화가 척 존스는 몇 해 전한 라디오 인터뷰에서 왜 사람이 아닌 동물을 그리냐는 질문에 다음과 같이 대답했다. "인간을 인간화하는 것보다 동물을 인간화하는 것이 더 쉽기 때문입니다."[1] 콜롬비아의 예술가 후안 마누엘 에차바리아는 얼마 전 이를 비틀었다. 그는 자신의 조국에서 벌어지는 무자비한 폭력에 반대하여 꽃을 식물 표본처럼 촬영하고 줄기, 잎, 꽃, 열매를 사람의 뼈처럼 보이게 함으로서 꽃을 인간화했다. 그는 32장의 흑백 사진으로 이루어진 자신의 작품에 〈코르테 데 플로레로Corte de Florero〉, 즉 〈꽃병 절단The flower vase cut〉이라는 이름을 붙였다. 이 명칭은 1940~1950년대 콜롬비아 내전 기간 동안 자행된 신체 절단, 즉 절단된 팔다리를 박제한 뒤 참수된 시신의 목을 통해 흉부에 이어 붙이는 방법에서 유래한 것이다.

우리가 만화 속 신체 왜곡을 보고 웃음을 터뜨리는 현상은 생체 실험이 실은 얼마나 유머에 가까운지를 말해준다. 게다가 우는 사람의 얼굴은 웃는 얼굴과 완전히 똑같지는 않더라도 거의 유사해 보이기도 한다. 위대한 코미디언과 광대가 실은 위대한 비극의 짐을 지고 있다는 사실 또한 진부할 정도로 당연한 이야기이다. 폭력 속 만화적 성질에 관해 마이클 허의 말을 상기해보자. 베트남전을 경험한 바 있는 그는 두 요소들 사이의 공통점을 부정하기 위해 상당한 노력을 기울였다. "캐릭터가 이리저리 치이고 감전되고 높은 곳에서 떨어지고 납작해지고 이리저리 구부러지고 접시처럼 부러졌다가 이내 다시 온전한 상태로 일어나서 게임으로 되돌아오는 자이브 만화 같은 것은 존재하지 않는다."[2]

물론 자이브 만화는 존재하지 않는다! 그렇다면 왜 오직 이런 식의 부정을 위해 성가신 유령을 다시 불러낼까? 왜 가까이 다가갔다 이내 물러나는 쓸데없는 짓을 하는 것일까? 그들 사이의 유사성이 지나치게, 몹시도 지나치게 골치 아픈 진실이면서 우리로 하여금 가능하지 않은 불가능을 살짝 엿본 후 다시 그것을 덮어버리는 것과 같은 매우 불가피한 행위를 위한 술책을 통해 곤란을 일으키기 때문일까? 전쟁과 만화를 동일시하면서 동시에 그들 사이에 존재하는 엄청난 차이를 인지하는 이 불가능하고 상상도 못할 일은 과연 무엇일까?

내가 말하는 높이는 허가 우리에게 들려준 만화 속 높은 곳에서 떨어졌다가 납작해지고 "다시 위로 올라갔다 그 모든 것을 반복하며 게임 속으로 돌아오는" 동작을 말하는 것일까? 높은 곳에서 떨어지고 어딘가로(혹은 무언가로?) 더 가파르게 추락하는 행위는 어떤 감정적 기입과 미학적, 논리적 법칙을 위반하고 있는 것일까? 구원은 아닐 것이다. 그건 분명하다. 다시 전쟁으로 돌아가는 것, 그것이야말로 "다시 상승하고 그 모든 것을 반복하며 다시 게임 속으로 돌아오는 것"이다. 에차바리아가 동물이 아니라 꽃을 의인화하여 식물화의 정확성과 기발함을 사용해 표백한 인체 뼈 사진을 꼼꼼하게 복제해낼 때도 이런 일이 일어났던 것은 아닐까? 한 인터뷰에서 그는 다음과 같이 말한다. "저는 사람들을 매료시킬 만큼의 아름다운 무언가를 창조해내고자 했습니다. 관객들이 가까이 다가가 살펴본 뒤 실은 그것들이 그저 꽃이 아닌 사람의 뼈로 만들어진 꽃이라는 사실을 깨닫는 순간 그들의 머릿속에서 혹은 가슴속에서 무언가가 울려퍼지기를 바랐습니다."[3]

　나는 조금 다르게 생각한다. 그가 만든 꽃은 꽃이 아니며 이는 자명하다. 대신 그 작품의 서투름, 그리고 뼈를 마치 흐르는 것처럼 인위적으로 배치하는 책략의 신중함은 우리를 혼란스럽게 한다. 마찬가지의 혼란이 〈코르테 데 플로레로〉 속 신체 절단을 강력하게 만드는 기교의 관례 속에서도 드러난다.

　에차바리아의 사진 속 꽃은 구부러진 갈비뼈나 부패한 긴 팔뼈로 만들어진 줄기를 가지고 있다. 꽃잎은 사람의 골반이나 척추뼈처럼 보이는 것으로 이루어져 있다. 몇몇 사진 속에서는 치아나 작은 뼈 조각들이 한쪽으로 치우쳐 있어 작품의 균형과 심미성을 파괴하기도 한다. 척추뼈가 갈비뼈에 아슬아슬하게 매달려 있고 그중 다섯 개는 사람의 척추와는 다르게 세 개의 뼈가 서로 붙어 형성된 기둥에서 뻗어나온 식물 줄기처럼 뭉쳐져 있는 식으로 말이다. 그런 뒤 이들은 기둥에서 떨어져나와 마치 어린아이가 쌓은 블록처럼 앞뒤와 위아래로 서로 붙어 있다.

　표백된 배경에 놓인 꽃은 연약하고 바닥에서 붕 뜬 채 공중에 매달려 있는 것처럼 보인다. 날아갈 수 있을 것 같기도 하다. 중력의 법칙은 더이상 적용되지 않는다. 세상이 멈춘 것 같은 느낌, 소리의 고통스러운 부재가 거기에 있다. 우리가 보는 것은 침묵, 신을 포함해 우리 모두가 숨을 죽이고 있는 인간 세계에서 무언가 끔찍하게 잘못된 것이 일어나버렸다는 사실에 대한 침묵이다. 아마 당신이 끝도 없는 아래로 추락할 때 일어나는 일처럼.

　각각의 사진을 더 낯설게 만드는 것은 그 사진에 붙은 제목이다. 여기에는 18세기 말 스페인 왕실이 조직하고 호세 셀레스티노 무티스가 이끈 유명한 콜롬비아 식물 탐험의 삽화에 사용된 라틴어 이름

들과 같은 제목이 붙어 있다. 에차바리아는 분명 이 계보를 염두에
두고 있다. 사실 그는 자신의 꽃들을 그 식물 탐험의 최신 형태로 간
주한다. 차이점은 에차바리아에게 라틴어 이름은 그로테스크함을
암시하는 잡종으로, 하나의 골반뼈 꽃은 드라큘라 노스훼라투, 한쪽
끝에 꽃잎을 연상시키는 여러 개의 중수골이 달린 구부러진 갈비뼈
로 만들어진 다른 꽃은 디오나에아 미세라$^{Dionaea\ Misera}$로 명명된다는
데에 있다. 작고 눈에 잘 띄지 않게 쓰인 이름들은 사실 매우 중요한
의미를 지니고 있다. 신체 절단, 꽃병 절단이라는 작품의 이름에서
부터 말이다. 이름이 중요한 이유는 무명의 절단된 시신을 보았을 때
과연 이름 없이 어떻게 그것이 말하는 바를 파악할 수 있을까—농담
같기는 하지만—하는 생각을 하지 않을 수 없기 때문이다. 관찰자가
보는 것은 오직 잘려나간 팔다리와 팔다리가 없는 몸통으로 이루어
진 피투성이의 신체뿐일 테니 말이다.

    의미를 파괴하는 의미가 결여되어 있다는 점에서 절단은 불완
전한 것일지도 모른다. 나는 이것을 이해할 수 없고 이해하려 시도하
지도 않는다. 오직 내가 아는 것은 절단이 드러내는 것, 모든 절단은
일종의 파도, 예술작품으로서의 시체와 함께 그 이름에 의해 고조되
었다가 소멸되는 의미의 자기희생적 움직임이 만드는 연속적인 파
도와 같은 움직임이라는 사실이다. 내 생각은 이렇다. 초월적 행위에
평범한 이름을 붙임으로써 그 행위는 어떤 식으로든 완성되고 의미
를 통한 위엄을 획득한다. 하지만 이 모든 것은 거기에 붙은 이름과
의미를 산산조각내기 위해서 행해진다. 허가 우리에게 들려준 이야
기를 상기해보자. 그에 따르면 베트남에는 절단된 귀로 만든 목걸이
가 존재했는데 사람들은 이를 사랑의 구슬이라 불렀다.[4]

자연 속 예술의 형태

    18세기 무티스 탐험대의 인상적인 식물 삽화는 오늘날 콜롬비
아 안팎에서도 널리 알려져 있으며 자연적 상징이 지닌 힘으로 인해

Dionaea Viscosa

Lam. 33

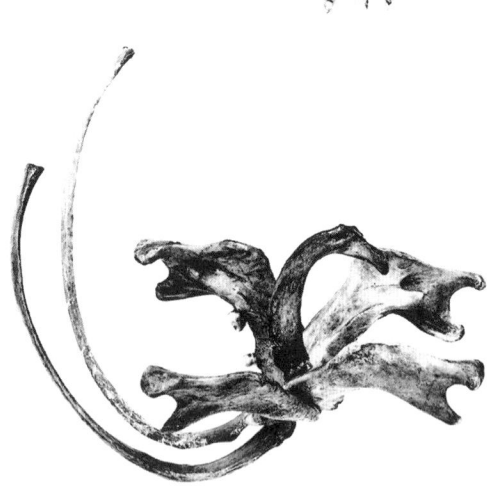

From Juan Manuel Echavarría, Corte de Florero: Flower Vase Cut, *exhibition catalog(B & B Gallery, New York, n.d.), 5, 7, and 9.*

더욱 강력한 콜롬비아의 아이콘으로 사실상 자리잡았다. 그들은 겸손함과 숭고함, 즉 한편으로는 겸허함을 그리고 다른 한편으로는 국가의 숭고함을 동시에 상징한다. 또한 과학적 호기심과 정복욕으로 가득한 유럽의 지식인들이 품은 신대륙에 대한 경이로움을 드러내기도 한다. 식물들이 지닌 아름다움은 과연 얼마만큼이나 식민주의와 식물의 새로움의 결합에서 기인한 것일까?

무티스의 또다른 질문은 다음과 같다. 자연의 예술만이 아니라 자연 속 예술 역시 존재할까? 이는 1904년 에른스트 헤켈Ernst Haeckel 의『자연 속 예술 형태들』과 유명한 모더니스트이자 식물 사진가였던 카를 블로스펠트(1865~1932)의 작업에도 내포되어 있던 질문이다. 그는 "최고의 인간 예술은 자연에 이미 존재하는 형태를 그 모델

From Juan Manuel Echavarría, Corte de Florero: Flower Vase Cut, *exhibition catalog(B & B Gallery, New York, n.d.), 5, 7, and 9.*

로 한다고 믿었"⁵다. 자연을 충실히 재현하되 확대된 스케일과 세심하게 조정한 조명으로 이를 표현한 블로스펠트의 이미지가 그의 에세이 「꽃들의 언어The Language of Flowers」를 설명하기 위해 조르주 바타유가 편집한 위대한 초/현실주의자들의 잡지, 『도큐멘트』의 한 페이지를 비추고 있는 것은 얼마나 신기한 일인가.

　　무티스를 처음 봤을 때 나는 자연 속 예술을 목격하고는 눈앞에 펼쳐진 자연의 책에 감격했다. 하지만 얼마 지나지 않아 나는 거기에 식물학자의 관점에서 본 시각적 정보에 대한 욕구만큼이나 미학에 부합하도록 꽃과 줄기를 배열한 예술가의 존재가 있음을 인지하고 그의 존재를 인식하기 시작했다. 마치 인체 해부학을 공부하는 의대생과도 같은 기분이 들었다. 회색과 파란색이 섞인 다양한 색조를 띤 채 탁자 위에 누워 있는 시신은 노랗게 변한 지방 조각과 함께 참기 힘든 포름알데히드 냄새를 풍기고 있었고 그 옆에는 빨강과 파랑의 대칭 색으로 그려진 시신이 실린 내 교과서가 놓여 있다. 모든 것은 더할 나위 없이 정확하고 아름다운 방식으로 이루어졌다. 그리고 무슨 일이 일어났을까? 자연 속 예술이 자연의 예술로 드러났다! 이

Images from Jose Celestino Mutis's expedition to Colombia.

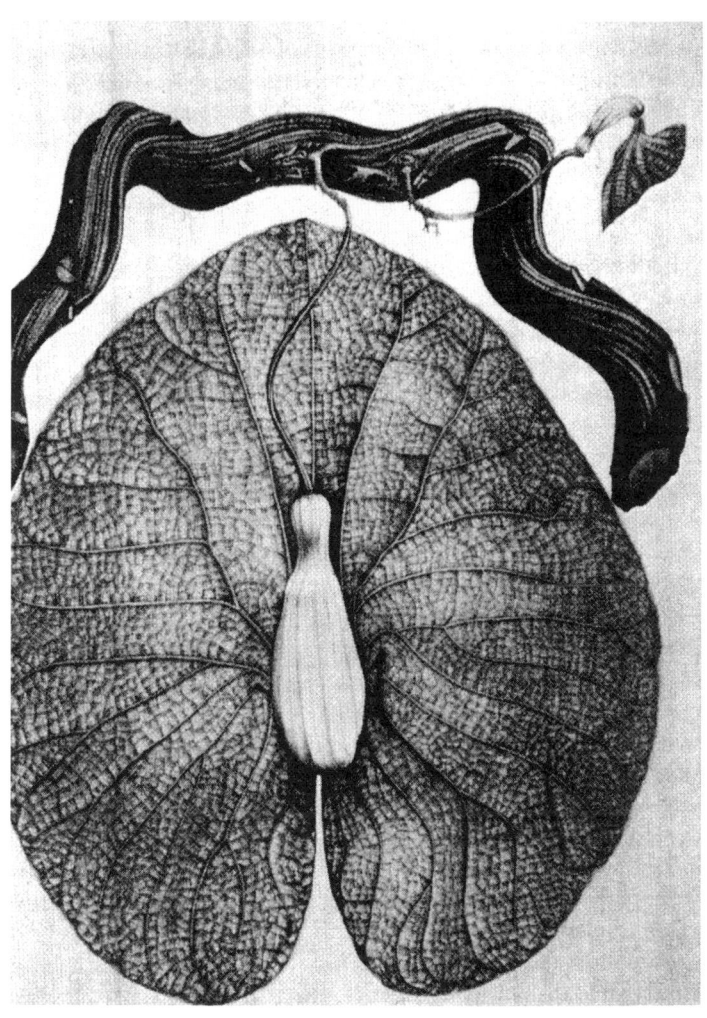

Images from Jose Celestino Mutis's expedition to Colombia.

는 마치 산타클로스가 실은 위장한 사람이라는 사실을 깨달을 어린 아이가 때와 같은 배반의 순간일지도 모른다. 하지만 너무 순진한 나 자신과 너무 영리한 예술가 중 누구를 탓해야 할까? 몹시 터무니없 지만 이제 순수한 키치로서의 나 자신은 무티스의 식물 그림을 볼 때 마다 자연의 예술로의 전환이 자연 속 예술과의 연루를 뒤따르는 데 에서 오는 기쁨과 실망, 은폐와 노출의 모든 과정을 거치게 될 것이 다.

　왜 이런 식의 지금 바로 눈앞에 보이는 것을 현상할 수 없는 일 이 일어날까? 바타유가 블로스펠트를 인용한 것처럼 초현실주의의 접두사, 초^{sur} 뒤에는 마찬가지의 현상이 숨어 있는 것일까? 블로스 펠트가 확대 렌즈를 사용해 자연 속 예술을 추구했다면 바타유는 그 이미지가 만들어내는 파열에 매료되었다. 물론 바타유의 요점은 재 현이 자연보다 우선한다는 원론에 있지 않다. 오히려 그는 블로스펠 트의 이미지는 마술 속임수와도 같으며 비록 손놀림으로 만들어내 는 책략을 눈치챘더라도 우리는 여전히 모자에서 토끼가 나오는 순 간에 경이로움을 느끼게 된다는 점에 주목했다. 무엇이 예술이고 무 엇이 자연인지 판단할 수 없게 되고 예술의 본질은 물론 자연의 본질 에 대한 상식 역시 한시적으로 박탈당한 채 정지된다. 자연과 문화를 구분하는 중재자인 인간의 신체에서 이런 현상은 더욱 두드러지며 살아 있는 인간의 몸이건 시체이건 간에 모든 종류의 신체 절단의 기 저에는 이 같은 사실이 놓여 있다.

뼈 예술

　흥미로운 점은 바로크나 죽음에 대한 어린 시절의 다양한 환상 속 중심에는 사악한 웃음을 짓고 있는 인간의 두개골이 놓여 있는 반 면 에차바리아의 작품이나 신체 절단 속에서 머리는 부재한다는 사 실이다. 콜롬비아인들은 신체를 절단한 뒤 머리를 어떻게 한 것일 까? 왜 죽음의 얼굴을 볼 수 없는 것일까? "아아, 가엾은 요릭^{Yorick}."

다른 형태의 인체 해골 예술에서도 두개골은 가장 중요한 위치를 차
지하며 텅 빈 눈은 과거의 모습을 암흑 속에서 상기시킨다. 이는 모
든 연령대의 어린아이와 여러 나라에서 널리 사랑받는 해골과 십자
가 뼈로 된 해적 깃발 속 가장 중요한 요소다. 실제 제작된 도안은 종
종 비참할 정도로 불완전하지만 바람이 불고 깃발이 펄럭이는 와중
에 자연의 힘이 이들을 활성화하는 한 도안 따위에 누가 신경이나 쓰
겠는가. 해적 깃발은 그저 어떤 국가에도 속하지 않는다는 의미만을
담은 것이 아니라 자연이 자신만의 국가를 펼치듯 모든 표식을 거부
하는 반-깃발이기도 하다.[6] 이 무정부주의적 기호로부터 몇 마일 떨
어진 곳에 바타유의 이미지가 놓여 있다. 그는 로마의 카푸친 카타
콤에서 1528년에서 1870년 사이에 죽은 4000여 명에 이르는 신도들
의 두개골과 유골을 『도큐멘트』(1930년 8월)에 전시한 바 있다. 입
이 떡 벌어지는 이미지들이다! 두개골은 조심스럽게 나란히 배열되
어 있지만 그 수가 너무 많아 개성을 모두 잃은 채 꿈속 저편 지하 세
계의 방파제에 부딪히는 하얀 잔물결들처럼 보인다. 이것이 예술이
라는 데에는 의심의 여지가 없다. 쇼비즈니스와 진심 어린 종교적 정
서를 혼합한 체코의 세들렉 오수아리는 이러한 뼈 예술을 한 단계 발
전시켜 순수한 키치로 전환해낸다. 그는 뼈가 지닌 일정 정도의 경건
함과 종교적인 잠재력을 완전히 제거하고 바타유가 완전히 매료된
바 있는 효과들, 즉 혐오에서 매혹으로의 동요를 이끌어낸다. 이 같
은 동요는 흔히 절단에 기반해 있으며 에차바리아의 꽃병 절단에서
도 마찬가지로 발견된다. 만화 속이나 폭력의 경우에서처럼 세들렉
의 키치 악마는 죽음의 침울한 얼굴과 그것이 지닌 희극적인 특성 사
이의 경계가 얼마나 미미한지를 강조한다. 바타유는 성인聖人의 뼈가
타락한 시체의 상태로부터 변형되어 성스러운 잔여로서 거둬들여진
뒤 교회나 제단의 빛나는 장소로 옮겨지는 과정을 탐구하며 이 선을
수차례 넘나든 바 있다. 이런 식의 변형은 교회 묘지에 매장되는 모
든 시신들에게도 어느 정도 일어나는 일이다. 절단은 이것과는 반대

되지만 마찬가지로 종교적인 움직임이다. 그러나 머리가 없다면?

꽃과 죽음

꽃은 사실 인간의 뼈일 수도 있지 않을까? 꽃병 절단 속 절제술을 통해 우리는 기독교 세계에서 꽃과 죽음이 오랫동안 함께 해왔다는 사실에 새삼 주목하게 된다. 무덤과 장례식이 그 예다.[7] 꽃은 죽음만이 아니라 생일 같은 날을 통해서 삶에도 경의를 표한다. 꽃이 흔히 죽음이 될 수 있는 이유는 그것이 생명을 품고 있는 것으로 여겨지기 때문이며 그러한 혼합은 일상생활의 제례 속에 자연스레 녹아들어 있다. 여기서 꽃은 만화와 폭력의 불온한 결합을 통해 드러난 무nothingness로의 추락과 같이 몹시 냉소적이고 야만적이며 잔인한, 하지만 동시에 고양시키는 무언가다. 장 주네는 범죄 현장을 묘사하며 "검은 꽃 같은 것은 없다"면서도 "그의 짓밟힌 손가락 끝에 붙은 검은 손톱은 마치 꽃처럼 보였다"[8]고 쓴다. 꽃이 드러내는 삶과 죽음의 얽힘은 허가 쓴 베트남 전쟁 당시 사이공의 모습에도 잘 나타나 있다. "사이공에 앉아 있는 것은 마치 독을 품은 채 겹겹이 접힌 꽃잎 안에 앉아 있는 것만 같았다. 아무리 멀리 거슬러올라가 추적한다고 해도 여전히 마찬가지일 뿌리에 박힌 독의 역사 말이다."[9]

삶이 그러하듯 꽃 역시 아름답고 연약한 탓에 많은 사람들이 꽃을 죽음이나 재난과 어울리는 것으로 생각하는지도 모른다. 이 메시지는 바버라 스튜어트가 2001년 9월 22일자 뉴욕 타임스에 실은 세계 무역센터 공격에 대한 기사에 잘 드러나 있다. 그는 소방서, 교회, 공원 잔디밭, 가판대, 창문, 골목마다 설치된 임시 제단에 놓인 꽃다발에 주목한다. 이들은 네다섯 겹으로 쌓여 있었다. 이를 계기로 그는 지난 10여 년간 도시 곳곳의 작은 정원에서 재배되어온 꽃의 존재에 주목하게 된다. 이 꽃들은 그에게 "가슴이 아플 정도로 눈부시고 연약해" 도시와는 대비를 이루는 부조화한 존재로 느껴졌다.

"꽃보다 더 연약한 것이 있을까요?" 꽃의 가치란 그 무용함에 있다고 말하는 식물학 작가이자 철학자인 정보원, 마이클 폴란에게 그는 묻는다. 마이클 폴란은 대답한다. "꽃은 사치품입니다. 꽃은 쓸모가 없죠…… 인생의 온갖 문제들을 해결하기 전까지는 꽃에 대해서 전혀 상관하지 않죠." 심지어 "꽃보다 더 연약한 것이 있기나 할까요?"라는 그의 질문조차 꽃을 염두에 둔 수사학적 질문처럼 보인다. 하지만 재난이 닥치면 쓸모없는 것이 유용해진다.

마법사, 맨드레이크

여기 에차바리아의 꽃이 그러하듯 삶과 죽음에 대한 경건한 상투어를 교란하는 또하나의 개화식물이 있다. 맨드레이크mandrake 또는 맨드라고라mandragora로 불리는 이 식물은 지난 2000년간 서유럽과 근동 지역에서 가장 중요한 환각제로 알려져왔다.[10] 예수회 소속의 휴고 라너는 이 식물에 대해 "삶과 죽음의 약초, 관능적인 사랑의 상징인 동시에 죽음을 가져오며 신성한 사랑이자 생명을 회복시키는"[11] 존재라고 말한다. 교수이면서 종교사의 토대를 닦은 미르체아 엘리아데는 맨드레이크를 "그 어떤 식물보다도 강하며 생명을 증식시키기도 죽이기도 하는 기적의 식물"[12]이라 부르기도 했다. 실제 이 식물은 불임을 치료하고 재생의 기운을 불러일으키며 부를 축적하고 사고를 막는 역할을 하기도 했다. 우리가 암흑기라고 부르던 시기에 이 식물은 마녀의 가마솥에 없어서는 안 될 필수 요소이기도 했다. 어떤 이들은 헤르메스가 키르케의 마법에 저항하는 오디세우스에게 건넨 것이 이 식물이라고 보기도 한다. 이 식물은 구약성서 창세기와 아가서에도 등장하며 많은 학자들은 이 식물이 근대에 이르러서도 주술과 연관을 맺고 있음을 밝힌 바 있다. 맨드레이크는 20세기 초 런던 빈민가의 많은 약초 상점에서 판매되기도 했다.[13] 잔 다르크는 맨드레이크를 가슴에 차고 다녔다는 혐의를 받았다. 그는 그러한 사실을 부인하면서도 자신이 살던 마을 근처에서 이 식물에 관한 이야기를 들은 적이 있음을 시인했다. 종교 재판에서 여성들은 맨드레이크를 소지하고 그것을 먹이고 입혔다는 이유로 마녀로 몰려 화형에 처해졌다. 맨드레이크는 인간과도 같았다. 땅에서 캐낸 맨드레이크는 1년에 여러 번 목욕을 하고 값비싼 천이나 옷을 두르며 때때로, 심지어는 하루에 두 번씩 음식이나 음료를 섭취하기도 했다.

식물이면서 인간인 맨드레이크는 자연의 예술과 자연 속 예술 사이를 오가는 놀랍도록 정확한 사례이며 이를 통해 부분적으로나마 그 식물이 지닌 마법적 힘을 설명해낼 수 있다. 특이한 모양을 가진 이 식물은 넓은 잎을 가진 다년생 식물로서 선명한 흰색, 노란색, 그리고 보라색 꽃을 피우며 자두나 작은 사과 모양의 열매를 맺는다. 아주 독특하고 선명하며 향기로운 냄새를 발산한다. 하지만 더 중요한 것은 땅 아래 묻힌 부분이다. 여러 갈래를 지닌 발 정도 길이의 검은 뿌리는 전부는 아닐지라도 많은 경우 인간의 모양을 하고 있으며 심지어 남성 성기와도 같은 것이 곁뿌리 형태로 돌출되어 있기까지 하다. 바로 이러한 이유에서 맨드레이크는 고대 페르시아와 그리스, 로마, 그리고 소아시아(흑해와 지중해 사이의 반도)—고대 세계의 일부인 북유럽과 아시아를 향한 동부에 이르기까지 여러 언어로 된 사람 또는 생명체를 암시하는 이름으로 불렸다. 기독교 전통에 따르면 맨드레이크는 신이 아담을 창조하면서 사용한 것과 동일한 흙으로 만들어졌다.[14]

지금도 시리아와 소아시아 지역에서 사용되고 있는 최고의 맨드레이크를 만들어내는 기술은 뿌리를 뽑아 가지치기를 하고 압력을 가해 모양을 조작한 후 붕대를 감아 다시 땅에 심는 것이다. 시간이 흘러 좀더 자란 뒤 다시 뽑아낸 맨드레이크는 "예술가가 어디선가 만들어낸 것인지 아닌지를 식별하기 어렵거나 아예 불가능할 정도로 자연스러운 모양"[15]을 갖게 된다.

1891년 폰 루샨von Luschan은 소아시아로부터 온 맨드레이크 여섯 점을 전시하며 "영리한 예술가는 완벽하게 자연스럽고 아무도 진위를 의심하지 않는 이 작은 형상을 만들어낼 수 있다. 이 모형은 '매우 희귀하며 생명의 위험을 무릅쓰고 구해온 것'일 뿐만 아니라 값비싸고 귀중한 부적으로 여겨진다"[16]고 선언한다. 16세기에 이르러 이 작은 합성물, 자연이 만들어낸 것이자 자연 속 예술인 맨드레이크는 페르시아에서 인도 북부, 독일에서 프랑스와 영국에 이르는 세계 곳곳으로 보내졌고 심지어는 이집트에서도 이를 수입했다.[17]

맨드레이크를 땅에서 뽑아낼 때 행하는 기괴한 의식은 또 어떤가. 그것은 뽑혀나오는 동안 비명을 질러댄다. 마치 사람처럼 말이다. 그런 이유에서 검은 개로 하여금 그것을 뽑도록 하는데 맨드레이크가 비명을 지르면 개는 죽어버린다. 요점은 다음과 같다. 땅에서 온 반semi인간 맨드레이크는 자연의 예술과 자연 속 예술 사이의 고전적 문턱 공간liminal space betwixt and between에 존재한다. 바로 이것이 맨드레이크를 인간 이상의 존재, 즉 초인적인 존재로 만들며 자연 속 예술이 자연의 예술로 전환되는 이 지점은 인간이 다루기에는 너무나 위험한 것이 된다.

자연과 예술 사이에 존재하는 이 지점은 가장 큰 궁금증을 불러일으킨다. 그리고 다시 한번 머리의 문제가 제기된다. 어느 기독교 평론가 역시—그는 라너다—마찬가지의 지적을 한 바 있는데, 그에 따르면 맨드레이크는 슬프게도 머리가 없고 이것이 그를 머리가 있는 상태로 구원되어야 할 대상으로 만든다. 하지만 많은 고대나 중세 삽화 속 맨드레이크는 머리가 있기도 하고 없기도 한 상태로 묘사되어 있다. 내가 찾은 수많은 놀라운 삽화들 속에는 머리가 있기도 하고 없기도 하며 위엄과 영혼이 깃든 신성함의 정도 역시 다양한 맨드레이크가 그려져 있다. 어떤 그림은 교회의 성화와 비슷한 성상icon처럼 보이기도 하고 또다른 그림은 만화처럼 보이기도 한다(공을 쫓는 개가 맨드레이크를 뽑는 장면을 보라). 두 경우 모두에서 의인화는 눈길을 끌고 충격적인 데다 심지어 흥미롭기까지 하다.

맨드레이크는 그 모호한 성격에 걸맞게 약리학적으로도 매우 복잡한 효과를 불러 일으키는데, 강력한 진통 및 수면 유도 효과와

Above, the coronation of Queen Mandragora (mandrake). Twelfth-century miniature, Munich MS clm 5118 (Honorius's Commentary on the Song of Songs).

성적인 자극을 주는 것으로 알려져 있다. "맨드레이크 마취"는 흔히 쾌락을 자극하는 성질을 의미한다. 기독교 성경에 따르면 "아랍인들이 맨드레이크를 '악마의 사과'라 부른 이유는 그것이 지닌 성욕을 자극하는 힘 때문"[18]이었다. 그 식물은 진정 작용을 하는 "독"이자 "'독과 잠의 중간지대'"[19]다. 환각 식물 전문가들에 따르면 맨드레이크의

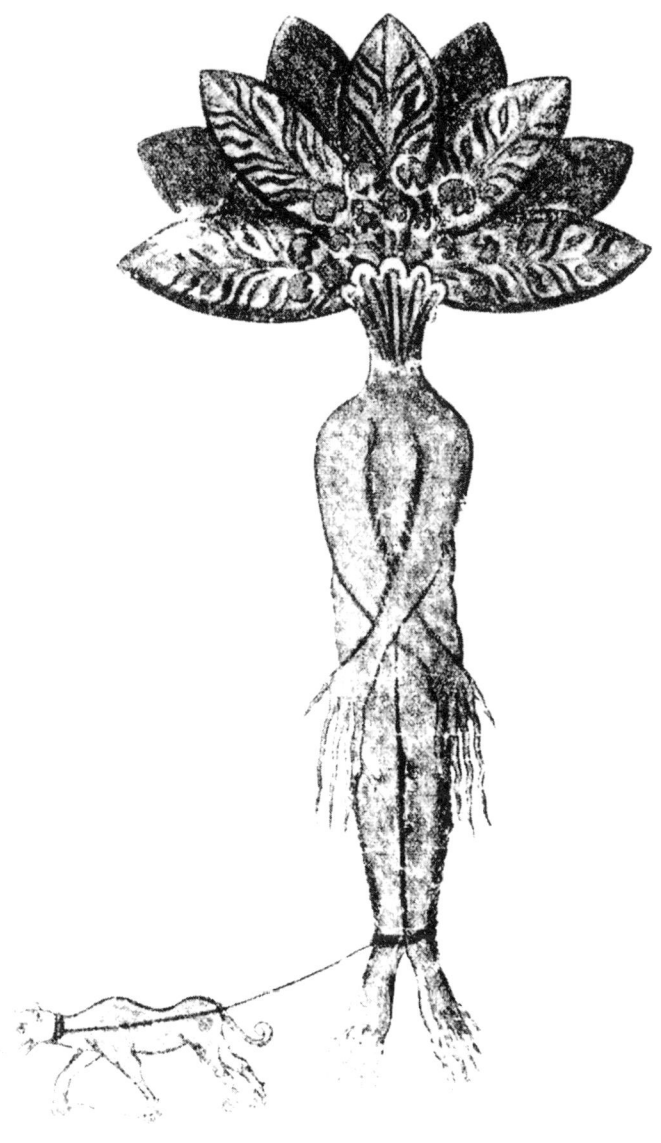

Mandrake, from the Herbal of Pseudo-Apuleius, seventh-century a.d. Based on a fourthcentury a.d Greek source.

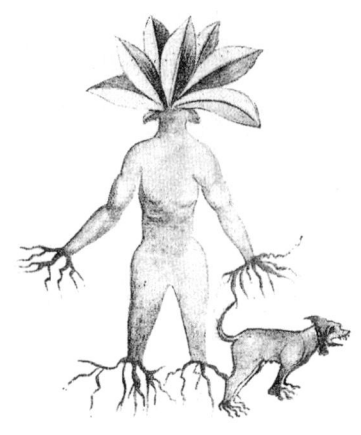

Above, mandrake, from a fifteenth-century Italian Herbal.

명성은 의식과 수면 사이의 전환기에 발생하는 환각을 포함한 "기괴한 정신 작용"[20]에서 기인한 것이다.

꽃의 언어의 언어: 아세팔

　누군가는 이미 짐작하고 있었을까? 비록 짧은 기간 발행되었지만 유럽 아방가르드 역사 속에서 지적인 대담성의 도가니로 여겨진 잡지 『도큐멘트』에 실린 「꽃들의 언어」(1929)에서 이 잡지의 편집자이기도 했던 바타유는 식물 세계가 아름다움과 섹스, 그리고 죽음과의 관계에 대해 우리에게 무언가를 가르쳐줄 수 있다는 사실을 보여주는 예로 맨드레이크를 꼽았다.[21] 그가 찾고 있던 것은 자연 속 특정 현상에 초점을 맞춤으로써 자연으로부터 온 특정 예시들이 어떻게 은밀하게 우리의 사고를 형성하고 있는지를 깨닫게 해주는 과정이었다. 내가 이 글을 위해 차용한 바타유 에세이의 제목, 「꽃들의 언어」는 이집트 상형문자를 그 자체로 신과 자연을 하나로 묶는 보편적 언어로 이해하는 르네상스시대의 가정과 유사한 18~19세기 서 유럽의 전통으로부터 온 것이다. 피치노Ficino나 브루노Bruno와 같은 르네상스 마술사들에게 상형문자가 그러했던 것처럼 꽃은 꽃이 비밀 언어를 품고 있다는 생각에 흥분한 이후 세기의 사람들에게 상형문자와 같은 역할을 한 것이라고도 할 수 있다. 1867년 출판된 책의 첫 문장은 이를 잘 보여준다. "나는 꽃들에게 '신이 너에게 말하라고 한 것을 내게 말해라'라고 말했다." 구디에 따르면 이 말은 하렘의 비밀 언어an esoteric language of the harem에 대한 18세기의 오리엔탈리즘적 관념에서 기원한 것이다. 오스트리아의 한 석학은 이를 레즈비언 애착의 비밀 언어로 추론한 바 있기도 하다. [22] "야생 팬지wild pansy"라는 말장난과 함께 잘 알려진 『야생의 사고The Savage Mind: La Pensée sauvage』에서 클로드 레비스트로스의 후기 구조주의적 사고를 상기시키는 꽃의 프랑스 언어는 도표 작성에 더 관심이 있었던 것도 같다. 이 같은 체계 구축의 일환으로 19세기 후반 냄새와 색의 분류표를 강조한 꽃 언어의 전통은 카를 마르크스와 벤야민이 사랑한 프랑스의 선각자이자 공산주의자 샤를 푸리에의 19세기 초 작업을 떠올리게 한다. 직접적으로 언급된 바는 없으나 바타유의 꽃 언어는 두 세기에 걸친 비밀과 오컬트, 오리엔탈리스트의 환상, 신성한 지혜에 접근하게 하는 자연의 논리에 호소하는 전통에서 비롯된 것이기도 하다. 하지만 동시에 그의 에세이는 이 같은 전통에서 급진적으로 벗어나기도 한다.

프랑스의 민속학자 로베르 에르츠와 마찬가지로 바타유 역시 인체의 대칭과 차이에서 온 패턴이 문화의 표본을 형성하는 데 사용된다는 점에 주목했다. 헤르츠는 손의 역할과 신체를 좌우로 나누는 것에 집중했다. 오른손에는 정의, 선, 태양, 남성성, 글쓰기, 보수적 정치 등 모든 영예가 자리한다. 왼손에는 슬픔과 달, 여성, 공산주의자가 놓여 있다. 20년이 지난 뒤 바타유는 인체를 수직이 아닌 수평으로 구분하고 위엄을 지닌 상반신과 입에 담을 수 없는 하반신으로 나누었다.

헤겔의 변증법, 그리고 상반된 것들의 통일을 이어받은 바타유는 초현실주의적 감성과 부조리한 것에 대한 사랑을 신체의 상부와 하부가 우주적 화해와 구제의 영역과 관련되는 방식에 접목시켰다. 진정한 변증법은 안식을 모른다는 것이 그의 논지였다. 따라서 우월한 자와 열등한 자 사이에서 벌어지는 전쟁에는 휴전이 있을 수 없다. 사고 그 자체는 영구적으로 열려 있고 또한 불완전하다. 이들은 모두 자연을 독해하는 범주들에 의존해 있기 때문이다. 마찬가지의 이유에서 꽃들의 언어, 특히 무시무시한 맨드레이크와 관련된 언어에 바타유는 열광했다.

　　바타유의 주장은 세계무역센터 테러 이후 꽃의 기능에 관한 뉴욕 타임스 기사와 겹쳐진다. 하지만 바타유는 꽃을 아름다움과 결합된 죽음과 에로티시즘이라는 성적 은유로 이해한다는 점에서 그와 다르다. 그는 꽃을 인간 성기, 수술, 그리고 태양을 향해 있는 꽃잎과 비교하며 꽃이 지닌 아름다움의 본질은 생명의 연약함에서 기인한다고 주장한다. 그들은 꽃을 피우는 동시에 죽을 운명이며 줄기에서부터 무질서하게 무너지고 슬프게 시들어 자신들이 태어난 그 땅을 향해 떨어진다. 그는 「꽃들의 언어」를 다음과 같이 끝맺는다. "모든 아름다운 것들은 낯선 미장센으로 전락할 위험을 지니고 있지 않은가?" 그는 계속한다. "그들은 신성 모독을 더 불순하게 만들 운명에 처해 있지 않은가?"[23]

　　에르츠가 오른손과 왼손 사이의 비통한 비대칭성이 실은 서로를 보완한다고 생각했다면 바타유는 신성한 영역을 이루는 선과 악 사이에서 마찬가지의 불균형을 발견했다. 천국과 지옥에 관한 기독교적 체계에서 드러나듯 선과 악은 서로에게 자양분을 주며 서로를 보완한다. 또한 비대칭성은 상반된 것들의 유희를 통해 억제될 수 없는 과잉을 지켜낸다. 바타유의 특징적 사유는 꽃에 관한 그의 질문에 함축되어 있다. "꽃은 신성 모독을 더욱 불순하게 만드는 운명에 처해 있지 않은가?" 이러한 관점을 명확히 하고 폭포처럼 쏟아져내리는 사유를 낙차점까지 끌어올리기 위해 그가 주목하는 것은 맨드레이크다.

맨드레이크는 성스러운 것이 신성 모독이 되어가는 과정을 놀랍도록 명확하게 표현한다. 그 모양은 자체로서 천국과 지옥의 우주적 구조와 그들 사이의 유사성을 인간의 몸으로 표현한 것이라고도 할 수 있다. 기독교인들에게 머리가 없다는 것은 언젠가 죄로부터 사함을 받을 수 있다는 징표이다. 하지만 바타유에게 머리가 없는 사람의 형상은 자연의 아세팔Acéphale, 1930년대 후반 구성된 신성한 비밀단체의 이름을 의미한다. 이들은 앙드레 마송이 그린 그림을 표장으로 사용했는데, 이 그림에는 나체로 팔을 뻗은 신체가 한 손에는 단검을, 또다른 한 손에는 수류탄처럼 불타는 심장을 들고 서 있다. 유두에는 별 모양이, 생식기에는 해골이 그려져 있다. "나는 그가 즉시 머리 없는 모습으로 변하는 것을 보았다"고 말한다. "하지만 이 번거롭고 의심스러운 머리를 어떻게 해야 할까?— '죽음의 머리'가 가리고 있던 성sex으로 옮겨가는 일은 필연적이었다."24

아세팔은 단순한 비밀결사가 아니었다. 두려운 존재였다. 회원 중 한 명인 패트릭 발드버그는 바타유의 권유로 일부 회원들이 파리 외곽 생-농Saint-Norn 기차역 근처의 버려진 숲에서 만나 인신 공양을 수행하기로 했지만 마지막 순간에 이에 반대하기로 결정했다고 전한다. 바타유는 모임의 장소를 다음과 같이 묘사한다. "평범한 사물들의 질서에 혼란이 개입한 것처럼 보이는 숲 한가운데 습지에 번개 맞은 나무 한 그루가 서 있다. 이 나무에서 누군가는 머리 없이 팔만 가진 아세팔이라 불리는 무언mute의 존재를 식별해낼 수 있을 것이다."25

마찬가지로 우리는 맨드레이크 속에서 아세팔이라는 무언의 존재를 알아볼 수 있지는 않을까?

아세팔과의 또다른 조우는 콩코드광장에서 이루어졌다. 이곳은 루이 16세가 혁명적인 단두대에 의해 "두개골이 잘린"(이 표현은 아세팔리카 백과사전의 편집자에게서 온 것이다) 장소이기도 하다.

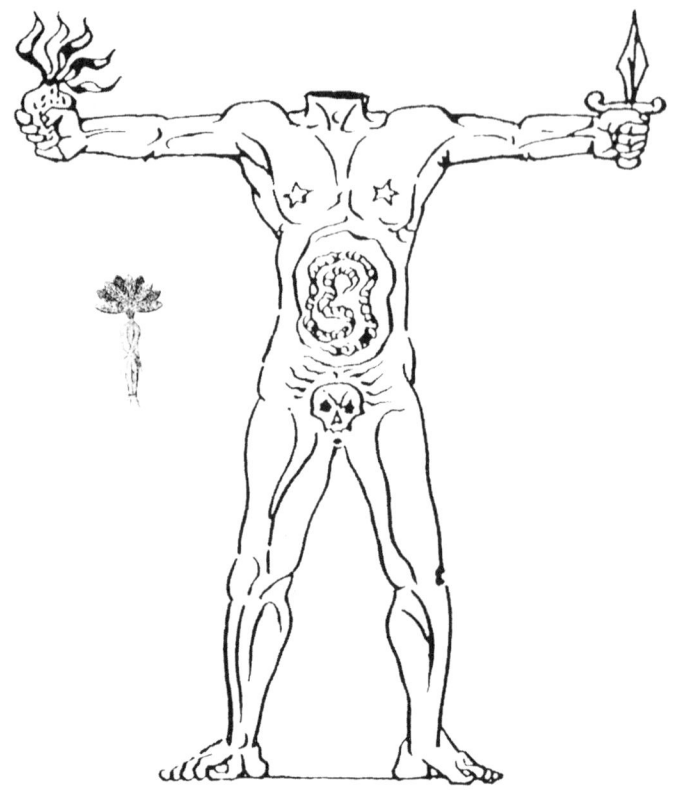

아세팔.

몇 년 후 나폴레옹은 이곳에 이집트에서 훔쳐온 그 유명한 오벨리스크를 설치했다. 말하자면 태양을 끌어내리는 남근상phallus이 머리를 대체한 것이다.

  머리를 잘라 그것으로 남성 생식기를 대체한 뒤 앙드레 마송은 자신의 작업에 대해 성찰하며 자문한다. "지금까지는 괜찮은 것 같고, 배는 어떻게 해야 할까? 저 텅 빈 용기는 무릇 우리의 집결 표시가 있던 미로를 위한 저장소가 될 것이다."[26] 꼬불꼬불한 창자의 미로는 반대를 넘어서는 과잉의 회화적 표현 못지 않게 해부학적이기도 하다. 따라서 "미로" 라는 명칭은 그리스 신화에서와 같이 반대 그 자체 속에는 주어지지 않은 것, 기적적인 실을 통하지 않고서는 탈출할 수도 밝혀낼 수도 없는 광기로 엮인 미궁을 의미한다고도 할 수 있다.

바타유는 「꽃들의 언어」를 출간한 5개월 뒤, "엄지발가락"에 대한 3페이지 분량의 흥미로운 연구를 『도큐멘트』에 실었는데 여기서 그는 앞서 말한 것과 같은 동일한 창자의 미로를 발견한 바 있다. 머리를 엄지발가락에 대비하여 그는 일련의 유쾌한 급습을 감행한다. 국가라는 독수리, 계몽적 이성, 그리고 헤겔의 변증법은 건막류나 발 페티시즘과 동일한 선상에 놓이며 이렇게 함으로서 바타유는 고결한 높이가 실은 그들이 내려다보는 보잘것없는 발가락에 의존하고 있음을 드러낸다. 글에는 엄지 발가락을 우리의 인체로부터 효과적으로 소격해 전체 페이지로 확대한 놀라운 사진도 함께 실려 있다. 사진은 무섭게 보이지만 동시에 우스꽝스럽기도 하며 너무나 골치 아픈 변증법, 즉 자연 속 예술과 자연의 예술이라는 무티스/에바라치아의 수수께끼를 잘 드러내고 있다.

이에 더해 축소 불가능한 과잉이 자리잡은 곳, 어조tone와 위장stomach의 문제가 제기된다. 여기서 어조는 터무니없는 말투나 웃음을 의미하며 정확한 생각이 아닌 무언가를 가리킨다. 다른 무언가라니? 카니발의 라블레풍 배꼽 웃음Rabelaisian belly laugh만이 아니라 자동형 창자, 물이 가득찬 광산 갱도에 던져진 돌처럼 먼 곳으로부터 울려나오는 메아리와 같이 불규칙하게 맥동하는 평활근, 회전하는 움직임의 불경한 전 상태가 미즙chyme을 향한 진동과 유동적인 움직임에 의해 대체되는 상태 말이다. 모든 길이 그곳으로 향하는 형성의 늪지대, 즉 엄지발가락은 바타유의 로마였고 그가 금지를 모르는 머리 없는 남성을 상상하면서 염두에 둔 것 역시 바로 이 늪지다. "그는 인간이 아니고 신도 아니다. 그는 내가 아니며 나보다 더 큰 존재다. 그의 뱃속은 그가 자신을 잃어버린 미로이며 그 안에서 나는 길을 잃었다. 그리고 그 안에서 나는 나 자신이자 그인, 다시 말해 괴물로서의 나 자신을 발견한다."[27]

따라서 결론은 다음과 같다. 맨드레이크가 그러하듯 아세팔 역시 단순히 천국과 지옥을 뒤집는 것이 아니라 변증법적 회복이나 구원의 가능성이 거의 없는 정도까지 그들 사이의 상호의존성을 혼란에 빠뜨린다. 마치 변증법이 자기 소모적이듯이 말이다. 이 장면이 우리에게 상기시키는 것은 스스로의 목숨을 끊는 신, 즉 성스러움의 표징으로서의 자기희생이다. 그 이면에는 언어가 그러하듯 이성 역시 그저 현실의 근사치에 불과하며 현실은 우리가 그것을 어떻게 구성하느냐에 따라서 용어와 체계를 뛰어넘는다는 깨달음에서 오는 기쁨과 절망이 드리워져 있다. 맨드레이크와 마찬가지로 우리는 잠과 의식 사이 중간 지대에 있는 "기괴한 정신 활동"의 세계 속으로 끌려들어간다. 이 장소는 바타이유의 표현에 따르면 "구역질 나고 적나라한 해충과도 같은 존재들이 토양의 표면 아래를 떼지어 몰려 다니는"[28] 얽히고설킨 뿌리 덩어리들의 세계다.

하지만 가장 강력한 마법을 지닌 맨드레이크가 교수대 아래에서 발견되는 이유는 무엇일까?

교수형에 처해진 작은 남자

사실: 유럽에는 수 세기 동안 교수형에 처해진 남성으로부터 나온 정액이나 소변에서 하얀 꽃이 피어난다는 속설이 전해진다. 그 꽃은 다름아닌 맨드레이크였고 그로 인해 이 꽃은 "교수형에 처해진 작은 남자the little gallows man"라 불리게 되었다.[29] 그러나 여기서 주목을 끄는 것은 이 무고한 하얀 꽃이 아니다. 이 아름답고도 놀라운 꽃은 그저 그 꽃의 검은 뿌리가 인간의 모습을 갖추기 위해 흙속을 비집고 들어가는 경이로움의 기호일 뿐이다. 1587년 초 영국에서 발행된 『약초 성경』은 별도의 장을 통해 중요한 각각의 식물에 대한 설명을 제공한 초기의 저작 중 하나다. 이 책의 첫 장은 맨드레이크, 두번째 장은 만나manna를 다루고 있다. 맨드레이크는 강한 향과 맛을 가진 잠을

불러오는 기분좋고 유쾌한 식물로 묘사되어 있다. 다리를 가지기라도 한 듯 가지나 돌출부들은 접히거나 서로를 감싸고 있으며 뿌리는 잔가지나 작은 털로 덮여 있다. 임시변통에 능한 사기꾼 행상들은 남성 또는 여성 인간의 형상을 만들어낸 뒤 마치 이것이 자연적으로 자라났고 마법의 힘을 지닌 양 맨드레이크에 대해 아는 바가 거의 없는 이들을 설득한다.[30]

> 짝을 바꿔가며 뻔뻔하게 구는 이 음란한 무리들 중 몇몇은 맨드레이크가 생명을 지니고 있으며 중죄나 살인죄로 유죄판결을 받고 사형에 처해진 이의 씨앗으로부터 생겨났다고 대담하고 뻔뻔하게 계속해서 주장한다.[31]

16세기에는 맨드레이크가 효과를 발휘하기 위해서는 교수대 아래에서 채취되어야만 하며 바로 그러한 이유에서 엄청난 값이 매겨졌다고도 전해진다.[32] 어떤 이들은 맨드레이크가 교수대 옆에서만 자란다고 주장하기도 했고[33] 또다른 이들은 교수대 아래에서 발견되는 것이 가장 효험이 강한 형태를 가지고 있다고 말하기도 했다.[34]

민간 설화: 기이하고도 마법적인 방식으로 흙에서 조심스럽게 뽑아내 적포도주로 씻고 귀중한 비단으로 감싼 이 작은 교수대 남자는 미래나 비밀스러운 문제들에 관한 질문에 답을 줄 것이다. "부자가 되고 싶은가?" 밤에 그 옆에 돈을 놓아두면 아침에 그것은 두 배가 되어 있을 것이다.[35]

사실: 독일의 시인 리스트[Rist](1607~1667)는 100년이 넘은 맨드레이크를 다음과 같이 묘사한다. 맨드레이크는 교수대에서 처형된 도둑이 그려진 관 속에서 살았다. 처형대 아래에서 맨드레이크는 자라났고 이는 아버지에게서 아들로 전해진다.[36]

소설: 1947년 출간된 제넷의 소설 『케렐[Querelle]』 초반부에서 주

인공 길은 친구 케렐과 함께 프랑스 북부 브레스트 군항의 안개 긴 거리를 걷는다. 그들은 섹스에 대해 이야기를 나누고 길은 주머니를 통해 그의 성기를 배에 바싹 가져다댄다. 제넷은 성기가 "나무만큼 높다"고 쓴다. 그것은 "뿌리 사이에서 푸념을 늘어놓는 맨드레이크가 태어난 장소, 이끼가 긴 떡갈나무였다(종종 길은 발기된 상태에서 깨어났고 자신의 성기를 '교수대에 걸린 남자'라고 부르곤 했다)".[37]

사실: 18세기 후반에서 19세기 초반 사이에 런던에서 열린 교수형 집행에는 최대 10만 명의 청중이 참석했다고 한다. 보통은 3000~7000명가량이 모였다.[38] 공개 처형이라는 엄청난 광경(18세기 후반 어느 해에는 많게는 하루에 여덟 명이 처형되기도 했다) 속 런던 군중들은 시체를 차지하기 위해 교수대 아래에서 당국에 맞섰는데 그들의 동기는 다양했다. 기독교식 장례를 치르기 위해서, 혹은 시신이 외과의사나 의과대학에 팔리는 것을 저지하기 위해서, 혹은 자유시장 자본주의의 독창적 옹호자인 버나드 드 맨더빌이 1725년 쓴 바와 같이 "시체, 심지어 악인을 향한 민중들의 미신적 경외심"[39] 등등의 이유에서 말이다.

사실: 하지만 국가에 의해 처형된 이의 시신은 사실 평범한 이들의 것과는 다르다. 사회사 연구자들은 지적 타당성을 포함해 모든 종류의 적절성에 도전하는 기이하고 다양한 시체 애호가 열어놓은 섬뜩한 세계를 고려하기를 주저해왔다. 오직 제넷이나 윌리엄 버로스와 같은 소설가만이 자신의 작품을 통해서 그 문턱을 넘었다. 하지만 오늘날 미국에서 보듯 사형에 대한 국가, 그리고 나아가 대중의 시간과 노력의 경주를 고려할 때 우리에게 필요한 것은 그들이 보여준 상상력의 질서 같은 것이 아닐까? 우리는 어떻게 터무니없이 상스럽고 음란한 시체의 마법과 그것이 지닌 성적 잠재력, 소위 품위 있고 건전한 서구 사회에서 실은 얼마 전까지도 국가가 교수형에 처한 시체가 실은 병든 사람의 생명과 건강을 회복시킬 수도 있는 특별히 불가사의한 존재로 여겨졌다는 사실을 연결지을 수 있을까?

토머스 라쿼는 영국 사형 집행 속 군중, 카니발, 그리고 국가에 관한 최근 에세이에서 교수형에 처해진 신체를 "마법 신체"라 명명한 바 있다. 그는 1776년 제임스 보스웰이 런던 교수형에서 목격한 "미신", 즉 "최소 네 명의 환자가 죽음과의 사투 속에서 자신들의 병이 치료될 것이라는 믿음으로 죄수들의 땀에 젖은 손을 자신에게 문지르는"[40] 장면을 묘사한 부분을 인용한다. 쇠약해진 팔다리를 이제 막 교수형에 처해진 사람의 목에 댐으로서 온전하게 만들 수 있으며 여성들은 교수대를 방문해 이제 막 죽은 이의 손으로 자신을 쓰다듬게 함으로서 아이를 가질 수 있다고들 했다. 간호사들은 자신들이 돌보는 어린아이들의 건강을 회복시키기 위해 그들을 데려오기도 했다. 그리고 1768년 타이번의 교수대에서 석탄 하역 노동자 머피가 목이 잘리기 직전 잘 차려입은 여인이 세 살배기 아이를 데리고 나타나 그의 오른손을 "연주창連珠瘡으로 인해 네 개의 구멍이 뚫린 아이의 왼손"[41] 위로 세 번 지나가게 한 사례도 있다.

여기서 이름은 모든 것을 말해준다. 왕의 병The King's Evil. 국가가 처형한 범죄자의 시체가 병을 치료할 수 있는 것처럼 왕 역시 그 손을 뻗는 것만으로도 이 끔찍하고 오래 지속되며 종종 치명적인 병을 치료할 수 있었다. 국가의 교수형 덕분에 왕과 범죄자의 시신은 마법처럼 동등해진다.

소설: "교수형에 처해진 사람의 목에 팔다리가 닿아야만 합니다." 그녀는 마법사가 불러일으키는 이미지로부터 시작했다. "차가워지기 전, 그러니까 목이 잘린 직후 말이오." 그는 무표정하게 말을 이어갔다. "어떤 효과가 있습니까?" "피가 돌고 체질이 바뀔 것입니다. 하지만 이미 말했듯 실행은 쉽지 않소. 교수형 집행이 있을 무렵 감옥에 가서 시체가 교수대에서 내려올 때까지 기다려야만 합니다. 당신처럼 예쁜 여자는 없었지만 많은 사람들이 이미 시도해본 것이오. 피부 문제를 가진 수십 명을 그곳에 보냈소."

이는 19세기 중반 영국 남서부 지방을 배경으로 한 토머스 하디의 소설 「병든 팔The Withered Arm」[42]에 등장하는 한 마술사의 말이다. 여기 등장하는 젊은 여성은 저주의 흔적으로 인해 팔이 병들어가고 있었다. 교수형 전날 그 여성은 교수형에 사용할 밧줄을 만드는 마구 제작자를 만난다. "나중에 인치 단위로 팔 겁니다." 그가 말한다. "아가씨, 원하신다면 제가 공짜로 조금 가져다드리죠."

늦은 밤 그 여성은 시골 마을에서 정원사로 일하고 있는 교수형 집행인을 몰래 찾아간다. "매듭 때문이라면 여기 온 건 소용없소." 그녀가 원하는 것은 교수형에 처해지자마자 목을 만지는 것임을 미처 말하기 전 그는 이렇게 말한다. 그녀의 병든 팔을 살피며 그는 다음과 같이 외친다. "이건 정말 대단하오. 인정할 수밖에 없소! 상처의 모양이 마음에 들어요. 내가 본 어떤 상처보다 치료에 적합해 보여요. 그가 누구든 그를 이곳에 보낸 것은 박식한 자일 거예요."

보론: 매듭은 왜 강조되는 걸까? 만약 시체가 떨어져 목이 부러지는 대신 목이 졸려 죽은 것이라면 매듭을 조정해 피해자에게 생존의 기회를 제공할 수 있었기 때문이다. 피터 라인보우는 런던의 교수형에 대한 에세이에서 대중들이 매듭에 관한 지식에 큰 관심을 기울인 이유를 살짝 언급한다.

다음날 그는 두개의 가대로 받쳐진 시체에 다가간다. 눈앞에는 회색 안개가 떠다니는 듯했고 아무것도 분간할 수 없었다. "그녀는 거의 죽은 듯했지만 어떤 갈바니 전기 같은 것에 둘러싸여 있었다"고 하디는 묘사한다.

보론: 죽음과 갈바니 전기 사이의 어딘가. 이것은 민속 식물 전문가인 슐테스와 호프만이 맨드레이크를 묘사하며 사용한 "기괴한 정신 활동"과 마찬가지의 것일까?

교수형 집행인은 그녀의 병든 팔을 붙잡아 시체의 얼굴을 드러낸 다음 "덜 익은 블랙베리 색깔의 선이 그어진" 시체의 목에 둘렀다. 그녀는 비명을 질렀다. 마술사가 말한 대로 "피가 돌기" 시작했다.

국가의 마법과도 같은 섹스로서의 교수형

교수형은 목을 만지는 사람의 피를 돌게 할 뿐만 아니라 처형대에 매달린 이를 흥분시킬 수도 있다. 최소한 이는 성적 흥분에 관해 전승되어온 민속의 일부이자 성적 쾌락과 죽음을 결합한 바타유의 작업을 뒷받침한다.[43] 크누트 로머 요르겐센은 마르키 드 사드의『저스틴』(1791)에 나타난 에로틱한 교수형과 함께 다소 덜 알려진 사건, 즉 같은 해 런던에서 작곡가의 조수였던 성매매 여성 수산나 힐과 당시 유럽 최고의 더블 베이스 연주자였던 프란츠 코츠와라가 성적인 쾌락을 위해 스스로 목을 매달아 치명적인 결과를 초래한 혐의로 재판을 받은 사건 역시 상기시킨다.[44]

밧줄 끝에 매달린 시체가 오르가슴에 빠져 경련을 일으키는 장면은『벌거벗은 점심Naked Lunch』부터『붉은 밤의 도시들』에 이르는 버로스의 작품 전반에 종종 등장한다. 책의 후반부에서 켈리는 탄지어에 정박중이던 배의 사관을 살해한 뒤 교수형에 처해졌으나 해적들이 그를 교수대에서 끌어내려 되살려낸다. 버로스에 따르면 "교수형에 처해진 뒤 되살아난 사람은 그들의 모험에 행운을 가져다줄 뿐만 아니라 그가 빠져나온 운명으로부터의 보호를 제공하리라 여겨졌기"[45] 때문이었다.

해적들은 켈리의 목에 난 대마 자국에 붉은 잉크를 문질러 마법을 실현시켰다. 켈리는 자신은 교수대에서 죽음의 비밀을 알게 되었으며 그로 인해 검객으로서의 탁월한 기술과 누구도 자신을 거부할 수 없는 성적 능력을 얻게 되었다고 주장했다. 교수형에 처해질 때의 느낌을 묻자 켈리는 다음과 같이 대답한다.

먼저 몸의 무게로 인한 매우 큰 고통이 느껴진 뒤 낯선 동요 속에서 내 영혼이 격렬하게 위로 밀려나는 듯한 기분이 들었다. 이것들이 내 머리에 이르자 눈부시게 밝은 빛이 눈앞을 스쳐갔다. 그런 뒤 모든 고통스러운 감각이 사라졌다. 그러나 끌어내려진

후 영혼과 피가 돌아오면서 찌르고 쏘이는 듯한 형언할 수 없는
고통이 밀려왔고 나를 끌어내린 사람이 교수형에 처해졌으면
하고 바랄 정도였다.

실제 이 말을 한 것은 1705년 절도죄로 교수형에 처해진 전직 군
인, "절반쯤 매달린 스미스"다. 버로스는 대니얼 P. 매닉스의『고문의
역사』[46]에서 이 구절을 발견했다. 그는 15분가량을 매달려 있다가 군
대 경력으로 인해 처형이 연기되었다. 당시 교수형에서 목이 꺾여 즉
사하는 경우는 거의 없었다. 대신 희생자는 밧줄 끝에서 바둥거리며
천천히 질식해 죽어갔다(밧줄은 나중에 작은 길이로 잘려 고가에 팔
리곤 했다). 따라서 스미스는 끌어내려졌을 때 여전히 살아 있는 상
태였고 "절반쯤 매달린 스미스"는 이후에도 절도죄로 수차례 체포되
었다가 항상 풀려나는 기적적인 경력을 쌓았다. 심지어 검사가 재판
도중 사망해버리는 일까지 일어났다. 법은 더이상 이 절반쯤 교수형
에 처해진 사람에게 위협이 되지 않았다.

동시에 교수형이 나이트클럽의 활동이 되어가는 버로우의『붉
은 밤의 도시들』에서는 만화와 폭력 사이의 기묘한 관계가 다시 한
번 우리의 주목을 끈다. 더블 갤로우스라는 클럽에서는 매일 밤 교수
형 쇼가 열린다. 플래셔 나이트Flasher Night가 열리는 어느 날 밤에는
세련된 고객들이 화려한 장비를 착용하고 갑작스레 입장하는 모습
은 특히 장관을 이룬다. 버로스에 따르면 어떤 이들은 녹색 드랙복장
을 하고서는 마치 "맨드레이크처럼 비명을 지르며" 바닥을 뚫고 나
오기도 한다. 다른 이들은 목에 밧줄을 감은 채 거울을 통해 등장해
매듭의 품질을 음미하는 "고객 사이를 도는 올가미 판매상"이 되기
도 한다. 실크, 혹은 "온갖 색깔의 희귀한 연고를 발라 가볍고 부드럽
게 변한 대마로 만든 부드러운 푸른 불꽃 형상으로 타오르는 올가미,
그리고 따끔거리는 사냥개 가죽으로 만들어진 가죽 올가미"들 말이
다. 붉은 악마가 주인공이 되어 이끄는 쇼에 등장하는 휘티Whitey라는

인형은 목에 올가미를 둘렀고 성기는 거의 완전히 발기된 채 눈을 동그랗게 뜨고 서 있다. "플랫폼이 떨어지며 그는 사정을 한다. 그의 눈에서 빛이 번쩍인다."

"'플래셔! 플래셔!' 고객들은 손을 들어올린 채 꿈틀거린다⋯⋯ 황홀경에 빠진 채."[47]

아슬아슬하게 때를 맞추어 죽기being cut in the nick of time는 내가 맨드레이크 국가-처형 마법 복합체라 칭한 것과 유사하지 않을까. 장황하고 난처한 상태를 가리키는 용어 말이다. 버로스가 불러일으키는 마법, 즉 그의 작품 전체에 스며들어 있는 마법은 교수형 그 자체라기보다는 국가 처형의 "그림자"를 품은 교수형이 존재하는 어떤 또다른 영역으로 이월되는 국가 처형으로부터 생겨난다. 교수형에 처해진 작은 남자에 의해 한데 모인 똑같은 마법을 한 단계 더 발전시켜 버로스는 자신의 작품 속에서 색, 냄새, 초역사적 무의식처럼 시공간을 오가는 초자연적인 기억의 여파를 통해 내밀한 친숙함을 풀어낸다.

1702년 파나마 시티 법원 앞에서 해적죄로 교수형에 처해진 젊고 잘생긴 스트로브 선장의 모습을 떠올려보자. 그의 얼굴에는 호기심 어린 미소가 가득하고 연한 녹색의 아우라가 그를 휘감고 있다. 뙤약볕 아래에서 교수대에 매달려 있다가 특수부대에 의해 구조되어 아편을 섭취한 그는 욱신거리는 발기와 함께 깨어난다. 그는 자신이 파나마 시티에서 남쪽으로 40마일 떨어진 곳에 있음을 알게 되었다. "그는 맹그로브 늪지로 이루어진 낮은 해안선과 상어 지느러미, 그리고 고여 있는 바닷물을 볼 수 있었다."[48]

스트로브 선장은 교수형에 처해졌고 살아서 돌아온다. 그가 깨어난 곳은 천국이 아니라 적도에 위치한 '제3세계' 늪지대였다. 신이 죽은 머리가 없는 세계, 무슨 일이든 일어날 수 있는 곳 말이다. 그는 전혀 손상되지 않은 채, 아니 그보다 더 나은 상태로 아편에 취하고 발기된 채 깨어난다. 아세팔.

버로스의 말을 기억해보자. "교수형에 처해진 뒤 되살아난 사람은 그들의 모험에 행운을 가져다줄 뿐만 아니라 그가 빠져나온 운명으로부터의 보호를 제공하리라 여겨졌다."

그렇다면 물음은 다음과 같다. 국가의 벌린 입으로부터 빼앗아온 이 신비스러운 힘은 무엇일까? 니체는 경찰이 자신들이 체포한 범죄자들과 마찬가지의 책략을 행하는 것을 비난한다. 그가 보기에 이것이 경찰을 범죄자보다도 나쁜 존재로 만든다. 마찬가지의 이유에서 사법 살인은 다른 종류의 살인보다 훨씬 더 신비로운 것일까? 사법 살인은 단지 누군가를 죽이고 제거하는 것만이 아니라 세상에 에너지를 방출하는 것은 아닐까.

스트로브 선장은 교수형에 처해진 작은 남자인가?

기독교 알레고리에 늘 민감했던 라너는 그리스도가 "마치 독살당한 것처럼 죽음 속에서 잠들었다가 아담의 대지에서 기적적인 뿌리로 다시 살아난 것과 같이 아담의 유해함과 무감각으로부터 자유로워지고자 하는 그리스도인 또한 맨드레이크 잔을 손에 쥐고 있어야 한다"[49]고 말한다. 라너는 그리스도의 훼손된 몸을 구원을 위해 준비된 몸으로 보도록 한다. 마치 엄청난 양의 고통이 초월적인 이익을 가져오는 상반된 것들의 조화로운 결합으로 보상받게 되는 것이 법칙이라도 되는 듯 말이다. 그러나 우리는 예수의 힘이 로마 식민 정부의 사형 집행으로부터 온 것이며 이는 18세기 런던 타이번의 석탄 하역 노동자 머피의 막 죽어버린 손이 수많은 병든 어린아이들의 몸을 닦아내는 장면, 그리고 이 모든 온갖 관행에 더해 재닛과 버로우가 제시한 교수대 아래에서 움트는 마법을 똑같은 것이라 주장할 수 있을까? 이들은 물론 예수가 아니다. 환각 효과와 풍만함, 그리고 오컬트적 힘으로 그 명성이 자자한 교수형에 처해진 작은 남자, 우리의 신비스러운 맨드레이크는 국가 교수형의 환상적인 과정이 매번 누군가가 매달릴 때마다 마치 종교의 창시 순간처럼 반복된다는 사

실을 드러낸다. 작은 교수대의 마법이란 실은 국가의 마법에 다름아
니다.

여기에 우리는 아마도 계몽주의가 드러내는 것은 선사적이고
마법적 힘으로 회귀하는 자연을 법의 규칙으로 지배하는 것이라는
무시무시한 논제를 추가할 수도 있다.[50] 계몽주의 속 그 유명한 변증
법이 근대성 속 선사적 외관을 경고음과 함께 드러내는 장소로서 사
형제도보다 더 약동적인 지점은 존재하지 않을 것이며 맨드레이크
식물이 솟아오르기에 교수대 아래보다 더 적절한 곳은 어디에도 없
을 것이다. 시간이 지나면서 교수대가 "교수형 나무"가 되어 자연으
로 돌아가는 것처럼 맨드레이크 식물은 점차 사회화된 인간, 교수형
에 처해진 작은 인간이 되어간다.

합법적으로 살해된 범죄자의 씨앗에서 유래한 맨드레이크는
탁월한 모순을 지닌 존재다. 그것은 독성과 최면 효과가 있는 데다
관능적이기까지 하다. 고대 그리스 미아스마에서 유래한 미아스마
틱miasmatic이라는 용어는 오염된 상태 그리고 시체나 살인자를 둘러
싸고 있는 것과 같은 상당히 위험한 영혼의 전염되기 쉬운 상태를 의
미한다.[51] 맨드레이크는 전염성을 지니고 있고 그 같은 사실은 식물
이 지닌 강력한 향기를 통해서도 명백히 드러난다. 맨드레이크는 국
가에 의해 생명이 박탈되는 순간 지속되는 생명에 대한 증거이며 올
가미가 조여오는 순간 그 죽음을 피해 가는 생명, 즉 과잉의 생명이
자 죽음에 의해 만들어지는 생명, 즉 국가 폭력만이 만들어낼 수 있
는 삐뚤어지고 마법과도 같은 반전의 생명을 의미한다. 만약 국가를
합법적인 폭력을 독점적으로 사용할 수 있는 존재로 정의하는 관습
을 따른다면 맨드레이크는 그 폭력과 법이 놓여 있는 신비로운 권위
의 토대를 드러낸다고 말할 수도 있지 않을까?

덧붙이기

1969년 이래 여러 차례 콜롬비아를 방문했지만 에차바리아의

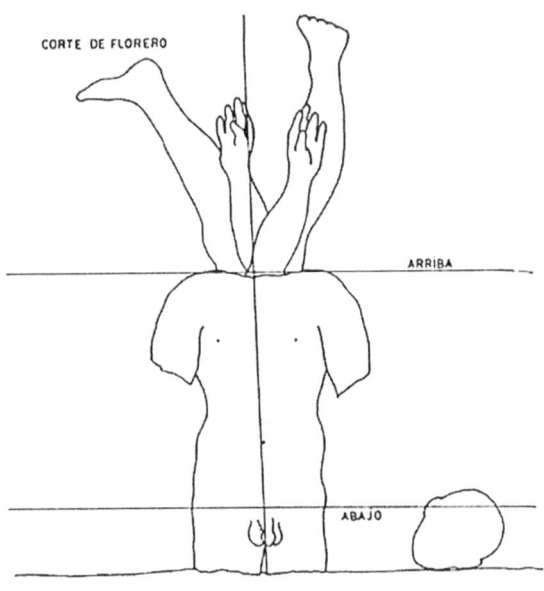

작품 이전까지 꽃병 절단에 대해서는 들어본 적이 없었던 나는 얼마
나 자주 그런 일이 일어나는지 궁금해졌다. 에차바리아는 1978년 출
판된 한 책을 인용했는데, 그 책에는 1948년에서 1964년 사이의 내
전 당시의 학살에 관한 내용이 담겨 있다. 이 책이 다루고 있는 것은
특히 피해가 컸던 지역인 톨리마의 사례다.[52] 다양한 절단에 대한 이
해를 돕기 위해 책에는 표적 연습에 사용되는 것과 같은 열한 개의 인
체 형태 다이어그램이 전체 페이지에 제시되어 있는데, 그림들은 언
뜻 보기에 아이들이 그리는 계란-소시지 그림과 임상적 탈착을 묘사
한 다이어그램이 교차된 것처럼 보인다. 경찰이나 부검 보고서 담당
자들이 이와 유사한 도표를 가지고 있을지도 모른다고 생각하면 무
섭고 아찔한 기분이 든다. 만화가 폭력을 연상시키며 공포를 불러 일
으키듯 어른들이 아이들이 그린 듯한 인체 그림을 차용하는 것은 경
찰이나 부검 속 불안한 유사성을 불러일으키며 겹쳐지는 것일까? 아
니면 이런 형태가 현실과는 완전히 동떨어져 있고 지나치게 분명하

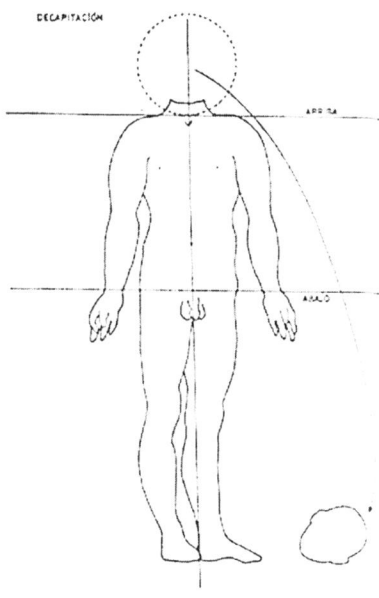

고 비현실적임에도 불구하고 임상 환경에서 사용된다는 이 끔찍할
정도의 비현실성이야말로 유령 같은 힘의 원천인 것일까? 생명이 완
전히 배제된 인간 형태의 윤곽을 그린 다이어그램은 어떤 절단이나
만화를 통해서도 느낄 수 없는 공허함을 만들어낸다. 여기서 자연 속
의 예술과 자연의 예술은 서로 합쳐지고 서로를 무너뜨린다. 최후의
'펑!' 하는 소리와 함께.

    토머스 홉스 역시 마찬가지의 수수께끼를 우리에게 보여준다.
그는 폭력이 자연의 상태이며 그 유명한 [사회]계약을 통해 폭력은
국가의 본질이 되었다고 주장한 바 있다. 무티스, 그리고 꽃이 자연
속의 예술에서 자연의 예술로 변모하는 것과 관련해 나 역시도 홉스
의 변형을 되풀이하고 있을 뿐이다. 홉스의 계약은 허구이며 그런 일
은 결코 일어나지 않는다. 그러나 모든 것은 마치 그것이 일어나기
라도 한 듯 공모하고 있으며(이것은 롤스에 대한 나의 독해다) 이것
이야말로 법의 규칙이 중단되는 강력한 갈대줄기다. 이러한 이유에

서 우리는 이것을 단순한 허구가 아닌 가장 위대한 예술의 영역인 필연적 허구라 부른다. 인류의 가장 위대한 발명품이자 제도 중 하나라 할 수 있는 국가 역시 인간에 대한 폭력이라는 영구적인 위협에 맞서 자연 속의 예술과 자연의 예술을 결합시킨 위대한 예술이라고 정직하게 주장할 수도 있을 것이다.

그렇다면 사형이란 무엇일까? 사형은 절단의 법칙의 한 예는 아닐까? 발터 벤야민은 폭력에 대한 비판에서 사형제도가 국가의 "제정적 폭력"을 재현한 것이라고 주장한 바 있다. 그 에세이의 제목인 "폭력 비판"은 폭력에 대한 비판과 권위에 대한 비판을 모두 의미할 수 있으며 이 두 가지 의미가 마치 무티스/에차바리아와 같이 불안정하게 섞인 폭력Gewalt이라는 단어로 섞여 들어갔다고도 할 수 있다. 다시 말해, 실제 일어나는 인간 사이의 물리적 폭력으로서의 법제정적 폭력은 홉스의 시대에 빈번한 것이었다. 왕에 맞선 피비린내 나는 폭력 역시 포함해서 말이다. 그러나 더 정확하게는 법제정적 폭력을 폭력이 권위를 획득하게 되는 자연의 폭력과 불안정하게 뒤섞인 자연 속의 폭력으로 정의할 수도 있을 것이다. 이렇게 하여 수수께끼는 풀렸다—어떻게 힘이 정의가 되는가. 완전히 견고하지는 않더라도 단 하나의 성취로서. 이것이 바로 에차바리아의 꽃이 나에게 가져다준 의미이자 척 존스가 인간을 인간화하는 것보다 동물을 인간화하는 것이 더 쉽다고 생각하는 이유다.

주

저자의 말

1 Michael Taussig, *My Cocaine Museum* (Chicago: University of Chicago Press, 2004).

2 Michael Taussig, *The Nervous System* (New York: Routledge, 1992).

1. 발터 벤야민의 무덤

1 Gershom Scholem, *Walter Benjamin: The Story of a Friendship*, translated by Harry Zohn (Philadelphia: Jewish Publication Society, 1981 [1975]), 226. (국역: 『발터 벤야민: 한 우정의 역사』 최성만 옮김, 한길사 2002, 387쪽)

2 Scholem, *Walter Benjamin*, 226.

3 Walter Benjamin, "Theses on the Philosophy of History," in *Illuminations*, edited and with an introduction by Hannah Arendt, translated by Harry Zohn (New York: Schocken,1968), 255.

4 발터 벤야민 박물관, 포르트보우.

5 Ingrid and Konrad Scheurmann, eds., *For Walter Benjamin* (Bonn: AsKI, 1993), 140.

6 Lisa Fittko, *Escape through the Pyrenees*, translated by David Koblick (1985; Evanston, IL: Northwestern University Press, 1991), 11.

7 같은 책, 108.

8 Hans Sahl, "Benjamin in the Internment Camp," in *On Walter Benjamin: Critical Essays and Recollections*, edited by Gary Smith (Cambridge, MA: MIT Press, 1988), 350–51.

9 Sahl, "Benjamin in the Internment Camp," 349, 351.

10 Fittko, 같은 책, 113, 114.

11 Varian Fry, *Surrender on Demand* (New York: Random House, 1945), 31.

12 Arthur Koestler, in his book *Scum of the Earth*, with commentary in Momme Brodersen, Walter Benjamin: A Biography, translated by Malcolm R. Green and Ingrida Ligers (1990; London and New York: Verso, 1996), 258, 309-10. 브로더젠의 책은 명확히 서술된 놀라운 정보들을 담고 있는 보고와도 같다.

13 Fry, *Surrender on Demand*, 16.

14 Jean Selz, "Benjamin in Ibiza," in *On Walter Benjamin: Critical Essays and Recollections*, edited by Gary Smith, 352-66 (Cambridge, MA: MIT Press, 1988), photograph on 356. See also Brodersen, Walter Benjamin, 196; and Vicente Valero, *Experiencia y pobreza: Walter Benjamin en Ibiza, 1932-1933* (Barcelona: Ediciones Peninsula, 2001), pages 128-129. 사진 속 인물을 식별할 수 있는 설명이 포함되어 있다는 점에서 후자는 특히 가치가 있다.

15 Valero, *Experiencia y pobreza*, between pages 128-29, photograph no. 19.

16 Walter Benjamin, "In the Sun," in *Walter Benjamin: Selected Writings*, edited by Michael W. Jennings (Cambridge, MA: Harvard University Press, 1927-34), 2: 662.

17 Benjamin, "Spain, 1932," *in Walter Benjamin: Selected Writings*, edited by Michael W. Jennings (Cambridge, MA: Harvard University Press, 1927-34), 2: 648.

18 Benjamin, "Spain, 1932," 2: 651.

19 Theodor W. Adorno, "A Portrait of Walter Benjamin," 227-42 in *Prisms*, translated by Samuel and Shierry Weber (1967; Cambridge, MA: MIT Press, 1986), 240.

20 Walter Benjamin, "A Berlin Chronicle," in *Reflections*, edited and with an introduction by Peter Demetz (New York: Schocken, 1978), 25-26.

21 Jane Mayer, "Outsourcing Torture: The Secret History of America's 'Extraordinary Rendition' Program," *New Yorker*, February 14 and 21, 2005, 106-123.

22 Benjamin, "Theses on the Philosophy of History," 253-64, theses, 255.

23 Adorno, "Portrait of Walter Benjamin," 233. (국역: 아도르노, 『프리즘: 문학 비평과 사회』, 홍승용 옮김, 문학동네 2004)

24 아도르노, 같은 책, 같은 페이지.

25 Fittko, *Escape*, 101.

26 같은 책, 110.

27 같은 책, 127.

28 Benjamin, "Spain, 1932."

2. 아메리카를 구성하기

1 Walter Benjamin, "The Storyteller: Reflections on the Works of Nikolai Leskov," in *Illuminations*, edited and with an introduction by Hannah Arendt, translated by Harry Zohn (New York: Schocken, 1968), 83-109.

2 스페인어 원문은 다음과 같다. "Esto existía pero estaba en privado, pero cuando ya Colón vino, entonces ya pasó a la historia, ya esto no quedó en privido; esto ya pasó a la historia. Eso mismo viene hacienda Miguel; scando unas cosas que están en privado para llevarlcs a la historia. Esto era lo que yo queria decir de colon."

3 The War of One Thousand Days (1899~1901).

4 출라비타스(chulavitas)는 보수당이 고용한 암살을 위한 준군사조직을 칭한다. 출라비타는 보야차 지역 베레다에 인접한 지역으로서 많은 암살자들이 이곳 출신이다. 에두아르도 프랑코 이사자는 그의 회고록 *Las guerrillas del Ilano*(Bogotá: Libreía Mundial,1959, p.2)에서 "보아비타와 출라비타에서 가장 끔찍한 일들이 자행되었다"고 쓴 바 있다. 그에 따르면 "후자의 지역(베레다)은 그 무리들에게 엄청난 공포를 동반하는 이름을 선사했다". 기록자의 노트에 따르면 그의 정보원들은 출라비타를 흔히 흑인들이 아닌 나리노의 고지대에서 온 "인디언들"이나 "메스티조들"이라 기억했다. 이 지역 내에서 그들은 흔히 파야로스 "새들"이라 불리었으며, 오늘날 칼리나 메데인과 같은 지역의 코카인 카르텔(혹은 다른 이해관계에 얽힌 이들)에 고용된 마약업자들의 앞잡이거나 청부살인업자들이었다. Dario Betancourt · Martha L. García, *Matones y cuadrlleros: Origen y evolución de la violencia en el occidente colombiano*, 1946-1965, Bogotá: Tercer Mondo, 1990. 20-22.

5 고메스(Gómez)는 잔혹하기로 악명높은 콜롬비아 보수당의 수장으로서 라 비올렌치아(La Violencia)에 연루되어 이후 스페인으로 망명한다.

6 John Willett, "The Case of Kipling," in *Brecht in Context: Comparative Approaches* (London and New York: Methuen, 1984), 44-58.

7 같은 책, 50.

8 Georges Bataille, *The Accursed Share*, translated by Robert Hurley, 3 vols. (New York:Zone, 1988).

9 Friedrich Nietzsche, *The Use and Abuse of History*, translated by Adrian Collins(Indianapolis: Bobbs Merrill, 1981), 7.

10 1918년의 정부 인구 조사에 따르면 푸에르토 테야자 지역 전체에는 655명에 못 미치는 일용 노동자들과 1077명의 가구주가 살고 있었다. 마을의 인구는 그보다 적었을 것으로 추정된다. 이 인구 조사 기록에 따르면 칼로토(Caloto), 산탄더(Santander), 푸에르테야다(Puerto Tejada), 코린토(Corinto), 그리고 미란다(Miranda)로 구성된 다섯 지역의 총인구는 3만 2963명이다.

11 Homer, *The Odyssey*, translated Robert Fitzgerald (Garden City and New York: Doubleday Anchor, 1963), 497.

12 Walter Benjamin, "On Some Motifs in Baudelaire," in *Illuminations*, edited and with an introduction by Hannah Arendt, translated by Harry Zohn (New York: Schocken,1968), 147‑200, see 194.

13 Nietzsche, *Use and Abuse of History*, 40.

14 Nietzsche, 같은 책, 같은 페이지.

15 Hayden White, *Metahistory: The Historical Imagination in Nineteenth-Century Europe* (Baltimore: Johns Hopkins University Press, 1973), 4.

16 Sigmund Freud, *Beyond the Pleasure Principle*, in The Standard Edition of the Complete Psychological Works of Sigmund Freud, edited and translated by James Strachey,vol. 18 (London: Hogarth, 1968), 19.

17 Francesco Balilla Pratella, "Futurist Music: Technical Manifesto," in *Futurist Performance*, edited by Michael Kirby and Victoria Nes Kirby (New York: PAJ Publications,1971), 160‑65.

18 Charles Baudelaire, "To Arsene Hcussaye," *Paris Spleen*, translated by Louise Varese (New York: New Directions, 1970), ix-x.

19 Benjamin, "On Some Motifs in Baudelaire," 194.

20 Alfredo Molano, Los años del tropel: Relatos de la violencia (Bogotá: Fondo Editorial CEREC, 1985).

21 Sigmund Freud, "Remembering, Repeating and Working Through," in The Standard Edition of the Complete Psychological Works of Sigmund Freud, edited and translated by James Strachey, vol. 12 (London: Hogarth, 1958), 154.

22 Walter Benjamin, "Theses on the Philosophy of History," in Illuminations, edited and with an introduction by Hannah Arendt, translate by Harry Zohn (New York:Schocken, 1969), 253‑64, quotation on 261.

3. 태양은 받는 것 없이 준다

1 이 장의 초기버전은 『사회와 역사 비교 연구』 제37호(1995년 4월) 제2권에 실린 바 있다. 이 글을 처음 쓴 것은 1993년 3월 한 학기 동안 펠로우로 일한 바 있는 럿거스 대학교 역사 분석 센터에서 빅토리아 드 그라치아가 주최한 주간 세미나, "역사적 관점에서 본 소비자 문화"에 기고하기 위해서였다. 그의 지적 공감과 센터의 지원 없이는 이 글을 완성하기 어려웠을 것이다. 세미나에 생명력과 즐거움을 불어넣어준 역사학자들을 비롯한 참석자들, 그리고 논평과 관심을 보내준 짐 리빙스턴과 엘린 다이아몬드에게 특히 감사한다.

2 Walter Benjamin, "Some Motifs in Baudelaire," in *Charles Baudelaire: A Lyric Poet in the Era of High Capitalism* (London: New Left Books, 1973), 107-54, quotation on 113.

3 Georges Bataille, "The Notion of Expenditure," in *Visions of Excess: Selected Writings,1927-1939*, edited by Alan Stoekel (Minneapolis: University of Minnesota Press, 1985), 116-29, quotation on 118 (first published in La Critique Saddle 7 [January 1933]).

4 Georges Bataille, *The Accursed Share*, translated by Robert Hurley (New York: Zone Books, 1988; first published: Paris, Éditions de Minuit, 1967), vol. 1.

5 더 자세한 설명과 서지 정보는 Michael Taussig, *The Devil and Commodity Fetishism in South America* (Chapel Hill: University of North Carolina Press, 1980) 을 참고할 것.

6 Benjamin, "Some Motifs in Baudelaire," 141.

7 Walter Benjamin, "Theoretics of Knowledge, Theory of Progress," in *The Philosophical Forum* 15 (fall-winter 1983-84): 1-40, quotation on 6 (Convolut N in Das Passagen-Werk, Frankfurt am Main: Suhrkamp, 1982, Band 2, 571-611).

8 Jeffrey Mehlman의 최근 저서 *Walter Benjamin for Children: An Essay on His Radio Years* (Chicago: University of Chicago Press, 1993), 28-30과 비교해보자. 묄만은 28-30페이지에서 1975년 리스본 지진에 관한 벤야민의 어린이용 라디오 대본에 주목한다. 벤야민은 지진이 지구 내부에서 불타고 있는 핵의 압력 때문이라는 기존의 이론에 이의를 제기하고 영구적으로 불안정한 지각판의 긴장으로 인해 지구 표면이 끊임없이 움직인다는 이론을 선호했다.

9 Benjamin, "Theses on the Philosophy of History," in *Illuminations*, edited and with an introduction by Hannah Arendt, translate by Harry Zohn (New York: Schocken, 1968),253-64, 255.

10 벤야민, 같은 책, 263.

11 Bataille, *Consumption*, vol. 1 of *The Accursed Share*, 21.

12 1992년 당시 1리디에 5000페소(미화 약 6딜러)였고 대략 1.5 에이커의 땅에서 이틀 정도 노동을 하면 6000페소의 비용이 드는 반면 마체테나 팔라를 사용해 같은 면적의 땅에서 노동을 할 경우 6만 페소의 비용과 20여 일 동안 노동이 필요했다.

13 Benjamin, "Some Motifs in Baudelaire," 139-40.

14 Michael Taussig, "Coming Home: Ritual and Labor Migration in a Colombian Town" (Working Paper Series, 30, Centre for Developing Area Studies, McGill University,Montreal, 1982).

15   Michael Taussig, *The Magic of the State* (New York: Routledge, 1992).

16   Michael Taussig, *Shamanism, Colonialism, and the Wild Man: A Study in Terror and Healing* (Chicago: University of Chicago Press, 1987).

17   이 글의 대부분을 나는 그곳에서 썼다. 음페테 가족과 애덤 애쉬포스의 환대에 감사한다.

18   이 글의 서두에 실린 각주를 참고할 것.

19   Bataille, Nietzsche and Communism, in *Sovereignty*, vol. 3 of *The Accursed Share*, 365-71, quotation on 367. Friedrich Nietzsche, *Twilight of the Idols* (or How to Philosophise witha Hammer), translated by R. J. Hollingdale (Middlesex: Penguin, 1990), 86.

20   Friedrich Nietzsche, *The Gay Science*, translated with commentary by Walter Kauf-mann (NewYork: Vintage,1974), 275. "영원회귀" 개념에 관해 바타유는 그의 생애 초기인 1937년 다음과 같이 쓴 바 있다. "니체의 삶에 상처와 인간 실존에 대한 숨막히는 전투와도 같은 특성을 부여한 모든 극적 표현들 중 영원회귀에 대한 사유야말로 분명 가장 접근하기 어려운 것이다." 이 구절은 "Nietzsche and the Fascists," in *Visions of Excess*, edited by Alan Stoekel (Minnesota:University of Minnesota Press,1985), 182-96페이지에서 온 것이다.

21   Bataille, "The Notion of Expenditure," 118.

22   Bataille, in *Consumption*, vol. 1 of *The Accursed Share*, 106.

23   Bataille, *Consumption*, 9.

24   물론 나는 "경제적"이라는 용어를 사용하면서 현대 자본주의 속 경제가 단순히 재화와 서비스만을 의미하지는 않는다는 점을 염두에 두고 있다. 경제학은 단순히 상품과 가격, 생산, 유통, 교환을 의미하는 것만이 아니며 라이오넬 로빈스가 말한 바와 같이 합리적으로 사고하는 총체적인 방식이 되어갔다. 그는 경제학을 희소한 수단을 논리적으로 배분하여 목적을 변경하는 과학, 즉 효율성과 더불어 이성을 정의하는 방식으로 이해한다. 바타유가 흥미로운 까닭 역시 그가 논리로서의 경제학을 총체적으로 정의하고 있기 때문인데, 이는 로빈스 경이나 몇몇 이들의 언어를 빌자면 그 논리는 수단이 아니라 목적에 관한 것이며 따라서 수단과 목적이라는 자본주의적 도식의 도구적 이성과는 완전히 반대된다. 이로 인해 적절한 소비에 충실한 소비 과학에 의해 제기된 급진적 가능성이 열리게 된다.

25   Bataille, in *Sovereignty*, vol. 3 of *The Accursed Share*, 209.

26   Michael Taussig, "The Genesis of Capitalism amongst a South American Peasantry: Devil's Labor and the Baptism of Money," *Comparative Studies in Society and History* 19, no. 2 (1977): 130-55. See also Marc Edelman, "Landlords

and the Devil: Class,Ethnic, and Gender Dimensions of Central American Peasant Narratives," *Cultural Anthropology* 9, no. 1 (1994): 58-93; and also Taussig, *Devil and Commodity Fetishism*. 여기서 사용가치와 교환가치라는 용어는 아리스토텔레스가 『정치학』을 통해 논한 경제학(oeconomia)을 연상케 한다. 마르크스는 이를 헤겔 철학의 근간을 이루는 구체적 특수성이 어떻게 보편성과 조화를 이룰 수 있는가 하는 논리적, 역사적 문제(화폐나 근대 국가와 관련해)와 연결시킨다.

27 Marcel Mauss, *The Gift: Forms and Functions of Exchange in Archaic Societies* (New York: Norton, 1967; first published as Essai sur le don, forme archaique de l'echange, Paris,1925).

28 Claude Lévi-Strauss, *The Elementary Structures of Kinship* (Boston; Beacon, 1969).

29 데리다는 *Counterfeit Money*(Chicago: University of Chicago Press, 1992)에서 이를 매우 명쾌하고 통찰력 있게 설명한 바 있다.

30 모스, 같은 책, 1.

31 Bataille, *Sovereignty*, vol. 3 of *The Accursed Share*, 347. 선물에 관한 그의 에세이 말미에서 모스는 두 가지 흥미로운 주장을 펼친다. 하나는 유럽 중세를 제외한 모든 시대 선물은 "가장 영향력 있는 개인조차도 우리보다 진지하고 탐욕스럽거나 이기적이지 않았으며 적어도 외형상 관대하고 더 많이 베풀 준비가 되어 있는 듯했"(79)으며 이는 대칭적인 "계층"으로 구조화된 사회로부터 비롯되었다. 다음 단계는 "과장된 관대함"이다. 그같은 사회 속 취약한 평화로 인해 선물은 임박한 폭력의 그늘 아래 영원히 취약하게 존재하는 평화를 만들어내는 기능을 하게 된다는 주장이다. 이로부터 모스가 얻은 교훈은 현대 유럽에서 역시 사회주의는 필연적일지는 아니라도 자연스러운 것이라는 사실이다. 즉 선물의 사회주의는 "교육이 부여할 수 있는 상호적 스펙트럼과 호혜적 관대함 속에서 부를 축적하고 재분배하는 과정"(81)을 의미한다. 이와 관련해 칼 폴라니가 제시한 경제의 세 가지 인류학적 기본 형태, 즉 호혜성, 재분배, 시장이라는 개념, 그리고 재분배에 관한 사회주의적 요소(이는 트로브리안 족장을 모델로 한 바 있다!) 역시 주목할 만하다. Karl Polanyi, *The Great Transformation: The Political and Economic Origins of Our Time* (Boston: Beacon Press, 1944), chap. 4; and also Marshall Sahlins on the gift and war in *Stone Age Economics* (Chicago: Aldine-Atherton, 1972) 참조. 모스나 폴라니와 마찬가지로 바타유 역시 세계 경제 질서의 주요 문제에 대한 해결책이 자본주의 국가들로 하여금 "합리적인 방식의 선물"을 고려하는 것에 있다고 보았다. Bataille, *Sovereignty*, vol. 3 of *The Accursed Share*, 429.

32 이 같은 정치적 탄압은 1930년대 후반 바타유가 쓴 *Visions of Excess* 속 니체에 관한 글에서 강하게 드러난다. 각주 71을 참조할 것.

33   Georges Bataille, *The Impossible* (1962, first published as The Hatred of Poetry).

34   이 "지나침"이라는 용어를 나는 Norman O. Brown의 에세이 "Dionysus
      in 1990"에서 가져왔다. 그의 책 *Apocalypse and/or Metamorphoses* (Berkeley:
      University of California Press, 1990), 179-200, 인용은 183쪽을 참조할 것.

35   Bataille, *The History of Eroticism*, vol. 2 of *The Accursed Share*, 94.

36   G.W. F. Hegel, *Phenomenology of Mind* (New York: Harper & Row, 1967),
      93; Alexandre Kojève, *Introduction to the Reading of Hegel: Lectures on the
      Phenomenology of Spirit*, assembled by Raymond Queneau, edited by Allan Bloom
      (Ithaca: Cornell University Press, 1969).

37   Bataille, *The History of Eroticism*, vol. 2 of *The Accursed Share*, 101.

38   Nietzsche, *The Gay Science*, no. 125, "The madman," 181.

39   Nietzsche, *The Gay Science*, no. 342, "Incipit Tragoedia," 275 (end of book 4,
      introduction to the concept of "the eternal return").

40   Roger Caillois, "Mimicry and Legendary Psychaesthenia," October 31
      (winter 1984): 17-32, quot 30 (originally published in Paris as "Mimetisme
      et psychasthenielegendaire," in *Minotaure* 7 [1935]) 인용은 30페이지(이
      에세이는 "모방과 전설적인 정신병(Mimetisme et psychasthenia legendaire)"
      이라는 제목으로 *Minotaure* 7, Paris, 1935에 실린 바 있다). 보다 광범위한
      논의를 위해서는 나의 책, *Mimesis and Alterity: A Particular History of the Senses*
      (New York: Routledge, 1993) 역시 참조할 것.

41   Nietzsche, *Twilight of the Idols*, 84.

42   니체는 앞의 책과 그의 저작 전반에 걸쳐 모방이 사고와 현실 자체의 문화적
      구성뿐만 아닌 역사 속 권력의 필수적인 무기라고 주장한다. 그는 모방을
      다음의 두 갈래, 디오니소스적 모방과 계산, 모방, 자기통제 및 거짓의
      모방으로 정의한다. 여기서 이들이 역사적으로 어떻게 상호 연관되어 있으며
      자본주의 속 선물을 이해하는 데 어떤 함의를 가져다주는가라는 흥미로운
      문제가 제기된다. 이 질문은 우리를 20세기 사회이론에 가장 의미있는
      기여를 한 책 중 하나인 막스 호르크하이머와 테오도어 아도르노의 『계몽의
      변증법』으로 우리를 이끈다. 니체는 악마의 정체에 관련해 신속한 대답을
      내놓은 바 있다. 그에 따르면 기독교가 디오니소소에서 악마적인 것을
      추출해냈다. 이는 *The Anti-Christ in Twilight of the Idols and The Anti-Christ*
      (Harmondsworth, Middlesex: Penguin, 1990)에 잘 드러나 있다. 인용은
      129쪽.

43   Nietzsche, "The madman," in *The Gay Science*, 182.

4. 해변(백일몽)

1   이 에세이의 초고는 1998년 열린 암스테르담 대학의 종교와 사회 연구 센터
    주최의 학회, "환상 공간: 지구화되어가는 세계 속 이미지의 힘"을 위해 쓰였고
    2000년 겨울 『비판적 연구』 26호에 최초로 실렸다. 서두의 인용구는 크리스
    램핑의 이메일 서명에서 따온 것이다.

2   지그문트 프로이트가 빌헬름 플리스에게 1897년 5월 2일에 쓴 편지에 나오는
    구절이다. *The Complete Letters of Sigmund Freud to Wilhelm Fliess*, 1897-1904,
    translated and edited by Jeffrey Moussaieff Masson (Cambridge, MA: Belknap,
    1985), 239.

3   William S. Burroughs, "The Literary Techniques of Lady Sutton-Smith," *Times
    Literary Supplement*, 6 Aug. 1964, 682.

4   Charles Olson, *Call Me Ishmael* (San Francisco: City Light Books, 1947).

5   이 주제를 제기하고 탐구한 책으로 알랜 세쿨라(Allan Sekula)의 책 『물고기
    이야기』를 들 수 있는데 그는 여기서 독창적이고도 훌륭한 통찰을 펼쳐
    보인다. 240쪽으로 된 이 텍스트와 사진 모음집은 순회 전시에 동반된 바 있다.
    진 모어(Jean Mohr)의 사진을 담은 존 버거(John Berger)의 작업을 떠올리며
    세쿨라는 짧고 간명하며 반향을 일으키는 산문과 어울린 그의 사진들은
    유물론자의 포괄적 감성을 지니고 있으며 사업과 낭만이 뒤섞인 해양과
    선박의 경이로운 혼합에 대한 관심을 정치와 예술사의 접합을 통해 엮어내고
    있다고 쓴다(나에게 그의 작업을 떠올리도록 해준 톰 미첼과 안토니 곰레이,
    그리고 나에게는 샌프란시스코를 덮친 대홍수와도 같은 이 책의 사본을 준
    마이클 와츠에게 감사한다).

6   James Joyce, *Ulysses*, annotated student's edition, with an introduction and notes
    by Declan Kiberd (London: Penguin, 1992), 인용은 3, 1, 4.

7   James Joyce, 같은 책, 55, 56, 57.

8   같은 책, 57.

9   같은 책, 58.

10 같은 책, 62.

11 같은 책, 64.

12 Walter Benjamin, "N [Theoretics of Knowledge; Theory of Progress],"
    Philosophical Forum 15 (fall-winter 1983): quotations on 12에서 인용.

13 Theodor W. Adorno, "A Portrait of Walter Benjamin," *Prisms*, translated by
    Samuel and Shierry Weber (Cambridge, MA: MIT Press, 1981), 233. (국역,
    아도르노, 『프리즘: 문화비평과 사회』, 문학동네, 2004 참조)

14 Olson, *Call Me Ishmael*, 13.

15 Benjamin, "The Storyteller: Reflections on the Works of Nikolai Leskov," in
    Illuminations, edited and with an introduction by Hannah Arendt, translated by
    Harry Zohn(New York: Schocken, 1969), 87. B. Traven, The Death Ship (New
    York: Alfred Knopf, 1934).

16 André Breton, *Mad Love*, translated by Mary Ann Caws (1937; Lincoln:
    University of Nebraska Press, 1987), 19.

17 Walte Benjamin, *Arcade Project*, "N: 10."

18 Klaus Theweleit, *Male Fantasies*, translated by Stephen Conway, Erica Carter,
    and Chris Turner, 2 vols. (Minneapolis: University of Minnesota Press, 1987–
    89), 1: xviii–xix.

19 Hakim Bey, *T. A. Z.: The Temporary Autonomous Zone, Ontological Anarchy, Poetic
    Terrorism* (New York: Autonomedia, 1985). Peter Lamborn Wilson [Hakim
    Bey], Pirate Utopias: Moorish Corsairs and European Renegadoes (New York:
    Autonomedia, 1995) 역시 참조할 것.

20 William S. Burroughs, *Cities of the Red Night* (New York: Holt, Rinehart, and
    Winston, 1981), 332.

21 플라스의 아버지는 폴란드 지방 그라보프(Grabow) 출신 곤충학 교수였다.
    Anne Stevenson, *Bitter Fame: A Life of Sylvia Plath* (Boston: Houghton Mifflin,
    1989), 4–5 참조.

22 Ted Hughes, "Dream Life," *Birthday Letters* (New York: Farrar, Straus,
    Giroux,1998), 141.

23 Sylvia Plath, "Daddy," *Ariel* (New York: Harper & Row, 1966), 49.

24 같은 책, 49–50.

25 Peter Linebaugh, "'All the Atlantic Mountains Shook,'" *Journal of Canadian
    Labour Studies* 10 (fall 1982): 87–121.

26 "나는 유럽과 아메리카, 아프리카와 캐리비안 사이를 끊임없이 오가는
    배들의 이미지에 사로잡혀 있었다. 그 이미지는 이 모든 작업을 한데 모으는
    상징이자 내 출발점이기도 했다." Paul Gilroy, *The Black Atlantic: Modernity
    and Double Consciousness* (Cambridge, MA: Harvard University Press, 1993),
    4페이지. 이 이미지는 그를 국가주의적이고 민족적인 토대에 기반한
    분석에서 벗어나 "리좀과도 같은 문화를 횡단하고 국제적인 형태를 띠는
    검은 대서양"에 주목하도록 했다.

27 Jones, *The Formative Years and the Great Discoveries, 1856–1900*, vol. 1 of *The Life
    and Work of Sigmund Freud* (New York: Basic Books, 1953), 331. 프로이트가
    플리스에게 쓴 편지들은 이탈리아와 관련된 문헌들의 보고이다.

28 W. H. Auden and Elizabeth Mayer, *introduction to J. W. Goethe, Italian Journey*, 1786-1788, translated by W. H. Auden and Elizabeth Mayer (San Francisco: North Point Press, 1962), xvii.

29 Karl Marx, "The So-Called Primitive Accumulation," *Capital: A Critique of Political Economy*, translated by Samuel Moore and Edward Aveling, edited by Friedrich Engels, 3 vols. (New York: International Publishers, 1967), 1: 755-56.

30 Goethe, *Italian Journey*, 82.

31 Richard Sennett, *Flesh and Stone: The Body and the City in Western Civilization* (New York: W. W. Norton, 1994), 223.

32 Sennett, Flesh and Stone, and Jan Morris, *The Venetian Empire: A Sea Voyage* (New York: Harcourt Brace Jovanovich, 1980), 148 참조.

33 Thomas Mann, *Death in Venice*, 201.

34 같은 책, 263.

35 Michael Taussig, *The Nervous System* (New York: Routledge, 1992).

36 Friedrich Nietzsche, *The Gay Science*, translated with commentary by Walter Kaufmann (New York: Vintage, 1974), 247-48.

37 Nietzsche, *The Gay Science*, 248, n. 38.

38 Nietzsche, *On the Genealogy of Morality and Other Writings*, translated by Carol Diethe, edited by Keith Ansell-Pearson (Cambridge: Cambridge University Press, 1994), 61, 70.

39 Sylvia Plath, *The Journals of Sylvia Plath*, edited by Ted Hughes and Frances McCullough (New York: Dial Press, 1982), 182.

40 같은 책.

5. 본능적 신체성, 신앙, 그리고 회의주의: 마법에 관한 또다른 이론

1 이 상의 조기 버전은 니콜라스 B. 디크스(Nicholas B. Dirks)가 편집한 『폐허에 임박한 곳에서: 세기말의 문화 이론(In *Near Ruins: Cultural Theory at the End of the Century*)』(1998)에 실린 바 있다. Marcel Mauss, "Les techniques du corps," *lecture* 17 May, 1934, translated by Ben Brewster as "Body Techniques," in Marcel Mauss, *Sociology and Psychology* (London: Routledge, 1979), 95-123.

2 Laurie Goodstein and Juan Forero, "Robertson Suggests U.S. Kill Venezuela's Leader," *New York Times*, 24 August, 2005, a10.

3 Leo Steinberg, *The Sexuality of Christ in Renaissance Art and in Modern Oblivion*

(1983; Chicago: University of Chicago Press, 1996).

4   Edward Burnett Tylor, *Primitive Culture* (New York, 1871).

5   E. Lucas Bridges, *Uttermost Part of the Earth* (London: Hodder and Stoughton,1951), 406.

6   Bridges, *Uttermost Part of the Earth*, 262. 브리지스는 오나어(the ona, 토착용어로는 Selk'nam이라 불리는)를 쓰고 있으며 그가 목쉰 소리라고 묘사할 때 이것이 그의 잘못된 판단에서 비롯된 것일 리는 없다. 준(joon)은 샤먼이나 토착 의사를 지칭하는 단어이다.

7   Bridges, *Uttermost Part of the Earth*, 263.

8   Bridges, *Uttermost Part of the Earth*, 263. 셀크남을 연구한 천 페이지가 넘는 구진데의 민족지 속 이야기(이는 1918년과 24년 사이 그가 행한 네 번의 여행을 토대로 쓰였다)에는 1919년 어떻게 약제사 남성들의 그룹이 브리지스의 형제, 길레르모로부터 만약 그들이 길레르모의 개를 마법을 사용해 죽인다면 선물을 받을 것임을 제안받았다는 이야기가 나온다. 약제사들은 이를 거절했다. 그들의 마법이 백인이나 그들의 개를 죽이는 데 적용되지 않는다는 이유에서였다. Martin Gusinde, *Los Selk'nam*, vol. 1 of *Los indios del Tierra del Fuego*, translated by Werner Hoffman (Buenos Aires: Centro Argentina de Etnología Americano, 1982),698–99.

9   Gusinde, *Los Selk'nam*, 18.

10   Bridges, *Uttermost Part of the Earth*, 285.

11   Bridges, *Uttermost Part of the Earth*, 286.

12   Bridges, *Uttermost Part of the Earth*, 286.

13   Franz Kafka, "Cares of a Family Man".

14   Friedrich Nietzsche, *The Birth of Tragedy*, translated with commentary by Walter Kaufmann (New York: Vintage, 1968), 23. Max Horkheimer and Theodor W. Adorno, *Dialectic of Enlightenment*, translated by John Cumming (New York: Continuum, 1969),3–43.

15   Friedrich Nietzsche, *The Gay Science*, translated with commentary by Walter Kaufmann (New York: Vintage, 1974), 37. Michael Taussig, "Why the Nervous System?" in *The Nervous System* (New York: Routledge, 1992), 1–10 또한 참조할 것.

16   샤머니즘이라는 용어 자체에 대한 문제제기에서 18세기 시베리아 탐험의 중요성은 Gloria Flaherty, *Shamanism and the Eighteenth Century* (Princeton: Princeton University Press, 1992)에 잘 묘사되어 있다. 이 책은 문화적이고 역사적 요용을 드러내는 혼종어의 사례를 풍부하게 드러낸다. 예를

들어 "토테미즘"이라는 용어는 18세기 북미 국경 지대 위스키 행상과
모피 중개인들에 의해 유럽인들에게 전해졌으며 20세기에 와서 공인된
인류학자들에 의해 전문용어로 자리잡게 되었다. 부족들이 특정한
동식물종이나 번개와 같은 자연 형상을 통해 자신들을 구별하는 방식을
지칭하는, 전 세계에 걸친 관습으로서 말이다. 클로드 레비스트로스는 이후
문화를 언어와 같은 것으로 묘사한 그의 논문의 목적에 맞춰 이를 손쉽게
해체했다. 물론 실제 이야기는 여기서 끝이 아니며 이 에세이에서 묘사된 것
이상이다.

17 Waldemar Bogoras, *The Chukchee*, edited by Franz Boas, American Museum of
Natural History, Memoirs, 11 (1904-9; New York: New York: Johnson, 1969),
433-67.

18 Bogoras, *Chukchee*, 447.

19 Bogoras, *Chukchee*, 447.

20 Franz Boas, "Religion of the Kwakiutl Indians," in *Kwakiutl Ethnography*,
edited by Helen Codere (Chicago: University of Chicago Press, 1966), 121.

21 Irving Goldman, *The Mouth of Heaven* (New York: John Wiley, 1975), 102.

22 Stanley Walens, *Feasting with Cannibals: An Essay on Kwakiutl Cosmology*
(Princeton: Princeton University Press, 1981), 24-25.

23 Walens, *Feasting with Cannibals*, 7.

24 Walens, *Feasting with Cannibals*, 9.

25 Goldman, Mouth of Heaven, vii.

26 Hunt, "I Desired to Learn the Ways of the Shaman," in *Franz Boas, The Religion
of the Kwakiutl Indians*, part 2, Translations (New York: Columbia University
Press, 1930), 1-41.

27 Claude Lévi-Strauss, "The Sorcerer and His Magic," in *Structural
Anthropology* (Garden City, NY.: Doubleday, 1967), 161-80.

28 Boas, "Religion of the Kwakiutl Indians," 121.

29 이 부분에 대한 깊이 있는 분석은 거의 이루어지지 않았지만 헌트의 민족지적
태도가 콰키우틀 문화를 정확하게 해석하는 과정에서 엄청난 문제점들을
드러내고 있다는 사실만은 분명하다. 헌트와 보아스의 관계가 어떤 성격을 띤
것인가의 문제는 전혀 분석된 바가 없다. 왜 헌트는 책을 썼을까? 그는 어떻게
그의 과업을 이해했을까? 보아스는 그에게 어떤 지시를 내렸을까? 헌트는
백인 남성에게 샤머니즘의 비밀을 말해주는 동안 무슨 생각을 했던 걸까?
어떻게 보아스는 100퍼센트 헌터가 쓴 텍스트를 자신의 이름으로 출판할 수
있었을까? 그들의 관계를 더 잘 이해함으로써 우리는 여기서 탐구되고 있는

문화의 미묘함을 이해할 수 있을 것이다.

30 상호문화적 자기민족지라는 용어를 나는 메리 루이스 프랫(Mary Louise Pratt)에게서 가져왔다.

31 Goldman, *Mouth of Heaven*, 86-7.

32 Hunt, "I Desired to Learn the Ways of the Shaman," 5.

33 Hunt, "I Desired to Learn the Ways of the Shaman," 5.

34 Hunt, "I Desired to Learn the Ways of the Shaman," 31.

35 Hunt, "I Desired to Learn the Ways of the Shaman," 30.

36 Hunt, "I Desired to Learn the Ways of the Shaman," 31-32.

37 여기서 나는 위반과 고백에 관한 미셸 푸코의 논의에 필수적인 이 구분의 전복에 대해 더 이야기하고 싶다. 그는 근대 이전 주인-도제 체계 속 신체적 지식의 전달을 성애의 기술(ars erotica)이라 칭하며 근대 서구 섹슈얼리티의 한 부분을 이루는 고백과 대조한다. 여기서 고백은 비밀을 비밀로 유지하기 위해 말해져야 하는 무언가에 다름아니다! 이 후자의 것, 소위 말하는 "근대"적 방식이야말로 콰키우틀 샤머니즘과 완벽히 일치하는 것 아닌가! Michel Foucault, *The History of Sexuality*, vol. 1, *An Introduction*, translated by Robert Hurley (New York: Vintage, 1980)을 참조할 것.

38 Hunt, "I Desired to Learn the Ways of the Shaman," 32.

39 보아스는 그의 첫번째 논문에서 이 두 개의 머리를 가진 뱀을 시시울(sisiul)이라 묘사한다. 그에 따르면 이 존재는 전설 속 괴물들 중 가장 중요한 존재인데 그는 조상들의 조력을 받은 존재이며 이로 인해 집단의 우두머리가 된다. 그것을 먹고 만지고 보는 것은 관절이 탈구되고 머리가 뒤로 돌아가며 마침내는 죽음을 맞이한다. 하지만 초자연적 조력에 힘입은 이들에게 이 존재는 도리어 힘을 가져다준다. Franz Boas, *The Social Organization and the Secret Societies of the Kwakiutal Indians* (Washington, D.C.: United States National Museum Report, 1895), 371-72.

40 Hunt, "I Desired to Learn the Ways of the Shaman," 35.

41 Walens, *Feasting with Cannibals*, 24.

42 Walens, *Feasting with Cannibals*, 25. 클로드 레비스트로스는 마법에 대한 그의 유명한 에세이 두 편에서 이 점을 생략하는 실수를 저질렀다. 파나마 인근 산 블라스 제도의 쿠나 샤머니즘을 다룬 "상징의 효과"와 내가 여기서 논의하고 있는 조지 헌트가 1925년 자신의 샤머니즘 경험을 바탕으로 펴낸 작업에 관해 쓴 "주술사와 그의 마법" 말이다. 쿠나의 사례에서 레비스트로스는 환자가 특별한 샤머니즘 용어로 불리워지는 치유의 노래를 이해한다고 가정한다. 이는 다소 의심스러운 진술인데 그의 민족지는 일반 쿠나인들이

그같은 언어를 이해하지 못하며 노래는 사실 환자를 위한 것이 아닌 영혼들을 위한 것임을 보여주기 때문이다. 이는 왈렌스가 묘사한 콰키우틀 샤먼이 행하는 행위들에서도 마찬가지이다. 어떻게 레비스트로스의 에세이들이 이런 오류를 범하며 미메시스적인 것(공감을 통한 신체적 형태의 앎)을 기호학(지적 형태의 앎)으로 대체하게 되었는지는 의문이다.

43 Hunt, "I Desired to Learn the Ways of the Shaman," 27-28.

44 Walens, *Feasting with Cannibals*, 25.

45 같은 책, 25.

46 같은 책, 24.

47 같은 책, 25; Boas, *Social Society*, 433-34.

48 Joseph Masco, "'It's a Strict Law which Bids Us Dance': Cosmologies, Colonialism, Death and Ritual Authority in the Kwakwaka'wakw Potlatch, 1849 to 1922," *Comparative Studies in Society and History* (1995): 55-56.

49 "Talk about the Great Shaman of the Nak!waxdax Called Fool," in Franz Boas, *The Religion of the Kwakiutal Indians*, part 2, Translations (New York: Columbia University Press, 1930), 41ff.

50 Hunt, "I Desired to Learn the Ways of the Shaman," 41.

51 Walens, *Feasting with Cannibals*, 26.

52 Goldman, *Mouth of Heaven, gives a figure of fifty-three from Boas's report of 1895*, and sixty-three from Edward S. Curtis, *The North American Indian*, vol. 10 (New York: Johnson reprint, 1915).

53 Hunt, "I Desired to Learn the Ways of the Shaman," 172.

54 Goldman, *Mouth of Heaven*, 102.

55 Hunt, "I Desired to Learn the Ways of the Shaman," 4.

56 Goldman, *Mouth of Heaven*, 102.

57 E. E. Evans-Pritchard, *Witchcraft, Oracles, and Magic among the Azande* (Oxford:Clarendon Press, 1937), 193.

58 Clifford Geertz, "Slide Show: Evans Pritchard's African Transparencies," *Raritan 3, no. 2* (fall 1983): 62-80.

59 에반스프리처드는 이 점에서 프랭크 해밀턴 쿠싱(Frank Hamilton Cushing)과는 달랐다. 그는 허풍과 속임수를 동원해 그 자신을 주니인들의 보우 로지(the Bow Lodge of the Zuni) 사제직에 밀어넣었다. *Zuni: Selected Writings of Frank Hamilton Cushing*, edited byJesse Green (Lincoln: University of Nebraska Press, 1979), 99-101 참조.

60 Evans-Pritchard, *Witchcraft, Oracles, and Magic*, 152.

61 Nietzsche, *Gay Science*, 38.

62 Evans-Pritchard, *Witchcraft, Oracles, and Magic*, 151. 강조가 추가됨.

63 Evans-Pritchard, *Witchcraft, Oracles, and Magic*, 186.

64 같은 책, 230.

65 같은 책, 231.

66 같은 책, 같은 쪽.

67 같은 책, 강조가 추가됨.

68 같은 책, 191-192.

69 여기서 사혈(leech)은 민속 치료사들이 사용하는 영어 고어이다. 에반스프리처드가 사용하는 마법(ensorcell)이나 사기꾼(knave)과 같은 용어들과 마찬가지로 이 단어는 함축된 용어 자체의 신비스러움과 결합한다. 영국 사회가 발달의 진화론적 단계에서 없애버린 무대를 차지하는 아프리카의 치료제로서 말이다. 이는 저자의 의도와는 아마도 무관한 것일 테지만 실로 불행한 일이다.

70 Evans-Pritchard, *Witchcraft, Oracles, and Magic*, 232-33.

71 나는 여기에서 주술 치료사가 질병을 일으킨 마녀와 계약을 맺어 치료비를 나눠 갖는 속임수, 즉 질병을 일으킨 마녀와 거래를 맺어 두 사람이 치료 비용을 분담하도록 하는 속임수에 대해서는 분석하지 않았다(Evans-Pritchard, *Witchcraft, Oracles, and Magic*, 191-193 참조). 이 부분에서 주술 치료사가 지닌 마법의 힘에 대한 회의론은 불행을 일으키고 철회하는 신비로운 수단을 통한 주술사의 힘에 대한 믿음과 균형을 이룬다. 이때 그 신비로운 수단은 마녀의 몸 속에 존재하는 망구라는 유전된 물질 속에 존재한다는 믿음 역시 존재한다. 이 설명은 그렇다면 왜 주술사의 정교한 행위가 필요할까 하는 의문을 불러일으킨다. 치료사는 왜 변호사나 평화 조정자처럼 행동하면 안 되며 그들의 행위는 왜 예술이어야 할까? '신대륙' 원주민들이 행하는 치유에서(대담한 일반화가 허용된다면) 그 답을 쉽게 찾을 수 있다. 예술은 영혼과 모방 모델을 구축하는 방식에 필수적이다. 나는 아프리카에 대해 잘 알지 못하지만 신대륙에서의 개념이 아프리카에도 적용될 수 있다고 생각하며 이는 마법에 대한 영국인들의 논평을 지배해온 합리성과 과학철학과는 완전히 다른 접근 방식을 제기한다고 본다.

72 Evans-Pritchard, *Witchcraft, Oracles, and Magic*, 184.

73 같은 책, 210-211.

74 같은 책, 209.

75 같은 책, 213-214.

76 Maya Deren, *Divine Horsemen: The Living Gods of Haiti* (New Paltz, NY.: McPher-son, 1983); Evans-Pritchard, Witchcraft, Oracles, and Magic, 154-82.

77 Evans-Pritchard, *Witchcraft, Oracles, and Magic*, 162.

78 Walter Benjamin, *The Paris Arcades*, Convolut 0, "Prostitution and Gambling."

6. 위반

1 Sigmund Freud, *Totem and Taboo: Some Points of Agreement between the Mental Lives of Savages and Neurotics*, vol. 13 of The Standard Edition of the Complete Psychological Works of Sigmund Freud, edited and translated by James Strachey (London: Hogarth, 1913), 20.

2 Emile Durkheim, "The Negative Cult and Its Functions," in *The Elementary Forms of the Religious Life* (New York: Free Press, 1965).

3 Mary Douglas, *Purity and Danger: An Analysis of the Concepts of Pollution and Taboo* (London: Routledge, 1966), 4.

4 Henri Junod, *The Life of a South African Tribe*, 2 vols. (New Hyde Park, N.Y.: University Books, 1962).

5 Victor Turner, "Betwixt and Between: The Liminal Period in Rites de Passage," in *The Forest of Symbols: Aspects of Ndembu Ritual* (Ithaca, N.Y.: Cornell University Press, 1966); Arnold van Gennep, The Rites of Passage (London: Routledge, 1960).

6 E. E. Evans-Pritchard, "Some Collective Expressions of Obscenity in Africa," *Journal of the Royal Anthropological Institute* (1929): 59; and Roger Caillois, L'Homme et le sacre (Paris: Gallimard, 1950), translated by Meyer Barash as Man and the Sacred (Urbana:University of Illinois Press, 2001).

7 Max Gluckman, "The Licence in Ritual," in *Custom and Conflict in Africa* (Oxford: Blackwell, 1960).

8 Mikhail Bakhtin, *Rabelais and His World*, translated by Helene Iswolsky (Bloomington: University of Indiana Press, 1984).

9 André Breton, *Mad Love*, translated by Mary Ann Caws (Lincoln: University of Nebraska Press, 1987).

10 Walter Benjamin, "Surrealism," in *Reflections*, edited and with an introduction by Peter Demetz (New York: Schocken, 1978).

11 Benjamin, "Surrealism," 178-79.

12 William S. Burroughs, *Naked Lunch* (London: Calder, 1964).

13 Georges Bataille, "Sacrificial Mutilation and the Severed Ear of Vincent van Gogh," in *Visions of Excess: Selected Writings, 1927-1939*, edited by Allan Stoekl, translated by Allan Stoekl with Carl R. Lovitt and Donald M. Leslie, Jr. (Minneapolis: University of Minnesota Press, 1985).

14 Robert Lowie, *Primitive Religion* (New York: Liveright, 1948).

15 George Catlin, *Letters and Notes on the Manners, Customs, and Conditions of the North American Indians*, 2 vols. (New York: Dover. 1973), 1: 173.

16 Kenneth Read, *The High Valley* (New York: Scribners, 1965), 131.

17 같은 책, 133-34.

18 Baldwin Spencer and F. J. Gillen, *The Native Tribes of Central Australia* (New York: Dover, 1968).

19 Kees W. Bolle, "Secrecy in Religion," in *Secrecy in Religions*, edited by Kees W. Bolle (Leiden: Brill, 1987).

20 Colin Turnbull, The Forest People (New York: Simon and Schuster, 1962).

21 Joan Bamberger, "The Myth of Matriarchy: Why Men Rule in Primitive Society," in *Woman, Culture, and Society*, edited by Michelle Z. Rosaldo and Louise Lamphere (Stanford: Stanford University Press, 1974); Christopher Crocker, "Being and Essence: Totemic Representation among the Eastern Bororo," in *The Power of Symbols: Masks and Masquerade in the Americas*, edited by N. Ross Crumrine and Marjorie Halpin (Vancouver: University of British Columbia Press, 1983); Gillian Gillison, "Images of Nature in Gimi Thought," in *Nature, Culture, and Gender*, edited by Carol P. MacCormack and Marilyn Strathern (Cambridge: Cambridge University Press, 1980); Ronald Berndt, *Excess and Restraint: Social Control among a New Guinea Mountain People* (Chicago: University of Chicago Press, 1962); Terence Hays, "'Myths of Matriarchy' and the Sacred Flute Complex of the Papua New Guinea Highlands," in *Myths of Matriarchy Reconsidered*, edited by Deborah Gwertz, *Oceania Monographs*, 33 (Sydney: University of Sydney, 1988); and Thomas Gregor, *Anxious Pleasures: The Sexual Lives of an Amazonian People* (Chicago:University of Chicago Press, 1985).

22 Martin Gusinde, *Los Indios de Tierra del Fuego*, vol. 1, Los Selk'nam (Buenos Aires: Centro Argentino de Etnología Américana, 1982).

23 Elias Canetti, *Crowds and Power*, translated by Carol Stewart (New York: Farrar Straus Giroux, 1962), 290.

24 Johannes Huizinga, *Howo Ludens: A Study of the Play-Element in Culture* (Boston:

Beacon, 1955); and Georg Simmel, "Secrecy," in *The Sociology of Georg Simmel*, translated and edited by Kurt H. Wolff (New York: Free Press, 1950).

25   Franz Boas, *Religion of the Kwakiutal Indians [1930], in Kwakiutal Ethnography, edited by Helen Codere* (Chicago: University of Chicago Press, 1966), 121.

26   E. E. Evans-Pritchard, *Witchcraft, Oracles, and Magic among the Azand* (Oxford: Clarendon Press, 1937), 193.

27   Read, *High Valley*, 인용은 126, 117.

28   Turnbull, *Forest People*, 88.

29   Michael Taussig, *Shamanism, Colonialism, and the Wild Man: A Study in Terror and Healing* (Chicago: University of Chicago Press, 1987).

30   Georges Bataille, "The Notion of Expenditure," in *Visions of Excess: Selected Writings*, 1927–1939, edited by Allan Stoekl, translated by Allan Stoekl with Carl R. Lovitt and Donald M. Leslie, Jr. (Minneapolis: University of Minnesota Press, 1985).

31   Georges Bataille, *The Accursed Share*, translated by Robert Hurley, 3 vols. (New York:Zone, 1988).

32   Norman O. Brown, "Dionysus in 1990," in *Apocalypse and/or Metamorphoses* (Berkeley and Los Angeles: University of California Press, 1991).

33   Bataille, *Accursed Share*, 1: 58.

34   G. W. F. Hegel, *preface to Phenomenology of Spirit, translated by A. V. Miller* (Oxford: Oxford University Press, 1977), 19.

35   Georges Bataille, "Hegel, Death, and Sacrifice," translated by Christopher Carsten, in *Yale French Studies* 78 (1990): 9–28.

36   Friedrich Nietzsche, *The Gay Science*, translated by Walter Kaufmann (New York: Vintage, 1974), 181–82.

37   Michel Foucault, "A Preface to Transgression," in *Language, Counter-Memory, Practice: Selected Essays and Interviews* (Ithaca, NY: Cornell University Press, 1977).

38   Michel Foucault, "A Preface to Transgression," 44.

39   Foucault, *History of Sexuality*, 35.

40   Benjamin, "Surrealism," 189–90.

7. NYPD 블루스

1   이 장의 초기 버전은 오스틴 사랫(Austin Sarat)과 토마스 R. 캐른스(Thomas
    R. Kearns)가 편집한 『법과 법률 이론에서의 정의와 부정의』(1996)에 "치안 속
    부정의"라는 제목으로 실린 바 있다.

2   J. M. Coetzee, "The Vietnam Project," in *Dusklands* (Harmondsworth: Penguin
    Books, 1974), 1-49.

3   Walter Benjamin, "Zur Kritik der Gewalt" [1920-21], translated as "Critique
    of Violence," in *Reflections*, edited by Peter Demetz (New York: Harcourt Brace
    Jovanovich,1978), 277-301. 인용은 286-287.

4   Benjamin, "Critique of Violence," 287.

5   그는 경찰은 법 제정과 법 설립적 폭력 모두로부터 정지된 상태라고 서술한다.

6   뉴욕 타임스 사설, 1994년 5월 5일, A6면.

7   N. R. Kleinfield and James McKinley Jr., "Lives of Courage and Sacrifices,
    Corruption and Betrayals in Blue," *New York Times*, 25 April 1994, a64.

8   Jean Genet, *The Thief's Journal* (Harmondsworth: Penguin, 1976), 157.

9   Elias Canetti, *Crowds and Power, translated by Carol Stewart* (New York: Viking
    Press,1962).

10 Jeffrey Toobin, "Capone's Revenge," *New Yorker*, 23 May 1994, 46-59,
    quotation on 47.

11 Toobin, "Capone's Revenge," 55.

12 Toobin, "Capone's Revenge," 56.

13 Robert Baum as cited by Joe Sexton, "Testilying," *New York Times*, 4 May 1994,
    a26.

14 Sexton, "Testilying," a26.

15 Sexton, "Testilying," a26.

16 Jane B. Freidson, 1994년 5월 4일 뉴욕 타임스. 경찰이 위증죄로 기소당하지
    않는다는 프라이슨의 주장에 대한 모젠타우(H. Morgenthau)의 반박 편지
    역시 참조. 그의 편지는 뉴욕 타임스 5월 13일 자에 실려 있다.

17 Kleinfield and McKinley, "Lives of Courage," 64.

18 Curt Gentry, *Edgar Hoover: The Man and the Secrets* (New York: Norton, 1991),
    728.

19 Sigmund Freud, "The Antithetical Meaning of Primal Words," in *The Standard
    Edition of the Complete Psychological Works of Sigmund Freud*, edited and translated

by James Strachey, vol. 11 (London: Hogarth, 1957), 153-61.

20 성스러운 것, 비참한 것, 권력에 대한 조르주 바타유의 연구는 *The College of Sociology* (1937-39), edited by Denis Hollier (Minneapolis: University of Minnesota Press, 1988) 113-24쪽에 실린 "Attraction and Repulsion II"를 참조; 바타유의 *The Accursed Share*, 2 vols. (New York: Zone Books, 1988, 1991) 또한 참조할 필요가 있다. Roger Caillos, "Power" in Hollier, *The College of Sociology*, 125-136 또한 이 같은 주제를 다루고 있다. 이 마지막 에세이는 바타유와 카유아의 혼합인 듯도 하다.

21 Sigmund Freud, Totem and Taboo, in *The Standard Edition of the Complete Psychological Works of Sigmund Freud*, edited and translated by James Strachey, vol. 13 (London: Hogarth, 1957), 1-161, quotations on 18, 22.

22 Benjamin, "Critique of Violence," 287.

23 1915년 최초 출판된 조르주 소렐의 다층적이면서도 매혹적인 저작『폭력에 대한 성찰(Reflections on Violence)』은 여기서 중요하게 고려되어야만 한다. 소렐은 이 책에서 "프롤레타리아 파업"과 "정치적 총파업"에 별도의 챕터를 할애한다. 폭력을 종말론적 기독교 신화의 관점에서 총파업과 마찬가지의 '큰 그림'으로 보려는 그의 성향은 폭력에 대한 벤야민의 철학적, 종교적 고민과도 유사하게 맞닿아 있다. 더 나아가 소렐의 이 작업은 벤야민이 초현실주의에 관한 에세이 말미에서 보인 '비관주의'를 향한 기묘한 태도, 즉 블랑키에 대한 재해석과 설득력 있게 융합된 그의 비관주의의 기초가 된 것으로 보인다.

24 Benjamin, "Critique of Violence," 286.

25 Bataille, *Accursed Share*, 2: 95.

26 Bataille, see note 19. Roger Caillois, "The Sociology of the Executioner," in *The College of Sociology* (1937-39), edited by Denis Hollier (Minneapolis: University of Minnesota Press, 1988).

27 Walter Benjamin, "Franz Kafka: On the Tenth Anniversary of His Death," in *Illuminations*, edited by Hannah Arendt (New York: Schocken, 1969), 111-40.

28 Alexandre Kojève, *Introduction to the Reading of Hegel: Lectures on "The Phenomenology of Spirit,"* assembled by Raymond Queneau, edited by Allan Bloom (Ithaca: Cornell University Press, 1980), 7.

29 Louis Althusser, "Lenin and Philosophy," and Other Essays, trans. Ben Brewster (NewYork: Monthly Review, 1971). Widely read and cited for a decade or more in this collection was the essay "Ideology and Ideological State Apparatuses," 127-86.

30 Nicos Poulantzas, *State, Power, Socialism*, translated by Patrick Camiller (New

Left Books: London, 1978), 83.

8. 꽃들의 언어

1 척 존스의 책, 『척 아묵: 애니메이션 만화가의 삶과 시대』는 이렇게 시작된다.
   Chuck Jones, *Chuck Amuck: The Life and Times of an Animated Cartoonist*. New
   York: Farrar Straus Giroux, 1989. 13.

2 Michael Herr, *Dispatches* (New York: Knopf, 1977), 46.

3 Calvin Reid, "Juan Manuel Echavarria," *Bomb* 70 (winter 2000): 25.

4 See Herr, *Dispatches*, 199.

5 발터 벤야민에 관한 편집자 노트, "News about Flowers,", *Walter Benjamin,
   Selected Writings*, trans. Rodney Livingstone et al., edited by Michael Jennings,
   Howard Eiland, and Gary Smith (Cambridge, MA: Belknap Press, 1994–
   2003), 2: 157 n. 1. Hans-Christian Adam, Karl Blossfeldt, 1865–1932
   (Cologne:Taschen, 1999) 또한 참조.

6 그들의 녹슨 감옥선은 훨씬 더 매력적이었다/ 깃발이 달리지 않은 배/ 오,
   파랗게 물든 천국 같은 하늘!/ 거대한 바람, 돛은 자유롭게 훨훨!/ 바람과
   하늘을 쫓아가자! 하지만 오,/ 성모 마리아여, 우리에게 바다를 주소서! Bertolt
   Brecht, "Ballad of the Pirates," *Poems, 1913–1956*, translated by Edith Andersen
   et al., edited by John Willett and Ralph Manheim (New York: Meuthen, 1976,
   18).

7 기독교 세계에만 해당되는 것은 아니다. Jack Goody, *The Culture of Flowers*
   (Cambridge: Cambridge University Press, 1993), 459.색인에 따르면 장례식은
   주요 엔트리 중 하나이며 많은 하위 범주들은 "고대 이집트, 고대 그리스,
   고대 로마, 아산테(Asante), 유교, 현대 유럽, 현대 홍콩, 동시대의 인도……
   [마지막엔] 사회주의 유럽"에 걸쳐 있다. 중국, 대만, 홍콩에서 "꽃은 특히
   망자를 위한 의식과 깊은 관련" 있으며 유라시아에 비해 꽃에 대한 관심이
   현저히 적은 아프리카에서 역시 아산테 공동묘지에 붉은색과 녹색 잎이 달린
   덤불을 심는 장면을 찾아볼 수 있다고 그는 서술한다. 그러나 기독교는 꽃의
   성사적 사용을 전적으로 승인하지는 않는다. 거기에는 양면성이 존재한다.
   개신교는 일반적으로 의식에서 꽃을 사용하는 것에 반대하며 중세시기와 같이
   교회 전체가 꽃의 성찬 사용을 금지했던 긴 기간 동안에도 꽃은 성찬에 사용된
   바 있다. 이 같은 양면성이 꽃을 죽음에 적합한 것으로 보이게 하는 어떤
   신호가 될 수 있을까?

8 Jean Genet, *Querelle*, translated by Anselm Hollo (1952; New York: Grove Press,
   1974), 37.

9 Herr, *Dispatches*, 43.

10 Richard Evans Schultes and Albert Hofmann, *Plants of the Gods: Their Sacred, Healing, and Hallucinogenic Powers* (Rochester, VT: Healing Arts Press, 1992) 참조.

11 Hugo Rahner, *Greek Myths and Christian Mystery* (New York: Harper & Row, 1963),258.

12 Frederick J. Simoons, *Plants of Life, Plants of Death* (Madison: University of Wisconsin Press, 1998), 101. I.이 참고 자료 그리고 교수형, 맨드레이크 및 꽃의 언어에 대해 의견을 제시해준 콜롬비아대 영문학과의 제니 데이비슨에게 감사를 전한다.

13 Schultes and Hofmann, *Plants of the Gods*, 86-91; and Simoon, Plants of Life, 103.

14 J. S. Thompson, *The Mystic Mandrake* (1934; New Hyde Park, NY: University Books, 1968).

15 Simoons, *Plants of Life*, 104. 강조가 추가됨.

16 Frederick Starr, "Notes upon the Mandrake," *American Antiquarian and Oriental Journal* 23 (July-Aug. 1901): 259-60.

17 자연의 위조든 예술의 위조든 강력한 식물이 재현하는 형이상적 딜레마를 강조하면서 초기 근대 유럽에서는 위조 맨드레이크가 거액에 팔리는 것에 대해 상당한 우려가 제기된 바 있다.

18 Handy Bible Encyclopedia, in *The Holy Bible and International Bible Encyclopaedia and Concordance* (New York, 1940), s.v. "mandrake." Rahner, *Greek Myths and Christian Mystery*, 224-77 또한 참조.

19 Rahner, *Greek Myths and Christian Mystery*, 258.

20 Schultes and Hoffman, *Plants of the Gods*, 86.

21 Georges Bataille, "The Language of Flowers" (1929), in *Visions of Excess: Selected Writings, 1927-1939*, edited and with an introduction by Allan Stoekl, translated by Allan Stoekl with Carl R. Lovitt and Donald M. Leslie, Jr. (Minneapolis: University of Minnesota Press, 1985), 10-14.

22 Goody, *Culture of Flowers*, 244, 234.

23 Bataille, "The Language of Flowers," 14. 여기서 나는 무지개를 떠올린다. 꽃과 마찬가지로 무지개는 신비로운 색채의 효능을 지닌 일시적인 현상이다. 무지개 역시 한번 '꺾이면' 시들어서 파편과 먼지가 되는 것이 아니라 성별이 바뀌거나 금덩이가 된다. 손 너머에 존재하는, "무지개의 언어"라는 또다른 제목의 에세이를 쓰는 것은 얼마나 신나는 일일까.

24 Alastair Brotchie, *introduction to Encyclopaedia Acephalica*, edited by Georges

Bataille (London: Atlas Press, 1995), 12. 거의 알려진 바가 없는 매슨에 대해서는 『예술사(Art History)』 24호(2001년 11월, 707-24)에 실린 Laurie J. Monahan, *Violence in Paradise: André Masson's Massacres*에 큰 빚을 지고 있다. 그의 또다른 에세이 "'Printing Paradoxes': André Masson's Early Graphic Works," in *André Masson inside /outside Surrealism, exhibition catalog*(Toronto: Art Gallery of Ontario, 2001), 53-78에서 많은 도움을 받았다.

25 Brotchie, *introduction*, 인용은 15-16.

26 같은 책, 12.

27 같은 책, 14.

28 Bataille, "The Language of Flowers," 13.

29 *the German Galgenmannlein*, "Little gallows man," Thompson, *Mystic Mandrake*, 166 또한 참조할 것. 한 소식통에 따르면 작은 교수대 남자는 교수형을 당한 여성의 입에서 나와 땅에 떨어진 거품에서 생겨날 수도 있다고 한다. 이 참고자료를 비롯해 교수형에 관한 피터 라인보우의 에세이의 인용에 도움을 준 크리스토퍼 램핑에게 감사한다. 맨드레이크와 교수형을 당한 여성에 대해서는 오직 하나의 참고문헌만을 찾을 수 있었다. 이 문제는 남성의 정자를 중심에 두고 있는 듯하다. 하지만 교수대/맨드레이크와 관련된 영역에서 여성의 역할은 생식력의 확보와 관련되어 있다.

30 Thomas Newton, *An Herbal for the Bible* (London, 1587), 10-12참조. 이 16세기 문헌에 나온 고어 표현들은 기록과 번역을 위해 다소 바꾸었다.

31 Newton, *An Herbal for the Bible*, 11.

32 Starr, "Notes upon the Mandrake," 262.

33 Marie Trevelyan, *Folk-Lore and Folk-Stories of Wales* (London: E. Stock, 1909), 92-93.

34 Starr, "Notes upon the Mandrake," 262.

35 Thompson, *Mystic Mandrake*, 169.

36 Simoons, *Plants of Life*, 127.

37 Genet, *Querelle*, 20.

38 V. A. C. Gatrell, *The Hanging Tree: Execution and the English People*, 1770-1868 (Oxford: Oxford University Press, 1994).

39 Peter Linebaugh, "The Tyburn Riot against the Surgeons," in *Albion's Fatal Tree: Crime and Society in Eighteenth-Century England*, edited by Douglas Hay et al. (New York: Pantheon Books, 1975), 72.

40 Thomas W. Laqueur, "Crowds, Carnival, and the State in English Executions,

1604-1868," in *The First Modern Society: Essays in English History in Honour of Lawrence Stone*, edited by A. L. Beier, David Cannadine, and James M. Rosenheim (Cambridge: Cambridge University Press, 1989), 346.

41 Linebaugh, "The Tyburn Riot," 110.

42 Thomas Hardy, "The Withered Arm," in *Selected Short Stories and Poems*, edited by James Gibson (London: J. M. Dent, 1992), 44. 귀중한 참고 자료를 제공해준 컬럼비아대 인류학과 크리스토퍼 램핑에게 다시 한번 감사를 전한다.

43 자가성애적 질식(autoerotic asphyxiation) 혹은 질식증(asphyxophilia)이라 불리기도 하는 목매달기는 적어도 1600년대 초부터 유럽에서 발기 장애 및 부전 치료법으로 사용되어왔다. 1856년 프랑스의 한 정신과 의사에 따르면 교수형으로 사망한 남성의 30퍼센트가량이 발기나 사정을 경험했다. 1941년에서 50년 사이에 발생한 97건의 보스턴 젊은이들의 자살 사례를 살펴본 한 조사관은 이중 27건의 자살이 자가성애적 목매달기가 잘못 진행된 경우일 가능성이 매우 높음을 발견했다. "청소년 및 젊은 성인 남성의 자가 성애적 질식 증후군"과 관련해서는 다음의 웹사이트를 참조하라.(http://members.aol.com/bjo22038/)

44 Knud Romer Joergensen, "Please Be Tender When You Cut Me Down," http://www.sexuality.org/l/fetish/aspydang.html 참조. 1792년에 만들어진 익명의 소책자인 "Art of Strangeling, etc…"에 따르면 교수형에 처해진 흉악범들의 주머니를 조사하던 중 조나단 와일드는 "그들 모두는 육체는 되살아나기 위해 죽어야 한다는 사실을 입증하는 어떤 감정과 교감이 그들 사이에 존재했다"는 것을 최초로 발견했다.

45 William S. Burroughs, *Cities of the Red Night* (New York: Holt, Rinehart, and Winston, 1981), 70.

46 Daniel P. Mannix, *The History of Torture* (New York: Dell, 1964).

47 Burroughs, *Cities of the Red Night*, quotations on 179, 180, 181.

48 같은 책, 29.

49 Rahner, *Greek Myths and Christian Mystery*, 259-60.

50 Max Horkheimer and T. W. Adorno, *Dialectic of Enlightenment*, translated by John Cumming (New York: Continuum, 1987).

51 Robert Parker, *Miasma: Pollution and Purification in Early Greek Religion* (Oxford: Clarendon Press, 1983), 3.

52 MaríaVictoria Uribe, *Matar, rematar y contramatar: Las masacres de la violencia en el Tolima*, 1948-1964 (Bogotá: CINEP, 1990), 175.

감사의 말

다음의 이들에게 감사를 전한다. 경이로운 지적 탐구를 제공해준 스티브 포엘렛, 저자 노트를 꼼꼼히 살펴봐 준 데이비드 고든, 『종교 속 비판적 용어들Critical terms in Religion』에 「위반」을 연재하도록 해준 마크 테일러, 1992년 보고타에서 전기가 끊어진 무섭도록 커다란 공연장에서 돈 토마스 자파타의 시를 함께 읽어준 클라라 야노, 그리고 나와 함께 시를 낭독한 모든 이들에게 감사한다. 「태양은 받는 것 없이 준다」를 탄생케 한 소비에 대한 럿거스 세미나에 나를 초대해준 비키 드 그라시아와 「해변」과 「꽃의 언어」에 열광을 보내준 톰 미첼과 『비판적 연구』, 2001년 바르셀로나 안토니 타파에스 재단 갤러리에서 열린 "혁명적 식물" 콘퍼런스에 나를 초대해 「꽃의 언어」의 초고를 쓰게 해준 큐레이터 로사 페라와 예술가 페데리코 구즈만, 그리고 거기서 만난 나를 해변에 관한 글에 등장하는 산티아고 데 콤포스텔라 앞바다의 등대로 안내해준 안소 라비날에게 감사한다. 보고타에 거주하는 예술가 후안 마누엘 에차바리아와는 꽃병 절단의 이미지에 관한 대화를 나누었다. 포르부에 있는 발터 벤야민의 무덤 방문을 주선해준 메리 크레인, 여러 돌봄을 제공하고 무덤을 지나가는 바람의 이름을 알려준 바르셀로나의 하비 우르타도, 유목론과 허구비평에 대한 비전을 제시하고 포르부 방문을 통해 쓴 에세이를 발표할 기회를 준 시드니 공과대학의 스티븐 뮈케, 미술과 예술 이론에 대해 조언을 해준 스티븐 파셔에게 감사를 전한다. 맨드레이크와 18세기 영국 교수형에 대해 폭넓은 지식을 제공한 크리스 램핑, 아세팔과 마송에 대한 로리 모나한의 작업과 소웨토에서 환대를 베풀어준 애덤 애쉬포스와 음페테 가족에게도 많은 신세를 졌다. 뉴욕 북부 뉴 팔츠와 하이 폴스 사이 87번 주간 고속도로 18번 출구에 위치한 예술과 철학, 무정부주의와 신비주의 샤완건크스 학교의 캐롤리 슈니만과 피터 램본 윌슨, 데이비드 레비스트로스, 명예 회원인 낸시 골드링, 그리고 이 책을 가공해서 탄생시킨 시카고대 출판부의 엘리자베스 브랜치 다이슨과 그가 보여준 고요한 비범함에 감사를 전한다. 지난 수십 년간 변함없는 신뢰와 지속적인 조언을 보내준 시카코 대학교 출판부의 데이비드 브렌트, 학문적 산문에 대한 사랑과 웃음, 그리고 의심 역시 보여준 루시 케니언, 마지막으로 어린 시절 함께 즐긴 항구에서의 삶이 주는 잔상을 종이 위에 보존하겠다는 분명한 의도를 지니고 시드니 항구를 스케치해준 그곳의 오랜 친구, 클라이브 부리치에게도 감사의 마음을 전한다.

옮긴이의 말

인류학자는 어떤 종류의 아름다움을 보는 사람일까. 무엇이 그로 하여금 자신이 목격하고 그 일부가 된 풍경과 삶을 떨쳐낼 수 없도록 하는 것일까. 발터 벤야민의 텅 빈 무덤에서 역사적 비극뿐만 아니라 아름다움을 읽어내는 마이클 타우시크의 책 『벤야민의 무덤』 번역을 마무리하는 지금 나는 오키나와 남단의 섬, 미야코지마에 있는 작은 방 발코니에 앉아 있다. 눈앞에 펼쳐진 옥빛 바다, 짙푸른 녹색을 띤 채 끝없이 펼쳐진 정글과도 같은 사탕수수밭, 윙윙거리며 밤새 불어대는 바람, 평화로운 듯 보이는 섬 한 켠에서 조용히 그 영역을 넓혀가고 있는 군사시설, 그리고 광활한 아열대의 풍경 아래에 잠겨 있는 폭력의 흔적들. 그 켜켜이 쌓인 비옥한 역사의 더미는 머나먼 남미 콜롬비아 소작농들의 이야기가 지구 반대편 동아시아의 맥락과 조우하는 지점을 보여준다. 풍부한 태양과 습기를 머금고 눈깜짝할 사이에 자라나는 사탕수수와 타는 듯한 한여름의 무더위에 대한 미야코지마섬 주민들의 진술은 이 책에 실린 타우시크의 에세이 「태양은 받는 것 없이 준다」의 핵심 주제, 즉 태양으로부터 온 과잉과 그 같은 과잉이 주는 풍부한 생산성이 식민주의/자본주의적 착취와 만나 저주가 되는 비극의 장면을 자연스레 떠올리게 한다.

뉴욕 타임스의 2001년 기사*에 따르면 마이클 타우시크는 화려한 명성을 지닌 인류학자이며 컬럼비아 대학 학생들 사이에서는 마치 "록스타"와 같은 인기를 누리고 있다. 본래 의학도였던 그는 1969년 마르크시스트 게릴라들을 지원하는 의료 봉사자로 처음 콜롬비아에 가게 된다. "흑백으로 구분되는 것은 아무것도 없던" 혼란의 정글은 그를 인류학으로 이끌었고 이후 그는 남미, 특히 콜롬비아를 중심으로 한 민족지적 연구와 글쓰기를 계속해왔다. 현지 주술사들과 어울리며 야헤를 복용한 후의 환각 경험이나 치유에 관해 쓰기도 했고 기사에 등장하듯 그만의 독특한 강의 스타일, 극적인 연출과 퍼포먼스로도 잘 알려져 있다. 아카데미 세계에서 그의 위치와 역할은 좀더 논쟁적이다. 그의 초기 연구는 남미에서의 샤머니즘과 국가 폭력, 그리고 악마숭배 등과 같은 현상을 식민지적 자본주의와 마르크시즘의 맥락에서 읽어낸다. 여전히 지속되는 식민주의, 그에 더해진 자본과 국가의 폭력에 관한 그의 사유와 관찰은 독특한 글쓰기방식과 결합해 그에게 독창적인 인류학자라는 명성을 가져다주었지만 전통적인 학문적, 학제적 글쓰기에서 벗어난 여정은 그를 동시대 가장 많이 논란이 된 인류학자 중의 하나로 자리매김하도록 했다. 기사에 인용된 한 인류학자의 말을 빌리자면 그의 연구와 글쓰기에 대한 평가는 열정적 사랑 그리고 극도의 불편함이라는 양극으로 나뉜다. 사실과 허구, 민족지와 아카이브, 문학과 철학, 그리고 실험적 글쓰기가 결합된 그의 연구는 전통적인 아카데미적 글쓰기라기보다는 그가 여러 번 언급한 바 있는 윌리엄 버로스와 같은 비트닉(Beat Generation 혹

* https://www.nytimes.com/2001/04/21/arts/anthropology-s-alternative-radical.html

은 Beatnik) 작가들의 작품에 더 가까운 듯 보이기도 한다. 위의 뉴욕 타임스 기사가 예로 든 『국가의 마법The Magic of Sate』(1997) 속 한 구절을 보자. "동시대의 베네수엘라와 어느 정도 비슷한 장소에 선 유럽인: 쇠락, 어둠이 내려앉는다. 사방에 널린 플라스틱의 어둠 속에서 삶과 죽음이 발효해가는 곳. 성스럽고 더러운 것들, 도처에 널린 쓰레기, 국기색으로 칠해진 바위, 동굴들의 내부 역시 국기색으로 칠해져 있다. 고요한 밤이면 사람들은 여전히 거대한 나무 아래 신전에 가만히 드러누운 채로 있다." 그의 책은 이런 문장들로 가득하다.

아카데미의 전통적 문법을 벗어난 이 같은 글쓰기 형태는 명료한 분석이라기보다는 특정 장소에 편재해 있는 '공기'를 전달하기 위해 선택된 것처럼 보이며 그러한 종류의 불명료함이야말로 인류학자로서의 타우시크가 천착해온 주제이기도 하다. 그에 따르면 폭력은 실체라기보다 압도하는 '분위기' 혹은 '공공연한 비밀'로 드러난다. 그가 제안하는 폭력에 접근하는 방식은 그 한가운데로 걸어들어가 그것에 물드는 것이며, 여기서 우리는 자연스레 벤야민의 미메시스에 대한 사유를 떠올리게 된다. 벤야민은 주변의 사물들과 가까워지려는 어린아이의 태도에서 일종의 미메시스적 욕망을 읽어낸다. 벤야민이 『1900년경 베를린의 유년 시절』에서 예로 든 어린 시절의 사진을 보자. 사진 속 인물이 주변의 사물들과 가까워지면 가까워질수록 그의 모습은 점차 일그러진다. 이 책, 그리고 전작에서 드러나듯 타우시크는 발터 벤야민이나 조르주 바타유와 같은 유럽 사상가들의 사유에 대한 관심과 사랑을 인류학적 방법론과 결합하는 독특한 학문적 여정을 만들어왔다. 즉 서구 유럽 남성 사상가들의 이론이 콜롬비아 소작농의 글쓰기 형식을 설명하는 과정에서 인용되는 식이다. 물론 이는 논쟁적일 수 있다. 탈식민주의 비평가들이 주장하듯 서구의 '눈'과 '언어'를 통하지 않고서 비서구의 삶과 경험을 설명해낼 수는 없는 것일까.

타우시크는 자신의 글쓰기가 서구 남성 주체로서의 '자기성찰'이나 '이론적 고찰'과 같은 것을 지향하지 않음을 분명히 밝힌다. 외려 문화적-역사적 맥락 속에 자신을 깊이 담그며 스스로 일그러지는 미메시스적 경험이야말로 이 책에 실린 에세이의 방법론을 이룬다. 즉 미메시스적 탐구의 과정 속에서 이른바 서구 또는 서구적 주체 역시 도전받는다. 타우시크는 이 책의 서문에서 풍경이 역사를 압도하기를 바란다고 쓰고 있으며 저자의 존재 역시 마찬가지다. 벤야민의 무덤가를 지나 남미 콜롬비아의 작은 마을과 사탕수수 농장을 거쳐 저자 자신이 유년기를 보낸 호주 시드니 외곽의 해변과 미국 뉴욕에 이르기까지, 이 책에 실린 에세이들을 읽으며 저자의 여정을 따라가는 동안 우리는 그 속에서 난무하는 폭력과 비극, 거센 역사의 바람에 오직 자신의 몸으로 맞서다 스러져간 존재들에서 비쳐나오는 풍경을 보게 된다. 그리고 그 과정에서 저자의 존재는 '마치 죽은 것처럼 완전히 사라진다'. 이름 없는 무수한 타자와의 조우를 통해 그는 우리가 짓고 머물러온 이론과 해석의 세계가 얼마나 취약하고 불안정한지, 하지만 동시에 그 불안정성이야말로 의미를 두텁게 만드는 것임을 역설한다.

그동안 통용되어온 단단한 해석과 언어, 역사적 사회적 분석의 틀을 산산조각내는 것은 이름 없는 존재들의 희미한 서사다. 이 책은 굽이치고 중단되다가 또다시 이어지는 눈먼 소작농의 서사시를 예로 들며 끊임없이 시를 쓰고 이야기를 전해온 존재들, 자신과 타인의 신체를 무대 삼아 서사를 펼치고 폭력에 맞서 저항하다 마침내는 부서진 이름과 뼛조각들로 남은 이들의 존재를 찾아가는 이야기를 펼쳐낸다. 저자는 한국어판 서문에 관한 역자와의 대화에서 이 책이 일종의 "스토리텔링"으로 읽히기를 바란다는 소망을 피력한 바 있다. 그 같은 시도를 통해 그는 우리에게 매우 자연스러운 것으로 드러나는 현실이 실은 교묘한 책략의 일부이며 그 현실의 일부가 되어 소멸해버릴지도 모른다는 위험을 감수하고서라도 그 흐름 속으로 걸어 들어가는 자만이 실재가 지닌 허구적 임의성을 알아차릴 수 있음을 보여주고자 한다. 타우시크는 자기성찰이나 분석으로는 결코 이러한 깨달음에 도달할 수 없다고 말하며 자신이 본능적 신체성viscerality이라 부르는 방식의 앎, 즉 '과잉'의 곤혹스러움을 온몸으로 껴안는 '앎'의 중요성을 역설한다. 역사적 상처는 추상적인 방식으로 관념화되는 것이 아니라 특정한 장소와 신체에 난 상흔을 통해 현존한다. 이를 통해 유럽 남성 지식인이었던 벤야민의 비극은 남미의 한 눈먼 소작농이 풀어내는 끝도 없는 서사의 굽이치는 급류와 만나게 된다. 우리는 이를 미메시스적 혹은 인류학적 조우라 부를 수 있을 것이다.

　　타우시크는 이러한 여정을 통해 문화와 차이가 무엇인지를 묻는다. 그의 질문은 서사와 재현을 통해 빚어지는 인위적인 과장으로서의 '문화적 차이'나 '다양성' 혹은 다름을 극복하고 동일성의 순환 속으로 빨려들어가는 '조화'와 같은 결론으로 손쉽게 향하는 대신 과잉과 폭력을 빚어내고 서로의 존재를 견딜 수 없는 것으로 만드는 기저의 힘을 향한다. 이를 통해 그는 차이는 결코 손쉽게 소멸되지 않으며 우리는 미메시스와 타자성*이 만나는 충돌 지점에서 아슬아슬한 책략을 발휘할 수 있을 뿐이라 말하는 듯하다. 하지만 그가 말하는 과잉이 언제나 비극으로 귀결되는 것만은 아니다. 이 책을 관통하는 또다른 모티프는 비극과 아름다움이 조우하는 풍경, 폭력을 압도하고 인간과 자연 모두에게 자양분이 되는 광대한 풍경의 힘에 놓여 있기도 하다. 한나 아렌트가 "지금까지 가본 그 어떤 장소보다 아름다운 곳"이라 칭한 스페인 포르부에 있는 벤야민의 (가짜) 무덤은 저

---

* Michael Taussig, *Mimesis and Alterity. A Particular History of the Senses*. N.Y. 1993. 국역: 마이클 타우시크, 『미메시스와 타자성: 감각의 독특한 역사』, 신은실, 최성만 옮김, 도서출판 길, 2018 참조.

자 타우시크의 여정을 통해 아름답게 빛나던 삶과 세계에 대한 사랑, 그리고 저항의 좌절된 꿈들이 한데 모인 우리 모두의 무덤으로 거듭난다. 자연 그 자체가 품은 뒤엉킨 아름다움과 폭력성은 그 위에서 인간이 빚어낸 역사와 만나 온갖 종류의 불완전한 흔적의 형상으로 우리 발 아래에 펼쳐져 있다.

　　한편에서는 전쟁의 소음이, 다른 한편에서는 자연의 고통이 빚어낸 극한의 기후가 몰아치는 오늘날, 끝없이 우거진 미야코지마섬 사탕수수밭 한가운데에 세워진 작은 아리랑비가 역자에게는 또다른 벤야민의 무덤으로 보인다. 제2차세계대전 후반기 미야코지마섬에는 열여섯 곳의 '위안소'가 설치되었고 마찬가지로 폭력의 파고에 휘말렸던 섬의 주민들은 당시 그들이 마주쳤던 고통의 형상을, 그리고 그들이 부르던 노래, 아리랑의 선율을 기억하고 있었다. 한 소년은 그늘에서 잠시 쉬던 중 마찬가지로 더위를 피하려 그곳에 있던 한 무리의 여성들을 보았다. 수십 년이 지난 후 그는 그 자리에 커다란 현무암 바위를 가져다 놓음으로써 그 이름 없는 존재들과의 조우를 자연 속에 기록했다. 누구인지도 어디서 왔는지도 분명치 않았으나 시련 속에 있었음이 분명했던 그 이방의 존재들을 향해 섬 소년은 애도를 보낸 것이다. 타인의 고통과 그것을 목격한 이들이 슬픔이 한데 어우러져 어린 소년이 '위안부 누나들'을 만나고 같이 빨래를 했던 장소 근처에는 마침내 조그마한 비석이 놓였고 열한 개의 서로 다른 언어로 쓰인 추도사가 시대의 폭풍을 온몸으로 맞아야만 했던 여성들의 삶을 위무하고 있었다. 수풀이 우거진 속에서도 추모비 주변만은 잘 정돈되어 있었다. 그 '누나들'이 소년에게 부탁했다던 고향의 맛을 상기시키는 매운 빨간 고추 몇 개와 함께. 여기서 나는 다섯 개의 언어로 쓰인 벤야민의 무덤 속 유리벽에 새겨진 헌사를 떠올린다. "무명인의 기억을 기리는 일이 유명인의 기억을 기리는 일보다 더 어렵다. 역사적 구성은 이 무명인의 기억에 바쳐진 것이다." 끝도 없이 자라나는 사탕수수 줄기들 사이에 놓인 희미한 인간의 손길, 몰아쳐오는 파도 위에 새겨진 벤야민의 글귀, 이들이야말로 타우시크 자신이 그토록 보기를 원했던 순간, 무언無言의 언어로 지어진 불완전한 서사의 풍경이 폭력의 역사를 압도하는 순간은 아닐까.

　팬데믹이 전 세계를 휩쓸 무렵 이 책의 번역을 처음 시작했고 영국에서의 기나긴 봉쇄 기간 동안 책에 실린 에세이들을 읽는 것은 때론 위안으로 때론 희망 없는 고통으로 다가왔다. 처음 번역을 제안하고 추진해주신 김영옥 편집자님, 여러 조언과 수정 제안을 해주신 최성만 선생님, 항상 늦어지는 번역을 인내심 있게 기다려주신 이경록 편집자님, 그리고 인류학의 의미와 현장연구의 아슬아슬한 기쁨을 나누었던 에든버러 대학 선생님들과 동료들, 특히 다니엘에게 감사를 전한다. 한 영국인 인류학자는 저자의 글쓰기가 지닌 난해함에 대해 이야기하며 한국어로 번역된 책을 다시 영어로 (읽기 쉽게) 번역해달라는 농담을 건네기도 했다. 구불구불한 언어의 여정을 따라가는 일이 결코 쉽지는 않았으나 역자를 인류학의 길로, 미메시스와 타자성이 복잡하게 얽힌 그 험난한 풍경 속으로 이끈 타우시크의 책을 번역하고 그와 직접 소통할 수 있었던 것은 무척 기쁜 경험이었다.

2025년 5월
신은실

벤야민의 무덤

초판 인쇄 2025년 5월 30일
초판 발행 2025년 6월 24일

지은이 마이클 타우시크
옮긴이 신은실

책임편집 이경록 **편집** 이희연
디자인 김이정 최미영
저작권 박지영 형소진 오서영 조경은
마케팅 정민호 서지화 한민아 이민경 왕지경
정유진 정경주 김수인 김혜원 김예진
나현후 이서진
브랜딩 함유지 박민재 이송이 김희숙 박다솔
조다현 김하연 이준희
제작 강신은 김동욱 이순호
제작처 한영문화사(인쇄) 경일제책(제본)

펴낸곳 (주)문학동네
펴낸이 김소영
출판등록 1993년 10월 22일 제2003-000045호
주소 10881 경기도 파주시 회동길 210
전자우편 editor@munhak.com
대표전화 031) 955-8888
팩스 031) 955-8855
문학동네카페 http://cafe.naver.com/mhdn
인스타그램 @munhakdongne
트위터 @munhakdongne
북클럽문학동네 http://bookclubmunhak.com

ISBN 979-11-416-1057-9 93300

www.munhak.com